"十二五"普通高等教育本科国家级规划教材
普通高等教育"十一五"国家级规划教材
北京高等教育精品教材
普通高等教育物流管理专业系列教材

配 送 管 理

第 3 版

主编 汝宜红 宋伯慧
参编 田 源 鲁晓春 徐 杰 兰洪杰
　　　王国华 郑 凯 朱 煜
主审 李 振

本书保持了第2版教材的整体结构，在阐述了配送管理的概念、配送模式、配送业务流程、配送系统优化、配送绩效管理、配送中心规划等基本理论之后，分行业阐述了农业、制造业、批发零售业和快递业配送管理的理论与实践，重点更新了配送管理相关理论中时效性较强的部分，并更换了部分案例。本书以成熟的配送管理理论为主，尽可能反映前沿的、最新的配送管理发展情况，编写体系新颖、完善，涵盖了配送管理的基本内容。

本书的编写力求通俗易懂、深入浅出，理论与实际紧密结合，既可作为高等院校物流管理专业本科生教材、物流管理专业研究生的辅导教材，也可作为物流领域工作人员的培训和参考用书。

图书在版编目（CIP）数据

配送管理/汝宜红，宋伯慧主编. —3版. —北京：机械工业出版社，2016.4（2025.7重印）

"十二五"普通高等教育本科国家级规划教材　普通高等教育"十一五"国家级规划教材　北京高等教育精品教材　普通高等教育物流管理专业系列教材

ISBN 978-7-111-53136-4

Ⅰ.①配… Ⅱ.①汝… ②宋… Ⅲ.①物流配送中心-企业管理-高等学校-教材 Ⅳ.①F253

中国版本图书馆CIP数据核字（2016）第041191号

机械工业出版社（北京市百万庄大街22号　邮政编码100037）
策划编辑：曹俊玲　　责任编辑：曹俊玲　何　洋　商红云
责任校对：张晓蓉　　封面设计：刘　科
责任印制：张　博
北京建宏印刷有限公司印刷
2025年7月第3版·第12次印刷
184mm×230mm·23.25印张·460千字
标准书号：ISBN 978-7-111-53136-4
定价：59.80元

电话服务　　　　　　　　　　网络服务
客服电话：010-88361066　　机　工　官　网：www.cmpbook.com
　　　　　010-88379833　　机　工　官　博：weibo.com/cmp1952
　　　　　010-68326294　　金　书　网：www.golden-book.com
封底无防伪标均为盗版　机工教育服务网：www.cmpedu.com

前　　言

配送是物流运作中技术含量最高、作业最复杂的领域，与客户满意度密切相关，配送管理理论与实践都在不断完善和发展。作为一门课程，配送管理对于培养物流领域的专门人才起着重要作用，配送管理理论也是物流管理理论的重要组成部分。

本书的编写力求满足物流管理人才培养的需求，既反映这门学科的新进展，又全面、完整地阐明配送管理的基本概念、理论和方法。本书既可作为高等院校物流管理专业本科生教材、研究生辅助教材，也可作为物流领域工作人员的培训教材和参考用书。

本书第1版、第2版自出版以来，深受物流领域专家、学者和广大读者的关注，累计印刷13次，共计39000册，并先后被评为北京高等教育精品教材、普通高等教育"十一五"国家级规划教材、"十二五"普通高等教育本科国家级规划教材。根据多年教学积累的经验和配送管理理论与实践的发展，编者对本书进行了再次修订。第3版教材继续保持第2版教材的整体结构和风格，更新了部分时效性较强和发展较迅速领域的相关内容，如配送的发展状况、冷链配送管理、配送中心布局规划方法、电子商务配送管理等，重新改写了快递业配送管理一章。本书将编者们的科研成果编写为案例，如"烟叶配送中心规划""烟草公司物流配送满意度评价"等，并更新了部分经典案例。

本书在修订过程中参阅了大量国内外教材、专著和期刊，在此特向这些文献的作者表示深深的感谢。参考文献尽可能逐一列出，但由于作者的疏忽，难免有所遗漏，敬请见谅。

本书的编者为来自北京交通大学、北京科技大学的物流专业教师，部分案例由企业界人士提供。全书共十章，由汝宜红、宋伯慧担任主编，李振担任主审。其中，第一章由田源编写；第二章、第四章的第一、二、三、四节由宋伯慧编写；第三章、第四章的第五节、第五章的第四节由鲁晓春编写；第四章的案例一素材由张业丽提供，田源编写；第四章的案例二、第七章的第一、二、三、四节、第十章的案例一由汝宜红编写；第五章的第一、二、三、五节以及第九章由徐杰编写；第六章由兰洪杰、郑凯编写；第七章的第五节以及案例由兰洪杰编写；第八章由王国华编写；第十章的第一、二节由郑凯编写；第十章的第三节由朱煜编写；第十章的案例二由顺丰速运有限公司王瑾一、陈欢提供素材，宋伯慧编写。全书由汝宜红、宋伯慧统稿。

本书在编写过程中，高鹏飞、范兆英、刘文羽等在资料收集、文字整理方面做了大量工作，在此一并表示衷心感谢。

本书配有电子课件，凡选用本书作为教材的教师可登录机械工业出版社教育服务网（www.cmpedu.com）注册后下载。

配送管理的理论与实践是持续发展的，本书也将持续不断地充实和完善。对本书的不足之处，恳请各位专家和广大读者批评指正。

编　者

目　录

前言

第一章　概论 …… 1
第一节　配送的概念与作用 …… 1
第二节　配送的产生与发展 …… 4
第三节　配送的种类 …… 10
第四节　配送管理概述 …… 17
第五节　配送模式 …… 26
案例 …… 37
复习思考题 …… 39

第二章　配送业务流程 …… 40
第一节　进货 …… 41
第二节　储存 …… 46
第三节　订单处理与补货 …… 55
第四节　配货与送货 …… 59
第五节　配送加工 …… 64
案例 …… 69
复习思考题 …… 73

第三章　分拣作业管理 …… 74
第一节　配送中心分拣系统概述 …… 74
第二节　分拣作业的分类和方法 …… 77
第三节　分拣策略 …… 87
第四节　分拣系统规划 …… 90
复习思考题 …… 103

第四章　配送系统优化 …… 104

- 第一节　配送系统概述 …… 104
- 第二节　配送系统分析、设计与评价 …… 107
- 第三节　配送系统计划与组织 …… 116
- 第四节　配送系统优化方法 …… 127
- 第五节　遗传算法在配送路线规划中的应用 …… 140
- 案例 …… 151
- 复习思考题 …… 159

第五章　配送中心规划 …… 160

- 第一节　配送中心规划概述 …… 160
- 第二节　配送中心的设立和选址 …… 165
- 第三节　配送中心功能和布局规划 …… 174
- 第四节　配送中心设施规划 …… 184
- 第五节　EIQ 方法在配送中心规划中的应用 …… 190
- 案例 …… 198
- 复习思考题 …… 207

第六章　配送绩效管理 …… 208

- 第一节　绩效管理概述 …… 208
- 第二节　配送作业绩效评价 …… 213
- 第三节　配送员工绩效评价 …… 217
- 第四节　配送管理中的绩效评价方法 …… 220
- 案例 …… 230
- 复习思考题 …… 234

第七章　农业配送管理 …… 236

- 第一节　农业配送概述 …… 236
- 第二节　农业配送的现状与发展趋势 …… 241
- 第三节　农业供应与销售阶段的配送管理 …… 244
- 第四节　农产品配送管理 …… 247
- 第五节　冷链配送管理 …… 252
- 案例 …… 258

复习思考题 …… 260

第八章　制造业配送管理 …… **261**

第一节　制造业生产流程与配送 …… 261
第二节　制造业配送流程规划 …… 268
第三节　制造业配送的运作 …… 272
第四节　供应链中的制造业配送 …… 280
案例 …… 287
复习思考题 …… 289

第九章　批发零售业配送管理 …… **290**

第一节　一般批发零售业的配送管理 …… 290
第二节　连锁商业企业的配送管理 …… 296
第三节　电子商务配送管理 …… 305
案例 …… 315
复习思考题 …… 328

第十章　快递业配送管理 …… **329**

第一节　快递业配送概述 …… 329
第二节　我国快递业配送的发展历程 …… 333
第三节　面向用户的快递业配送管理 …… 341
案例 …… 345
复习思考题 …… 357

参考文献 …… **358**

第一章

概 论

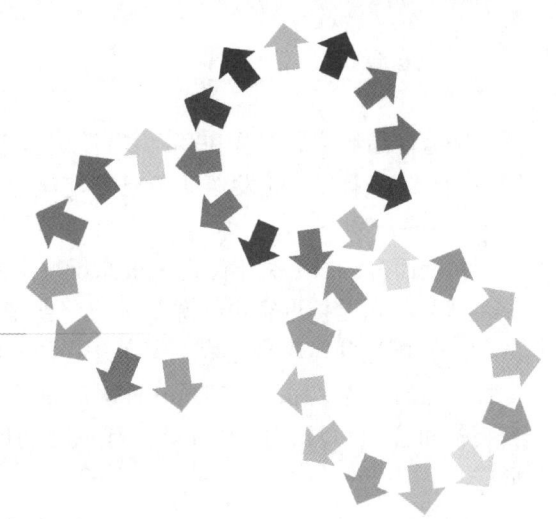

● 作 用

本章是本书的概论部分,对配送与配送管理的概念、内容、模式及其选择等做了概要介绍,为后面章节的学习打下基础。

● 关 键

掌握配送的概念与分类,掌握配送管理的含义与内容,理解配送的作用,理解配送管理的意义与原则,了解配送的产生历程以及发展现状,掌握不同配送模式的含义与要点,了解配送模式选择的基本方法。

第一节 配送的概念与作用

"配送"一词是日本引进美国物流科学时,对英文单词"delivery"(一说"distribution")的意译。我国转学于日本,也直接用了"配送"这个词,形成了我国的一个新名词——配送。

一、配送的概念

我国国家质量技术监督局在 2007 年开始实施的《中华人民共和国国家标准:物流术语》(GB/T 18354—2006)中,对配送做了如下定义:

"配送(distribution):在经济合理区域范围内,根据客户要求,对物品进行拣选、加工、包装、分割、组配等作业,并按时送达指定地点的物流活动。"

另外一个被广泛认同的定义是:配送就是根据客户的要求,在物流据点内进行分拣、配货等工作,并将配好的货送交收货人的过程。

配送是从发送、送货等业务活动中发展而来的。原始的送货是作为一种促销手段出现的。随着商品经济的发展和客户多品种小批量需求的变化,原来那种"有什么送什么"和"生产什么送什么"的发送业务已不能满足市场的要求,从而出现了"配送"这种发送方式。

概括而言,以上关于配送的概念反映出如下信息:

(1) 配送是接近客户资源配置的全过程。

(2) 配送的实质是送货。配送是一种送货,但和一般送货又有区别:一般送货可以是一种偶然的行为,而配送却是一种固定的形态,甚至是一种有确定组织、确定渠道,有一套装备和管理力量、技术力量,有一套制度的体制形式。所以,配送是高水平的送货形式。

(3) 配送是一种"中转"形式。配送是从物流节点至客户的一种特殊送货形式。从送货功能看,其特殊性表现为:从事送货的是专职流通企业,而不是生产企业;配送是"中转"型送货,而一般送货(尤其是从工厂至客户的送货)往往是直达型的;一般送货是生产什么送什么,有什么送什么,配送则是客户需要什么送什么。所以,要做到需要什么送什么,就必须在一定的中转环节筹集这种需要,从而使配送必然以中转形式出现。当然,从广义上,许多人也将非中转型送货纳入配送范围,将配送外延从中转扩大到非中转,仅以"送"为标志来划分配送外延,也是有一定道理的。

(4) 配送是"配"和"送"的有机结合。配送与一般送货的重要区别在于,配送利用有效的分拣、配货等理货工作,使送货达到一定的规模,以便利用规模优势取得较低的送货成本。如果不进行分拣、配货,有一件运一件,需要一点送一点,就会大大增加成本,使送货并不优于取货。所以,追求整个配送的优势,分拣、配货等工作是必不可少的。

(5) 配送以客户要求为出发点。在定义中强调"根据客户要求",明确了客户的主导地位。配送是从客户利益出发,按客户要求进行的一种活动,因此,在观念上必须明确"客户第一""质量第一"。配送企业的地位是服务地位而不是主导地位,因此不能从本企业利益出发,而应从客户利益出发,在满足客户利益的基础上取得本企业的利益。更重要的是,不能利用配送损害或控制客户,不能利用配送作为部门分割、行业分割、割据市场的手段。

(6) 概念中"根据客户要求"的提法应基于这样一种考虑:过分强调"根据客户要求"是不妥的,客户要求受客户本身的局限,有时会损失自我或双方的利益。对于配送者来讲,必须以"要求"为依据,但是不能盲目,应该追求合理性,进而指导客户,实现双方共同受益的商业目的。这个问题在国外的研究著作中也经常被提到。

二、配送与物流的关系

配送是物流系统中由运输派生出的功能,一般是基于短距离的运输。它具有如下特点:

（1）配送的距离一般较短，通常位于物流系统的最末端，处于支线运输、二次运输和末端运输的位置，即到最终消费者的物流。

（2）在配送过程中，也包含着其他的物流功能（如装卸、储存、包装等），是多种功能的组合。

（3）配送是物流系统的一个缩影，也可以说是一个小范围的物流系统。

配送是物流中一种特殊的、综合的活动形式，是商流与物流的紧密结合，既包含了商流活动和物流活动，也包含了物流中若干功能要素。

从物流来讲，配送几乎包括了所有的物流功能要素，是物流的一个缩影或在某个小的范围中物流全部活动的体现。一般的配送集装卸、包装、保管、运输于一身，通过这一系列活动来实现将货物送达的目的。特殊的配送则还要以加工活动为支撑，所以包括的方面更广。但是，配送的主体活动与一般物流却有所不同：一般物流是运输及保管，而配送则是运输及分拣配货。分拣配货是配送的独特要求，也是配送中有特点的活动。以送货为目的的运输则是最后实现配送的主要手段。

从商流来讲，配送和物流的不同之处在于，物流是商物分离的产物，而配送则是商物合一的产物。配送本身就是一种商业形式。在具体实施配送时，虽然也有以商物分离形式实现的，但从配送的发展趋势看，商流和物流越来越紧密的结合是配送成功的重要保障。

三、配送的作用及意义

1. 完善和优化了物流系统

第二次世界大战之后，由于大吨位、高效率运输力量的出现，干线运输无论在铁路、海运抑或公路方面都达到了较高水平，长距离、大批量的运输实现了低成本化。但是，在所有的干线运输之后，往往都要辅以支线运输和小搬运，这种支线运输及小搬运成了物流过程的一个薄弱环节。这个环节有许多特点和干线运输不同，如要求灵活性、适应性、服务性，致使运力利用不合理、成本过高等问题难以解决。而采用配送方式，从范围来讲，将支线运输及小搬运统一起来，加上配送的各种特点，使输送过程得以优化和完善。

2. 提高末端物流的效益

采用配送方式，通过增大批量来达到经济地进货，又通过将各种商品客户集中在一起进行一次发货，代替分别向不同客户小批量发货来达到经济地发货，从而使末端物流的经济效益得以提高。

3. 通过集中库存使企业实现低库存或零库存

实现了高水平的配送之后，尤其是采取准时配送方式之后，生产企业可以完全依靠配送中心的准时配送而不需保持自己的库存；或者，生产企业只需保持少量保险储备而不必持有经常储备。这就可以实现生产企业多年追求的"零库存"，将企业从库存的包袱中解脱出来，同时解放出大量储备资金，从而改善企业的财务状况。实行集中库存后，其库存总量远低于不实行集中库存时各企业分散库存的总量。同时,增加了调节能力,也提高了社会经济效益。此外,采用集中库存可利用规模经济的优势,使单位存货成本下降。

4. 简化事务,方便客户

采用配送方式,客户只需向一处订购或与一个进货单位联系,就可订购到以往需要去许多地方才能订到的货物。这样组织只需对一个配送单位接货,便可代替现有的高频率接货,从而大大减轻了客户的工作量和负担,也节省了事务开支。

5. 提高供应保证程度

生产企业自己保持库存、维持生产,受到库存费用的制约,供应保证程度很难提高。而采取配送方式,配送中心可以比任何单位或企业的储备量更大,因而对每个企业而言,中断供应、影响生产的风险便会相对缩小,使客户免去短缺之忧。

第二节 配送的产生与发展

一、配送的产生

与其他新生事物一样,配送(或配送方式)是伴随着生产的不断发展而发展起来的。自从第二次世界大战后,为了满足日益增长的物资需求,西方工业发达国家逐步发展了配送中心,加速了库存物资的周转,打破了仓库的传统观念。

配送作为一种新型的物流手段,是在变革和发展仓库业的基础上开展起来的。因此,从某种意义上来说,配送是仓库业功能的扩大化和强化。传统的仓库业以储存和保管货物为主要职能,其基本功能是保持储存货物的使用价值,为生产的连续运转和生活的正常进行提供物质保障。但是,在生产节奏不断加快、社会分工不断扩大、竞争日趋激烈的情况下,迫切要求缩短流通时间和减少库存资金占用,因此,急需社会流通组织提供系列化、一体化和多项目的物流服务。许多经济发达国家的仓库业已开始调整内部结构,扩大业务范围,转变经营方式,以适应市场变化对仓储功能提出的新需求。很多老式仓库转变成商品流通中心,其功能由货物"静态储存"转变为"动态储存";其业务活动由原来的单纯保管、储存货物转变成向社会提供多种服务,并且把保管、储存、加工、分类、分拣和输送等连成一个整体。从服务方式上看,变革以后的仓库可以做到主动为客户提供"门到门"的服务,把货物从仓库一直运送到客户的仓库、车间生产线或营业场所。这样,配送就形成和发展起来了。

具体而言,现代配送的雏形最早出现于 20 世纪 60 年代初期。在这个时期,物流运动中的一般性送货开始向备货、送货一体化方向转化。从形态上看,初期的配送只是一种粗放型、单一型的活动。这时的配送活动范围很小,规模也不大。在这个阶段,企业开展配送活动的主要目的是促进产品销售和提高其市场占有率。因此,配送主要是以促销手段的职能来发挥其作用的。

20世纪60年代中期,在一些发达国家,随着经济发展速度的加快,以及由此带来的货物运输量的急剧增加和商品市场竞争的日趋激烈,配送得到了进一步发展。在这个时期,欧美一些国家的实业界相继调整了仓库结构,组建或设立了配送组织或配送中心,普遍开展了货物配装、配载及送货上门服务。不仅配送的货物种类日渐增多,除了种类繁多的服装、食品、药品、旅游用品等日用工业品外,还包括一些生产资料产品,而且配送服务的范围也在不断扩大。例如,在美国,已经开展了州际配送;在日本,配送的范围由城市扩大到了省际。从配送形式和配送组织上看,这个时期曾试行了"共同配送",并且建立起了配送体系。

二、配送的发展

20世纪80年代以后,受多种社会及经济因素的影响,配送有了长足的发展,而且以高技术为支撑手段,形成了系列化、多功能的供货活动。具体表现在以下几个方面:

(1) 配送区域进一步扩大。近几年,实施配送的国家已不限于发达国家,许多次发达国家和发展中国家也按照流通社会化的要求实行了配送制,并且积极开展配送活动。就发达国家而言,20世纪80年代以后,配送的活动范围已经扩大到了省际、国际和洲际。例如,以商贸业立国的荷兰,配送的范围已扩大到了欧盟诸国。

(2) 配送的发展极为迅速。无论是配送的规模和数量,还是配送的方式方法,都得到了迅猛的发展。首先,配送中心的数量和规模增加。例如,在日本,全国各大城市建立了多个流通中心,仅东京就建立了5个流通中心。同时,经济发展带来货物的急剧增加;消费向小批量、多品种转化;销售行业竞争激烈,传统的做法被淘汰,销售企业向大型化、综合化方向发展,使得配送数量的增加也非常迅速,而且,配送的品种也是全方位面向社会、涉及方方面面的货物种类。其次,随着配送货物数量的增加,配送中心除了自己直接配送外,还采取转承包的配送策略。而且,在配送实践中,除了存在独立配送/直达配送等一般配送形式外,还出现了"共同配送""即时配送"等配送方式。这样,配送方式就得到了进一步发展。

(3) 配送的技术水平提高,手段日益先进。这是成熟阶段配送活动的一个重要特征。进入20世纪80年代以后,各种先进技术,特别是计算机的应用,使配送基本上实现了自动化。发达国家普遍采用了诸如自动分拣、光电识别、条形码等先进技术,并建立了配套的体系,配备了先进的设备,如无人搬运车、分拣机等,使配送的准确性和效率大大提高。有的工序因采用先进技术和先进设备,工作效率提高了5~10倍。

(4) 配送的集约化程度明显提高。20世纪80年代以后,随着市场竞争日趋激烈及企业兼并速度明显加快,配送企业的数量逐步减少,但是,总体的实力和经营规模却在增长,配送的集约化程度不断提高。

(5) 配送服务质量提高。在激烈的市场竞争中，配送企业必须保持高质量的服务，否则就可能倒闭。配送服务质量可以归纳为准确和快速，即不出差错和供货周期短，保证物流在时间和速度两个方面的要求。

三、发达国家的配送

1. 发达国家对配送的认识

发达国家对配送的认识并非完全一致，在表述上有所区别。但是，它们有一个非常重要的共同认识：配送就是送货。在美国，配送的英语单词是"delivery"，是送货的意思，强调的是将货送达。日本对配送的权威解释是日本工业标准（JIS）的解释："将货物从物流节点送交收货人"，送货含义明确无误，配送的主体是送货。

现代经济中的送货必然比历史上的送货有所发展，这种发展是竞争的产物，受利润和市场的驱使，想方设法使送货行为优化，于是在实践中出现了送货时车辆的合理调配，路线的规划选择，送货前的配货、配装等。

在发达国家对配送的解释中，并不强调配，而仅强调送达，原因是在买方市场的国家中，"配"是完善"送"的经济行为，是进行竞争和提高自身经济效益的必然延伸。既然是一种必然行为，就没有再强调的必要了。

日本1991年版的《物流手册》这样描述配送的范围："与城市之间和物流据点之间的运输相对而言，将面向城市内和区域范围内需要者的运输，称为'配送'。"很明显，日本人对配送的一个重要认识，就是把配送局限在一个区域（城市）范围内。而且，从性质来看，配送是一种运输形式。关于这一点，书中又有进一步的描述："从生产厂到配送中心之间的物品空间移动叫'运输'，从配送中心到顾客之间的物品空间移动叫'配送'。"

2. 发达国家的配送发展及现状

一般的送货形态在西方发达国家已有相当长的历史，可以说是随市场而诞生的一种必然市场行为。尤其是伴随资本主义经济的生产过剩，在买方市场情况下，企业必然采取各种各样的推销手段，送货最初便是作为一种不得已的推销手段而出现的。仅将其作为推销手段而不作为企业发展的战略手段，在有些国家持续了很长时间，甚至在经济发展的高峰期仍然如此。直到20世纪70年代，很多企业仍然将送货看成"无法回避、令人讨厌、费力低效的活动，甚至有碍企业的发展"，正是反映了这种现实。

从历史上曾采用的一般送货，发展到以高技术方式支持的作为企业发展战略手段的配送，许多国家甚至到20世纪80年代才真正认识到这一点。国外一篇文章提到："在过去十年里，这种态度和认识有了极大转变。企业界普遍认识到配送是企业经营活动的主要组成部分，它能给企业创造更多盈利，是企业增强自身竞争能力的手段。"这种认识的转变有着深厚的社会根源：

第一，科学技术的进步和生产力的发展，可以为经济界提供省力且高效的管理方式与技术装备方式,将费力、低效的活动转变为省力、高效的活动。

第二,生产领域劳动生产率的提高,越发使人看出流通和物流过程中的潜力。不少实践证明,包括配送在内的物流领域开发可以取得很高的经济效益,因此就不再"有碍于企业的发展"。

第三,生产力的发展大大促进了社会分工,服务性生产大大发展。而服务性社会的出现,使人们增强了配送的主动服务意识,成为企业"增强自身竞争能力的手段"。

在观念发生变化的同时,配送方式和手段也有很大发展,尤其反映在以下几个方面:

(1) 配送共同化的进展。初期送货以单独企业为主体,为满足客户配送的要求。这时出现了配送企业车辆利用率低,不同配送企业之间交错运输、交通紧张、事故频发等问题。例如,日本于 20 世纪 60 年代开始的"共同配送",是在各个公司效率低而且难以解决的情况下才被采用的。如果在本公司就能建立合理化配送系统,也就没有必要考虑共同配送了。但近来的发展已上升到从大范围考虑合理化,致力于推行整个城市所有企业的共同配送。

(2) 配送计划化的进展。初期配送强调即时较多,即完全按客户要求办事,而并不是按顾客的合理要求办事。制订合理计划而不是完全按客户的要求进行配送,是高水平的计划配送的一大进展。计划有效地促进了配送合理化,由于可采用大量发货,从而减少了收费,也受到了客户的欢迎。

(3) 配送区域的扩大。近几年,配送已突破了一个城市的范围,而在更大的范围内找到了优势。美国已开展了州际配送;日本的不少配送是在全国范围或很大的区域范围内进行的,如日本东京的三味株式会社的全国性配送系统、日本 Asics 配送系统、日本资生堂配送系统等,都是全国性的配送系统。

(4) 直达配送的进展。不经过物流基地中转,在有足够批量且不增加用户库存的情况下,配送在"直达"领域中也找到了优势,突破了配送原来的概念,有了新的发展。对于生产资料而言,直达配送有更广泛的应用。

(5) 计算机管理配送的进展。随着配送规模的扩大和计算机的微型化,计算机管理配送取得了很大进展。这种进展突出表现在以下三个方面:①信息传递与处理,甚至建立了 EDI(Electronic Data Interchange,电子数据交换)系统;②计算机辅助决策,如辅助进货决策、辅助配货决策、辅助选址决策等,美国 IBM 公司率先建立了配送车辆计划和配送路线的计算机软件;③计算机与其他自动化装置的操作控制,如无人搬运车、配送中心的自动分拣系统等。

有一篇题为《日本制造业行业配送系统变革》的文章认为,配送领域"技术条件的核心,就是信息系统和建立在该系统上的分拣系统"。

(6) 配送劳动手段的进展。配送劳动手段作为支撑配送的生产力要素,发展很快。到 20 世纪 80 年代,发达国家的配送已普遍采用了计算机系统、自动搬运系统,以及大规模分拣、光电识别、条形码技术。

3. 美国配送的发展

美国有关组织曾经组织了一次调查，结果表明："以商品零售价格为基数进行计算，流通费用所占的比例达59%，其中大部分为物流费用"。流通结构分散和物流费用不断上升，严重阻碍了生产的发展和企业利润率的提高。因此，美国企业界把第二次世界大战期间"军事后勤"的概念引用到企业管理中，许多公司减少了老式仓库，成立配送中心，统一了装卸、搬运等物流作业标准。不少公司设立了新的流通机构，将独立、分散的物流活动统一、集中起来，推出了新型的送货方式。这不仅降低了流通费用，而且节约了劳动消耗。美国企业的具体做法如下：

（1）将老式仓库改为配送中心。

（2）引进计算机管理网络，对装卸、搬运、保管实行标准化操作，提高作业效率。

（3）由连锁店共同组建配送中心，促进连锁店效益的增长。

配送中心通过购销功能，可以疏通流通渠道，协调产需矛盾；合理化的配送可以消除重复运输，提高运输工具的利用率；而集中库存则能减少仓库基建费用，压缩社会库存，减少仓储费用和资金占压；引进网络技术，加快物流速度，提高流通效率。这种统一进货、统一配送的联动操作，不仅可以避免库存分散，而且能降低企业的整体库存水平，从而降低连锁企业的物流总成本，缩短补货时间，同时也能为消费者提供更好的服务。从上述分析可以看出，美国企业提高配送效率的关键除了对流程的改革之外，就是利用先进的技术。

4. 日本配送的发展

日本在第二次世界大战之后，经济高速增长，但随之也出现了流通落后的问题，严重阻碍了生产的进一步发展。分散的物流使流通机构庞杂。当时，日本曾做过的一项调查表明，由于社会上自备车辆多、道路拥挤及停车时间长，使企业收集和发送货物的效率明显下降。但是如果减少企业自备车辆，就意味着企业运输能力的减弱。为了保证企业生产和销售的顺利开展，需要依赖社会的运输力和仓储力，但这不是某个企业单独能够解决的。因此，日本政府在筹划建立物流中心和"物流团地"（节点）的同时，积极推行"共同配送制度"。经过不断的变革，一种被日本实业界称为"配送"的物流体制应运而生。

四、我国配送服务的发展及现状

20世纪70年代，在计划经济体制下，为了提高木材流通效率，杭州的木材流通实行按需供应的供应方式；为了解决平板利用率低的问题，我国一些大中城市的物资部门在一个城市设置一个或几个集中套裁点，并按货单配货、送货，实行集中库存、提高效率的物资流通方式。上述流通方式可以说是我国配送的雏形。但是，由于某些落后的生产关系及其他因素的制约，这一先进的生产力最终未能突破体制的障碍，未能出现持续进步、稳定发展的局面。

20世纪80年代，随着生产资料市场的开放搞活，物资流通格局发生了很大变化，市场竞争日趋激烈。物资企业为了自身的发展，提高市场占有率，广泛开展物资配送业务，如天津储运公司唐家口仓库的"定时定量配送"，河北省石家庄市物资局"三定一送"的物资配送，以及上海、天津等地的煤炭配送等。从总体分析，80年代是我国从自发运用配送阶段向自觉运用配送阶段的过渡时期。

20世纪90年代以来的实践证明，配送是一种非常好的物流方式。我国很多城市的物资部门建立了配送中心，配送得到了很大发展，彻底改变了传统的流通模式和方式。过去物资流通企业等人上门买货，如今迈出家门主动上门送货，为生产企业配送急需的产品，通过代理、配送、连锁相结合的新的流通形式，发展配送，实现了质优价廉。配送中心实行统一集中进货，享受了生产企业的批量优惠；同时从客户和自身利益、信誉出发，严把进货关，保证进货质量。发展配送大大减少了生产企业的库存，实现了生产企业"零库存"的可能。而且，随着计算机网络的应用，逐步实现了配送的现代化管理。同时，先进设施的使用也为客户提供了更加方便、快捷的服务，提高了流通企业的效率。

进入21世纪以来，我国的配送服务有了新的特点，各种先进的物流技术、信息技术在一些新建的大型配送中心中得到了较普遍的应用，而这其中的主要推动力量就是电商物流的需求。随着电子商务的崛起，我国配送需求迅速增长，对配送服务的要求也越来越高，发展配送不仅仅是为了解决当前电子商务业"最后一公里"的瓶颈，更是为了我国物流领域新一轮升级的历史使命。中国物流成本占GDP的18%，比发达国家高出一倍。而我国物流成本过高的深层原因之一就是物流环节过多。其中，"最后一公里"，也就是末端配送成本，能够占到整个物流成本的30%以上。电子商务"最后一公里"的物流难题，已成为困扰电商企业和物流企业的最大问题。造成此问题的原因不少，最主要的是物流成本和客户服务水平之间的矛盾。"最后一公里"配送背后蕴藏的巨大商业价值，令各方觊觎不已——"最后一公里"的物流服务，是电商面对客户的唯一方式。服务中积累的数据蕴含着客户端的触角，能够积累出基于数据采购、信息管理的极有价值的东西，对于前端市场预测、供应链管理十分重要。随着大物流大数据时代的到来，"最后一公里"蕴含的商业价值将会越加明显。也正因为如此，市场参与者都试图掌握配送末端的这张网。然而，国内"最后一公里"的配送价格过低，始终是制约问题解决的最重要因素。此外，涉及各方企业无法达成一致的利益分配共识，也制约着合作与创新的进程。

为解决电商"最后一公里"的物流难题，各相关方都在尝试打破常规，创新思路，寻找不同的解决方式。首先是电商企业，除了自建配送体系，也在不断推出校园营业厅、地铁自提点和社区自提柜等服务。其考虑的是集约化送件能降低配送成本，在配送时间上也更灵活，同时还能提高用户体验，保护消费者隐私。但自提柜的问题在于前期投入较大，何时能收支平衡，仍然是一个大问题。为此，各电商同时也在积极拓展合作渠道，加强与社会资源的合作,包括便利店和第三方服务机构。除了电商,大型物流公司也在不断寻找新出路,与便利店、物业、第三方等进行合作,建设末端配送网点。而针对物流成本居高不下、物流环节杂乱烦冗的问题,一种由政府主导推出、倡导"共同配送"理念的新型物流公司应运而生。北京市共同配送试点工程"城市100"就是一例。在电商、物流公司、代收类企业之外,便利店等零售终端也开始主动参与进来。因为具备贴近用户、数量多、信息化程度高、管理规范等优势,便利店一直是各方企业开展自提业务首选的合作对象。从被动吸收到主动参与,便利店也成为一支不可忽视的力量。以上路径探索,目前基本都还是从整合资源、降低成本、高效环保等角度出发,在实施中依然存在不少潜在的问题和困难,因此,很难预测将来会发展到什么程度。

目前,我国配送服务的质量与效率与发达国家相比还有较大差距。众多小物流企业仍然技术水平落后、信息化程度低,平均配送规模小,配送中心规模小,配送效率仍然较低。配送中心的优越性只有当它达到一定规模和水平,形成规模经济以后,才能得到充分发挥。我国一些企业的配送资源丰富,但各企业间配送资源相互独立而没有共享,能力参差不齐,虽然已经有了一些现代化的大型配送中心,但相对于我国的物流需求规模而言,数量仍然太少,难以整体发挥配送规模化、集成化优势。我国配送中心分布零散且布局不合理,无法实现大批量、低价格的规模效益。例如,在我国连锁企业的配送中心中,大部分流程不合理,仍采用单店经营时的仓库作业流程,配送成本较高,影响作业效率。在我国,每平方米仓库储存量仅为发达国家的25%,平均库存周转时间约为发达国家的33倍。据统计,全国的仓储设施资源利用率平均还不到40%,配送中心60%左右的人员、设施处于闲置状态。这种状况不同程度地存在于批发企业、储运企业、企业集团等建设的配送中心。

总体而言,我国配送服务的社会化和专业化程度仍然较低,第三方物流发展虽然很快,但真正能够提供一体化服务的还不多。由于物流企业的服务供给能力和水平不够,也影响到物流需求方不得不经常采用自建物流体系的模式。我国企业应借鉴发达国家的先进经验,结合我国的具体情况,继续发展符合我国国情的配送体系,使之能更好地为迅速发展的社会需求服务。

第三节 配送的种类

为满足不同产品、不同企业、不同流通环境的要求,可以采用各种形式的配送。配送的种类可划分如下:

一、按配送主体所处的行业分类

1. 制造业配送

制造业配送是围绕制造业企业所进行的原材料、零部件的供应配送,各生产工序上的生产配送，以及企业为销售产品而进行的对客户的销售配送。制造业配送由供应配送、生产配送和销售配送三部分组成，各个部分在客户需求信息的驱动下连成一体，通过各自的职能分工与合作，贯穿于整个制造业配送中。

2. 农业配送

农业配送是一种特殊的、综合的农业物流活动，是在农业生产资料、农产品的送货基础上发展起来的。农业配送是指在与农业相关的经济合理区域范围内，根据客户要求，对农业生产资料、农产品进行分拣、加工、包装、分割、组配等作业，并按时送达指定地点的农业物流活动。

3. 商业配送

商业企业的主体包括批发企业和零售企业，二者对配送的理解、要求、管理等都不相同。批发企业配送的客户不是流通环节的终点消费者，而是零售商业企业。因此，批发商业企业必然要求配送系统不断满足其零售客户多批次、少批量的订货及流通加工等方面的需求。而对于零售企业来说，其配送的客户是流通环节终点的各类消费者，因此，一方面，由于经营场所的面积有限，它们希望上游供应商（包括批发企业）能向其提供小批量的商品配送；另一方面，为了满足各种不同客户的需要，它们又都希望尽可能多地配备商品种类。

4. 物流企业配送

物流企业是专门从事物流活动的企业，因此，物流企业配送并不像前面三类企业一样拥有货物的所有权，而是根据所服务客户的需求，为客户提供配送支持服务。现在比较常见的物流企业配送形式是快递业提供的门到门的物流服务。

二、按实施配送的节点不同分类

1. 配送中心配送

组织者是专职配送的配送中心，规模较大。有的配送中心需要储存各种商品，储存量也比较大；有的配送中心专职于配送，储存量较小，货源靠附近的仓库补充。

配送中心专业性较强，和客户有固定的配送关系，一般实行计划配送，需配送的商品有一定的库存量，一般情况很少超出自己的经营范围。配送中心的设施及工艺流程是根据配送需要专门设计的，所以配送能力强，配送距离较远，配送品种多，配送数量大。它承担工业生产用主要物资的配送，及向配送商店实行补充性配送等。配送中心配送是配送的重要形式。从实施配送较为普遍的国家看，配送中心配送是配送的主体形式，不仅在数量上占主要部分，而且是某些小配送单位的总据点，因而发展较快。

配送中心配送覆盖面较宽，配送规模大。因此，必须有一套配套的大规模实施配送的设施（如配送中心建筑、车辆、路线等）。该设施一旦建成便很难改变，所以灵活机动性较差、投资较高，在实施配送时难以一下子大量建设配送中心。因此，这种配送形式有一定的局限性。

2. 一般仓库配送

这种配送是以一般仓库为据点进行的配送形式。它可以把仓库完全改造成配送中心，也可以以仓库原功能为主，在保持原功能的前提下，增加一部分配送职能。由于不是专门按配送中心的要求设计和建立的，所以，一般仓库配送规模较小，配送的专业化程度低。但它可以利用原仓库的储存设施及能力、收发货场地、交通运输线路等，开展中等规模的配送，并且可以充分利用现有条件而不需要大量投资。

3. 商店配送

组织者是商业或货物的门市网点，这些网点主要承担商品的零售，规模一般不大，但经营品种较齐全。除日常零售业务外，还可根据客户的要求将商店经营的品种配齐，或代客户订购一部分本商店平时不经营的商品，和商店经营的品种一起配齐送给客户。这种配送组织者实力有限，往往只能进行小量、零星商品的配送。商店配送是配送中心配送的辅助及补充，它主要有两种形式：

（1）兼营配送形式。商店在进行一般销售的同时兼顾配送的职能。商店的备货可用于日常销售及配送，有较强的机动性，因此，可以将日常销售与配送相结合，互为补充。这种形式在一定铺面的条件下，可取得更多的销售额。

（2）专营配送形式。商店不进行零售销售而专门进行配送。一般情况是商店位置条件不好，不适于门市销售而又有某方面经营优势及渠道优势，可采取这种方式。

4. 生产企业配送

组织者是生产企业，尤其是进行多品种生产的生产企业，可以直接由本企业进行配送，而无须再将产品发运到配送中心进行配送。生产企业配送由于避免了一次物流中转，所以具有一定优势。但是生产企业，尤其是现代生产企业，往往进行的是大批量低成本生产，品种较单一，因而不能像配送中心那样依靠产品凑整运输取得优势。实际上生产企业配送不是配送的主要形式。

生产企业配送在地方性较强的产品生产企业中应用较多，如就地生产、就地消费的食品、饮料、百货等。在生产资料方面，某些不适于中转的化工产品及地方建材也可采取这种方式。

三、按配送货物的特征不同分类

1. 单（少）品种大批量配送

工业企业需要量较大的货物，单独一个品种或几个品种就可达到较大输送量，可实行整车运输。这种货物往往不需要再与其他货物搭配，可由专业性很强的配送中心实行配送。由于配送量大，可使车辆满载并使用大吨位车辆。配送中心内部设置、组织、计划等工作也较简单，因此配送成本较低。如果从生产企业将这种货物直接运抵客户，同时又不致使客户库存效益下降，则采用直送方式往往有更好的效果。

2. 多品种、少批量配送

现代企业生产除了需要少数几种主要货物外，从品种数来看，处于B、C类的货物品种数远高于A类主要物资。B、C类物资的品种数多，但单品种需要量不大，若采取直送或大批量配送方式，由于一次进货批量大，必然造成客户库存增大等问题。类似情况也存在于向零售品商店补充一般生活消费品的配送，所以，这些情况适合采用多品种、少批量的配送方式。

多品种、少批量配送是按客户要求，将所需的各种货物（每种需要量不大）配备齐全，凑整装车后，由配送据点送达客户。这种配送作业水平要求高，配送中心设备复杂，配货送货计划难度大，必须由高水平的组织工作来保证。这是一种高水平、高技术的配送方式。

多品种、少批量配送也正符合了现代"消费多样化""需求多样化"的新观念，所以它是许多发达国家推崇的方式。

多品种、少批量配送往往伴随多客户、多批次的特点，配送频度往往较高。

3. 配套成套配送

按企业生产需要，尤其是装配型企业的生产需要，将生产每一台设备所需的全部零部件配齐，按生产节奏定时送达生产企业，生产企业随即可将此成套零部件送入生产线装配产品。在这种配送方式中，配送企业承担了生产企业大部分的供应工作，帮助生产企业专注于生产，与多品种、少批量配送效果相同。

四、按配送的时间及数量分类

1. 定时配送

定时配送是指按规定的时间间隔进行配送，如数天或数小时一次等，每次配送的品种及数量可按计划执行，也可在配送之前以商定的联络方式（如电话、计算机终端输入等）通知配送品种及数量。这种方式时间固定，易于安排工作计划，易于计划使用车辆，对客户来讲，也易于安排接货力量（如人员、设备等）。但是，由于配送货物种类经常变化，配货、装货难度较大，在要求配送数量变化较大时，也会使配送运力安排出现困难。定时配送包括日配、隔日配送、周配送、旬配送、月配送、准时配送等。下面介绍其中两种比较重要的具体形式：

（1）日配（当日配送）。日配是定时配送中施行较广泛的方式，尤其在城市内的配送，日配占比较高。

日配的时间要求，大体上是上午的配送订货下午送达，下午的配送订货第二天早上送达，送达时间在订货的24h之内；或者是客户下午的需要保证上午送到，上午的需要保证前一天下午送到，在实际投入使用前的24h之内送达。

日配方式广泛而稳定地开展，可使客户基本上无须保持库存，不以传统库存作为生产或销售经营的保证，而以日配方式实现。

日配方式特别适合以下情况：

1）消费者追求新鲜的食品，如水果、点心、肉类、蛋类、蔬菜等。

2）客户是多个小型商店，追求周转快、随进随售，因而需要采取日配形式快速周转。

3）由于客户条件的限制，不可能保持较长时期的库存，如已采用零库存方式的生产企业、"黄金宝地"位置的商店以及缺乏储存设施（如冷冻设施）的客户。

4）临时出现的需求。

（2）准时配送——看板方式。这是使配送供货与生产企业生产保持同步的一种方式。这种方式比日配方式和一般定时方式更为精细、准确，配送每天至少一次，甚至几次，以保证企业生产的不间断。

这种方式追求的是供货时间恰好是客户生产所用之时，从而货物不需在客户仓库中停留，可直接运往生产场地。准时配送强调准时，即在客户规定的时间，将合适的产品按准确的数量送到客户指定的地点。与日配方式相比，其连"暂存"这种方式也可取消，可以绝对实现零库存。

准时配送——看板方式要求有高水平的配送系统来实施。由于要求迅速反应，因而不大可能对多客户进行周密的共同配送计划。这种方式适合装配型的重复大量生产的客户，这种客户所需配送的货物是重复、大量且无大变化的，因而往往是一对一的配送，即使时间要求可以不那么精确，也难以集中对多个客户的需求实行共同配送。

2. 定量配送

定量配送是指按规定的批量，在一个指定的时间范围内进行配送。这种配送方式数量固定，备货工作较为简单，可以按托盘、集装箱及车辆的装载能力来规定配送的批量，能有效利用托盘、集装箱等集装方式，也可做到整车配送，配送效率较高。由于配送时间不严格限定，所以可将不同客户所需货物凑齐整车后配送，运力利用也较好。对客户来讲，每次接货都处理同等数量的货物，有利于人力、物力的准备。

3. 定时定量配送

定时定量配送是指按照规定的配送时间和配送数量进行配送。这种方式兼有定时、定量两种方式的优点，但特殊性强，计划难度大，适合采用的对象不多，不是一种普遍的方式。

4. 定时定路线配送

在规定的运行路线上制定到达时间表，按运行时间表进行配送，客户可按规定路线及规定时间接货及提出配送要求。

采用这种方式有利于安排车辆及驾驶人员。在配送客户较多的地区，也可免去过分复杂的配送要求所造成的配送组织工作及车辆安排的困难。对客户来讲，既可对一定路线、一定时间进行选择，又可有计划地安排接货力量。但这种方式的应用领域也是有限的。

5. 即时配送

即时配送是完全按客户突然提出的配送要求的时间和数量随即进行配送的方式，是具有很高灵活性的一种应急的方式。采用这种方式的货物可以实现保险储备的零库存，即用即时配送代替保险储备。这种配送方式成本较高，要求的管理水平也很高，只有具有完善的设施和较强应变能力的专业化配送中心才能大规模开展这种业务。

五、按经营形式不同分类

1. 销售配送

销售配送是指销售性企业作为销售战略一环所进行的促销型配送。这种配送的配送对象往往是不固定的，客户也往往是不固定的，配送对象和客户依据对市场的占有情况而定，配送的经营状况也取决于市场状况，配送随机性较强而计划性较差。例如，各种类型的商店配送一般多属于销售配送。

用配送方式进行销售是扩大销售数量、扩大市场占有率、获得更多销售收益的重要方式。由于是在送货服务前提下进行的活动，所以受到客户的欢迎。

2. 供应配送

供应配送是指客户为了自己的供应需要所采取的配送形式，往往由客户或客户集团组建配送据点，集中组织大批量进货（取得批量优惠），然后向本企业配送或向本企业集团若干企业配送。这种以配送形式组织对本企业的供应在大型企业或企业集团或联合公司中采用较多，例如，商业中广泛采用的连锁商店，就常常采用这种方式。

用配送方式进行供应是保证供应水平、提高供应能力、降低供应成本的重要方式。

3. 销售—供应一体化配送

销售企业对于基本固定的客户和基本确定的配送产品，可以在自己销售的同时承担客户有计划的供应者的职能，既是销售者同时又是客户的供应代理人，起到客户供应代理人的作用。对某些客户来讲，这就可以削减自己的供应机构，而委托销售者代理。

这种配送对销售者来讲，能获得稳定的客户和销售渠道，有利于本身的持续稳定发展，有利于扩大销售数量。对于客户来讲，能获得稳定的供应，可大大节约本身为组织供应所耗用的人力、物力、财力，销售者能有效控制进货渠道，这是任何企业供应机构都难以做到的，因而对供应的保证程度大大提高。

销售—供应一体化的配送是配送经营中的重要形式，这种形式有利于形成稳定的供需关系，有利于采取先进的计划手段和技术手段，有利于保持流通渠道的畅通稳定，因而受到人们的关注。

4. 代存代供配送

代存代供配送是用户将属于自己的货物委托配送企业代存、代供，有时还委托代订，然后组织对本身的配送。这种配送在实施时不发生货物所有权的转移，配送企业只是客户的委托代理人。货物所有权在配送前后都属于客户所有，所发生的仅是货物物理位置的转移。配送企业仅从代存、代送中获取收益，而不能获得货物销售的经营性收益。

六、按加工程度不同分类

1. 加工配送

加工配送是指和流通加工相结合的配送，即在配送据点中设置流通加工环节，或是将流通加工中心与配送中心建立在一起。当社会上现成的产品不能满足客户需要，客户根据本身工艺要求，需要使用经过某种初加工的产品时，可以在加工后通过分拣、配货再送货到户。

流通加工与配送相结合，使流通加工更有针对性，减少了盲目性。配送企业不但可以依靠送货服务、销售经营取得收益，还可以通过加工增值取得收益。

2. 集疏配送

集疏配送是只改变货物数量组成形态，而不改变货物本身物理、化学性态的与干线运输相配合的配送方式。例如，大批量进货后小批量、多批次发货，零星集货后以一定批量送货等。

七、按配送企业专业化程度分类

1. 综合配送

综合配送是指配送货物种类较多，不同专业领域的货物在一个配送网点中组织对客户的配送。这一类配送由于综合性较强，故称为综合配送。

综合配送可减少客户为组织所需全部货物进货的负担，只需与少数配送企业联系，便可解决多种需求。因此，它是对客户服务意识较强的配送形式。

综合配送的局限性在于，由于货物性能、形状差别很大，在组织时技术难度较大。因此，一般只是在性状相同或相近的不同类货物方面实行综合配送，差别过大的货物难以综合化。

2. 专业配送

专业配送是指按货物性状不同，适当划分专业领域的配送方式。专业配送并非越细分越好，实际上，同一性状而类别不同的货物配送也是有一定综合性的。

专业配送的主要优势是可按专业的共同要求优化配送设施、优选配送机械及配送车辆，制定适用性强的工艺流程，从而大大提高配送各环节作业的效率。现在已形成的专业配送形式主要有以下几种：

（1）中、小件杂货的配送。大部分按标准规格包装的不同类别的中、小件货物，由于包括领域较广，也可看成是一种综合性配送，它是当前开展较广泛的一种配送。中、小件杂货包括各种百货、小机电产品、轴承、工具、标准件、中小零件、中小包装的化工产品、中小包装的建材产品、土产品、书籍、仪器仪表、电工器材等。
（2）金属材料的配送，包括各种金属材料及金属制品。
（3）燃料煤的配送，包括各种煤炭和煤制品。
（4）水泥的配送，包括各种包装形式的水泥。
（5）燃料油的配送，包括各种燃油成品。
（6）木材的配送，包括原木及加工木。
（7）平板玻璃的配送，包括各种规格的平板玻璃及制品。
（8）化工产品的配送，包括各种液体及固体化工产品。
（9）生鲜食品的配送，包括各种保质期较短的食品。
（10）家具及家庭用具的配送，包括各种家具及家用大件用具。

第四节 配送管理概述

一、配送管理的含义

配送管理是指为了以最低的配送成本达到客户所满意的服务水平，对配送活动进行的计划、组织、协调与控制。

按照管理进行的顺序，配送管理可划分为三个阶段：计划阶段、实施阶段和评价阶段。

1. 配送管理的计划阶段

计划是作为行动基础的某些事先的考虑。配送计划是为了实现配送预想达到的目标所做的准备性工作。

首先，配送计划要确定配送所要达到的目标，以及为实现这个目标所进行的各项工作的先后次序。

其次，要分析研究在配送目标实现的过程中可能发生的任何外界影响，尤其是不利因素，并确定相应的对策。

最后，制定贯彻和指导实现配送目标的人力、物力、财力规划的具体措施。

2. 配送管理的实施阶段

配送计划确定以后，为实现配送目标，就必须把配送计划付诸实施。配送的实施管理就是对正在进行的各项配送活动进行管理。它在配送各阶段的管理中具有最突出的地位，因为在这个阶段，各项计划将通过具体的执行受到检验。同时，它也把配送管理工作与配送各项具体活动紧密地结合在一起。这个阶段包括如下任务：

（1）对配送活动的组织和指挥。为了使配送活动按计划所规定的目标正常地发展和运行，对配送的各项活动进行组织和指挥是必不可少的。配送的组织是指在配送活动中把各个相互关联的环节合理地结合起来,形成一个有机的整体,以便充分发挥配送中每个部门、每个工作者的作用。配送的指挥是指在配送过程中对各个配送环节、部门、机构进行的统一调度。

(2) 对配送活动的监督和检查。必须通过监督和检查,才能充分了解配送活动的结果。监督的作用是考核配送执行部门或执行人员工作完成的情况,监督各项配送活动有无偏离配送的既定目标。各级配送部门都有被监督和检查的义务,也有去监督、检查其他部门的责任。通过监督和检查,可以了解配送的实施情况,揭露配送活动中出现的矛盾,找出存在的问题,分析问题发生的原因,提出解决的方法。

(3) 对配送活动的调节。在执行配送计划的过程中,配送的各部门、各环节总会出现不平衡的情况。遇到上述问题,就需要根据配送的影响因素,对配送的各部门、各环节的能力做出新的综合平衡,重新布置实现配送目标的力量。这就是对配送活动的调节。通过配送调节可以解决各部门、各环节之间,上下级之间,配送内部和外部环境之间的矛盾,从而使配送过程协调一致,紧紧围绕配送目标开展活动,从而保证配送计划的最终实现。

3. 配送管理的评价阶段

在一定时期内,人们对配送实施后的结果与原计划的配送目标进行对照、分析,这就是对配送的评价。通过对配送活动的评价,可以确定配送计划的科学性、合理性程度,确认配送实施阶段的成果与不足,从而为今后制订新的计划、组织新的配送提供宝贵的经验和资料。

按照对配送评价的范围不同,可以将配送评价分为专门性评价和综合性评价。专门性评价是指对配送活动中的某一方面或某一具体活动做出分析,如分拣工作的效率、送货服务的准确性等。综合性评价是指对配送活动全面管理水平的综合性分析,主要评价某一次或某一类配送活动是否达到了期望的目标值,完成了预定的任务。

按照配送各部门之间的关系,配送评价又可以分为纵向评价和横向评价。纵向评价是指上一级配送部门对下一级部门和机构的配送活动进行的分析。这种分析通常表现为本期完成情况与上期或历史完成情况的对比。横向评价是指执行配送业务的各部门之间的各种工作效果的对比,通常能显示出配送部门在社会上所处水平的高低。

应当指出的是,无论采取什么评价方法,其评价手段都要借助具体的评价指标,这种指标通常表现为实物指标和综合指标。

二、配送管理的内容

从不同的角度来看,配送管理包含不同的内容,可以从以下角度进行分析:

(一) 配送模式管理

配送模式是企业对配送所采取的基本战略和方法。企业选择何种配送模式,主要取决于以下几方面的因素:配送对企业的重要性、企业的配送能力、市场规模与地理范围、保证的服务及配送成本等。根据国内外的发展经验及我国的配送理论与实践,目前主要形成了以下几种配送模式：自营配送模式、共同配送模式、共用配送模式和第三方配送模式。企业应如何选择配送模式，将在本章第五节中进行说明。

（二）配送业务管理

配送的对象、品种、数量等较为复杂。为了做到有条不紊地组织配送活动，管理者需要遵照一定的工作程序对配送业务进行安排与管理。一般情况下，配送组织工作的基本程序和内容主要有以下两个方面：

1. 选择配送路线

配送路线是否合理，对配送速度、成本、效益影响很大，因此，采用科学合理的方法确定合理的配送路线是非常重要的一项工作。确定配送路线可以采取各种数学方法和在数学方法的基础上发展和演变出来的经验方法，主要有方案评价法、数学计算法和节约里程法等。现在已开发出多个软件，可以帮助管理者及员工设定配送路线，避免了烦琐的数学计算，故在此不做这些计算方法的具体介绍。

2. 拟订配送计划

管理者需要拟订配送计划，供具体负责进行配送作业的员工执行。现在一般采用计算机作为编制配送计划的主要手段。

（三）配送作业管理

不同产品的配送可能有其独特之处，但配送的一般流程基本如图 1-1 所示。

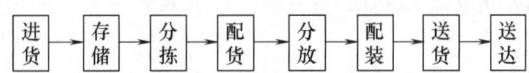

图 1-1　配送的一般流程

配送作业流程的管理就是对这个流程之中的各项活动进行计划和组织。

（四）对配送系统各要素的管理

从系统的角度看，对配送系统各要素的管理主要包含以下内容：

1. 人的管理

人是配送系统和配送活动中最活跃的因素。对人的管理包括：配送从业人员的选拔和录用；配送专业人才的培训与提高；配送教育和配送人才培养规划与措施的制定等。

2. 物的管理

"物"是指配送活动的客体，即物质资料实体。物质资料的种类千千万万，物质资料的物理、化学性能更是千差万别。对物的管理贯穿于配送活动的始终，渗入到配送活动的流程之中，不可忽视。

3. 财的管理

财的管理主要是指配送管理中有关降低配送成本、提高经济效益等方面的内容，它是

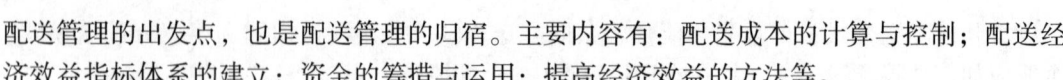

配送管理的出发点,也是配送管理的归宿。主要内容有:配送成本的计算与控制;配送经济效益指标体系的建立;资金的筹措与运用;提高经济效益的方法等。

4. 设备管理

设备管理的主要内容有:各种配送设备的选型与优化配置;各种设备的合理使用和更新改造;各种设备的研制、开发与引进等。

5. 方法管理

方法管理的主要内容有:各种配送技术的研究、推广普及;配送科学研究工作的组织与开展;新技术的推广普及;现代管理方法的应用等。

6. 信息管理

信息是配送系统的神经中枢,只有做到有效处理并及时传输配送信息,才能对系统内部的人、财、物、设备和方法五个要素进行有效的管理。

(五)对配送活动中具体职能的管理

从职能上划分,配送活动主要包括配送计划管理、配送质量管理、配送技术管理、配送经济管理等。

1. 配送计划管理

配送计划管理是指在系统目标的约束下,对配送过程中的每个环节都要进行科学的计划管理。其具体体现在配送系统内各种计划的编制、执行、修正及监督的全过程。配送计划管理是配送管理工作的最重要的职能。

2. 配送质量管理

配送质量管理包括配送服务质量管理、配送工作质量管理、配送工程质量管理等。配送质量的提高意味着配送管理水平的提高,意味着企业竞争能力的提升,因此,配送质量管理是配送管理工作的中心问题。

3. 配送技术管理

配送技术管理包括配送硬技术和配送软技术的管理。对配送硬技术的管理,是指对配送基础设施和配送设备的管理,如配送设施的规划、建设、维修、运用,配送设备的购置、安装、使用、维修和更新,提高设备的利用效率,对日常工具的管理等;对配送软技术的管理,主要是指配送各种专业技术的开发、推广和引进,配送作业流程的制定,技术情报和技术文件的管理,配送技术人员的培训等。配送技术管理是配送管理工作的依托。

4. 配送经济管理

配送经济管理包括配送费用的计算和控制,配送劳务价格的确定和管理,配送活动的经济核算、分析等。成本费用的管理是配送经济管理的核心。

(六)配送中心管理

配送中心是专门从事配送活动的场所,应从管理一个企业或者部门的角度出发,对其中涉及的各项工作进行妥善的安排。

三、配送管理的意义

配送管理的意义,在于可以通过对配送活动的合理计划、组织、协调与控制,帮助实现以最合理的成本达到最合适的客户服务水平的总目标。从不同的角度来看,其意义有不同的体现。

1. 对于从事配送工作的企业的意义

对于从事配送工作的企业来说,配送管理的意义主要表现在以下几方面:

(1) 通过科学合理的配送管理,可以大幅度地提高企业的配送效率。配送企业通过对配送活动的合理组织,可以提高信息的传递效率,提高配送决策的效率和准确性,提高各作业环节的效率,能有效地对配送活动进行实时监控,促进配送作业环节的合理衔接,减少失误,从而更好地完成配送的职能。

(2) 通过科学合理的配送管理,可以大幅度地提高货物供应的保证程度,降低客户因缺货而产生的风险,提高配送企业的客户满意度。

(3) 通过科学合理的配送管理,可以大幅度地提高配送企业的经济效益。一方面,货物供应保证程度和客户满意度的提高,将提高配送企业的信誉和形象,吸引更多的客户;另一方面,将使企业更科学合理地选择配送的方式及配送路线,保持较低的库存水平,从而降低成本。

2. 对于客户的意义和作用

对于接受配送服务的客户来说,配送管理的意义和作用主要表现在以下几方面:

(1) 对于需求方客户来说,可以通过配送管理降低库存水平,甚至可以实现零库存,从而减少库存资金,改善财务状况,实现客户经营成本的降低。

(2) 对于供应方客户来说,如果供应方实施自营配送模式,可以通过科学合理的配送管理提高其配送效率,降低配送成本;如果供应方采取委托配送模式,可以节约在配送系统方面的投资和人力资源的配置,提高资金的使用效率,降低成本开支。

3. 对于配送系统的意义和作用

对于配送系统来说,可以通过科学合理的配送管理实现以下功能:

(1) 完善配送系统。配送系统是构成整体物流系统的重要子系统,配送活动处于物流活动的末端,它的完善和发展将使整个物流系统得以完善和发展。通过科学合理的配送管理,可以帮助完善整个配送系统,从而达到完善物流系统的目的。

(2) 强化配送系统的功能。通过配送管理,可以更强地体现配送运作乃至整体物流运作的系统性,使运作之中的各个环节紧密衔接、互相配合,从而达到系统最优的目的。

(3) 提高配送系统的效率。对于配送工作而言,它与其他任何工作一样,需要进行全过程的管理,以不断提高系统的运作效率,更好地实现经济效益与社会效益。

四、配送管理的原则

配送管理的具体原则很多,但最根本的指导原则是保证配送合理化的实现。所谓配送合理化,就是对配送设备配置和配送活动组织进行调整改进,实现配送系统整体优化的过程。它具体表现在兼顾成本与服务上。配送成本是配送系统为提高配送服务所投入的活劳动和物化劳动的货币表现。配送服务是配送系统投入后的产出。合理化是投入和产出比的合理化,即以尽可能低的配送成本获得可以接受的配送服务,或以可以接受的配送成本达到尽可能高的服务水平。

1. 配送合理化的基本思想

配送活动各种成本之间经常存在此消彼长的关系,配送合理化的一个基本思想就是"均衡"的思想。从配送总成本的角度权衡得失,不求极限,但求均衡,均衡造就合理。例如,对配送费用的分析,均衡的观点是从总配送费用入手,即使某一配送环节要求高成本的支出,但如果其他环节能够降低成本或获得利润,就认为是均衡的,即是合理可取的。在配送管理实践中,切记配送合理化的原则和均衡的思想,这将有利于企业防止"只见树木,不见森林",做到不仅注意局部的优化,更要注重整体的均衡。这样的配送管理对于企业最大经济效益的取得才是最有成效的。

2. 不合理配送的表现形式

配送决策的优劣不能简单判断,也很难有一个绝对的标准。例如,企业效益是配送的重要衡量标志,但是,在决策时常常需要考虑各个因素,有时甚至要做赔本买卖。所以,配送决策是全面、综合的决策。在决策时要避免由于不合理配送所造成的损失,但有时某些不合理现象是伴生的,要追求大的合理,就可能派生小的不合理。所以,这里只单独论述不合理配送的表现形式,但要防止绝对化。

(1) 资源筹措不合理。配送利用较大批量筹措资源,通过筹措资源的规模效益来降低资源筹措的成本,使配送资源筹措成本低于客户自己筹措资源的成本,从而取得优势。如果不是集中多个客户需要进行批量筹措资源,而仅仅是为某一两个客户代购代筹,对客户来讲,就不仅不能降低资源筹措费用,相反却要多支付一笔配送企业的代筹代办费,因而是不合理的。

资源筹措不合理还有其他表现形式,如配送量计划不准,资源筹措过多或过少,在资源筹措时不考虑建立与资源供应者之间长期稳定的供需关系等。

(2) 库存决策不合理。配送应充分利用集中库存总量低于各客户分散库存总量的优势,大大节约社会财富,同时降低客户实际平均分摊的库存负担。因此,配送企业必须依靠科学的管理来实现低的总量库存,否则就会出现仅仅是库存转移,而未实现库存降低的不合理现象。

配送企业库存决策不合理还表现为储存量不足,不能保证随机需求,因而失去了应有的市场。

(3) 价格不合理。总的来讲,配送的价格应低于不实行配送、客户自己进货时的产品购买价格加上自己提货、运输、进货成本的总和,这样才会使客户有利可图。有时,由于配送有较高的服务水平,价格稍高客户也是可以接受的,但这不是普遍的原则。如果配送价格普遍高于客户自己进货的价格,将损害客户的利益,那就是一种不合理的表现。

价格过低会使配送企业在无利或亏损的状态下运行,这将损害销售者的利益,也是不合理的。

(4) 配送与直达决策不合理。一般的配送总是增加了环节,但是环节的增加可降低客户的平均库存水平,这样不但抵消了由于增加环节而多付出的支出,而且还能取得剩余效益。但是,如果客户需要的货物批量大,则可以直接通过社会物流系统均衡批量进货,它较之通过配送中转送货可能更节约费用。所以,在这种情况下,不直接进货而通过配送,就属于不合理范畴。

(5) 送货中的不合理运输。配送与客户自提比较,尤其对于多个小客户来讲,可以集中配装一车送几家,比一家一户自提可大大节省运力和运费。如果不能利用这一优势,仍然是一户一送,而车辆达不到满载(即时配送过多、过频时会出现这种情况),就属于不合理运输。

此外,不合理运输的若干表现形式在配送中都可能出现,会使配送变得不合理。

(6) 经营观念不合理。在配送实施中,由于许多经营观念不合理,使配送优势无从发挥,相反却损害了配送的形象。这是在开展配送时尤其需要注意的不合理现象。例如,配送企业利用配送手段,向客户转嫁资金、库存困难:在库存过大时,强迫客户接货,以缓解自己的库存压力;在资金紧张时,长期占用客户资金;在资源紧张时,将客户委托的资源挪作他用而获利等。

3. 配送合理化的判断标志

对配送合理化与否的判断,是配送系统决策的重要内容,但目前国内外尚无一定的技术经济指标体系和判断方法。按一般认识,应当纳入以下若干标志:

(1) 库存标志。库存是判断配送合理与否的重要标志。具体指标有以下两方面:

1) 库存总量。库存总量在一个配送系统中,从分散的各个客户转移给配送中心,配送中心的库存数量加上各客户在实行配送后的库存量之和应低于实行配送前各客户库存量之和。

此外,从各个客户的角度判断,把各客户在实行配送前后的库存量相比较,也是判断配送合理与否的标志。如果某个客户的库存量上升而总量下降,也属于一种不合理。

库存总量是一个动态的量,上述比较应当是在一定经营量的前提下。在客户生产有所发展之后,库存总量的上升则反映了经营的发展,必须排除这一因素,才能对总量是否下降做出正确判断。

2) 库存周转。由于配送企业的调剂作用,以低库存保持高的供应能力,所以库存周转一般总是快于原来各企业的库存周转。

此外,从各个客户的角度进行判断,把各客户在实行配送前后的库存周转相比较,也是判断配送合理与否的标志。

为取得共同的比较基准,以上库存标志都是以库存储备资金来计算,而不是以实际物资数量计算。

(2) 资金标志。总的来讲,实行配送应有利于资金占用降低及资金运用的科学化。具体判断标志如下:

1) 资金总量。用于资源筹措所占用的流动资金总量,随着储备总量的下降及供应方式的改变,必然有较大幅度的降低。

2) 资金周转。从资金运用来讲,由于整个节奏加快,资金充分发挥了作用。同样数量的资金,过去需要较长的时间才能满足一定的供应要求,而实行配送之后,在较短的时间内就能达到此目的。所以,资金周转是否加快,也是衡量配送合理与否的标志。

3) 资金投向的改变。资金分散投入还是集中投入,是资金调控能力的重要反映。在实行配送后,资金必然应当从分散投入改为集中投入,以便增强调控作用。

(3) 成本和效益标志。总效益、宏观效益、微观效益、资源筹措成本等都是判断配送是否合理的重要标志。对于不同的配送方式,可以有不同的判断侧重点。例如,配送企业、客户都是各自独立的以利润为中心的企业,不仅要看配送的总效益,而且还要看对社会的宏观效益及两个企业的微观效益。如果不顾及任何一方,就必然会出现不合理。又如,如果配送是由客户集团自己组织的,配送主要强调保证能力和服务性,那么,效益主要从总效益、宏观效益和客户集团企业的微观效益来判断,不必过多顾及配送企业的微观效益。

由于总效益及宏观效益难以计量,所以在实际判断时,常以是否按国家政策进行经营、完成国家税收情况以及配送企业和客户的微观效益来判断。

对于配送企业而言(在投入确定的情况下),企业利润反映了配送合理化的程度。

对于客户企业而言,在保证供应水平或提高供应水平(产出一定)的前提下,供应成本的降低反映了配送的合理化程度。

衡量成本及效益是否合理,还可以具体到储存、运输和具体配送环节。

(4) 供应保证标志。实行配送后,客户的最大担心是供应保证程度是否会降低。

配送必须提高而不是降低客户的供应保证能力,只有这样,配送才是合理的。供应保证能力可以从以下几方面来判断:

1) 缺货次数。实行配送后,对各客户来讲,该到货而未到货以致影响客户生产及经营的次数必须下降,配送才是合理的。

2) 供应能力。对每一个客户来讲,配送企业的集中库存量所形成的保证供应能力高于实施配送前单个企业的保证能力,从保证供应的角度来看才是合理的。

3)即时配送的能力及速度是客户出现特殊情况时的特殊供应保障方式,这一能力必须高于未实行配送前客户紧急进货的能力才是合理的。

特别需要强调的是,配送企业的供应保障能力是一个科学合理的概念,而不是无限的概念。具体来讲,如果供应保障能力过高,超过了实际的需要,就属于不合理。所以,追求供应保障能力的合理化也是有限度的。

(5)社会运力节约标志。末端运输是目前运能、运力使用不合理、浪费较大的领域,因而人们寄希望于配送来解决这个问题。这也成了配送合理化的重要标志。

运力使用的合理化是依靠送货运力的规划和整个配送系统的合理流程及与社会运输系统合理衔接来实现的。送货运力的规划是任何配送中心都需要花力气解决的问题,而其他问题有赖于配送及物流系统的合理化,判断起来比较复杂,可以简化判断如下:

1)社会车辆总数减少而承运量增加为合理。

2)社会车辆空驶减少为合理。

3)一家一户自提自运减少而社会化运输增加为合理。

(6)客户企业仓库、供应、进货人力物力节约标志。配送的重要观念是以配送服务于客户,因此,实行配送后,客户库存量、仓库面积、仓库管理人员减少为合理;用于订货、接货、从事供应的人减少为合理。真正解决了客户的后顾之忧,则配送的合理化程度则可以说达到了较高水平。

(7)物流合理化标志。配送必须有利于物流合理。这可以从以下几方面判断:①是否降低了物流费用;②是否减少了物流损失;③是否加快了物流速度;④是否发挥了各种物流方式的最优效果;⑤是否有效衔接了干线运输和末端运输;⑥是否不增加实际的物流中转次数;⑦是否采用了先进的技术手段。

物流合理化的问题是配送要解决的一个大问题,也是衡量配送本身是否合理的重要标志。

4. 配送合理化可采取的做法

国内外推行配送合理化,有一些可供借鉴的做法,简介如下:

(1)推行一定综合程度的专业化配送。通过采用专业设备、设施及操作程序,可以取得较好的配送效果,并降低配送过分综合化的复杂程度及难度,从而追求配送合理化。

(2)推行加工配送。把加工和配送结合起来,可以充分利用本来应有的这次中转,而不增加新的中转,以求得配送合理化。同时,加工借助于配送,加工目的更明确,和客户联系更紧密,避免了盲目性。

(3)推行共同配送。通过共同配送,可以以最近的路程、最低的配送成本完成配送,从而追求配送合理化。

(4)实行送取结合。配送企业与客户建立稳定、密切的协作关系。配送企业不仅成了客户的供应代理人，而且成了客户货物储存的承担者，甚至成为产品的代销人。在配送时，将客户所需的货物送到，再将该客户生产的产品用同一车运回，这种产品也成了配送中心的配送产品之一，或者作为代存代储，免去了生产企业的库存包袱。这种送取结合使运力充分利用，也使配送企业发挥更大的作用，从而追求配送合理化。

（5）推行准时配送系统。准时配送是配送合理化的重要内容。只有配送做到了准时，客户才有资源把握，可以放心地实施低库存或零库存，有效地安排接货的人力、物力，以追求最高效率的工作。另外，保证供应能力也取决于准时供应。从国外的经验看，准时供应配送系统是现在许多配送企业追求配送合理化的重要手段。

（6）推行即时配送。即时配送是最终解决客户企业担心断供之忧，大幅度提高供应保证能力的重要手段。即时配送是配送企业快速反应能力的具体化，是配送企业能力的体现。即时配送成本较高，但它是整个配送合理化的重要保证手段。此外，客户实行零库存，即时配送也是重要保证手段。

第五节 配送模式

配送模式是企业对配送所采取的基本战略和方法。根据国内外的发展经验及我国的配送理论与实践，本节对主要几种配送模式及其选择方式做概要阐述。

一、自营配送模式

自营配送模式是指企业配送的各个环节由企业自身筹建并组织管理，实现对企业内部及外部货物配送的模式。这种模式有利于企业供应、生产和销售的一体化作业，系统化程度相对较高，既可满足企业内部原材料、半成品及成品的配送需要，又可满足企业对外进行市场拓展的需求。其不足之处表现在，企业为建立配送体系的投资规模将大大增加，在企业配送规模较小时，配送的成本和费用也相对较高。

一般而言，采取自营配送模式的企业大都是规模较大的集团公司。有代表性的是连锁企业的配送，其基本上都是通过组建自己的配送系统来完成企业的配送业务，包括对内部各场、店的配送和对企业外部客户的配送。

二、共同配送模式

1. 共同配送模式的含义

共同配送是配送企业之间为了提高配送效率以及实现配送合理化所建立的一种功能互补的配送联合体。共同配送的优势在于有利于实现配送资源的有效配置，弥补配送企业功能的不足，促使企业配送能力的提高和配送规模的扩大，更好地满足客户需求，提高配送效率，降低配送成本。

2. 共同配送模式的原则

共同配送的核心在于充实和强化配送的功能，提高配送效率，实现配送的合理化和系统化。因此，作为开展共同配送的联合体成员，首先要有共同的目标、理念和利益，这样才能使联合体有凝聚力和竞争力，才有利于共同目标和利益的实现。开展共同配送、组建联合体要坚持以下几个原则：①功能互补；②平等自愿；③互惠互利；④协调一致。

需要注意的是，在开展共同配送、组建联合体的过程中，要避免行政干预，谨防"拉郎配"的做法。

3. 共同配送的可行性论证

企业在树立了共同配送的理念之后，要进行共同配送，组建共同配送联合体，就必须进行共同配送的可行性论证。论证的内容主要包括以下几方面：

（1）环境分析。环境分析主要包括宏观环境分析和微观环境分析。宏观环境主要包括经济环境、法律环境和自然环境等，重点应以经济环境为主，主要包括交通、通信及仓储等。微观环境主要包括对合作对象的分析，在共同配送的目标范围内，是否有可供选择的合作对象，着重在功能、区域及配送理念上进行分析。

（2）服务对象论证。这主要从组建共同配送联合体，开展共同配送所提供的服务、形成的配送网络和竞争优势等来分析探讨，确定自己的目标市场及所要达到的目标。

（3）组织论证。它主要分析开展共同配送的组织管理模式、方法以及组织保证。

（4）技术论证。它主要包括与共同配送有关的技术及企业间资源、设备和管理技术的论证；同时，还包括与电子商务相关的安全技术、支付技术及网络技术的论证。

4. 共同配送的实施步骤

共同配送的实施步骤为：①选择联合对象；②组建谈判小组，做好谈判准备；③签订合作意向书及合同，并进行公证；④组建领导班子，拟订管理模式；⑤正式运作。

5. 共同配送的运作方式

在实际运作过程中，由于共同配送联合体的合作形式、所处环境、条件以及客户要求的服务存在差异，因此，共同配送的运作过程也存在较大的差异。在电子商务条件下，共同配送的一般运作过程如图1-2所示。

6. 共同配送的类型

在实际运作过程中，共同配送的种类很多，大体可归纳为紧密型、半紧密型和松散型，资源型和管理型，功能型、集货型、送货型和集送型，等等。

三、互用配送模式

1. 互用配送模式的含义

互用配送模式是几个企业为了各自利益，以契约的方式达成某种协议，互用对方配送系统而进行的配送模式。其优点在于企业不需要投入较大的资金和人力，就可以扩大自身

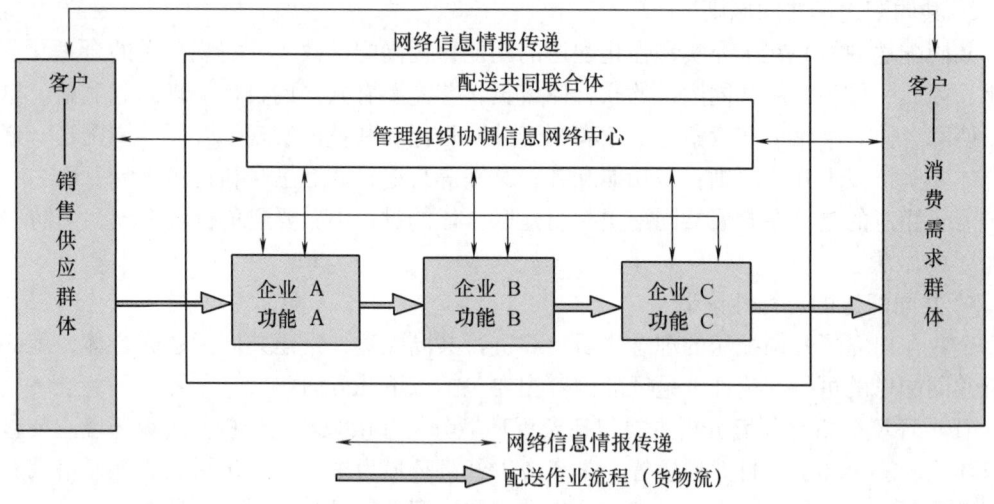

图 1-2 共同配送的一般运作过程

的配送规模和范围,但需要企业有较高的管理水平以及与相关企业的组织协调能力。

2. 互用配送模式的形式

一般来说,互用配送模式的基本形式如图 1-3 所示。

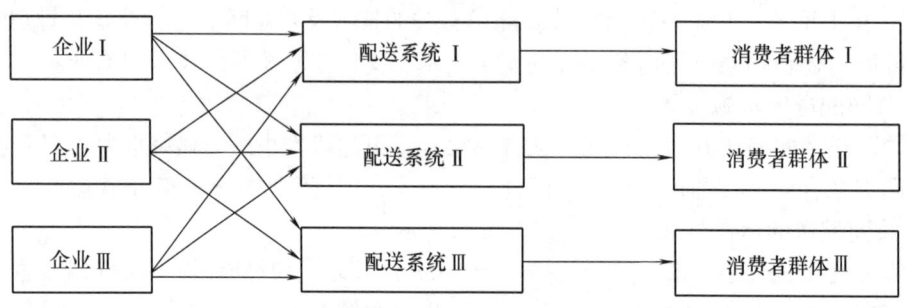

图 1-3 互用配送模式的基本形式

在电子商务条件下,企业与消费者之间可直接通过网络进行信息交流与订货,此时,互用配送模式的形式就转换成为以网络控制为主的配送形式,如图 1-4 所示。

3. 互用配送模式的特点

与共同配送模式相比较,互用配送模式主要有以下特点:

(1)共同配送模式旨在建立配送联合体,以强化配送功能为核心,为社会服务;互用配送模式旨在提高自己的配送功能,以企业自身服务为核心。

(2)共同配送模式旨在强调联合体的协同作用;互用配送模式旨在强调企业自身的作用。

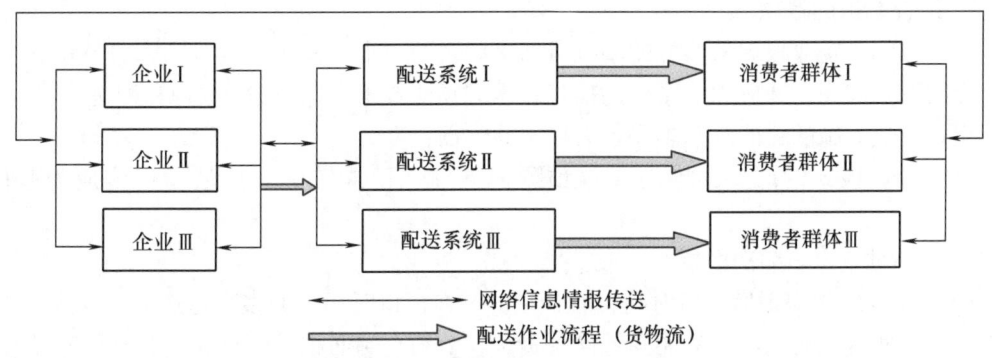

图 1-4　电子商务互用配送模式的基本形式

(3) 共同配送模式的稳定性较强；互用配送模式的稳定性较差。

(4) 共同配送模式的合作对象是经营配送业务的企业；互用配送模式的合作对象既可以是经营配送业务的企业，也可以是非经营配送业务的企业。

四、第三方配送模式

第三方就是为交易双方提供部分或全部配送服务的一方。第三方配送模式是指交易双方把自己需要完成的配送业务委托给第三方来完成的一种配送运作模式。随着物流产业的不断发展以及第三方配送体系的不断完善，第三方配送模式应成为工商企业和电子商务企业进行货物配送的首选模式和方向。第三方配送模式的运作方式如图 1-5 所示。

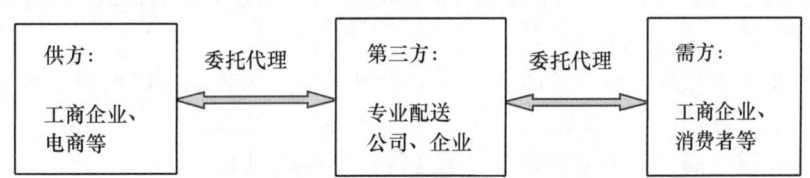

图 1-5　第三方配送模式的运作方式

随着物流管理的理念在我国企业内逐步被认知，第三方物流作为有着较新物流理念的产业正在逐步形成。我国原有的运输企业、仓储企业、电子商务企业经过改造和合并，形成新兴的第三方物流企业。第三方物流企业在对企业的服务中逐步形成一种战略关系，随着 JIT（Just in Time，准时生产）管理方式在我国的普及，不论制造企业还是商业企业，普遍应用 JIT 管理的理念，采用拉动方式，降低库存储备，以适应市场变化。JIT 管理方式的应用，使服务于制造企业和商业企业的第三方物流企业采取小批量、多频次的 JIT 运输。组合配送（Assembly Distribution）是第三方物流企业适应 JIT 运输提出的一种运输方式。

1. 组合配送的概念

第三方物流企业根据采购方的小批量和多频次的要求，按照地域分布密集情况，决定供应方的取货顺序，并应用一系列的信息技术和物流技术，保证 JIT 取货和配送。

组合配送实施的目的和基本要求有以下几方面：

（1）经营模式的改变：推动（以预测为基础）模式转变为拉动（以响应为基础）模式。

（2）小批量、多频次取货。

（3）设定取货和到货窗口时间，有计划的、在窗口时间内的多次运送可减少购方与供方库存量，实现准时生产，从而降低储备资金，节约仓储面积。其理念是将运输车辆作为一个流动的仓库，用运输的时间和空间来代替仓储的时间和空间。

（4）提高生产保障率，减少待料时间。

（5）减少中间仓储搬运环节，做到门对门的服务，节约仓储费用和人力、物力。

（6）通过组合，达到最佳经济批量，从而降低运输成本。

（7）通过全球定位系统（Global Position System，GPS）及信息反馈系统，全程监控货物的到货时间和数量。

（8）增加订单处理的增值服务功能，通过电子网络系统实现订单采购和确认结算。

2. 组合配送的基本模式

目前而言，组合配送模式包括多家取货、一家配送模式和多家取货、多家配送模式等。这里仅介绍多家取货、一家配送模式。

（1）组合配送的运输方式。根据供应商的分布和供应数量要求，组合配送可以分为三种运输方式：

1）对较小、较远且分布较分散的供应商，确定一个聚合点，以便将小车里的零部件转配入大车，运送到工厂。

2）对主要供应商，一天中需要多次运送的，直接送到工厂。

3）对较小但地理位置较接近的供应商，采用 Milk Run（多点停留，即多个停留点的固定集配路线）模式将零部件集结起来运输。

（2）组合配送的基本模式。组合配送的基本模式如图 1-6 所示。

3. 组合配送和传统运输的比较

组合配送和传统运输的比较如表 1-1 所示。

4. 组合配送的推广

组合配送是一种适应市场发展的新型的配送模式，但其发展和推广又有一定的条件和前提。

（1）市场化需求程度。消费者需求的变化是导致市场需求变化的主要因素，对消费品本身可变性和带动性需要进行分析。例如，对计算机市场和大米市场进行分析（表 1-2）。

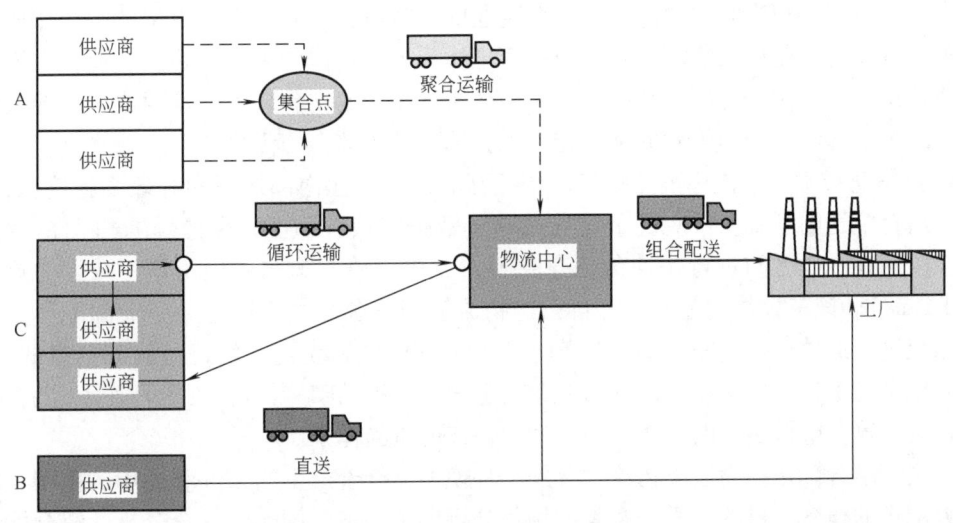

图1-6 组合配送的基本模式

表1-1 组合配送和传统运输的比较

传统运输的特点	组合配送的特点
供应商对运输独立管理	第三方物流企业管理
分散操作,缺乏合作及可见性	整合操作,完全的可见性和管理
分散、复杂的流动	简单、集中的流动
低车辆空间利用率	优化车辆利用率
库存水平不均	有效的库存控制
无IT解决方案平台	有一体化的IT平台支持

表1-2 市场化需求程度分析例

序号	对象	计算机市场	大米市场
1	消费者	个性化需求,进行电子商务B2C	大众化需求
2	消费品	技术更新快,产品升级快	消费稳定
3	供应链	供应链复杂,配送体系需要整合	供应链简单

通过以上分析,可以清楚地认识到,只有产品供应链复杂、需求变化较快的产品,才适合使用组合配送模式。

(2)供应链体系的建立。供应链体系的建立是组合配送模型实施的前提,作为第三方物流企业，掌握了相当的主导企业和配套企业的机密信息，如果没有战略性的合作伙伴关系，第三方物流企业仍无法深入到供应链管理体系当中。作为第三方物流企业，在没有建立战略性伙伴关系时，为供应链服务无形中会增加相当的交易成本和沟通成本，导致整个供应链成本上升和供应链体系的不稳定，也就无法发挥整合的优势。

（3）信息技术和物流标准的推广。依托互联网和企业内部局域网有效实施信息共享，是建立组合配送的基础。供应链企业通过电子数据交换（EDI）系统、电子邮件系统等，通过互联网在企业之间进行快速的信息交换，完成订单下达和处理工作，减少前置时间（Lead Time）。第三方物流企业建立自己的物流管理系统与供应链主导企业和配套企业的信息系统进行有效连接，完成提货通知、发运状态、线路设定、发运结算等信息的交换，从而对配送指令进行快速反应。通过集装化运输、GPS跟踪控制、条形码技术等的应用，有效控制运输，降低货物的操作时间，适应快速的供给体系。

总之，组合配送作为适应物流发展的一种模型，有着产生的条件和适用的范围，本节就组合配送的概念、目的、要求及其市场化分析做了一定的阐述。综合分析，组合配送作为一种配送模式，符合企业发展和供应链发展的要求，对今后物流体系的发展具有一定的引导作用。

五、配送模式的选择决策

企业选择何种配送模式，主要取决于以下几方面的因素：配送对企业的重要性、企业的配送能力、市场规模与地理范围、保证的服务及配送成本等。一般来说，企业配送模式的选择决策方法主要有矩阵图决策法和比较选择法。

（一）矩阵图决策法

矩阵图决策法主要是通过两个不同因素的组合，利用矩阵图来选择配送模式的决策方法。其基本思路是选择决策因素，然后通过将其组合形成不同的区域或象限，再进行决策。这里主要围绕配送对企业的重要性和企业的配送能力来进行分析，如图1-7所示。

在实际经营过程中，企业根据自身的配送能力和配送对企业的重要性组成了图中区域。一般来说，企业可按下列思路来进行选择和决策：

在状态Ⅰ下，配送对企业的重要性程度较大，企业也有较强的配送能力，在配送成本较低和地理区域较小但市场

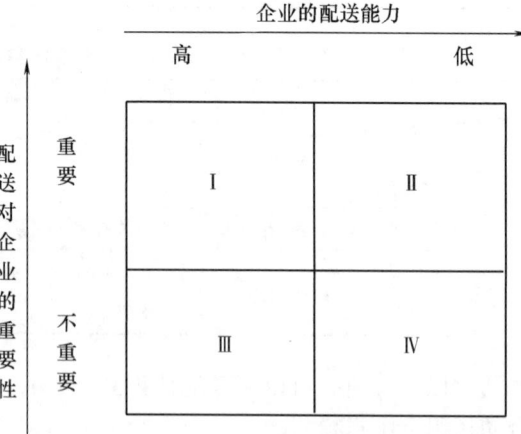

图1-7　矩阵图决策法

相对集中的情况下，企业可采取自营配送模式，以提高客户的满意度和配送效率，与营销保持一致。

在状态Ⅱ下，配送虽对企业的重要程度较大，但企业的配送能力较低，此时，企业可采取的策略是寻求配送伙伴来弥补自身在配送能力上的不足。可供选择的模式有三种：第一种是加大投入，完善配送系统，提高配送能力，采用自营配送模式；第二种是进行一些投入，强化配送能力，采用共同配送模式；第三种是采取第三方配送模式，将配送业务完全委托专业性的配送企业来进行。从理论上讲，在市场规模较大，且相对集中及投资量较小的情况下，企业可采取自营配送模式；若情况相反，则可采取第三方配送模式。但由于各国、各地区物流业发展程度不同，企业实践中有多种具体做法。

在状态Ⅲ下，配送在企业战略中不占据主要地位，但企业却有较强的配送能力，此时，企业可向外拓展配送业务，以提高资金和设备的利用能力，既可以采取共同配送模式，也可以采用互用配送模式。若企业在该方面具有较强的竞争优势时，也可适当地调整业务方向，向社会化的方向发展，成为专业的配送企业。

在状态Ⅳ下，企业的配送能力较低，且不存在较大的配送需求，此时，企业宜采取第三方配送模式，将企业的配送业务完全或部分委托给专业的配送企业完成，而将主要精力放在企业最为擅长的生产经营方面，精益求精，以获得更大的收益。

（二）比较选择法

比较选择法是企业通过对配送活动的成本和收益等进行比较而选择配送模式的一种方法，一般有确定型决策、非确定型决策和风险型决策等。

1. 确定型决策

确定型决策是指一个配送模式只有一种确定的结果，只要比较各个方案的结果，即可做出选择何种配送模式的决策。例如，某一企业为扩大生产销售，现有三种配送模式可供选择，各配送模式所需的配送成本与可能实现的销售额如表1-3所示。

表1-3 各配送模式所需的配送成本与可能实现的销售额

配 送 模 式	成本费用/万元	销售额预计数/万元
自营配送模式	10	220
互用配送模式	8	180
第三方配送模式	5	140

这类问题一般为单目标决策，此时企业可以运用价值分析来进行选择，即直接利用公式 $V = F/C$ 来计算各种配送模式的价值系数。式中，V 为价值系数；F 为功能（此例为销售额预计数）；C 为成本费用。根据计算结果，某一种配送模式的价值系数越大，则说明该种模式的配送价值就越大，是企业的最佳配送模式或满意模式。此例中，自营、互用、第三方配送模式的价值系数分别为 22，22.5，28，因此企业应采取第三方配送模式。

在实际经营过程中，企业对配送模式的选择往往需要考虑许多方面的因素，即需要进行多目标决策。此时，评价配送模式的标准是各模式的综合价值，一般可用综合价值系数作为衡量指标。某一模式的综合价值系数越大，则说明该模式的综合价值越大，这种模式就是企业所要选择的配送模式。综合价值系数可用公式 $V = \sum M_i F_i$ 来计算。式中，V 为综合价值系数；M_i 为分数；F_i 为权数。例如，某企业在选择配送模式时主要考虑四个方面的目标，如表1-4所示。

表1-4　某企业选择配送模式时主要考虑的目标

配送模式	成本费用/万元	销售额预计数/万元	利润总额/万元	客户满意度（%）
	0.1	0.3	0.4	0.2
自营配送模式	10	220	25	98
互用配送模式	8	180	17	97
第三方配送模式	5	140	15	99

根据表1-4资料计算，各模式的综合价值系数分别为

$$V_{自营} = \frac{5}{10} \times 0.1 + \frac{220}{220} \times 0.3 + \frac{25}{25} \times 0.4 + \frac{98}{99} \times 0.2 = 0.95$$

$$V_{互用} = \frac{5}{8} \times 0.1 + \frac{180}{220} \times 0.3 + \frac{17}{25} \times 0.4 + \frac{97}{99} \times 0.2 = 0.76$$

$$V_{第三方} = \frac{5}{5} \times 0.1 + \frac{140}{220} \times 0.3 + \frac{15}{25} \times 0.5 + \frac{98}{99} \times 0.2 = 0.73$$

可以看出，自营配送模式的综合价值系数最大，是企业所要选择的配送模式。

需要注意的是，在利用确定型决策选择配送模式时，要明确以下几方面的问题：①决策的目标要明确；②至少要有两个可供选择的配送模式；③未来有一个确定的自然状态或一组确定的约束条件；④各备选方案的自然状态或约束条件的效益值可以确定。

2. 非确定型决策

非确定型决策是指一个配送模式可能出现几种结果，而又无法知道其概率时所进行的决策。其条件是：决策者期望的目标明确，存在着不以决策者意志为转移的两种以上的状态，具有两个或两个以上可供选择的配送模式，不同模式在不同状态下相应的损益值可以获得。非确定型决策作为一种决策方法，虽带有较大的主观随意性，但也有一些公认的决策准则可供企业在选择配送模式时参考。下面通过实例来说明非确定型决策的不同决策准则以及企业对配送模式的选择方法。

例1-1　某企业计划通过提高配送效率，满足客户对配送的要求，扩大经营规模。现可供选择的配送模式有三种，由于在未来几年内，企业对客户要求配送的程度无法做出准

确的预测，只能大体估计为三种情况，且估算出在三种自然状态下，三种模式在未来几年内的成本费用（见表1-5），但不知道这三种情况的发生概率。应如何决策？

表1-5　某企业在三种自然状态下三种模式的成本费用　　　　　（单位：万元）

自然状态	配送模式		
	自营配送模式	互用配送模式	第三方配送模式
配送要求程度高	90	70	65
配送要求程度一般	50	35	45
配送要求程度低	10	13	30

第一种方法：按乐观准则来决策。首先，从每种模式中选择一个最小成本看作必然发生的自然状态。然后，在这些最小成本的模式中，选择一个成本最小的模式作为满意方案。此例中，三种模式的最小成本分别为10万元、13万元、30万元。其中，自营配送模式的成本最小，可作为企业满意的模式。这种决策方法一般适用于把握较大和风险较小的情况。

第二种方法：按悲观准则来决策。首先，从每种方案中选择一个最大成本作为评价模式的基础，实际上是对每个局部模式持悲观态度，从不利的角度出发，把最大成本作为必然发生的自然状态，将非确定型问题变为确定型决策问题来处理。然后，从这些最大成本之中选择成本最小的模式。此例中，三种模式的最大成本分别为90万元、70万元、65万元。其中，第三方配送模式的成本最小，可作为企业满意的模式。在现实经济生活中，这种决策方法一般适用于把握较小和风险较大的问题。

第三种方法：按折中准则或赫维茨准则来决策。赫维茨（Hurwicz）认为，决策者不应极端行事，而应在两种极端情况中求得平衡。具体的方法是根据决策者的估计，确定一个乐观系数 a，a 的取值范围为 $0<a<1$。给最好的结果和最坏的结果分别赋予相应的权数 a 和 $(1-a)$，中间结果不予考虑。本例是计算折中成本值，公式为

$$折中成本值 = a \times 最小成本值 + (1-a) \times 最大成本值$$

在决策中，决策者根据分析，估计客户对配送程度要求高的大概占40%，客户对配送要求程度低的占60%，即乐观系数为0.6。此时，三种模式的折中成本值分别为42万元、35.8万元、44万元。根据计算结果可以看出，互用配送模式的成本最小，可作为企业选择的模式。

第四种方法：按等概率准则或拉普拉斯准则来决策。拉普拉斯（Laplace）认为，在非确定型决策中，各种自然状态发生的概率是未知的，若按最好或最坏的结果进行决策，都缺乏依据。解决的办法是给每种可能出现的结果都赋予相同的权数，若有几种自然状

态，则每种自然状态发生的概率都相等，且其和为1。然后计算出各个方案（配送模式）在各种自然状态下的加权平均值，并根据决策（指标）的性质来进行决策。在本例中，各种自然状态发生的概率为1/3，各种模式的成本加权值分别为50万元、39.3万元和46.7万元。可以看出，互用配送模式的加权成本值最小（39.3万元），可作为企业选择的模式。

第五种方法：按最小后悔值准则（也称萨凡奇准则）来决策。这种决策方法是以每个模式在不同自然状态下的最小成本值作为理想目标。如果在该状态下，没有采取这一理想模式，而采取了其他模式，会使成本增加，就会感到"后悔"，这样每个自然状态下的其他模式成本值与它的理想值之差所形成的损失值，就称为"后悔值"。然后按模式选出最大后悔值，在最大后悔值中再选出后悔值最小的成本值，其对应的模式就是企业所要选择的模式。这种决策方法是较为保险的一种决策。

根据此例所给的资料，计算出各种状态下各模式的后悔值，如表1-6所示。

表1-6　某企业在三种自然状态下三种模式的后悔值　　（单位：万元）

自然状态	配送模式		
	自营配送模式	互用配送模式	第三方配送模式
配送要求程度高	90（90－65＝25）	70（70－65＝5）	65（65－65＝0）
配送要求程度一般	50（50－35＝15）	35（35－35＝0）	45（45－35＝10）
配送要求程度低	10（10－10＝0）	13（13－10＝3）	30（30－10＝20）

根据表1-6的计算结果可以看出，三种模式的最大后悔值分别为25万元、5万元和20万元。其中，互用配送模式的最小值为5，此时企业可选择该模式为满意的模式。

从上面介绍的五种准则可以看出，同一问题按不同的准则来决策，决策的结果也存在着差异。因此，企业在用不确定型决策方法来选择配送模式时，还应该考虑其他方面的因素。

3. 风险型决策

风险型决策是指在目标明确的情况下，依据预测得到不同自然状态下的结果及出现的概率所进行的决策。由于自然状态并非决策所能控制，所以决策的结果在客观上具有一定的风险，故称为风险型决策。风险型决策通常采用期望值准则。一般先根据预测的结果及出现的概率计算期望值，然后根据指标的性质及计算的期望值结果进行决策。产出类性质的指标，一般选择期望值大的方案；投入类性质的指标，一般选择期望值小的方案。

例1-2　某企业计划通过提高配送效率和客户满意度来扩大产品的销售量，现有三种配送模式可供企业选择，各种资料如表1-7所示，企业应选择哪种配送模式？

表1-7 资 料 表　　　　　　　　　　　　（单位：万元）

市场需求规模	概率	销售量		
		自营配送模式	互用配送模式	第三方配送模式
大	0.5	1000	1200	1500
一般	0.3	800	700	1000
小	0.2	500	400	300

根据上述资料，计算出三种配送模式的期望销售量分别为840万元、890万元和1110万元。其中，第三方配送模式的期望值最大，为1110万元，故该模式可作为企业比较满意的模式。

案例

经销商不同配送模式的管理要点

一、概况

经销商A具有一定规模，市区网络健全，业务辐射多家酒店、超市、便利店，公司管理体制也比较成熟，有一整套关于配送人员、车辆管理的规章制度。经销商A把市区划分为多个业务区域，每个业务员配备一辆送货车，全权负责一个区域的业务，包括前期的客户开发、后期的市场服务等。公司每月给业务员下达定额任务，工资待遇为底薪加提成，全额报销燃油费、车辆保养费。经销商A的这种方式已经实行了很长一段时间，提升了公司的业绩，业务员之间的关系也非常融洽。但这中间也不断出现问题：买车、养车费用太高；业务员借机多报销燃油费；更有甚者，业务员挟客户另起炉灶，令经销商A大伤脑筋。

经销商B规模中等，有20多名员工、3辆送货车，流通和餐饮终端都在启动阶段，大部分员工被派去跑业务，只留3个司机负责开车送货，全部管理工作由老板一人负责。该经销商说："我这儿的司机只管开好车，别让警察开罚单就行。"送货的是省心了，可经销商B不省心：遇到销售旺季，安排货源、派车送货、与客户沟通，忙得不亦乐乎，一顿饭期间能接3个电话。客户也是牢骚满腹，纷纷投诉司机态度不好或送货不及时。

二、A模式分析与改进建议

以上两种配送方式各有优缺点，先来分析经销商A的管理方式。

配 送 管 理

业务员兼司机这种模式要求员工具有多方面的素质，不仅要会驾驶，还要能与客户进行良好沟通，能独立处理问题。经销商给予业务员较大的自主权，使他能够全权管理客户，和终端客户建立良好的关系。对业务员来说，业绩与工资、奖金直接挂钩，本区域内的客户就是第一位的，没有理由偷懒懈怠。这种方式有效调动了员工的积极性，使业务员对市场环境和客户情况更加了解。由于员工经常要做回访，对客户在什么时间、多长时间内需要多少货物都了如指掌，常能在最恰当的时间把最恰当的货物送到客户面前，令客户满意。公司的管理者不用为配送中的烦琐小事而烦心，可以有更多的精力做高层领导工作。

不过，经销商 A 的管理方式存在一定的风险：如果业务员对公司没有相当的忠诚度，下放的业务权力过大，业务员一旦羽翼丰满，就可能挟客户另起炉灶；业务员掌握车辆、货物、货款，容易发生携货款潜逃事件；有许多隐性成本，容易造成浪费，如业务员用公司的车跑私活儿或让车辆在相当长时间内闲置；需要车辆较多，买车、养车是一笔不小的开销；全能的业务员需要大量培训资金等。

以下是对经销商 A 配送管理的建议：

（1）公司每月为员工提供固定数额的燃油费（可以按照以往的经验测算出平均值），超出部分由业务员个人承担。如果业务范围比较集中（比如全部在市区），可以根据配送货物的数量、金额按照比例确定燃油费。

（2）制定严格的规章制度，确保配送车辆不私自转借、换驾、转租他人使用，严禁拉运其他货物；否则，因此造成的一切损失由该员工负担。

（3）配送车辆的维修、保养由公司统一安排，员工不得在非指定维修单位进行维修、保养；否则，公司不负担维修保养费用。

（4）员工当天货款当天交清，不得私留货款，更不得挪用公款；否则，公司将给予严肃处理。

（5）员工无权赊欠货款，未经老板同意无权降价。

（6）业务员只负责划定区域内的客户开发、维护，不得跨区域同本公司其他员工竞争。

三、B 模式分析与改进建议

经销商 B 采取的方式，优势在于适应分工合作的要求，专业化水平高，配送资源利用效率高。公司设立配送部门，车辆统一管理、统一调动，一旦客户有需求，可以马上安排发货。

经销商 B 遇到的问题主要是由配送部门与业务部门之间缺乏交流合作、缺乏整体利益意识造成的。从业务员拿到订单到管理者下达指令，再到配送部门装货、送货，中间流程长，往往会与要货需求产生时间差，不能按客户需要在第一时间送到。业务部门花费了很大的人力、物力，好不容易得到订单、打开销路，往往因为配送部门延误时间，服务质量差，令客户与经销商之间产生矛盾，致使商机不在。分工明确是一个趋势，但也有这样几个缺陷：员工只具备某一方面的技能，司机驾驶技术高，但不了解业务，甚至不具备维护公司形象的素质；不同部门之间容易产生利益对立，出现客户流失时责任不好界定的问题；在员工素质不高的情况下，老板不得不亲自过问每一笔业务，劳心又劳力。

以下是对经销商 B 配送管理的建议：

（1）经销商 B 在日常管理过程中要不断对员工灌输整体意识，无论业务员还是送货员，每一个员工都代表着公司的形象和信誉。只有员工整体素质提高了，集体感增强了，才能从根本上解决这个问题。

（2）加强对客户用货量和库存信息的了解，由业务员制定客户需求表，细化到每天的需求量。业务部门通过需求表将信息以书面形式传递给配送部门，由其统一调度。司机依照配送部门的单据进行配送。如果随机性送货增多（非计划内送货），将对业务人员进行相应的惩罚。

（3）在配送货物时，司机应按公司安排好的行车路线行驶，不得中途办理非配送事宜；否则给予处理。

（4）配送部门的考核与业务部门的销售挂钩，因配送部门工作失误造成客户流失问题时，应追究其责任。

四、总结

经销商 A 与 B 的配送方式都具有代表性。各经销商对配送管理的看法各不相同，其中有几种很新颖的提法，有一位经销商谈到他的配送方式是组建一个小团队，包括司机和业务员，两人分工合作，相互监督，三七分成。另一位经销商说他采用第三方配送，即通过邮政配送产品。总之，高效、稳定、顺畅的配送能力已经成为经销商的核心竞争优势之一，利用配送手段抢占终端、稳定销售渠道，能给企业带来更多盈利。

思考题：
影响经销商选择配送模式的因素有哪些？

复习思考题

1. 名词解释：
   （1）配送　　（2）配送管理
2. 说明配送的各种不同分类形式。
3. 配送管理包含哪些内容？
4. 说明配送合理化的基本思想与判断标志。
5. 什么是配送模式？配送模式有哪几种？各有什么含义和特点？它们在什么情况下应用？
6. 思考：还有哪些方法可以应用在配送模式的选择决策中？

第二章

配送业务流程

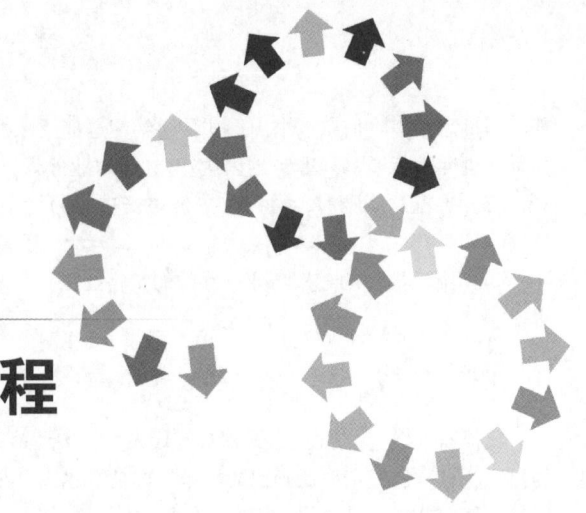

作用

本章的主要内容是介绍配送的基本作业环节及其管理要点,从作业层面对配送管理的基本内容进行详细的阐述。

关键

了解配送的业务流程,熟悉进货、储存、配装、送货、配送加工等基本业务环节,掌握各业务环节的基本工作和管理要点。

根据《中华人民共和国国家标准:物流术语》(GB/T 18354—2006)中配送的定义,配送的过程可以描述为:在经济合理区域范围内,根据客户要求,对物品进行拣选、加工、包装、分割、组配等作业,并按时送达指定地点的物流活动。因此,配送一般包含进货、储存、补货、分拣、检查与配送加工、配装与出货、送货等环节,如图2-1所示。

本章介绍配送的各个业务环节,其中,分拣作业是配送中技术含量高、作业复杂的环节,将在第三章中具体介绍。

第二章 配送业务流程

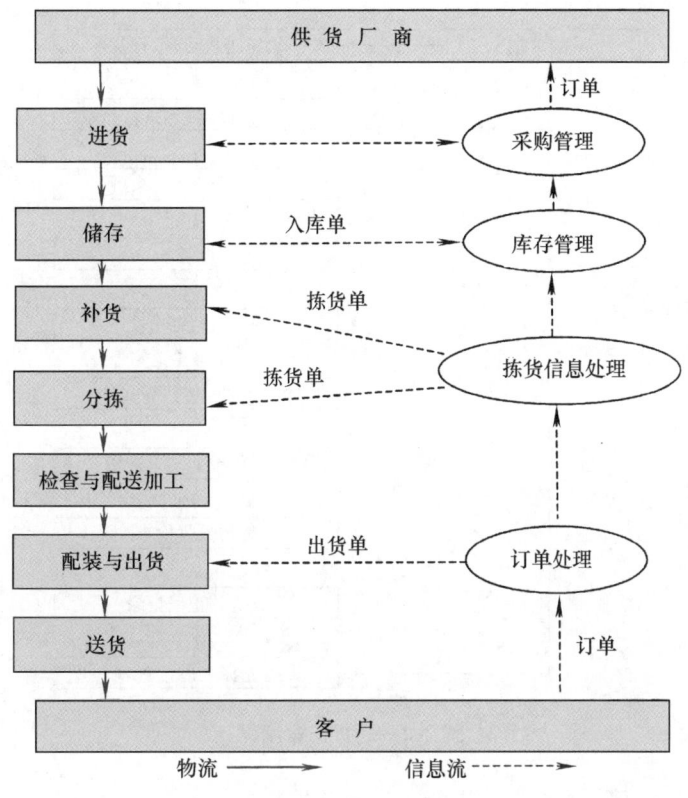

图 2-1 配送业务流程图

第一节 进 货

进货就是配送组织方——配送中心或其他配送节点，根据客户要求，为配送业务的顺利实施而进行的组织货源和进行存储的一系列活动。进货作业是配送的基本作业环节，可以划分为订货、接货、货物验收三个环节。进货作业流程如图 2-2 所示。

一、订货

订货工作一般包括以下六个方面：向供应商发出订单，确定货物的品种、数量；与供应商沟通确定货物发出日期；尽可能准确地预测送货车的到达日期；配合停泊信息协调进出货车的交通问题；为了方便卸货及搬运，计划好货车的停车位置；预先计划临时存放位置。

配送中心或其他配送节点接到和汇总客户的订单以后，首先确定配送货物的种类和数量，然后查询现有存货数量是否能满足配送需要。如果存货数量低于某一水平，则必须向供应商发出订单，进行订货。配送中心也可以根据预测的需求情况提前订货，以备发货。

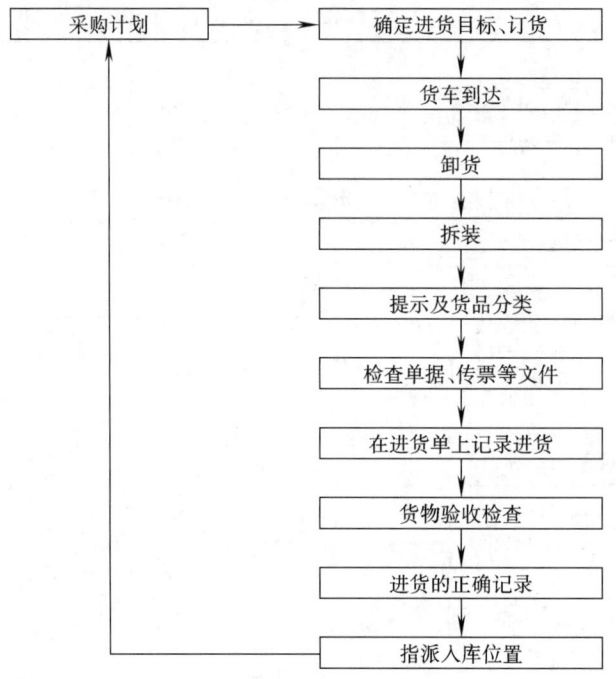

图 2-2 进货作业流程

在只负责物流工作的配送中心中,进货工作则从接货开始。

二、接货

当供应商根据订单组织供货后,配送中心必须及时组织人力、物力接收货物,有时还需要到站(港)、码头接运货物。接货的主要工作有卸货、搬运、拆装、货物编码与分类等。这里主要介绍货物编码与分类。

(一)货物编码与分类

进货是配送的第一阶段,为使后续作业顺利进行,货物入库资料的准确、及时特别重要。货物入库资料一般包括进货日期,进货单号码,供货商,送货车的名称及型号,货到时间,卸货时间,包装容器的型号、尺寸和数量,单个包装容器中的货物数量,重量,目的地的进货检查和储存,以及损坏数量和应补货数量等。这些信息应尽可能以统一、简单、易查询的方式进行归集和整理。货物编码就是一种较好的方式。

根据《中华人民共和国国家标准:物流术语》,货物编码是指按货物分类规则,以简明的文字、符号或数字表示货物的名称、类别及其他属性,并进行有序排列的一种方法。在配送中心进货后,货物本身大部分都已有商品号码或条形码,但为了便于配送管理及存货控制，配合自己的配送管理信息系统，通常需要给货物编制统一的货物代号及物流条形码，以方便仓储管理系统的运作，并能掌握货物的动向。

有效的货物编码可以起到以下几方面的作用：

（1）增加货物资料的正确性。

（2）提高配送活动的工作效率。

（3）可以利用计算机整理分类。

（4）可以节省人力，减少开支，降低成本。

（5）便于分拣及送货。因为通过查对编码可快速确定货物的储存位置，或查对拣取货物是否与订单相符。

（6）降低存货水平。因为货物有了统一编码，可以防止重复订购相同的货物。

（二）货物编码的原则

合理的货物编码必须遵循下列几个基本原则：

（1）简单、易记。货物编码应尽可能简单，选择的文字、符号或数字或易于记忆，或富于暗示和联想，便于作业活动的处理。

（2）完整。货物的编码应能清楚、完整地代表货物内容，如品种、规格、颜色、产地等。

（3）单一。每个编码代表一种货物，不能重复。

（4）一贯性。各品种货物的号码位数应统一，方便管理。

（5）延续性。编码时应为未来货物的扩展及产品规格的增加预留号码空间。

（6）充足性。货物编码所采用的文字、符号或数字必须有足够的数量，能够满足各种货物编码的需要。

（7）分类编制。货物品种复杂，分类编码便于区分货物的种类。

（8）适应自动化作业。编码应能适应自动化机械设备及计算机的处理。

（三）货物编码的方法

货物编码大致有下列两种形式：

（1）延伸式。对货物分级的级数不加限制，视编码需要而任意延长，但排列上难求整齐。

（2）非延伸式。货物分类级数及所用数字均有一定的限制，不能任意延伸，虽能维持整齐划一，但缺乏弹性，难以扩展。

具体来讲，货物编码大致可分为下列六种方法：

（1）按数字顺序编码法。此方法由1开始一直往下编，常用于账号或发票编号，属于延伸式的方法。这种编码方法须有编码索引，否则无法直接理解编码的意义。

例如，1—可口可乐（大瓶）；2—可口可乐（小瓶）；3—可口可乐（易拉罐）。

（2）数字分段法。这种方法是在数字顺序编码的基础上稍加改动，即把数字分段，每一段代表一类货物的共同特性。此方法需要编制交叉索引，但比前一方法易查询。

（3）分组编码法。此编码法把货物的特性分成四个数字组，即：

类型　材质　成分　形状　大小
编码　××　××　××　××

至于每一个数字的位数有多少，视货物的种类和性能而定。此方法使用较为普遍。

（4）按货物特性编码法。在编码时，用部分或全部编码代表货物的重量、尺寸、距离、产能或其他特性。采用此方法时，由编码即能了解货物的内容。

例如，T T 670 15 B1。其中，T T 表示管状（Tube Type）；670 15 表示 670mm × 15mm，即尺寸大小；B 表示产品是黑色的（Black）；1 表示第一生产线。

（5）后数位编码法。此方法用编码最后的数字对同类货物做进一步的细分。可采用十进位编码法。例如，531——休闲食品；531.1——箱装休闲食品；531.11——洋芋片；531.12——鱿鱼丝。

（6）混合编码法。此方法联合使用英文字母、拼音与阿拉伯数字来给货物编码，多以英文字母、拼音代表货物的类别和名称，其后再用十进位或其他方式编阿拉伯数字号码。

例如，zxch010RB01。其中，zxch 表示自行车；010 表示 10″；R 表示红色（Red）；B 表示小孩型；01 表示产地。

（四）货物分类的原则和方式

为了有条理地管理货物，对货物正确分类是非常重要的，分类也是货物编码的基础。货物分类原则如下：

（1）大类至小类，按统一标准、同一原则区分。

（2）根据企业自身的需要，选择适用的分类形式。

（3）有系统地展开，逐次细分，层次分明。

（4）分类明确且相互排斥，不能互相交叉。

（5）分类方法应具有稳定性，以免货物混乱。

（6）货物分类应具有伸缩性，以适应产品的增加。

（7）分类应符合常识，便于使用。

货物分类的方式主要有以下六种：

（1）按照货物特性分类。

（2）按照货物使用的目的、方法及程序分类，如需要配送加工者划分为一类，直接原料划分为一类，间接原料划分为一类。

（3）按照交易行业分类。

（4）按照会计科目分类，如价值很高者划分为一大类，价值低廉者划分为一大类。

（5）按照货物状态分类，如货物的内容、形状、尺寸、颜色、重量等。

（6）按照货物信息分类，如货物送往的目的地别、顾客别等。

大体来说，出货前的分类方式以第（6）种为最多，而进货的分类则不一定，视企业的情况、性质、要求来选择。

三、货物验收

货物验收是指对货物的质量和数量进行检查。质量验收是指按照验收标准，对货物进行物理、化学和外形等方面的检查。在进行数量验收时，首先要核对货物号码，然后按订购合同规定对货物进行包装、长短、大小和重量的检查。验收合格的货物即办理有关登账、录入信息及货物入库手续，组织货物入库。

（一）货物验收的标准

为了准确、及时地验收货物，首先必须明确验收标准。在实际进货作业过程中，通常依据以下标准验收货物：

（1）采购合同或订单所规定的具体要求和条件。

（2）议价时的合格样品。

（3）采购合同中的规格或图解。

（4）各类产品的国家品质标准或国际标准。

通常，对于货物验收的标准，如果合同中有规定，则按合同中的规定执行；如果合同中没有规定，则按国家标准或行业标准执行。

（二）货物验收的内容

1. 包装验收

货物验收的第一步一般是检查货物的外包装。货物包装具有保护货物、便利物流等功能。外包装是否受到破坏也可以用来初步判断货物是否可能损坏。因此，包装验收是货物验收的重要内容。包装验收的标准与依据：一是国家颁布的包装标准；二是合同或订单的要求与规定。其具体内容有：

（1）包装是否安全牢固。包装验收要从包装材料、包装造型、包装方法等方面进行检验，如检验箱板的厚度、卡具、索具的牢固程度，纸箱的钉距，内封垫和外封口的严密性等。此外，还需检验货物包装有无变形、水湿、油污、生霉和货物外露等情况。

（2）包装标志、标记是否符合要求。货物包装标志、标记主要用于识别货物、方便转运及指示堆垛。包装标志、标记要符合规定的制作要求，能起到识别和指示货物的作用。

（3）包装材料的质量状况。包装材料的质量和性能状况直接关系到包装对货物的保护作用，因此必须符合规定的标准。

2. 质量验收

配送中心对入库货物进行质量检查的主要目的是查明入库货物的质量状况，以便及时发现问题，分清责任，确保到库货物符合订货要求。质量验收通常采用感官检查和仪器检

配送管理

查等方法。对大批货物，一般质量验收只能采取抽样方式，因此，需要注意抽样方法的选择，对包装遭到破坏的货物应重点检查。

3. 数量验收

入库货物按不同供应商或不同类别经初步整理、查点大致数目后，必须依据送货单和有关订货资料，按货物品名、规格、等级、产地、牌号进行核对，以确保入库货物准确无误。在日常作业中，入库货物数量出现偏差是较常见的现象，这直接关系到配送中心的库存数量控制和流动资产管理。因此，数量验收是进货作业中非常重要的内容，通常采用计件和计量两种方法。计件法一般有标记计件、分批清点和定额装载三种方法；计量法通常包括衡量称重和理论换算两种方法。

第二节 储 存

配送系统中的存货可分为两种情况：一种是需要在配送系统中储存的货物；另一种是通过性的货物，只是在配送中心做短暂停留，经过分拣、配货后就直接送货。在这里主要介绍需要储存货物的管理办法。

一、常用的储存方法

储存作业要最大限度地利用空间，最有效地利用劳动力和设备，最安全和经济地搬运货物，对货物进行良好的保护和管理。良好的储存策略可以减少出入库移动距离，缩短作业时间，充分利用储存空间。一般常用的储存方法有以下几种：

（一）定位储放

在这种储存方法下，每一项储存的货物都有固定储位，不同货物不能互用储位，因此，每一项货物的储位容量不得小于其可能的最大在库量。选用定位储放的原因在于：

（1）储区安排需要考虑货物的尺寸及重量。

（2）储存条件对货物储存非常重要。例如，有些货物储存时必须控制温度。

（3）对易燃易爆等危险品，必须限制储放于特定的区位，如一定高度，以满足保险标准及防火法规。

（4）对产品的特性及管理的要求。例如，饼干和肥皂、化学原料和药品，必须分开储放。

（5）保护重要物品。

定位储放具有以下优缺点：

（1）优点：①每项货物都有固定的储放位置，因而拣货人员容易熟悉货物储位；②货物的储位可按周转率高低（畅销程度）安排，以缩短出入库搬运距离；③可针对各种货物的特性来安排和调整储位，将不同货物特性间的相互影响减至最小。

（2）缺点：储位划分必须按各项货物的最大在库量设计，因此储区空间平时的使用效率较低。

总之，定位储放易于管理，所需要的总搬运时间较少，但却占用较多的储存空间。此方法较适用于库房空间大，储放的货物数量少而品种多的情况。

（二）随机储放

在这种储放方法下，货物的储存位置是随机指定的，而且可以经常改变。也就是说，任何货物都可以被存放在任何可利用的位置。货物一般是由储存人员按习惯来储放的，且通常可按货物入库的时间顺序储放于靠近出入口的储位。

随机储放具有以下优缺点：

（1）优点：由于储位可共用，因此库容只需按所有库存货物最大在库量设计即可，储区空间的使用效率较高。

（2）缺点：①货物的出入库管理及盘点工作的困难程度较高；②周转率高的货物可能被储放在离出入口较远的位置，增加了出入库的搬运距离；③具有相互影响特性的货物可能相邻储放，造成对货物的损害或发生危险。

一个良好的储位系统中，采用随机储放能使货架空间得到最有效的利用，储位数目得以减少，但较不利于货物的分拣作业。因此，随机储放较适用于库房空间有限，储存货物种类少或体积较大的情况。

表 2-1 为随机储放人工记录表示例，它能对随机储放的信息予以详细记录。

表 2-1 随机储放人工记录表

储位号码	储位空间		货物名称	货物代号	
存取日期	采购单号码	进货量	订单号码（拣货单号码）	拣取量	库存量

若能运用计算机协助随机储放的库存管理，将仓库中每项货物的储存位置交由计算机记录，则不仅可在进出货查询储区位置时使用，而且能借助计算机来调配进货储存的位置空间，依计算机所显示的各储区储位剩余空间来配合货物储位的安排，必要时也能调整货物储放位置。随机储放的计算机配合记录示例如表 2-2 所示。

表 2-2 随机储放的计算机配合记录表

储位号码	储位空间	货物名称	货物代号	货物库存	储位剩余空间

货物储位的记录表需要根据进货、出货、退货的资料而随时调整。

（三）分类储放

在这种储放方法下，所有储存的货物按照一定特性加以分类，每一类货物都有固定存放的位置，而同属一类的不同货物又按一定的规则来指派储位。分类储放通常按产品相关性、流动性、产品尺寸、重量、产品特性来分类。

分类储放的优缺点如下：

（1）优点：①便于周转率高的货物的存取，具有定位储放的各项优点；②各分类的储存区域可根据货物特性再做设计，有助于货物的储存管理。

（2）缺点：储位必须按各类货物的最大在库量设计，因此储区空间的平均使用效率低。

分类储放较定位储放具有弹性，但也有与定位储放同样的缺点，因而较适用于以下货物：

（1）产品相关性强，经常被同时订购。

（2）货物周转率差别大。

（3）产品尺寸相差大。

（四）分类随机储放

在分类随机储放方法下，每一类货物有固定存放的储区，但在各类储区内，每个储位的指派是随机的。

分类随机储放的优缺点如下：

（1）优点：具有分类储放的部分优点，可节省储位数量，提高储区利用率。

（2）缺点：货物出入库管理及盘点工作的困难程度较高。

分类随机储放兼具分类储放及随机储放的特点，需要的储存空间量介于两者之间。

（五）共同储放

在确定知道各货物的进出库时刻的情况下，不同的货物可共用相同储位，这种储放方法称为共同储放。共同储放的管理虽然较复杂，但所占用的储存空间及搬运时间却更经济。

二、储位管理

（一）影响储位分配的因素

在选择储区位置时应考虑的因素有：

1. 周转率

按照货物在仓库的周转率来排定储位。首先将货物依周转率由高到低排序，再将此序列分为若干段，通常分为3～5段。同属于一段中的货物列为同一级，依照定位或分类储存法的原则，指定储存区域给每一级的货物。周转率低的货物的储位应远离进货、发货区及仓库较高区；周转率高的货物的储位应接近进货、发货区及低储位。

2. 货物的相关性

相关性大的货物在订购时经常同时订购，所以应尽可能存放在相邻位置。例如，同一货物应储放在同一保管位置；类似品则应比邻保管；互补性高的货物也应存放在临近位置，以便缺料时可迅速以另一货物替代；相容性低的货物绝不可放置在一起，以免损害品质，如烟、香皂、茶不可放在一起。

3. 货物入库的先后

先入库的货物应先出库，特别是产品生命周期短的货物，如感光纸、食品等。

4. 产品尺寸、重量、批量

在仓库布置时，需要考虑货物单位大小及相同货物所形成的整批形状，以便能提供适当空间满足某一特定需要。批量大的货物，储区相应要大，笨重、体积大的货物需储于坚固的货架上，并接近发货区；轻量货物储于上层货架；小而轻并且易于处理的货物储于距发货区远的储区。

5. 货物特性

货物特性不仅涉及货物本身的危险、易腐等性质，同时也可能影响其他货物，因此在储位布置时必须考虑。

（二）储位管理的原则

1. 标识明确

货物的保管位置应该给予明确表示。此原则的主要目的是简化存取作业，减少错误。尤其在临时人员、高龄作业人员多的配送中心中，此原则更为必要。

2. 储区定位有效

分配储区后，在具体储存作业时要严格根据预先分配好的储位进行，确保货物被有效地放置在规划好的储位上。

3. 发生移动时要及时记录

在货物的储存过程中，由于出货、货物更新，或是受其他作业的影响，可能会发生位置或数量的变化，此时需要及时、准确地记录货物变动情况，以使账面资料与实际情况能完全吻合。

（三）储位管理的范围

在配送作业中，储位管理的范围包括：为满足进出货作业而规划的临时储区；为货物中长期储存而设立的保管储区；为完成分拣作业而设立的分拣作业区；为满足货物顺畅移动而设立的移动储区。

1. 临时储区

临时储区是指在进货和出货作业时所使用的暂存区。其主要功能是进出货时货物的暂时存放，货物停留在此区域的时间不长，并预备进入下一个保管区域，但如果不严格管制,就容易发生管理上的混乱。

货物放在临时储区时,需要的作业有货物品质的保管、临时储区的标示、货物的分类码放、不同批次货物的隔离等。货物在定位时,应考虑便于下一作业,看板、标签等标识应与目视管理及颜色管理搭配运用,使储位更为明确。

2. 保管储区

放置在保管储区的主要是需要中长期保管的货物,占用面积大且货物的储存单位较大。这是储存管理的重点所在。

保管储区的管理重点是提高保管区域的储放容量。通常需要考虑空间的弹性利用,以提升保管储区的使用效率;还要考虑储位的分配方式、储存策略是否合适,储放设施及搬运设备的配合使用等,以提高作业效率。

3. 分拣作业区

此区域的货物大多在短时间内即将被拣取出货,货物在储位上流动频率很高。为了满足分拣快速、便捷、准确的要求,通常需要辅以一些分拣设备来完成,如计算机辅助分拣系统、自动分拣系统等。分拣作业的相关内容在第三章阐述,这里不再赘述。

三、提高仓容利用率的措施与方法

仓容是指库房用来储存货物的容积。同等面积的仓库,仓容利用率越大,储存的货物就越多。

在配送系统中,仓容利用率的高低直接影响到货物的储存成本,进而影响到配送成本的高低。努力提高仓容利用率,是加强配送管理的重要内容之一。

(一) 合理安排货位,节约使用面积

除储位的合理分配外,库房内部货垛的排列位置和堆码的形式是否合理,与仓容利用程度直接相关。合理的货位摆布可以有效地压缩通道、墙距等的占用面积,提高仓容的利用率。常用的货架排列方式有:

1. 垂直、平行式货位排列

在库房内部,货垛与货垛互相平行、对齐。采用这种排列形式,仓库内通风、采光和货物的进出等条件较好,但是库内支道较多,占用面积大,并且库内使用叉车作业时转弯较多,操作不方便,影响作业效率。

2. 斜向式货位排列

在这种排列方式下,货垛一端的延长线与库房内墙成 45°角斜交。采用这种 45°角斜向货位的排列方式,通道宽度可以缩小,与垂直、平行式货位排列比较,可以提高面积利用率 5%~10%。同时,使用叉车作业时,不必走直角的弯路,可以加快货物的进出库,操作更方便,作业效率更高。

对于储存批量大的货物,可采用"45°斜向叶脉式"货位排列,即在货垛的头尾两边

设大走道贯连,取消小走道,哪一头先进货,哪一头就先出货,便于商品的先进先出;对于批量较小的商品,可采用"45°斜向人字形密集式"的货位排列,即货垛一端交错成"人字形",布局十分紧凑,可以更充分地利用库内面积。

(二) 改进货物堆码方式,节约仓容

库房内部货物的堆码形式不同,堆码技术不同,其仓容的利用率也不同。在进行货物堆码时,根据货物的性能、包装状况等条件,选择合适的堆码形式和堆码方法,力求节约仓容。另外,在为货物选择储位时,应努力使容载利用系数接近1,即重的货物储存在地坪负荷能力较大的库房内,轻的货物储存在地坪负荷能力较小的库房内。

(三) 加强货区管理,及时整理货垛

库房内部应实行分区分类管理,根据货物出库情况,相应地调整货区。除此之外,库房还要结合日常货物进出库情况,随时整理货垛,提高仓容利用率。例如,进行货位的调剂使用,小垛并大垛,将零星货物或轻泡货物寄放在整批货物或实重货物之上,进出频繁的货物寄放在进出慢的货垛之上等。这些做法都可提高仓容利用率。但是,在调整货位和合并货垛时,不可打乱分区分类,以免引起差错事故,并应及时记录调整情况。

(四) 加强设备改造,提高库房的技术水平

配送作业中的货物品种繁多,更新很快,这就要求其库房内部的作业效率较高。要同时实现作业效率和仓容利用率提高的目的,就要加强设备改造,采用机械化、自动化作业设施,加快货物的进出库速度。

四、存货控制

(一) 存货控制的意义

配送系统中,存货是及时配送、达到既定服务水平的保障,但不适当的存货数量和种类往往会造成极大的有形或无形损失。存货控制是指将货物的库存量保持在适当的标准之内,以免造成资金积压过多,增加保管难度,或储量过少,浪费仓容,导致出现供不应求的情况。因此,存货控制具有以下两项重大意义:

(1) 确保存货能满足销售、交货需求,以提供给客户满意的服务。
(2) 设立存货控制基准,以最经济的方式提供配送服务。

(二) 存货控制的目标

(1) 保持合理的库存量,减少超额存货投资。可以灵活运用资金,并使营运资金的结构保持平衡。
(2) 保有合理库存可减少由库存所引起的持有成本、订购成本、缺货成本等,降低库存成本。
(3) 有效的存货控制能够防止有形资产被窃,且使存货的记录正确,以达到财务保护以及加强财务管理的目的。

（4）防止延迟和缺货，使进货与存货取得全面平衡。

（5）减少呆料发生，减少存货因变形、变质、陈腐等造成的损失。

其中，前三者属于财务合理化的目标，而后两者则属于作业合理化的目标。

（三）存货控制的关键问题

1. 何时必须补充存货——订购点的问题

订购点是货物存量降至某一数量时，应即刻订购补充库存的临界点。若订购点订得过高，则将使存货增加，相对增加了货物的库存成本；若订购点订得过低，则可能造成缺货，进而流失客户，影响信誉。因此，制定合理的订购点非常重要。

2. 每次补充多少存货——订购量的问题

订购量是当库存量下降到订购点时，决定订购补充的数量。若订购量过多，则货物的库存成本增加；若订购量太少，则可能出现供应间断的情况，且订购次数必然增加，从而增加了订购成本。

在不同的库存控制策略下，订购量与订购点各有不同的确定方法，最基本的控制方法是经济订购批量。

3. 应维持多少存货——库存水平的问题

库存水平可以用最低库存量与最高库存量来衡量。

（1）最低库存量。最低库存量是指货物库存数量的最低界限，通常需要衡量货物本身特性和需求情况而确定。最低库存量又可分为理想最低库存量及实际最低库存量两种。

理想最低库存量是指提前订货时间内的使用量，也就是采购期间货物尚未到达时的货物需求量。这是企业需维持的临界库存，一旦货物存量低于此界限，则有缺货、停工的危险。

实际最低库存量是在理想最低库存量的基础上再加上安全库存量。

（2）最高库存量。最高库存量是指各种货物的可能的库存量的上限，为防止存货过多浪费资金而设定，用以作为内部警戒的一个指标。

对于不容易准确预测也不容易控制库存的配送中心，最好设定各种货物的库存上限及库存下限，并在计算机中设定。一旦计算机发现库存低于库存下限，则发出警报，提醒管理人员准备采购；若一旦发现货物存量大于库存上限，则也要发出警报，提醒管理人员存货过多，要加强销售，或采取其他促销活动。

货物库存水平的确定需要结合货物的需求和重要性而定。这里的重要性是指货物的配送数量或金额占配送系统总配送量或金额的比重，比重越大，货物的重要性越高，库存水平的确定和控制应越为严格。

（四）存货决策考虑要素

要解决上述存货控制的关键问题，做出最佳的存货决策，必须先设法对产品的需求状况、订购性质及限制因素加以确认。

在市场导向的经营方式下,需求状况是制定存货决策的最重要的因素。通常进行需求预测可以依据以下资料:

(1) 根据目前订单需求量来预测。
(2) 直接由过去的需求量预测未来的销售情况。
(3) 将过去的用量加上时间趋势、季节变动和其他因素等调整而得。
(4) 根据客户购买力分析。
(5) 根据全国商业或政治趋势资料来预测。
(6) 根据市场调查的情况预测。

需求状况的确定一般还应在需求预测的基础上再根据经验加以修正。需求状况确定后,管理者应根据需求状况,考虑订购性质(订购时机、购置时间)及财务状况、供应商问题、仓库空间容量等限制因素,做出存货决策。然后,依据存货决策制定出一套存货的控制标准,以此标准来对实际存量情况进行控制管理,之后再根据控制结果修正原先的存货决策。

(五) 存货分类管理

1. 客户别 ABC 分类管理

提高客户服务水平是存货管理决策的根本动因。但客户众多时,企业为了有效地运用有限的人力、物力,无法全面顾及每位客户时,则不得不做重点管理。但是常见的一种情况是,当订单很多时,订单处理人员往往为了使订单积压减少,常会先处理一些比较简单的订单,而订货数量多、处理手续较繁杂的大客户反而容易被忽略和发生拖延。此种"小户驱逐大户"的现象对配送绩效将造成不良影响。

存货的客户别 ABC 分类管理是指根据客户的重要性程度,将客户分为 A、B、C 三类,进而区别管理,其中 A 类为重要客户,B 类次之,C 类为不重要客户。一般可以根据某客户的配送量占配送系统配送量的百分比、某客户对配送系统纯收益的贡献、客户与企业间的其他关系等来建立订单受理程序。

一般而言,对 A 类客户应重点投入人力、物力,优先处理;对 C 类客户可按部就班,但仍要仔细分辨其是否应列入 B 类或 A 类,以避免误判而导致损失;对 B 类客户的管理力度则处于 A、C 两类之间。此外,在设置配送中心时,也可考虑此种分析,将配送中心设于重要客户附近,以减少转运成本及重要客户延迟交货次数,来提高其服务水平。

2. 货物别 ABC 分类管理

货物别 ABC 分类管理的基本理念是根据某类货物的配送金额占年配送总额的比例划分货物的类别,对少数配送金额高的货物,做完整的记录、分析,采取较严格的存货管制制度;而对多数配送金额低的货物,做定期例行检查控制。通常可以将所有存货项目归为

A、B、C 三类。存货分类管理与配送速度比较如表 2-3 所示。

表 2-3 存货分类管理与配送速度比较

存货分类	管理方式	配送速度
A 类：存货品种少，但配送金额相当大，即所谓重要的少数	• 每件产品皆做编号 • 尽可能慎重、正确地预测需求量 • 少量采购，尽可能在不影响需求的情况下减少存量 • 尽可能使出库量平稳化，减少安全库存量 • 与供应商协调，尽可能缩短订货提前的时间 • 采用定量订货的方式，对其存货必须做随时检查 • 必须严格执行盘点，每天或每周盘点一次 • 对交货期限必须加强控制，在制品及发货也须从严控制 • 将货物放置于易于出入库的位置 • 实施货物包装外形标准化 • 采购必须经高层主管核准	快速流动，需存放于所有的配送中心或仓库
B 类：介于 A 类与 C 类之间，存货品种与配送金额大致上占有相当的比率	• 采用定期订货方式，但对提前订货时间较长，或需求量有季节性变动趋势的货物宜采用定量订货方式 • 每两三周盘点一次 • 适量采购 • 采购必须经中级主管核准	正常流动，应存放于区域性配送中心或仓库
C 类：存货品种相当多，但配送金额却很少，即所谓不重要的大多数	• 采用双堆法或定期订货方式，以求节省手续 • 大量采购，以利于在价格上获得优待 • 简化库存管理手段，减少此类货物的管理人员，以最简单的方式管理 • 安全存量必须较大，以免发生存货短缺事项 • 可交由现场保管使用 • 每月盘点一次即可 • 采购仅需基层主管核准	可以缓慢流动，存放于中央仓库或工厂仓库

由上述分析，已知对什么等级的客户需优先服务，对什么样的货物应如何管理，综合上述两种 ABC 分类管理，可做成货物及客户分配的优先处理顺序矩阵。举例来说，A 类货物因价值高，除需加强管理外，也希望能优先出货，以减少库内存货，因而当客户Ⅰ为重点客户，且其订购 A 类货物时，则对此订单必然要做最快速的处理。而后即可依表 2-4 的顺序预先拟订一份如表 2-5 所示的服务标准。依此标准作为实际运作的准则，将对企业的信誉、绩效提升有很大帮助。

表2-4　某公司客户别及货物别配送优先顺序矩阵

客户别＼货物别	A	B	C	D
Ⅰ	1	3	5	9
Ⅱ	2	4	8	14
Ⅲ	6	7	15	16
Ⅳ	10	11	17	19
Ⅴ	12	13	18	20

注：1表示最优先分配，2表示次优，其余依此类推。

表2-5　某公司的客户服务标准　　　　　　　　　　　　（单位：h）

客户货物配送优先顺序	订单传递时间	订单处理时间	货运时间	交运周期	送货可靠性
1~5	3	6	12	24	接单至交货在24h内完成，前后误差不超过6h
6~10	6	12	24	42	接单至交货在42h内完成，前后误差不超过12h
11~15	12	24	48	84	接单至交货在84h内完成，前后误差不超过24h
15~20	18	48	72	138	接单至交货在138h内完成，前后误差不超过36h

第三节　订单处理与补货

一、订单处理

订单处理是指从接到客户的订单起，到开始拣货之间的作业阶段。订单处理速度会极大地影响交货提前期、配送准确率和配送作业成本。图2-3是订单处理的基本内容和步骤。

（一）订单的审核与确认

订单处理的第一步是对接到的订单进行审核与确认。具体内容包括：

（1）确认订单的真实有效性，如是否有主管人员的签字、电话沟通确认等。

（2）检查订单的基本信息，包括订单中货物的品种、数量、送货时间、地址等是否完

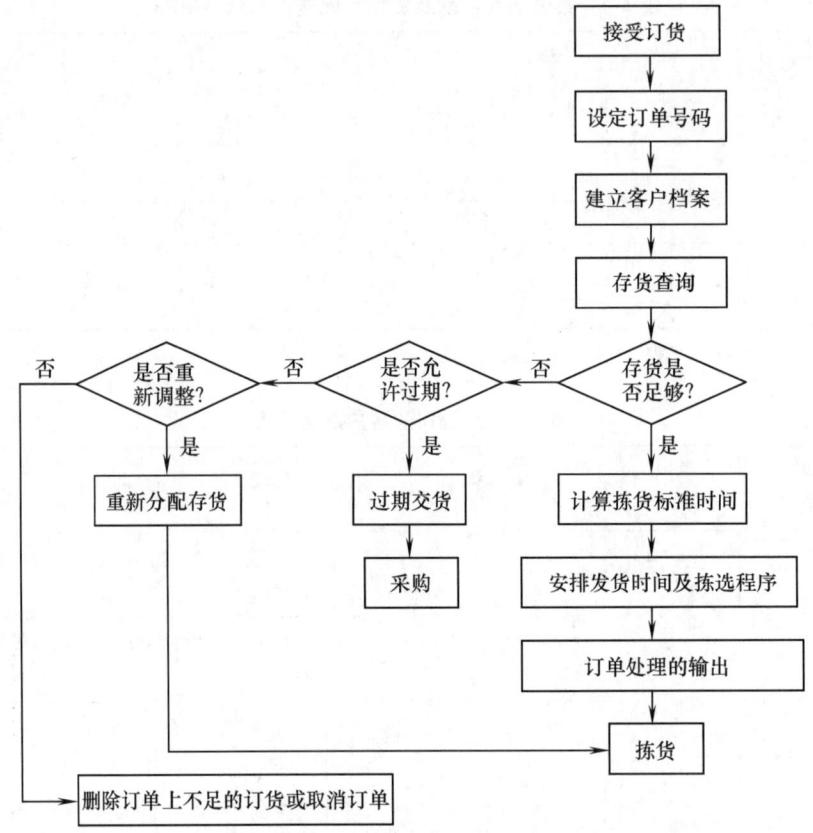

图 2-3 订单处理的基本内容和步骤

整、正确,是否与公司要求的格式相符。

(3) 确认客户信用,主要确认其是否有付款能力。若公司有客户信用评级制度,则应认真执行。

(4) 确认交易价格以及客户是否有特殊的加工和包装需求。

此外,每一份订单都应有唯一的订单编号,以方便作业、分析和查询。

(二) 库存查询与分配

订单确认之后,需要对现有存货进行查询,确定库存的分配方式,特别是在库存不能够满足全部订单时。

订单可以分为两大类:一类是本次新接受的订单;另一类是过去遗留未完成的订单。后者又可分为延迟交货订单、缺货补送订单和远期订单。具体分配库存时,可以采用单一订单分配方式,即输入订单资料时,就将库存分配给该订单;也可以采用批次分配方式,即订单累积到一定量后,再一次性分配。库存分配也要按一定的顺序进行,如按客户等级、订单金额或盈利大小来确定有特殊优先权的订单；按客户信用状况确定订单分配顺序；按接到订单的先后次序或按交货期限的远近等分配订单顺序。

在库存不足以满足全部订单时，缺货订单可以按表 2-6 中的方法处理。

表 2-6 缺货订单的处理

客户要求	具体情况	配送中心处理
客户不允许延期交货	如果能重新分配，则将其他允许缺货或延期交货客户的货分配给该客户	需征得客户同意
客户允许缺货取消	如不能重新分配，则取消缺货货物或整个订单	
	删除订单上的缺货货物或不足的部分	
客户允许缺货补送	要求有货时即补送	将缺货资料记录形成文件
	允许与下一次订单合并配送	
	允许推迟交货，但要求所有订购的货物配齐后一次配送	将顺延订单形成文件

库存分配方式和顺序确定后，需要生成相关信息，包括拣货单或出库单、送货单或缺货资料等。

二、补货

（一）补货的含义

补货是指在拣货区的存货低于设定标准的情况下，将货物从保管区域将货物搬运到动管拣货区的工作，并要做相应的账面处理。其目的是将正确的货物在正确的时间和正确的地点以正确的数量和最有效的方式送到指定的拣货区。

（二）补货流程

补货作业一般以托盘或以箱为单位，其补货流程大致相同。如图 2-4 所示为以托盘补货为例的一般补货作业流程图。

（三）补货的基本方式

补货作业的方式可以按不同标准进行分类，主要有以下几种：

1. 按每次补货数量分

（1）整箱补货。整箱补货是指由货架保管区以箱为单位补货到流动货架的货区。这种补货方式的保管区为货架储放，动管分拣区为两面开放式的流动分拣区，拣货时，拣货员从分拣区拣取货物单品放入浅箱（篮）中，而后放入输送机并运到发货区。当动管区的存货已低于设定标准时，则进行补货作业。其补货方式为作业员到货架保管区取货箱，以手推车载箱至拣货区，由流动分拣区后方补货。整箱补货方式较适合体积小且少量多样出货的货物。

（2）托盘补货。这种补货方式是以托盘为单位进行补货。托盘由地板堆放保管区运到

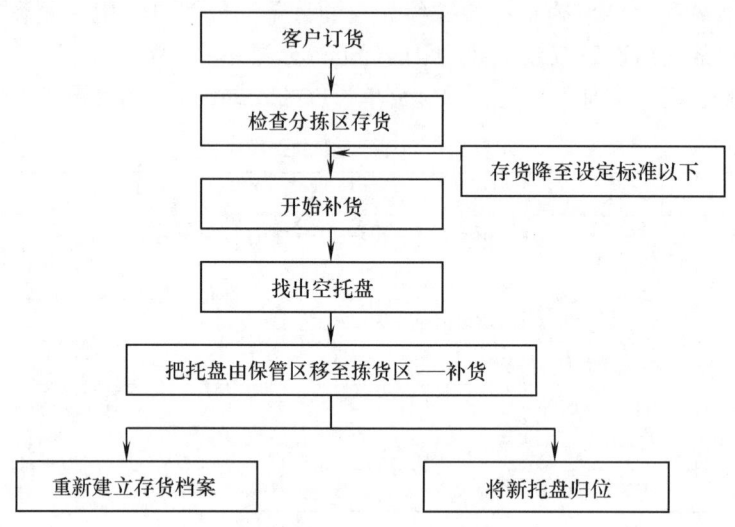

图 2-4 一般补货作业流程

地板堆放动管区,分拣时把托盘上的货箱置于中央输送机送到发货区。当存货量低于设定标准时,立即补货;使用堆垛机把托盘由保管区运到分拣动管区,也可把托盘运到货架动管区进行补货。这种补货方式适合体积大或出货量多的货物。

(3) 货架上层—货架下层的补货方式。这种补货方式的保管区与动管区属于同一货架,也就是将一个货架的中下层作为动管区,上层作为保管区。而进货时则将动管区放不下的多余货箱放到上层保管区。拣货时,从动管区的货物进行,当动管区的存货低于设定标准时,则可利用堆垛机将上层保管区的货物搬至下层动管区。这种补货方式适合体积不大、存货量不多,且多为中小量出货的货物。

2. 按补货周期分

(1) 批量补货。批量补货是指每天由计算机计算所需货物的总拣取量,在查询动管区存货量后得出补货数量,从而在拣货之前一次性补足,以满足全天拣货量。这种一次补足的补货方式较适合一日内作业量变化不大、紧急插单不多,或每批次拣取量大的情况。

(2) 定时补货。定时补货是指把每天划分为几个时点,补货人员在固定时段内检查动管分拣区货架上的货物存量,若不足则及时补货。这种方式适合分批分拣时间固定,且紧急订单处理较多的配送中心。

(3) 随机补货。随机补货是指指定专门的补货人员,随时巡视动管分拣区的货物存量,发现不足则随时补货。这种方式较适合每批次拣取量不大、紧急插单多,以至于一日内作业量不易事先掌握的情况。

3. 其他补货方式

(1) 直接补货。直接补货是指补货人员直接在进货时将货物运至分拣区,货物不再进入保管区的补货方式。对于一些货物周转非常快的中转型配送中心，直接补货方式是常用的补货方式。

（2）复合式补货。复合式补货是指分拣区的货物采取同类货物相邻放置的方式，而保管区采取两阶段的补货方式，即第一保管区为高层货架，第二保管区位于分拣区旁，是一个临时保管区。补货时，货物先从第一保管区移至第二保管区，当分拣区存货降到设定标准以下时，再将货物从第二保管区移到分拣区，由拣货人员在分拣区将货物拣走。

在自动化作业的配送中心或仓库中，按照事先确定的补货方式，通过计算机发出指令，可以自动进行补货作业。

第四节　配货与送货

货物按订单分拣完成后，需要经过配货和送货作业才能够送达客户手中。

一、配货

配货是指把拣取分类完成的货物经过配货检查过程后，装入容器并做好标识，再运到配货准备区，等待装车后发送。

在配货过程中，首先，要进行分货工作，一般可以使用人工目视处理、自动分类机器或旋转货架分类进行处理。其次，要对所拣选的货物进行商品号码、数量以及产品状态、品质的检查，以确认拣货作业是否有误。目前，主要通过条形码检验、声音输入检验以及重量检验等方法进行检查。最后，在配货作业中，要对货物进行恰当的包装，以起到保护货物，便于搬运、存储，提高客户的购买欲望，以及易于辨认的作用。包装可以分为个装、内装和外装三种。个装属于商业包装，而内装和外装统称为运输包装，不要求美观，但是要求坚固耐用且便于装卸，以免货物经过长距离的运输而遭到损失。配货作业的一般流程如图2-5所示。

二、送货

（一）送货流程

送货作业是指利用配送车辆，把客户订购的货物从制造厂、生产基地、批发商、经销商或配送中心，送到客户手中的过程。配送送货通常是一种短距离、小批量、高频率的运输形式。它以服务为目标，以尽可能满足客户需求为宗旨。

送货作业的基本业务流程如下：

（1）划分基本送货区域。首先将客户做区域上的整体划分，再将每一客户分配在不同的基本送货区域中，作为送货决策的基本参考。例如，按行政区域或交通条件划分不同的送货区域，在区域划分的基础上再做弹性调整来安排送货顺序。

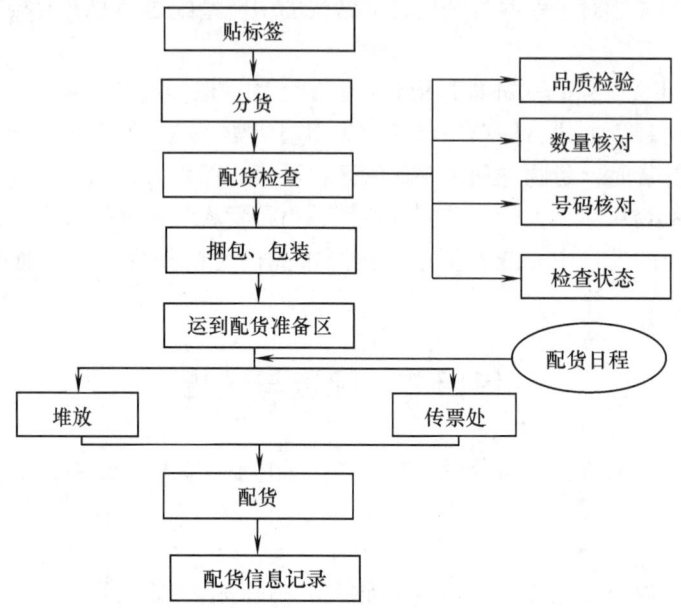

图 2-5 配货作业的一般流程

(2) 车辆配载。由于配送货物品种、特性各异,为提高送货效率,确保货物质量,必须首先对特性差异大的货物进行分类。在接到订单后,将货物按特性进行分类,以便分别采取不同的送货方式和运输工具,如按冷冻食品、速食食品、散装货物、箱装货物等货物类别进行分类配载。其次,配送货物也有轻重缓急之分,必须初步确定哪些货物可配载于同一辆车,哪些货物不能配载于同一辆车,以做好车辆的初步配装工作。

(3) 暂定送货先后顺序。在考虑其他影响因素,做出最终送货方案前,应先根据客户订单的送货时间,将送货的先后次序进行大致排序,为后面车辆配载做好准备。预先确定基本送货顺序可以有效地保证送货时间,提高运作效率。

(4) 车辆安排。车辆安排要解决的问题是安排什么类型、多大吨位的配送车辆进行最终送货。一般企业拥有的车型有限,车辆数量也有限。当本企业车辆无法满足需求时,可使用外雇车辆。在保证送货运输质量的前提下,是组建自营车队,还是以外雇车辆为主,则需视经营成本而定。通常外雇车辆与自有车辆的费用比较如图 2-6 所示。

无论选用自有车辆还是外雇车辆,都必须首先掌握有哪些车辆可供调派并符合要求,即这些车辆的容量和额定载重是否满足要求;其次,安排车辆之前,还必须分析订单上的货物信息,如体积、重量、数量、对装卸的特别要求等,综合考虑多方面因素的影响后,再做出最合适的车辆安排。

(5) 选择送货线路。确定了车辆负责配送的具体客户后,如何以最快的速度完成对这

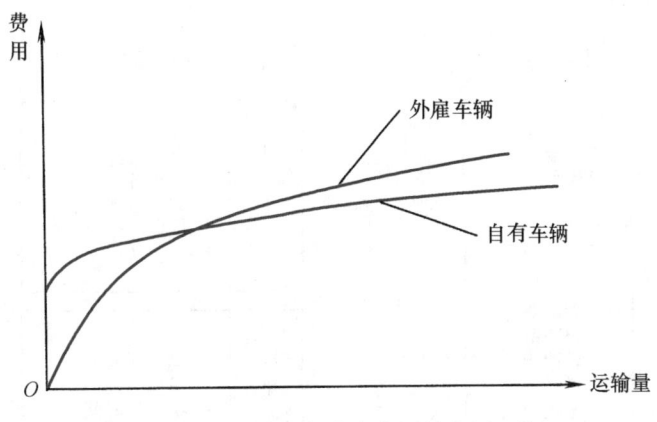

图 2-6　外雇车辆与自有车辆的费用比较

些货物的配送,即如何选择配送距离短、配送时间短、配送成本低的线路,并根据客户的具体位置、沿途的交通情况等做出优先选择和判断。除此之外,还必须考虑有些客户或其所在地点对送货时间、车型等方面的特殊要求。例如,有些客户不能在中午或晚上收货,有些道路在某高峰期实行特别的交通管制等。配送线路的选择可以利用有关的运筹学模型辅助决策。

(6) 确定每辆车的送货顺序。做好车辆安排及选择好合理的配送线路后,就可以确定车辆的送货顺序,从而估计出货物送到每位客户的大致时间,并通知客户。有时,车辆的送货顺序和线路选择是同时进行的。

(7) 完成车辆配载。明确了客户的送货顺序后,接下来就是如何将货物装车,按什么次序装车的问题,即车辆的配载问题。本书第四章将介绍几种车辆配载优化方法。

(二) 送货管理

送货费用在配送成本中的比例最高,占 35%~60%。因此,降低送货费用对提高配送活动的效益极为重要。如图 2-7 所示为影响送货费用的因素。由图可知,送货费用包括人工费、奖金、福利、燃料费、修理费、轮胎费、过路费、车检费、折旧费、保险费、事故费和车辆税费等。这些费用和配送频率、时间、用户的远近及车辆的损耗状况都有关系。为此,可通过严格管理来降低成本,如提高车辆出车率、装载率,降低空车率等。

1. 送货服务要点

送货服务作为配送作业的最终和最具体、直接的服务,其服务要点有下列几点:

(1) 时效性。时效性是配送客户最重视的因素,也就是要确保能在指定的时间内交货。送货是从客户订货至交货各阶段中的最后一个阶段,也是最容易引起时间延误的环节。影响时效性的因素有很多,除配送车辆故障外,所选择的配送线路不当、中途客户卸

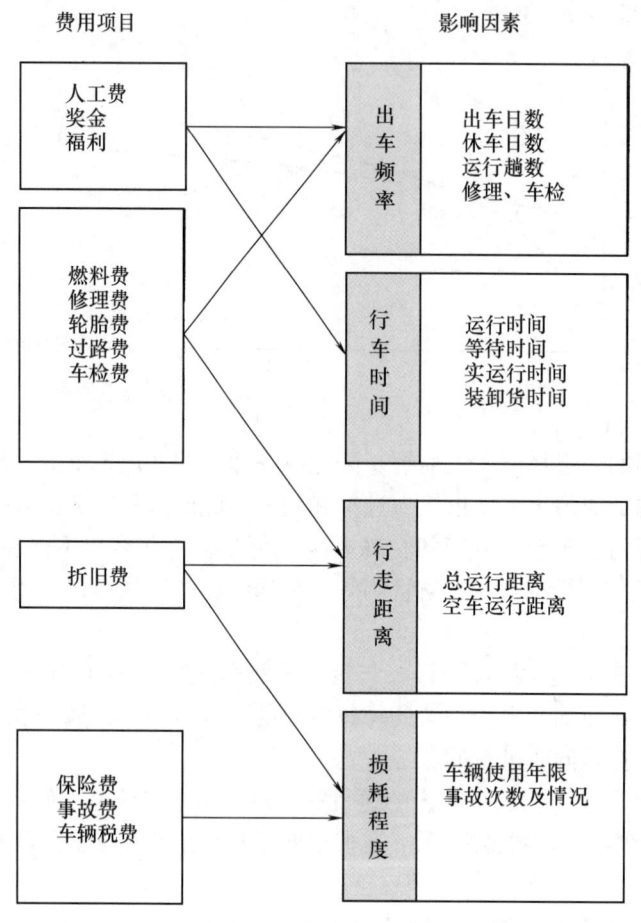

图 2-7 影响配送费用的因素

货不及时等均会造成时间上的延误。因此，必须在认真分析各种因素的前提下，用系统化的思想和原则，有效协调，综合管理，选择合理的配送线路、配送车辆和送货人员，使每个客户都能在预定的时间收到所订购的货物。

考核配送作业水平的一项重要指标就是送货的准点率。例如，日本西友百货的配送中心在给 FamilyMart（全家便利店）配送商品时规定，送货到达商店的时间一般不超过预定时间 15min。如途中因意外不能准时到达，必须立刻与总部联系，由总部采取紧急措施，确保履行合同。

（2）可靠性。可靠性是指将货物完好无缺地送达目的地。这是对配送作业的差错率、货损率的考核。要达到可靠性目标，关键在于提高配送人员的素质，主要体现为以下几点：

1）装卸货时的细心程度。
2）运送过程对货物的保护。
3）对客户地点及作业环境的了解。
4）配送人员的操作规范。

若送货人员能随时注意以上几项原则，就能使货物以最好的质量送到客户手中。

（3）沟通。送货作业是配送的末端服务，它通过送货上门服务直接与客户接触，是与客户沟通最直接的桥梁。它不仅代表着企业的形象和信誉，还在沟通中起着非常重要的作用。所以，必须充分利用与客户沟通的机会，巩固与提升企业的信誉，为客户提供更优质的服务。

（4）便利。配送以服务为目标，以最大限度地满足客户要求为宗旨。因此，应尽可能地让客户享受到便捷的服务。通过采用高弹性的送货系统，如采用应急送货、顺道送货与退货、辅助资源回收等方式，为客户提供真正意义上的便利服务。

2. 送货效率的提高

为提高送货效率，可采用的手段包括以下几种：

（1）消除交错送货。消除交错送货可以提高整个配送系统的送货效率。例如，将原先直接由各工厂送至客户的零散路线利用配送中心来做整合并调配转送，可以缓解交通网路的复杂程度，且大大缩短运输距离。

（2）开展直配、直送。由于"商物分流"，订购单可以通过信息网络直接传给厂商，因此，各工厂的货物可从厂商的物流中心直接交货到各客户。利用这种直配、直送的方式，可以大幅简化配送的层次，使中间的代理商和批发商不设存货，下游信息也能很快传达到上游。

（3）采用标准的包装器具。配送不是简单的"送货上门"，而是要运用科学合理的方法选择配送车辆的吨位、配载方式，确定配送路线，以达到"路程最短、吨公里最小"的目标。采用标准的包装工具（如托盘），可以提高送货中货物的搬运、装卸效率，并便于车辆配装。

（4）建立完善的信息系统。完善的信息系统能够根据交货配送时间，车辆最大积载量，客户的订货量、个数、重量来选出一个最经济的配送方法；根据货物的形状、容积、重量及车辆的能力等，由计算机自动安排车辆和装载方式，形成配车计划；在信息系统中输入客户的位置，计算机便会依最短距离找出最便捷的路径。

（5）改善运货车辆的通信。健全的车载通信设施可以把握车辆及司机的状况，传达道路信息和气象信息，掌握车辆作业状况及装载状况，传递作业指示，传达紧急信息指令，提高运行效率及安全运转。

（6）均衡配送系统的日配送量。通过与客户沟通，尽可能使客户的配送量均衡化，能有效地提高送货效率。为使客户的配送量均衡，通常可以采用以下方式：①对大量订货的客户给予一定折扣；②制定最低订货量；③调整交货时间，对受季节性影响的产品，应尽可能引导客户提早预约。

（三）货物配载

配送面对的一般是小批量多批次的送货，单个客户的配送数量往往不能达到车辆的有效载运负荷。因此，在配送作业流程中需要安排配装，即把多个客户的货物或同一客户的多种货物进行搭配装载，满载于同一车辆。这样，不仅能降低送货成本，提高企业的经济效益，而且还可以减少交通流量，改善交通拥挤状况。所以，配载是配送系统中具有现代特点的作业要素，也是现代配送不同于传统送货的重要区别。合理的货物配载要能够充分利用运输工具（货车、轮船等）的载重量和容积，提高车辆利用率。基本的配载作业原则有以下几点：

（1）重的货物在下，轻的货物在上。

（2）后送先装，即按客户的配送顺序，后送的、远距离客户的货物先装车，先送的、近距离客户的货物后装车。

（3）根据货物特性确定不同的运送方式和运输工具。

（4）根据货物的特性安排配载，不相容的货物不能用同一辆车送货，需要不同送货条件的货物也不能用同一辆车送货。例如，散发气味的货物不能与具有吸味性的食品混装，散发粉尘的货物不能与清洁货物混装，渗水货物不能与易受潮的货物混装。

（5）外观相近、容易混淆的货物应尽量分开装载。

在货物配装时，除了综合考虑以上一般原则外，还要根据货物的性质（如怕震、怕压、怕撞、怕潮等）、形状、体积等做出弹性调整。此外，货物的装卸方法也必须考虑货物的性质、形状、重量、体积等因素后再做具体决定。因此，配送部门既要按订单要求在配送计划中明确运送顺序，又要安排理货，将各种不能混装的货物进行分类；同时，还应按订单标明的到达地点、客户名称、运送时间、货物明细等；最后，按流向、流量、距离将各类货物进行车辆配载。

第五节　配送加工

配送加工是根据客户的要求，对货物施加包装、分割、计量、分拣、刷标志、拴标签、组装等简单作业。配送加工在配送中不具有普遍性，但它起着很重要的作用，通过配送加工，通常可以大大提高客户的满意程度。

配送加工是在流通领域从事的简单生产活动，具有生产制造活动的性质。但是，生产领域的制造活动改变加工对象的基本形态和功能，是一种创造新的使用价值的活动；

而配送加工不改变货物的基本形态和功能，只是完善货物的使用功能，方便客户使用，提高货物的附加价值。配送加工越来越成为流通领域的一项重要活动，原因在于配送加工可以为客户提供定制化的服务，提高整个物流的效率，同时也给流通业者带来可观的经济收益。

一、配送加工的目的

配送加工的目的可以归结为以下几个方面：

（1）强化流通阶段的保管功能，使商品在克服了时间、距离后，仍然可以保持新鲜状态。例如，食品的保鲜包装、罐装食品加工等属于此类。

（2）回避流通阶段的商业风险，同时也可以促进配送效率的提高。例如，钢板、玻璃的剪裁一般是在接到客户订货后再进行。

（3）提高产品的附加价值。蔬菜等食品原料经过深加工，如加工成半成品，可以满足消费者对产品更高的需求，提高产品的附加价值。

（4）满足客户多样化的需求。例如，不同客户对产品的包装的要求不同，通过改变产品的包装，满足不同客户的需求。

（5）提高运输和储存的效率。例如，组装型货物在运输和保管过程中处于散件状态，出库配送前或者到达客户后再进行组装，以此提高运输工具的装载率和仓库储存效率。

配送加工受到技术革新的影响，其形态在逐渐增加，这对流通系统也产生着重大影响。也就是说，在生产工厂内并不完成加工对象的完全制品化，而是在靠近消费者的地方完成其随后阶段的制品化工作。

随着经济的全球化和国际分工的进一步细化以及采购的全球化趋势，原材料和零部件往往由一个国家流向另一个国家，其所经历的物流环节和距离会变得更长，为此，配送加工也会变得越来越重要。配送加工在提高配送效率、降低配送成本方面的作用不断增强。

二、配送加工的类型

（一）生产资料的配送加工

1. 钢材的配送加工

钢材的配送加工是生产资料配送加工中最具代表性的一类。例如，薄板的切断、型钢的熔断、厚钢板的切割、线材切断等集中下料，线材冷拉加工等。为此，有专门进行钢材配送加工的钢材流通中心，在这里不仅从事钢材的保管，而且还进行大规模的设备投资，使其具备配送加工的能力。

钢材配送加工可以选择加工方式，使加工后钢材的组织较少发生变化，可以保证原来的交货状态，因而有利于进行高质量加工，减少加工损耗；集中加工有利于提高加工设备的使用效率，降低成本；简化客户的生产环节，提高生产水平。

2. 水泥的配送加工

水泥的配送加工也是较具代表性的生产资料的配送加工。水泥加工利用水泥加工机械和水泥搅拌运输车进行，水泥搅拌车具有灵活、机动的特点，可以接近施工现场。水泥加工作业区域可以避开繁华市区，节省现场作业空间，同时，这种方式优于直接供应或购买水泥在工地现制混凝土的技术经济效果，因此受到许多工业国家的重视。

水泥配送加工可以将水泥的使用从小规模的分散形态改变为大规模的集中加工形态，因此可以利用现代化的科学技术，组织现代化的大生产；集中搅拌可以采用准确的计量手段，选择最佳工艺，提高混凝土的质量，节约水泥；有利于提高搅拌设备的利用率；可以减少加工据点，形成固定的配送渠道，形成规模经济，使水泥的物流更加合理；有利于新技术的采用，简化工地的材料管理，节省施工用地等。

3. 木材的配送加工

木材的配送加工也是生产资料配送加工的一大品种。一般木材的配送加工形式有以下两种：

（1）磨制木屑压缩运输。木材是密度小的物资，在运输时占有相当大的容积，往往使车船满装但不能满载，同时，装车、捆扎也比较困难。为此，在林木生产地就地将原木磨成木屑，然后采取压缩方法，使之成为密度较大、容易装运的形状，然后运至靠近消费地的造纸厂。

（2）集中开木下料。在配送加工点将原木锯裁成各种规格的圆木，同时，将碎木、碎屑集中加工成各种规格板材，甚至还可以进行打眼、凿孔等初级加工。

除此之外，平板玻璃、铝材等同样可以在流通阶段进行像钢材那样的切断、弯曲、打眼等各种配送加工。

（二）消费资料的配送加工

消费资料的配送加工有纤维制品的缝制和整烫、贴标签、家具组装等。这种配送加工一方面是为了提高顾客服务水平，另一方面也是为了提高配送效率。

（三）食品的配送加工

食品的配送加工种类繁多，既有为了保鲜而进行的配送加工，如保鲜包装；也有为了提高配送效率而进行的对蔬菜和水果的加工，如去除多余的根叶等，鸡蛋去壳后加工成液体装入容器，鱼类和肉类食品去皮、去骨等。此外，半成品加工、快餐食品加工也成为配送加工的组成部分。通常的食品配送加工形式有：

（1）冷冻加工。为解决鲜肉、鲜鱼在流通中保鲜及搬运装卸的问题，采取低温冻结方式加工。

（2）分选加工。农副产品，如果类、瓜类、棉毛原料等，质量差别情况较大，为获得一定规格的产品，需要采取人工或机械分选的方式加工。

(3) 精致加工。在产地或销售地设置加工点，去除农副产品的无用部分，进行洗净、分装等加工。

(4) 分装加工。将大包装货物换为小包装货物，以满足消费者对不同包装规格的需求。

三、配送加工管理的重点

配送加工是在配送领域中进行的辅助性加工，从某种意义来讲，它不仅是生产过程的延续，而且也是生产本身或生产工艺在流通领域的延续。这个延续可能有正、反两方面的作用：一方面，可能有效地起到完善生产加工的作用；另一方面，各种不合理的配送加工会产生抵消效益的负效应。配送加工管理的要点是排除可能出现的各种不合理现象。控制不合理配送加工可以从以下几方面入手：

（一）配送加工地点的设置

配送加工地点的设置即配送加工地点的分布，是影响整个配送加工是否有效的重要因素。配送加工的地点可以接近需求地，也可以接近生产地。

1. 需求地

一般而言，为衔接单品种大批量生产与多样化需求的配送加工，加工地设置在需求地区，才能实现大批量的干线运输与多品种末端配送的物流优势。如果将配送加工地设置在生产地区，就会出现以下不合理现象：

(1) 产品需求多样化时，会出现多品种、小批量的产品由产地向需求地的长距离运输。

(2) 在生产地增加一个配送加工环节，将增加近距离运输、装卸、储存等一系列物流活动。所以，在这种情况下，不如由原生产单位完成这种加工，而不设置专门的配送加工环节。

2. 生产地

为方便物流，配送加工环节应设在产出地，设置在产品进入流通环节之前。如果将其设置在消费地，不仅不能解决物流问题，而且在流通中又增加了一个中转环节，因而也是不合理的。

即使配送加工地点的选择是正确的，也还存在配送加工在小地域范围的正确选址问题，如果选择不当，仍然会出现不合理现象。这种不合理现象主要表现为交通不便，配送加工与生产企业或客户之间的距离较远，配送加工点的投资过高（如选址的地价影响），加工点周围社会、环境条件不良等。

（二）配送加工方式的选择

配送加工方式包括配送加工对象、配送加工工艺、配送加工技术、配送加工程度等方面。配送加工方式的选择实际上是确定配送加工与生产加工之间的合理分工。配送加工不是对生产加工的代替，而是一种补充和完善。如果配送加工方式选择不当，就会出现与生产夺利的现象：本来应由生产加工完成的，却错误地由配送加工完成；本来应由配送加工完成的，却错误地由生产过程完成。这些都会造成整个物流效率的下降和成本的增加。

一般来说，工艺复杂、技术装备要求较高，或可以由生产过程延续或轻易解决的产品加工，都不宜再设置配送加工，尤其不宜与生产过程争夺技术要求较高、效益较高的最终生产环节，更不宜利用一个时期的市场压力使生产者变成初级加工或前期加工者，而使流通企业完成装配或最终形成产品的加工。

配送加工方式不当，不仅不能有效解决产品的品种、规格、质量、包装等问题，而且也不能发挥配送加工服务客户、方便物流的作用，反而会增加流通环节，降低流通的效率。

（三）配送加工成本的管理

配送加工之所以能够有生命力，其重要优势之一是从生产支出和服务客户的综合角度出发，一些产品的加工工作在流通环节完成会带来更高的产出投入比，因而对整个供应链效率的提高有着重要作用。如果配送加工成本过高，则不能实现以较低投入实现更高使用价值的目的。因此，配送加工成本是配送加工管理的重点内容之一。

四、配送加工合理化

配送加工合理化的含义是避免不合理的配送加工，使配送加工有存在的价值，而且实现配送加工的最优配置。为避免各种不合理现象，对是否设置配送加工环节，在什么地点设置，选择什么类型的加工，采用什么样的技术装备等，需要做出正确抉择。

实现配送加工合理化主要应考虑以下几方面：

1. 加工和配送相结合

这是将配送加工设置在配送点中，一方面按配送的需要进行加工，另一方面加工又是配送业务流程中的一环，加工后的产品直接投入配货作业。这就无须单独设置一个加工的中间环节，使配送加工有别于独立的生产，而是与中转流通巧妙地结合在一起。同时，由于配送之前进行过加工，可使配送服务水平大大提高。这在煤炭、水泥等产品的流通中已表现出较大优势。

2. 加工和配套相结合

在对配套要求较高的流通中，配套的主体来自各个生产单位。但是，完全配套有时无法全部依靠现有的生产单位。进行适当的配送加工，可以有效促成配套，大大增强流通的桥梁与纽带作用。

3. 加工和合理运输相结合

利用配送加工，在支线运输转干线运输或干线运输转支线运输等必须停顿的环节，按干线或支线运输的合理要求进行适当加工，可以大大提高运输及运输装载水平。

4. 加工和商流相结合

通过加工有效促进销售，使商流合理化，也是配送加工合理化考虑的方向之一。通过配送加工，提高了配送水平，强化了销售，是加工与商流相结合的一个成功例证。

此外，通过简单地改变包装加工，形成方便的购买量，通过组装加工消除客户使用前进行组装、调试的难处，都是有效促进商流的例子。

5. 加工和节约相结合

节约能源、节约设备、节约人力、节约耗费是实现配送加工合理化重要的考虑因素，也是目前我国设置配送加工，实现其合理化的较普遍的形式。

对配送加工合理化的最终判断，不仅要看其能否实现社会和企业本身的效益，而且要看是否取得了最优效益。对配送加工企业而言，与一般生产企业相比，一个重要的不同之处是，配送加工企业更应树立社会效益第一的观念，只有在以补充完善为己任的前提下才有生存的价值。如果只是追求企业的微观效益，不适当地进行加工，甚至与生产企业争利，就有违于配送加工的初衷，或者其本身已不属于配送加工范畴了。

京客隆与上海联华生鲜配送中心作业流程[①②]

一、北京京客隆生鲜配送中心

北京京客隆生鲜配送中心位于北京市朝阳区姚家园路，占地30亩[③]，2006年正式投入使用，为京客隆北京160多家店铺提供生鲜食品的统一配送。现场分切猪肉的销售方式已经退出京客隆卖场，44家大卖场及综合超市销售的优质排酸猪肉全部由这里统一配送。这里介绍其果蔬恒温加工配送中心和猪肉分切加工中心的作业流程。

1. 果蔬恒温加工配送中心作业流程

京客隆果蔬恒温加工配送中心包括4座独立可调温度、湿度的冷藏保鲜库，以及进货暂存区、筛选区、加工包装区、出货暂存区和17个进出货码头。加工现场温度为18℃，日配送处理能力为160~260t；冷藏库温度为2~8℃，湿度最高可达90%以上。其作业流程如下：

---

① 褚方鸿. 京客隆生鲜配送中心 [J]. 物流技术与应用, 2006 (4): 41-46.
② 沈默. 现代物流案例分析 [M]. 南京: 东南大学出版社, 2006.
③ 1亩=666.6̇m²。

配送管理

（1）入库验收。京客隆的蔬菜主要来源于北京的顺义、通州，河北的固安，山东、海南、内蒙古等地。水果的来源包括京郊、河北、山东、内蒙古、新疆、海南、福建等地，采取统一采购、集中送货、锁定供货渠道、统一结算的经营策略。蔬果从蔬菜基地或水果产地用冷藏车运送至配送中心，进入进货暂存区，然后验收。验收主要是清点数量、查验质量和检测包装是否符合京客隆的标准化要求。查验质量主要是看水果或蔬菜的颜色、大小、软硬度。质量检测更注重的是检验农药残留，京客隆有专门的质检部门负责该项工作。清点数量主要是称重量、数箱数。京客隆事先与供应商在包装方面有标准化的约定，如苹果20kg一箱，因此，入库验收时要对供应商供货的标准化程度进行检验。

（2）筛选。筛选主要是对进入配送中心而尚未进行分类筛选的蔬果，依其品质、大小、色泽进行等级区分。在分类筛选过程中，还要去除运输途中出现的损坏商品，有些蔬菜水果还需要去根去叶。

（3）加工或冷藏。经验收后的果蔬，根据门店的订单及品种来确定是先放进冷藏库保存，还是直接进入加工区，经加工后出货。例如，叶菜类必须直接加工出货；而根茎类蔬菜和水果则既可以存储，又可以直接加工出货。对于门店没有订单的根茎类蔬菜和水果，一般根据其品质特征储存于相应温度的冷藏库中。

（4）分类小包装。小包装是指将水果蔬菜分类、筛选，然后贴膜称重、贴标，最后将小包装果蔬装入标准物流容器里。通常高单价的果蔬所用周转筐小，低单价的果蔬周转筐大。

（5）分拨前暂存。做好小包装的果蔬，装在标准容器里，放在出货暂存区，然后根据门店的订单进行播种式拣选。分拨以店面为单位，各门店有各门店的出货暂存区，等待配送车辆来运输，一般在1h内出货。这期间，分拨好了的叶类菜会重新放回冷藏库，以保证新鲜，配送车量可以直接从冷库将其运走。

2. 猪肉分切加工中心作业流程

猪肉分切加工中心占地2950m^2，分急速预冷库、排酸库、分切加工区、一次加工和副产品加工区、内外包装区、产品冷冻冷藏区和11个进出货码头，并建有一条急冻隧道。

（1）验收入库。京客隆的生鲜猪肉来源于北京市第五肉联厂、北京市顺鑫农业及北京千禧鹤等几家饲养中心。每天凌晨4点左右，华日飞天的冷藏车会将250头猪的白条肉送到京客隆的配送中心。猪肉验收主要是检测质量（检测猪肉的pH值及含水量）、温度（运送猪肉的冷藏车的温度和猪肉本身的温度）和清点数量。事先京客隆与华日飞天和肉联厂都有关于车辆和猪肉温度要求方面的约定。

（2）急速预冷、排酸。猪肉验收后进入分切加工中心，首先在-25℃的预冷室急速预冷4~6h，然后送入-4~+4℃的冷藏库排酸18~20h。

（3）分切与细加工。经过排酸后，猪肉进入分切车间，工人按部位对其进行分割。分割分为两种：一种是根据门店的订单可直接进入市场的成品；另一种是可以进一步细加工的原料，如可以用来铰肉馅的瘦肉块。进入原料库的产品则需要根据门店订单进一步细加工，变成门店所需的成品。

（4）金属残留检测、称重、包装与冷藏。进入成品库的产品，通过称重包装、贴标、金属残留检测后可直接出库，不能直接出库的成品则需要在冷库暂存。每一种成品在出库之前都要进行金属残留检测，以避免在加工过程中因刀切斧砍或自动化设备留下金属碎片。

（5）批次拣货、分拨到各门店区。京客隆配送中心的拣货是按单品的需求总量进行的，然后再分拨到各个门店。在分拨车间，每个门店有一个标志牌，该门店所需商品用周转筐装好，等待冷藏车运输。

若不能立即出货,则要将分拨好的商品迅速送回冷库,然后从冷库直接出货。

(6) 送货。京客隆每天分两个批次出货,通常是凌晨 2 点一次,凌晨 4 点一次。猪肉成品由冷藏车运送,保持恒温。到门店后,这些产品放在 $-2 \sim +2℃$ 的保鲜橱柜里销售。

在整个流程中,从进货验收、入库、制订生产计划、加工、拣货、分拨、出货,直到最后门店验收,都由计算机发出指令,并全程配合。

二、上海联华生鲜食品加工配送中心

上海联华生鲜食品加工配送中心,总投资 6000 万元,建筑面积 $35000m^2$,年生产能力 20000t,其中肉制品 15000t,生鲜盆菜、调理半成品 3000t,西式熟食制品 2000t,产品结构分为 15 大类约 1200 种生鲜食品;在生产加工的同时,配送中心还从事水果、冷冻品以及南北货的配送任务。

1. 订单管理

门店的要货订单通过联华的数据通信平台,实时地传输到生鲜配送中心,在订单上制定各商品的数量和相应的到货日期。生鲜配送中心接收到门店的要货数据后,立即在系统中生成门店要货订单,按不同的商品物流类型进行不同的处理。

(1) 储存型的商品。系统计算当前的有效库存,比对门店的要货需求以及日均配货量和相应的供应商送货周期,自动生成各储存型商品的建议补货订单。采购人员根据实际情况再对此订单做一些修改,即可形成正式的供应商订单。

(2) 中转型商品。此种商品没有库存,直进直出,系统根据门店的需求汇总,按到货日期直接生成供应商订单。

(3) 直送型商品。根据到货日期,分派各门店直送经营的供应商,直接生成供应商直送订单,并通过 EDI 系统直接发送到供应商。

(4) 加工型商品。系统按日期汇总门店要货,根据各产成品或半成品的 BOM 表计算物料耗用,比对当前有效库存,生成加工原料的建议订单;生产计划员根据实际需求做调整,发送采购部生成供应商原料订单。

各种不同的订单在生成完成或手工创建后,通过系统中的供应商服务系统自动发送给各供应商,时间间隔在 10min 内。

2. 配送计划

在得到门店的订单并汇总后,物流计划部根据第二天的收货、配送和生产任务制订配送计划。

(1) 线路计划。根据门店的订货数量和品种规划线路,保证运输效率。

(2) 批次计划。根据总量和车辆人员情况,设定加工和配送的批次,实现循环使用资源,提高效率;在批次计划中,将各线路分派到各批次中。

(3) 生产计划。根据批次计划,制订生产计划,将量大的商品分批投料加工,设定各线路的加工顺序,保证和配送协调。

(4) 配货计划。根据批次计划,结合场地及物流设备的情况,做配货安排。

3. 配送中心内部流程

(1) 储存型商品。商品进货时先进行订单预检,预检通过方可验货。验货时,终端系统检验商品条码和记录数量,同时需要进行品质检验。在商品进货数量上,定量的商品的进货数量不允许大于订单的数量，不定量的商品提供一个数量范围。终端系统和电子秤系统连接，可以自动对货物去皮称重。

拣货采用播种方式，根据汇总取货。汇总单标注了从各个仓位取货的数量，取货数量为本批配货的总量，取货完成后，被取商品从仓位移到待发区。在待发区，配货人员根据各线路门店配货数量对各门店配货，并检查总量是否正确，如不正确向上校核。如果商品的数量不足或其他原因造成门店的实配量小于应配量，配货人员就会通过手持终端调整实发数量，配货检验无误后，使用手持终端确认配货数据。

在配货时，冷藏和常温商品被分置在不同的待发区。

（2）中转型商品。供应商送货经预检后进行验货配货：供应商把中转商品卸到中转配货区；配货员使用中转配送系统，按商品所在路线、所在门店的顺序分配商品，数量根据系统配货指定的指令执行，贴上配送标签。将配完的商品采用播种方式放到指定的路线门店的位置上，配货完成统计单个商品的总数量或总重量，根据配货的总数量生成进货单。

中转商品以发定进，没有库存，多出的部分由供应商带回，如果不足则在门店间进行调剂。

根据中转商品类型的不同，具体处理方式也不同：①不定量、需要称重的商品，设定包装物皮重，由供应商将单件商品上秤，配货人员负责系统分配及其他控制性的操作，并按箱贴物流标签。②定量的大件商品，按门店配货的总件数，汇总打印一张标签，贴于其中一件商品上。③定量的小件商品（通常需要冷藏），在供应商送货之前先进行虚拟配货，将标签贴于周转箱上；供应商送货时，取自己的周转箱，按周转箱标签上的数量装入相应的商品；如果发生缺货，则将未配到的门店（标签）作废。

（3）加工型商品。生鲜产品的加工分为组合和分割两种类型。在 BOM 表中，产品分为最终产品、半成品和配送产品，每个产品设定唯一的加工车间，需要称重的产品或半成品设定单位产品的标准重量；原料分为最终原料和中间原料，并设定各原料相对于单位产品的耗用量。

生产计划或任务中需要对多级产品链计算嵌套的生产计划或任务，并生成各种包装生产设备的加工指令。生产计划完成后，系统生成领料清单，生产人员从仓库领取原料以及生产时的投料。加工车间人员根据加工批次加工调度，协调不同量商品间的加工关系，以满足配送要求。

4. 送货运作

商品分拣完成后，统一堆放在待发库区。按正常的配送计划，这些商品在晚上被送到各门店，门店第二天早上将新鲜的商品上架。在装车时按计划，根据路线、门店顺序进行，同时抽样检查准确性。在货物装车的同时，系统自动算出包装物（周转箱）的各门店使用清单，装货人员也据此来核对差异。在发车之前，系统根据各车的配载情况，打印出各配送车辆随车商品清单及各门店的交接签收单和发货单。

商品到门店后，验货时只要清点总的包装数量，退回上次配送带来的包装物，完成交接手续即可。一般一个门店进行配送商品交接只需要 5min。

思考题：

（1）比较上海联华和北京京客隆生鲜食品配送中心的作业流程，各有何特点？分析其差异性和共同性及其原因。

（2）结合配送作业理论，对北京京客隆和上海联华生鲜配送中心的作业流程进行评价。

复习思考题

1. 配送业务包括哪些环节?
2. 货物编码的原则是什么?举一个例子,说明其编码的方法是什么。
3. 货物验收的标准和内容是什么?
4. 常用的储存作业方法有哪几种?
5. 影响储位管理的因素是什么?
6. 分析提高仓容利用率的措施和方法。
7. 分析存货控制的目的和关键问题。
8. 叙述存货的分类管理法。
9. 简述补货的含义、基本方式、流程和时机。
10. 简述车辆配装的基本原则。
11. 分析提高送货效率的途径。
12. 分析配送加工的目的和配送加工合理化的方法。

第三章 分拣作业管理

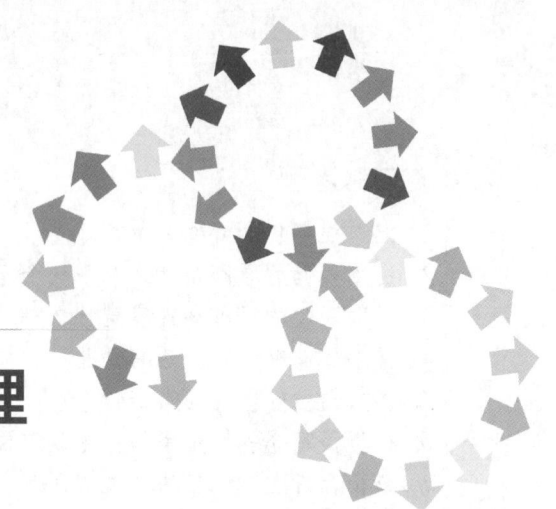

✤ 作 用

分拣作业是配送作业的核心流程,它在配送中心作业中所占的比例越来越大,是最耗费人力和时间的作业,也是评价配送服务水平高低的重要因素。

✤ 关 键

了解分拣作业的流程、分拣系统规划的方法,熟悉分拣策略及选择,掌握分拣作业的方法。

随着市场经济的发展,客户需求向小批量多品种方向发展,配送中心配送货物的种类和数量急剧增加,分拣作业的效率直接影响着配送中心的作业效率和经营效益。

第一节 配送中心分拣系统概述

一、分拣作业的概念及重要性

分拣作业就是将客户所订的货物从储存保管处取出,按客户分类、集中、处理和放置。

在配送中心的各项作业中,分拣作业是十分重要的一个环节,其作用相当于人体的心脏、空调系统的压缩机。而其动力的产生来自客户的订单,分拣作业的目的也就在于正确而迅速地集合客户所订购的货物。要达到这一目的,必须根据订单,选择适当的分拣设备,按分拣作业过程的实际情况,运用一定的方法策略组合,采取切实可行且高效的分拣方式,提高分拣效率,将各项作业时间缩短,提升作业速度与能力。同时,必须在分拣时防止发生错误,避免送错货,尽量减少内部库存的料账不符现象,避免作业成本的增加。

因此，如何在降低分拣错误率的情况下，将正确的货物以正确的数量，在正确的时间内及时配送给客户，是分拣作业最终的目的及功能。

下面分别从某配送中心分拣作业在物流总成本中所占的比例和在搬运成本中所占的比例两个方面来说明分拣作业的重要性。由图3-1可以看出，分拣与配送两大项目几乎占整个物流成本的80%，而配送费用的发生大多在厂区外部，影响因素大都难以控制；分拣成本约是其他堆码、装卸、运输等成本总和的9倍，占物流搬运成本的绝大部分。因此，若要降低配送成本以及其中的搬运成本，在分拣作业方面着手改进，就可以获得事半功倍的效果。

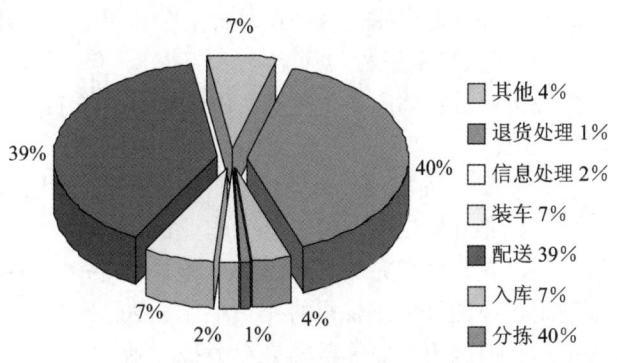

图3-1 物流成本比例分析图

从人力需求的角度来看，目前绝大多数配送中心仍属于劳动力密集型产业，其中与分拣作业直接相关的人力，更是占50%以上，且分拣作业时间占整个配送中心作业时间的比例为30%~40%。在成本上，分拣作业成本占配送中心总成本的15%~20%。由此可见，合理的分拣作业方法对配送中心运作效率的高低具有决定性的影响。

二、分拣作业的流程

（一）分拣系统的作业流程

在配送中心内，分拣系统的作业流程如图3-2所示。它涵盖了两种分拣方式：下部流程为按单分拣作业流程；上部为批量分拣流程。不管采用哪种分拣方法，都包括从仓库或保管货架内进行分拣的环节。

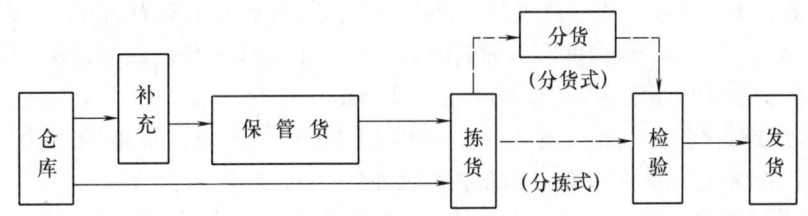

图3-2 分拣系统的作业流程

分拣的方式通常有两种，即按单分拣和按品种分拣（批量分拣）。一般按品种分拣，从货架上取货、分拣完毕为一次操作，之后还要对货物进行分类作业（分货作业），即为二次分拣作业。这种方式分拣的人力虽可减少，但其后的分货作业又增加了人力，因此，省人化效果不大。过去为了提高出库准确性（分拣总量－分货总量＝0），这种方法使用较多。近年来，由于客户需求品种越来越多，为了提高效率，解决劳动力不足的问题，各种效率更高的按单分拣方式被开发出来，如分拣指示系统、分拣小车等，对小批量的客户也可以高效、准确地出库，因此按品种的分拣方式的应用就逐渐减少了。

（二）分拣作业过程

分拣作业过程如图3-3所示，由生成分拣资料、行走或搬运、拣取以及分类与集中几个环节组成。

1. 分拣资料的形成

分拣作业开始之前，指示分拣作业的单据或信息必须先行处理完成。虽然有些配送中心直接利用客户的订单或公司的交货单作为人工分拣指示，但因为此类传票容易在分拣作业中

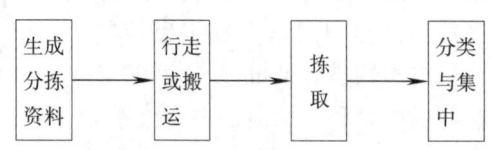

图3-3　分拣作业过程

受到污损而导致错误发生，同时无法标示货物的货位，引导分拣员缩短分拣路径，所以大多数分拣方式仍须将原始的传票转换成分拣单或电子信号，以使分拣员或自动分拣设备进行更有效率的分拣作业。

2. 行走或搬运

在进行分拣时，要拣取的货物必须出现在分拣员面前。可以通过以下几种方式实现：

（1）人至物方式。这种方式是指分拣员通过步行或搭乘分拣车辆到达货物储存位置的方式。该方式的特点是货物采取一般的静态储存方式，如托盘货架、轻型货架等，主要移动的一方为分拣者。

（2）物至人方式。与上述方式相反，物至人方式主要移动的一方为被拣取者，也就是货物；分拣者在固定位置内作业，无须去寻找货物的储存位置。该方式的主要特点是货物采用动态方式储存，如负载自动仓储系统、旋转自动仓储系统等。

（3）无人拣取方式。这种方式拣取的动作由自动化的机械负责，电子信息输入后自动完成分拣作业，无须人手介入。这是目前国外在分拣设备研究上努力的方向。

（4）拣取。当货物出现在拣取者面前时，接下来的动作便是抓取与确认。确认的目的是确定抓取的货物、数量是否与指示分拣的信息相同。实际作业中，多是利用分拣员读取品名与分拣单做对比。比较先进的方法是利用无线传输终端机读取条码由计算机进行对比，或采用货物重量检测的方式。准确地确认动作可以大幅度降低分拣的错误率。

（5）分类与集中。由于拣取方式的不同，拣取出来的货物可能还需按订单类别进行分类与集中，分拣作业至此告一段落。分类完成的每一批订单类别货物经过检验、包装等作业，然后出货。

三、分拣作业合理化的原则

若要实现分拣作业合理化，应遵循以下原则：

(1) 存放时应考虑易于出库和分拣。也就是说，要了解和记忆各种货物的存放位置，存放时应将出入库频繁的货物放在距离出口较近的地方，这样可以缩短取货时间。

(2) 提高保管效率，充分利用存储空间。在现实中，存储空间不能充分利用的情况是很常见的。除了提倡立体化储存之外，还可以通过减少通道所占用的空间来提高保管效率，或采用一些有特色的保管和搬运设备。

(3) 减少分拣错误。在分拣作业中，误发货往往是不可避免的，然而这是最大的浪费，应尽量避免。为解决这一问题，除了实现机械化和自动化之外，还要求作业者尽可能减少目视及取物操作上的错误。为此，在作业指示和货物放置方面要仔细研究。

(4) 作业应力求平衡化，避免忙闲不均的现象。必须重视收货入库、接受订单后出库等作业，以及进、出货车的装卸作业的时刻表的调整。通常，货车卸货到入库前的暂存，以及出库和货车装载之间的理货作业，是作业不能均衡调节的重要因素；对其他作业也应周到考虑、合理安排，这样才能大量节约人力。

(5) 事务处理和作业环节要协调配合。也就是说，要调整物流和信息流，使两方面的作业都没有等待时间。通常在物流作业之前要进行信息处理。例如，在发货时首先要根据发货通知将货物取出，在出库区进行理货作业，再填写出库单。这些事务性工作完成后，配送车辆的司机再拿着出库单来提货。这样就避免了车辆的过长等待时间。

(6) 分拣作业的安排要和配送路线的顺序一致。向配送车辆装货时，必须考虑配送顺序；而在出库区理货时，又要考虑装载方便。在分拣货物时也要依据这个原则，即分拣作业的安排要和配送路线的顺序一致。

(7) 缩短配送车辆等运输设备的滞留时间。缩短滞留时间是减少运输成本的重要因素。首先，如前所述作业的均衡化，事务处理和作业环节协调配合，对缩减车辆等待时间是必要的；其次，减少货车的装卸时间也是很重要的，为了减少装卸时间，应尽可能采用单元化集装系统，有效地应用各种托盘进行装卸作业。还应在理货时考虑配送顺序，以便货车在短时间内完成装卸作业。如果想进一步提高效率，还可以采用大型集装箱或拖车，这样就能使货车的等待时间降到最短。

第二节 分拣作业的分类和方法

一、分拣作业的分类

随着科学技术的发展，配送中心分拣作业的方法也在不断地演变，分拣作业的种类越来越多。分拣方式可以从以下不同的角度进行分类：

(1) 按订单的组合，可以分为按单分拣和批量分拣。

(2) 按人员组合，可以分为单独分拣方式（一人一件式）和接力分拣式（分区按单分拣）。

(3) 按运动方式，可以分为人至货前分拣和货至人前分拣等。

(4) 按分拣信息，可以分为分拣单分拣、标签分拣、电子标签分拣、RF 分拣等。

按单分拣即按订单进行分拣，分拣完一个订单后，再分拣下一个订单；批量分拣方式是将数张订单加以合并，一次进行分拣，最后根据各个订单的要求进行分货。

单独分拣方式即一人持一张取货单进入分拣区分拣货物，直至将取货单中内容完成为止；分区按单分拣方式是将分拣区分为若干个区，由若干名作业者分别操作，每个作业者只负责本区货物的分拣，携带一张订单的分拣小车依次在各区巡回，各区作业者按订单的要求分拣本区段存放的货物，一个区域分拣完移至下一区段，直至将订单中所列货物全部分拣完。

人至货前分拣是指人（或人乘分拣车）到储存区寻找并取出所需要的货物；货至人前分拣是指将货物移动到人或分拣机旁，由人或分拣机分拣出所需的货物。

二、分拣作业的方法

(一) 按单分拣

1. 按单分拣的作业原理

分拣人员或分拣工具巡回于各个储存点，按订单要求完成货物的配货，如图 3-4 所示。这种方式类似于人们进入果园，在一棵树上摘下已成熟的果子后，再转到另一棵树上去摘果子，所以又被形象地称为摘果式。

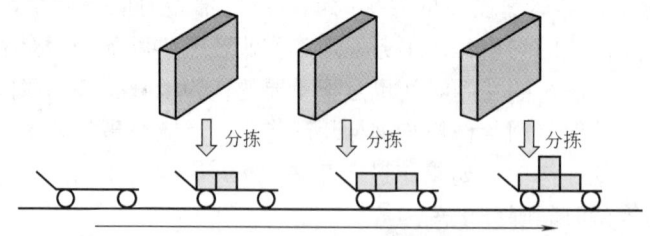

图 3-4 按单分拣的作业原理

2. 按单分拣作业方法的特点

(1) 按订单分拣，易于实施，而且配货的准确度较高，不易出错。

(2) 对各客户的分拣相互没有约束，可以根据客户需求的紧急程度，调整配货的先后次序。

(3) 分拣完一个货单，货物便配齐，因此，货物可不需再落地暂存，而是直接装上配送车辆。这样有利于简化工序，提高作业效率。

(4) 客户数量不受限制，可在很大范围内波动。分拣作业人员的数量也可以随时调节，在作业高峰时，可以临时增加作业人员。这样有利于开展即时配送，提高服务水平。

(5) 对机械化、自动化没有严格要求，不受设备水平限制。

（二）批量分拣

1. 批量分拣的作业原理

批量分拣作业是由分货人员或分货工具从储存点集中取出各个客户共同需要的某种货物，然后巡回于各客户的货位之间，按每个客户的需要量分放后，再集中取出共同需要的第二种货物，如此反复进行，直至客户需要的所有货物都分放完毕，即完成各个客户的配货工作，如图3-5所示。这种作业方式类似于农民在土地上播种，一次取出几亩地所需的种子，在地上巡回播撒，所以又被形象地称为播种式或播撒式。

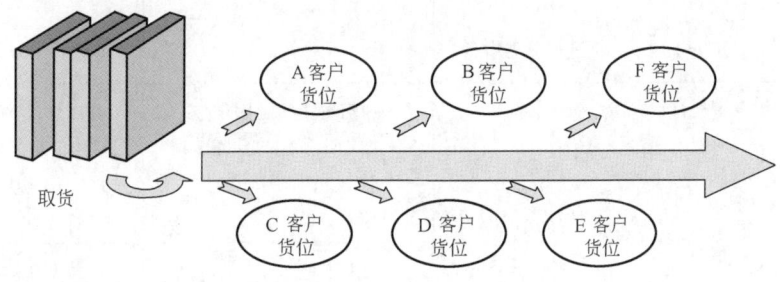

图 3-5　批量分拣的作业原理

2. 批量分拣作业方法的特点

批量分拣作业方法具有以下特点：

（1）由于是集中取出共同需要的货物，再按货物货位分放，这就需要在收到一定数量的订单后进行统计分析，安排好各客户的分货货位之后，才能反复进行分货作业。因此，这种工艺难度较高，计划性较强，与按单分拣相比错误率较高。

（2）由于是各客户的配送请求同时完成，可以同时开始对各客户所需货物进行配送。因此，这样有利于车辆的合理调配，规划配送路线，与按单分拣相比，可以更好地利用规模效益。

（3）批量分拣作业方法对到来的订单无法做出及时反应，必须等订单达到一定数量时才做一次处理，因此会有停滞时间。只有根据订单到达的状况做等候分析，决定适当的批量大小，才能将停滞时间降至最短。

（三）其他分拣作业方法

除了以上两种常用的分拣方法外，还可以采用以下两种分拣方法：

（1）整合按单分拣。这种分拣方法主要应用于一天中每一订单只有一种品项的场合。为了提高配送的效率，将某一地区的订单整合成一张分拣单，做一次分拣后，集中捆包出库。它属于按单分拣的一种变形。

（2）复合分拣。复合分拣是按单分拣与批量分拣的组合运用，按订单品项、数量和出库频率决定哪些订单适合按单分拣，哪些适合批量分拣。

几种分拣方法的比较如表3-1所示。

表3-1 分拣方法的比较

分拣方法	优点	缺点	适用场合
按单分拣	◆ 作业方法简单 ◆ 订货前置时间短 ◆ 作业弹性大 ◆ 作业员责任明确，作业容易组织 ◆ 分拣后不必再进行分类作业	◆ 货物品种多时，分拣行走路径加长，分拣效率降低 ◆ 分拣货必须配合货架货位号码	适合多品种、小批量订单的场合
批量分拣	◆ 合计后拣货，效率较高 ◆ 盘亏较少	◆ 所有种类实施困难 ◆ 增加出货别的分拣作业 ◆ 必须完成全部作业后才能发货	适合少品种大批量出货，且订单的重复订购率较高的场合
整合按单分拣			一天中每一订单只有一种品项的场合
复合分拣			订单密集且订单量大的场合

三、分拣信息

分拣信息是分拣作业的原动力，其主要目的是指示分拣的进行，而分拣资料的源头来自客户的订单。为了使分拣人员在既定的拣货方式下正确而迅速地完成分拣作业，分拣信息成为分拣作业中重要的一环。利用分拣信息来支持分拣系统，除使用传统的单据传送信息外，还有一些自动传输的无纸化系统都已逐渐被导入。以下介绍一些利用各种分拣信息来辅助分拣的应用方式。

常见的分拣信息传送方式有传票分拣、分拣单分拣、标签分拣、电子标签辅助分拣、RF辅助分拣、IC卡分拣与自动分拣等。

（一）传票分拣

传票分拣是最原始的分拣方式，直接利用客户的订单或公司的交货单作为分拣指示。

依据客户的订货单分拣,分拣员一面看着订货单的品名,一面寻找客户订单的品名。这种分拣方式通常没有按照货位编号加以重新排序,因而分拣员需来回多趟才可拣足一张订单。

(1) 优点:无须利用计算机等设备处理分拣信息,适用于订购品项数少或少量订单的情况。

(2) 缺点:①此类传票容易在分拣过程中受到污损,或因存货不足、缺货等注释直接写在传票上,导致作业过程中发生错误或无法判别确认;②未标示货物的货位,必须靠分拣人员的记忆在货架中寻找存货位置,更不能引导分拣人员缩短分拣路径;③无法运用分拣策略提高分拣效率。

(二) 分拣单分拣

分拣单分拣是目前最常用的分拣方式,将原始的客户订单输入计算机后进行分拣信息的处理,打印分拣单,如表3-2所示。分拣单的品名按照货位编号重新编号,让分拣员来回一趟就可拣足一张订单;分拣单上印有货位编号,分拣员可以按其地址寻找货物,使不熟悉货物放置位置的新手也能完成分拣。

表3-2 分拣单示例

订单单号:		分拣员:		序号:	
客户代号:		客户名称:		日期:	
编号	货位编号		品名	数量	备注

分拣单一般根据货位的分拣顺序进行打印,分拣人员根据分拣单的顺序分拣;分拣时将货物放入搬运器具内,同时在分拣单上做记号,然后再执行下一货位的分拣。

一般而言,分拣单是根据分拣的作业区和分拣单位分别打印的。例如,按整盘分拣(P→P)、整箱分拣(P→C)、拆箱分拣(C→B 或 B→B)等的分拣单进行分别打印、分拣,然后在出货暂存区集货等待出货。这是一种最经济的分拣方式,但必须配合货位管理才能发挥其效益。

(1) 优点:①避免传票在分拣过程中受到污损,在检验过程中使用原始传票查对,可以修正分拣作业中发生的错误;②货物的货位显示在分拣单上,同时可以按到达先后次序排列货位编号,引导分拣人员按最短路径分拣;③可充分配合分区、订单分割、订单分批等分拣策略,提升分拣效率。

(2) 缺点:①分拣单的处理打印工作耗费人力、时间;②分拣完成后仍需经过货物检验过程,以确保其正确无误。

(三) 标签分拣

在这种分拣方式中,分拣标签取代了分拣单,分拣标签的数量与分拣量相等,在分拣的同时,将标签贴在货物上以便确认数量。其原理为:接单之后经过计算机处理,依据货位的分拣顺序排列打印分拣标签,订购几箱(件)货物则打印几张标签,标签数量与订购数一样,分拣人员按照分拣标签上的顺序分拣。分拣时将货物贴标之后放入分拣容器内,标签贴完了则表示该项货物也已经分拣完成了。

标签分拣是一种简单的分拣方式,主要被应用于高单价的货物分拣;还可以应用于客户别分拣及货物别分拣,但货物别分拣的应用例较多,因为可以利用标签上的条码来自动分类,效率非常高。

此种分拣大部分被应用于整箱分拣及单品分拣。整箱分拣的标签与单品分拣的标签内容不一样,整箱分拣的标签除了单品分拣标签上的内容外,还包括客户地址及配送路线等,因此可以直接当作出货标签使用,必要时也可以增加条码的打印,以提高作业效率。而单品分拣之后大部分都必须装入纸箱或塑料箱内,因此必须增加出货标签,客户地址及配送路线的资料在出货标签上打印,而单品分拣的标签就可以省略这部分内容。

单品分拣标签内容、整箱分拣标签内容及出货标签内容请参考如下所示的标签。

1. 整箱拣货标签(见图3-6)

货位号码:A0511

数量:2箱

品号:00011125

品名:××××××

品号:00011125	品号:00011125
品名:×××××××	品名:×××××××
订单号码:5401	订单号码:5401
客户名称:××××	客户名称:××××
客户地址:××××××××××	客户地址:××××××××××
配送路线:	配送路线:
订单箱数-箱号:5/1	订单箱数-箱号:5/1

图3-6 整箱分拣标签

2. 单品分拣标签(见图3-7)

货位号码:a1034

数量:2件

品号：00022213

品号：00022213	品号：00022213
品名：××××××	品名：××××××
订单号码：543	订单号码：543
客户名称：××××××	客户名称：××××××
订单箱数－箱号：3/1	订单箱数－箱号：3/1

图 3-7　单品分拣标签

3. 出货标签（见图 3-8）

使用这种方式，标签贴到货物上的同时，货物与信息立即建立了一种对应关系，所以分拣的数量不会产生错误。这种分拣方式的优缺点如下：

（1）优点：①结合分拣与贴标签的动作，可以减少流通加工作业与往复搬运检核的动作，缩短整体作业时间；②可以在分拣时清点分拣数量，提高分拣的正确性（若分拣未完时标签已贴完，或分拣完成但标签仍有剩余，则表示分拣过程有错误发生）。

| 订单号码：12345 |
| 客户名称：×××××× |
| 客户地址：×××××××××× |
| 配送路线：12 |
| 订单箱数－箱号：6/1 |

图 3-8　出货标签

（2）缺点：①若要同时打印价格标签，必须统一下游客户的货物价格和标签形式；②操作环节比较复杂，分拣费用高。

（四）电子标签辅助分拣

电子标签辅助分拣是一种计算机辅助的无纸化的分拣系统，其原理为：在每一个货位安装数字显示器，利用计算机的控制将订单信息传输到数字显示器，分拣人员根据数字显示器所显示的数字分拣，拣完货之后按确认按钮即完成分拣工作，故也称为电子标签分拣。

使用这种分拣方式，电子标签取代分拣单，在货架上显示分拣信息，以减少"寻找货物"的时间。分拣的动作仍由人力完成。电子标签是很好的人（分拣员）机（计算机）界面，让计算机负责烦琐的分拣顺序规划与记忆，分拣员只需依照计算机指示执行分拣作业即可。电子标签有一小灯，灯亮表示该货位的货物是待拣货物。电子标签中间有多个字元的液晶显示器，可显示分拣数量。因此，分拣员在货架通道行走，看到灯亮的电子标签就停下来，并按显示数字来拣取该货物所需的数量。电子标签设备主要包括电子标签货架、中继器、计算机辅助分拣台车、条码、无线通信设备等，如图 3-9 所示。

此种分拣技术是 1977 年由美国开发研究而成的，是配送中心中经常应用的一种分拣方式。此种分拣方式可用于批量分拣，也可用于按单分拣，但若货物品项太多时则不太适合，会使成本太高，因此常被应用于 ABC 分类中的 A、B 类。它也是一种无纸化的分拣系统,既可以即时处理,也可以批次处理。电子标签分拣的分拣生产力约 500 件/h,而分拣错误率可达到 0.01% 左右,分拣的前置时间为 1h 左右。

电子标签辅助分拣的优点如下:

(1) 沿特定分拣路径,看电子标签灯亮就停下来,并按显示数字分拣,不容易拣错货物,错误率可减少 0.02%。

(2) 可省去来回寻找待拣货物的时间,分拣速度可提高 30%~50%。

(3) 只要寻找电子标签灯亮的货位,并按显示数字分拣即可,因而不熟悉货物放置位置的新手也能进行分拣。

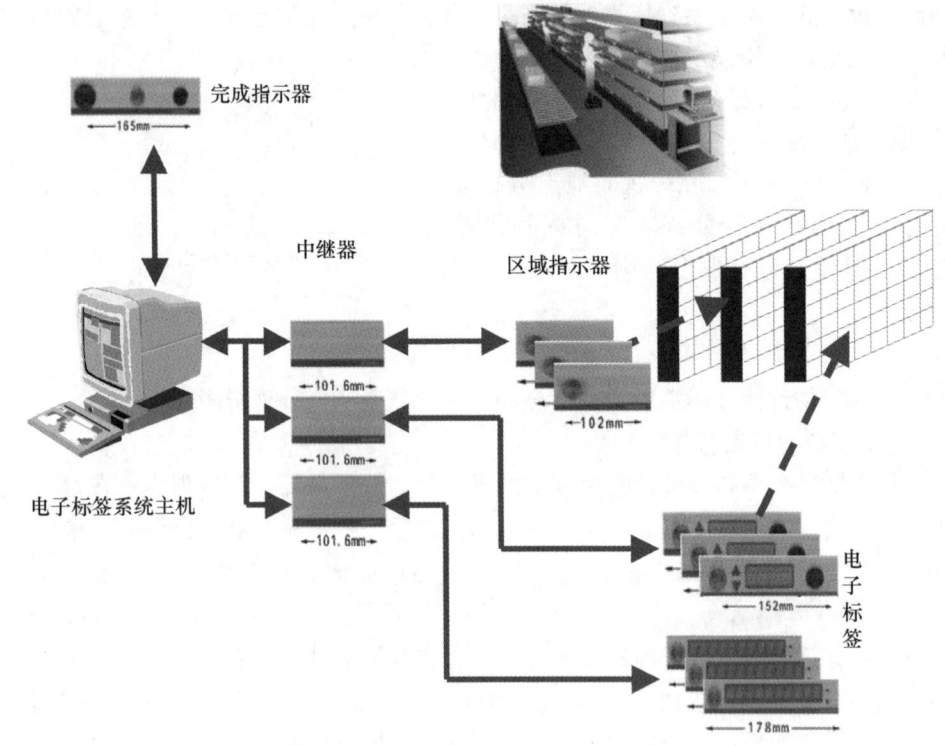

图 3-9 电子标签分拣系统结构

电子标签根据其功能可以分为传统电子标签和智慧型电子标签。传统电子标签只能显示分拣数量;而智慧型电子标签可显示价格、标签编号、货位编号、分拣数量、台车车号与台车格位等分拣信息。智慧型电子标签是在传统电子标签的基础上发展起来的,功能更加完善。其主要功能特点包括以下几方面:

(1) 一个电子标签可对应一个货位或多个货位。

(2) 指示一个分拣员进行单一订单分拣。

（3）指示一个分拣员进行多张订单分拣。
（4）指示多个分拣员进行单一订单分拣。
（5）指示多个分拣员进行多张订单分拣。
（6）指示分拣路径。
（7）立即更正分拣错误。
（8）指示库存盘点。
（9）指示贴标签作业。
（10）显示标签编号。

因智慧型电子标签可提供上述 10 项功能，故能适合各种分拣频率和分拣作业模式。
智慧型电子标签具备较多的功能与优点，其与传统电子标签的比较如表3-3 所示。

表3-3 智慧型电子标签与传统电子标签的比较

功能说明	智能型电子标签	传统电子标签
显示方式	四位字母，可显示文字、数字及符号	四位字母，仅能显示数字
传输方式	RS485 网络传输	RS485
对应货位	一个或多个货位	一个货位
对应货物	一个标签对一种或多种	一个标签对一种
货位动态分割	可	不可
移动路线指示	有	无
拣错防止	有	无
多订单分拣	可	不可
多人分拣指示	可	不可
店号指示	可	不可，须加上店号指示器
盘点作业	有	有些可以
分拣方式	直觉式	直觉式
导引指示	高亮度、大直径 LED	一般灯泡
分拣指示	高亮度、点矩阵 LED	数字型 LED
可靠度	佳	佳
作业扩充弹性	佳	困难
配线方式	简单	复杂
维修作业	简单	稍难

(五) RF 辅助分拣

RF 也是分拣作业的人（分拣员）机（计算机）界面，让计算机负责繁杂的分拣顺序规划与记忆，以减少"寻找货物"的时间。RF 通过无线式终端机显示所有分拣信息，比电子标签更具有作业弹性，但其价格高于电子标签。另外，因 RF 的显示不如电子标签简单，致使分拣员的直觉反应较差。RF 适合的分拣方式为以托盘为分拣单位，并采用叉车进行辅助分拣。

RF 分拣也是一种计算机辅助的分拣方式，其原理为：利用掌上电脑终端、条码扫描器及 RF 无线电控制装置的组合，将订单资料由计算机主机传输到掌上终端，分拣人员根据掌上终端所指示的货位，扫描货位上的条码，如果与计算机的分拣资料不一致，掌上终端就会发出警告声，直到找到正确的货物货位为止；如果与计算机的分拣资料一致，就会显示分拣数量，根据所显示的分拣数量分拣，分拣完成之后按确认按钮即完成分拣工作。分拣信息利用 RF 传回计算机主机，同时将料账扣除。它也是一种无纸化的分拣系统，也是即时的处理系统。

此种分拣方式可以利用在按单分拣和批量分拣方式中，因为成本低且作业弹性大，尤其适用于货物品项很多的场合，故常被应用在多品种少量订单的分拣上，与分拣台车搭配使用最为常见。RF 分拣的分拣生产力约为 300 件/h，而分拣错误率为 0.01% 左右，拣货的前置时间为 1h 左右。

(六) IC 卡分拣

IC 卡分拣也是一种计算机辅助的分拣方式，其原理为：利用计算机及条码扫描器的组合，将订单资料由计算机主机复制到 IC 卡上，分拣人员将 IC 卡插入计算机，根据计算机上所指示的货位，刷取货位上的条码，如果与计算机的分拣资料不一致，掌上电脑终端就会发出警告声，直到找到正确货物货位为止；如果与计算机的分拣资料一致，就会显示分拣数量，根据所显示的分拣数量分拣，分拣完成之后按确认按钮即完成拣货工作。分拣信息利用 IC 卡传回计算机主机，同时将料账扣除。

IC 卡分拣也是一种无纸化的分拣系统，但不是即时的处理系统，而是批次处理系统。

(七) 自动分拣

自动分拣方式是指分拣的动作由自动的机械负责，电子信息输入后自动完成分拣作业，无须人手介入。

自动分拣方式有 A 型分拣系统、旋转仓储系统、立体式自动仓储系统等多种。

A 型自动分拣系统类似于自动售货机，有一长排的 A 型货架。货架的两侧有多个货位，每个货位储放一种货物，每个货位下方有一台分拣机械。A 型货架的中间有一条输送带，输送带末端连接装货的容器。当联机计算机将分拣信息传入时，欲拣货物的货位分拣机械被启动，推出所需数量的货物至输送带。输送带的货物被送至末端，掉落至装货容器中。

旋转仓储系统内有多个货位，每个货位放置一种货物。当联机计算机将分拣信息传入时，欲拣货物的货位被旋转至前端的窗口，方便分拣员拣取。旋转仓储系统可省去货物的寻找与搬运，但仍需拣取动作；加上旋转整个货架，动力消耗大，故障率高，所以只适合轻巧的零配件仓库。

立体式自动仓储系统有多排并列的储存货架，因货架不需旋转，故可向上立体化，增加储存空间。货物的存取端设多台自动存取机。当联机计算机将分拣信息传入时，自动存取机移至指定货位，拿取或存放货物。通常立体式自动仓储系统采用单位负载的存取方式，比较适合以托盘或容器为拣取单位的拣取方式。

自动分拣方式由于是无人分拣，因此设备成本非常高，常被运用于高价值、出货量大且频繁的 A 类货物。自动分拣生产效率非常高，分拣错误率非常低。

第三节 分拣策略

分拣策略是影响分拣作业效率的重要因素，对不同的订单需求应采取不同的分拣策略。决定分拣策略的四个主要因素是分区、订单分割、订单分批及分类。这四个主要因素交互运用，可产生多个分拣策略。

一、分区策略

分区就是对分拣作业场地做区域划分。按分区原则的不同，有以下四种分区方法：

1. 按货物特性分区

按货物特性分区就是根据货物原有的性质，将需要特别储存搬运或分离储存的货物进行分区，以保证货物的品质在储存期间保持一定。

2. 按分拣单位分区

按分拣单位分区就是将分拣作业区按分拣单位划分，如箱装分拣区、单品分拣区或具有特殊货物特性的冷冻品分拣区等。其目的是使储存单位与分拣单位分类统一，以方便分拣与搬运单元化，使分拣作业单纯化。一般来说，按分拣单位分区所形成的区域范围是最大的。

3. 按分拣方式分区

在不同的分拣单位分区中，按分拣方法和设备的不同，又可以分为若干区域，通常以货物销售的 ABC 分类为原则，按出货量的大小和分拣次数的多寡做 ABC 分类，然后选用合适的分拣设备和分拣方式。其目的是使分拣作业单纯、一致，减少不必要的重复行走时间。在同一单品分拣区中，按分拣方式的不同，又可分为台车分拣区和输送机分拣区。

4. 按工作分区

在相同的分拣方式下，将分拣作业场地再做划分，由一个或一组固定的分拣人员负责分拣某区域内的货物。该策略的主要优点是分拣人员需要记忆的存货位置和移动距离减少，分拣时间缩短，还可以配合订单分割策略，运用多组分拣人员在短时间内共同完成订单的分拣，但要注意工作平衡问题。

接力式分拣就是工作分区的一种形式，只是其订单不做分割或不分割到各工作分区，分拣人员以接力的方式来完成所有的分拣动作。这种方式比由一位分拣员把一张订单所需要的货物分拣出来效率要高，但相对投入的人力较多。

以上分拣分区既可同时存在于一个配送中心内，又可单独存在。除接力式分拣外，在分区分拣完后仍需将拣出的货物按订单加以汇总。

二、订单分割策略

当订单上订购的货物项目较多，或是分拣系统要求及时快速处理时，为使其能在短时间内完成分拣处理，可将订单分成若干子订单，交由不同分拣区域同时进行分拣作业。将订单按分拣区域进行分解的过程称为订单分割。

订单分割一般是与分拣分区相对应的，对于采用分拣分区的配送中心，其订单处理过程的第一步就是要按区域进行订单分割，各个分拣区根据分割后的子订单进行分拣作业，各分拣区子订单分拣完成后，再进行订单的汇总。

三、订单分批策略

订单分批是为了提高分拣作业效率而把多张订单集合成一批，进行批次分拣作业。其目的是缩短分拣时平均行走搬运的距离和时间。若再将每批次订单中的同一货物品项加总后分拣，然后再把货物分给每一个客户订单，则形成批量分拣。这样不仅缩短了分拣时平均行走搬运的距离，也减少了重复寻找货位的时间，从而使分拣效率提高。但如果每批次订单数目过多，则必然耗费较多的分类时间，甚至需要有强大的自动化分类系统的支持。订单分批的原则如下：

1. 按总合计量分批

在进行合计分拣作业前，应累计所有订单中每一货物项目的总量，再根据这一总量进行分拣，以将分拣路径减至最短；同时，储存区域的储存单位也可以单纯化，但需要有功能强大的分类系统来支持。这种方式适用于固定点之间的周期性配送，可以将所有的订单在中午前收集，下午做合计量分批分拣单据的打印等信息处理，第二天一早进行分拣分类等工作。

2. 按时窗分批

当从订单到达到分拣完成出货所需的时间非常紧迫时，可利用此策略开启短暂而固定的时窗，如5min或10min，再将此时窗中所到达的订单作为一批，进行批量分拣。这一方式常与分区及订单分割联合运用，特别适合到达时间短而平均的订单，且订购量和品项数也不宜太大。图 3-10 为时窗分批分拣的示意图，所开时窗长度为 1h。

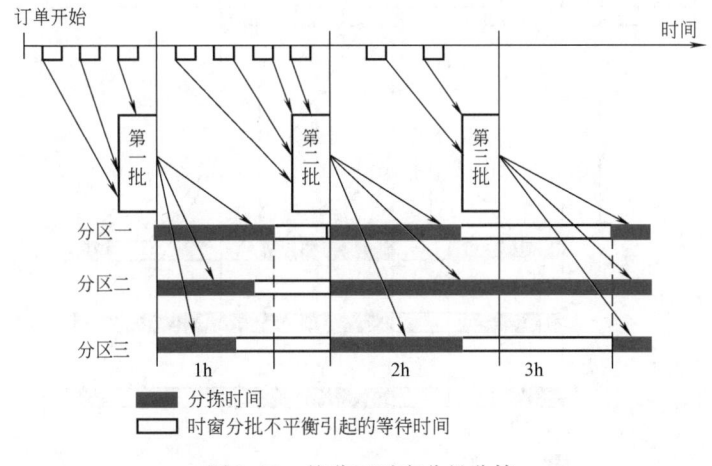

图 3-10 按分区时窗分批分拣

各分拣区利用时窗分批同步作业时，会因分区工作量不平衡和时窗分批分拣量不平衡而产生作业等待，如能将这些等待时间缩短，则可以大大提高分拣效率。这种分批方式适合密集、频繁的订单，且较能应对紧急插单的需求。

3. 固定订单量分批

订单分批按先到先处理的基本原则，当累计订单量达到设定的固定量时，再开始进行分拣作业。这一方式适合的订单类型与时窗分批类似，但更注重维持较稳定的作业效率，所以处理的速度较按时窗分批慢。图 3-11 是固定订单量分批的分拣示意图，固定订单量 FN = 3，当进入系统的订单累计数达到 3 时，集合成一批进行分区批量分拣。

4. 智能型分批

智能型分批是将订单汇总后，经过较复杂的计算机计算，将分拣路径相近的订单分成一批同时处理，这样可大量缩短分拣行走搬运距离。采用这种分批方式的配送中心通常将前一天的订单汇总后，经计算机处理，在当天下班前产生次日的分拣单据，因此对紧急插单作业处理较为困难。

除以上分批方式外，还有其他方式，如按配送的地区、路线分批，按配送的数量、车趟次、金额分批，或按货物内容种类特性分批等。

四、分类

当采用批量分拣作业方式时，分拣完成后还必须进行分类，因此需要有相配合的分类策略。分类方式大概可以分成以下两类：

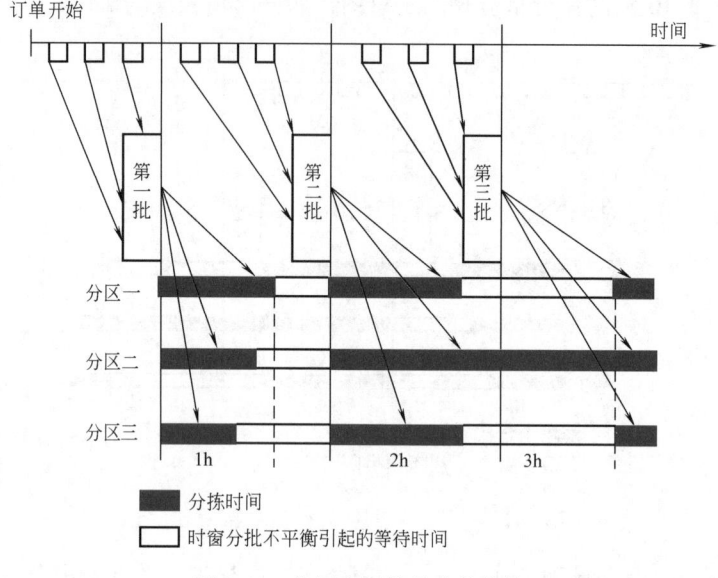

图 3-11　按固定订单量分批分拣

（一）分拣时分类

在分拣的同时将货物按各订单分类，这种分类方式常与固定订单量分批或智能型分批方式联用，因此需使用计算机辅助台车作为分拣设备，才能加快分拣速度，避免错误发生。这种方式较适用于少量多样的场合，且由于分拣台车不可能太大，所以每批次的客户订单量不宜过大。

（二）分拣后集中分类

分批按批量合计分拣后再集中分类。一般有两种分类方法：一种是以人工作业为主，将货物总量搬运到空地上进行分发，而每批次的订单量及货物数量不宜过大，以免超出人员负荷；另一种是利用分类输送机系统进行集中分类，这是较为自动化的作业方式。当订单分割越细，分批批量品项越多时，后一种方式的使用率越高。

以上四大类分拣策略既可以单独运用，也可以联合运用，还可以不采用任何策略，直接按单分拣。

第四节　分拣系统规划

在配送中心整体规划过程中，分拣作业系统的规划是其中最重要的部分。因为配送中心的主要任务是要在有限的时间内将客户需要的货物组合送达，而客户少量多样的需求形态使得分拣作业的难度增加，如果作业时间限制不变，就必定要在分拣作业系统规划上做更大的努力。此外，决定配送中心规模大小、功能、处理能力等最主要的输入条件就是订单资料，而分拣作业系统规划的起始步骤也是从货物订单分析开始的，因此，分拣作业系统规划是配送中心总体规划过程的重心，并且主导其他规划环节的进行。由于分拣系统与仓储系统的关联性比较密切，使用的空间及设备有时也难以明确区分，所以将两个系统的规划组合成如图 3-12 所示的规划程序。

由图 3-12 可以看出，规划程序的第一步就是货物订单资料分析。订单分析完成后可提供的资料项目包括订单数分布、包装单位数量分析、出货品种项目（简称品项）数分布、季节周期性分析、货物订购频率等。这些分析出来的资料可在分拣作业系统规划过程中得到不断应用。

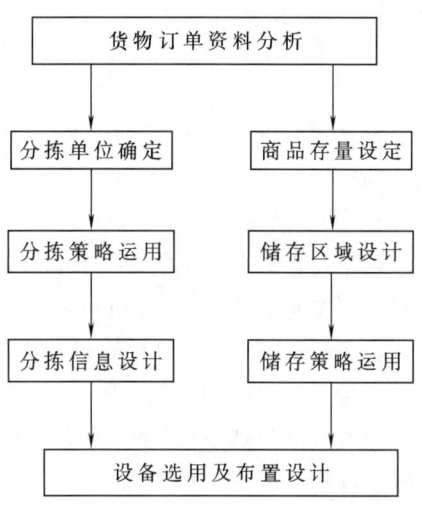

图 3-12　配送中心分拣、仓储系统规划程序

一、分拣单位的确定

（一）基本分拣模式

分拣单位基本上可分为托盘、箱、单品三种。一般以托盘为分拣单位的货物体积和重量最大，其次为箱，最小者为单品。基本分拣模式如表 3-4 所示。

表 3-4　基本分拣模式

分拣模式编号	储存单位	分拣单位	记号	分拣模式编号	储存单位	分拣单位	记号
1	托盘	托盘	P→P	5	箱	单品	C→B
2	托盘	托盘+箱	P→P+C	6	箱	箱+单品	C→C+B
3	托盘	箱	P→C	7	单品	单品	B→B
4	箱	箱	C→C				

分拣单位是根据订单分析的结果来做决定的。如果订货的最小单位是箱，则不需要单品分拣单位。库存的每种货物都需要通过以上分析判断分拣单位。一种货物有时可能需要有两种以上的分拣单位，所以一个配送中心的分拣单位通常在两种以上。

对配送中心进行规划时，必须先确定分拣单位和储存单位，同时协调外部供应商确定货物的入库单位，所有单位的确定都来自客户的订单。也就是说，客户的订单决定分拣单位，分拣单位决定储存单位，再由储存单位要求供应商的入库单位。

（二）分拣单位决策

分拣单位决策步骤如下：

1. 按货物特性分组

将必须分别储存处理的货物进行分组，如将体积、重量、外形差异较大或有互斥特性的货物分别存放。

2. 按历史订单统计

利用每张订单货物数量（Entity Item Quantity，EIQ）分析方法对过去一年或一个月的资料进行统计，求出各分组货物的 IQ-PCB（Item Quantity-Plate，Container，Box）分析表。表 3-5 是 IQ-PCB 分析的一个实例，它是由历史订单按订购单位数量统计而成的，主要算出每一出货物项以托盘为单位的出货托盘数量以及从托盘上以箱分拣所需的托盘数。这种分析可以掌握各分拣分区的物流量，以此作为分拣作业系统设计的基础，而且通过物流过程分析，可以使各分拣分区作业均衡化。

表 3-5　货物订单资料 IQ-PCB 分析实例

货物	编号	P 托盘	C 箱	B 单品	IQ 总量	P 托盘	C→P（P）托盘	B→C（C）箱
1	G14	31	86	0	830	31	3.58	0
2	G1	24	114	0	690	24	4.75	0
3	G6	22	86	0	614	22	3.58	0
4	G17	20	40	0	520	20	1.67	0
5	G16	19	49	0	505	19	2.04	0
6	G18	16	111	0	495	16	4.63	0
7	G5	15	120	0	480	15	5.00	0
8	G4	16	91	0	475	16	3.79	0
9	G2	15	110	0	470	15	4.58	0
10	G15	17	57	0	465	17	2.38	0
11	G12	14	124	0	460	14	5.17	0
12	G11	16	71	0	455	16	2.96	0
13	G13	14	64	0	400	14	2.67	0
14	G3	12	112	0	400	12	4.67	0
15	G8	13	78	0	390	13	3.25	0
16	G20	12	72	0	360	12	3.00	0
17	G19	9	69	0	285	9	2.88	0
18	G10	9	59	0	275	9	2.46	0
19	G9	7	77	0	245	7	3.21	0
20	G7	5	80	0	200	5	3.33	0
合计		306	1670	0	9014	306	69.58	

3. 订货单位合理化

订货单位合理化是指将订货中货物的单位合理化，避免过小的单位出现在订单中，如将大包改为中包，去掉小包装，原则上控制在三种单位以内。

4. 分拣单位的决定

将 IQ-PCB 分析表中货物单位的数量化为合理的单位数量，分类后的货物再按合理的单位归类。

通过以上分析，可得出各种货物应有的分拣单位，同时可以作为货物特性分析和分拣单位分区的参考。

二、储存单位的确定

确定分拣单位之后，接下来要确定的是储存单位。储存单位一般必须大于或等于分拣单位，其一般确定步骤如下：

（1）定出各项货物的一次采购最大、最小批量及前置时间。

（2）设定配送中心的服务水平，订单到达后几日内送达。

（3）若服务水平时间＞采购前置时间＋送达时间，且货物每日的被订购量在采购最小批量和采购最大批量之间时，则该项货物可不设存货位置。

（4）通过 IQ-PCB 分析，如果货物平均每日采购量×采购前置时间＜上一级包装单位数量，则储存单位＝分拣单位；反之，则储存单位＞分拣单位。

三、入库单位的确定

确定储存单位后，货物入库的单位最好能配合储存单位，可以凭借采购量的优势要求供应商配合。入库单位通常设定等于货物的最大储存单位。表 3-6 是常见的分拣系统单位组合。

表 3-6　分拣系统单位组合表（P：托盘；C：箱；B：单品）

分拣单位	储存单位	入库单位	分拣单位	储存单位	入库单位
P	P	P	C	P、C	P、C
P、C	P、C	P	C、B	P、C、B	P、C
P、C、B	P、C、B	P	B	C、B	C、B

四、分拣方式的确定

在规划设计分拣作业之前，必须先对分拣作业的基本模式有所认识。分拣作业最简单的分拣方式就是按单分拣和批量分拣两种，下面将从定量方法和定性方法两个方面分别对分拣方式进行探讨。

（一）定量方法

按出货品项数的多寡及货物周转频率的高低，确定合适的分拣作业方式。

配合 EIQ 的分析结果（见表 3-7），按当日 EN 值（订单品项数）及 IK 值（品项重复订购频率）的分布判断货物项数的多寡和货物周转率的高低，以确定不同作业方式的区间。

原理：EN 值越大，表示一张订单所订购的货物品项数越多。货物的种类越多越杂时，批量分拣的分类作业越复杂，故采用按单分拣较好；相对地，IK 值越大，表示某品项的重复订购频率越高，货物的周转率越高，故采用批量分拣可以大幅度提高分拣效率。

表 3-7 分拣方式选定对照表

订单品项数 EN 值 \ 品项重复订购频率 IK 值	高	中	低
多	S + B	S	S
中	B	B	S
少	B	B	B + S

注：S 为按单分拣；B 为批量分拣。

按表 3-8 所列项目进行考核，决定采用何种分拣作业方式。

表 3-8 中第一项为每日订单数，主要考虑的因素为行走往复所花费的时间；第二项为一天订单的品项数，考虑的是寻找货物货位的时间；第三项为一张订单中每一品项的数量，考虑的是分拣货物所用的时间；第四项为每一品项一天的订单数，考虑的是同一品项重复被分拣所花费的时间。所以，采用何种方式分拣，主要看该分拣方式效率的高低。也就是何种分拣方式所耗费的总时间最短，且避免不必要的重复行走时间。

表 3-8 中从左至右可以有多种组合形式，如果将分拣作业量多的情况用"A"表示，分拣作业量中等的情况用"B"表示，分拣作业量少的情况用 C 表示，则 A-C-C-A，表示的是每日订单数很多，而订单的品项数却很少，且一张订单中每一品项的数量也很少，但不断地被重复订购。所以，可将每一品项数加总合计，采取批量分拣，以减少重复行走分拣同一品项所耗费的时间。但也要考虑分拣完后的分类集中作业的效率问题。在 C-A-A-C 形式中，每日订单数很少，但一天订单的品项数很多又不重复，且每一品项一天的订单数很少，此时适合采用单个订单方式分拣。

表 3-8　批量分拣与订单分拣考核要素

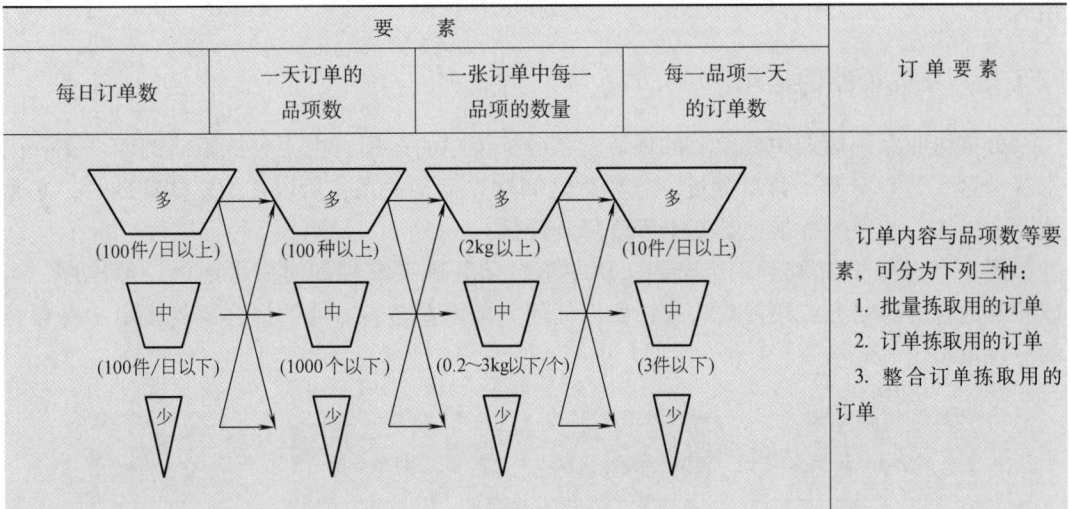

（二）定性方法

1. 按单分拣的适用情况及特点

（1）适用情况：货物外形体积变化较大，货物特性差异较大，分类作业难以进行，如化妆品、家具、电器、百货、高级服饰等。

（2）特点

1）因分拣行走距离无法缩短，分拣效率可能降低。

2）作业前置时间较短，订单处理可以保持连续性。

3）容易采用机械化的方式协助人工分拣，但较难采用全自动化的方式进行。

2. 批量分拣的适用情况及特点

（1）适用情况

1）货物外形较规则、固定，如箱装、扁袋装。

2）需配送加工的货物，如需包装或标价作业的货物。

（2）特点

1）订单处理需设截止时间，允许插单能力较差。

2）作业前置时间一般较长。

3）常以系统化和自动化来提高效率。

4）必须注意生产线的平衡和作业持续平稳，尤其是避免同一时间大量出货。

总的说来，按单分拣弹性较大，临时性的产能调整较容易，适合订单大小差异较大、订单数量变化频繁、有季节性的货物配送中心；批量分拣作业方式通常采用系统化、自动化设备,从而较难调整分拣能力,适合订单大小变化小、订单数量稳定的配送中心。

五、分拣策略的运用

分拣作业系统规划中最重要的环节就是分拣策略的运用。由于分拣策略的四个主要因素(分区、订单分割、订单分批、分类)之间存在互动关系,所以在做整体规划时,必须按一定的作业顺序,才能使其复杂程度降到最低。

图 3-13 是分拣策略运用组合图,从左至右是分拣系统规划时所考虑的一般次序,可以相互配合的策略方式用箭头连接,所以任何一条由左至右可通的组合链就表示一种可行的分拣策略。

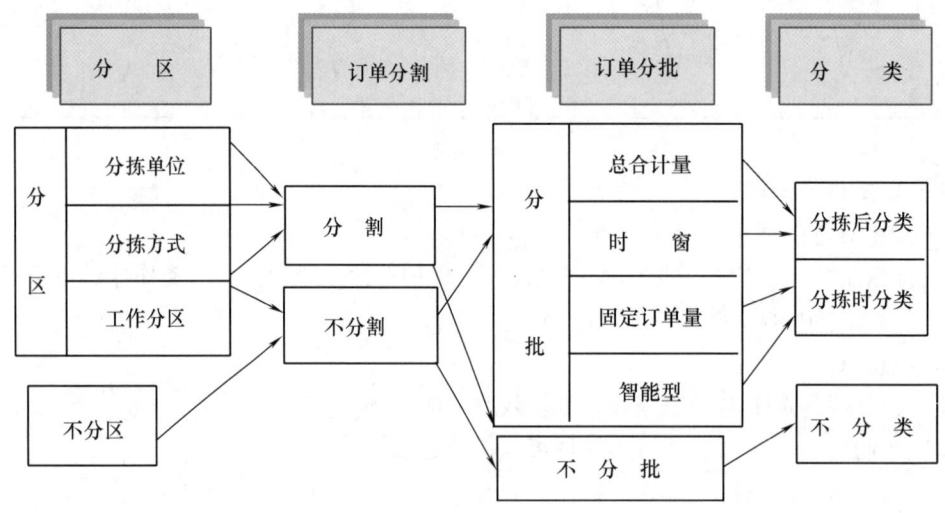

图 3-13　分拣策略运用组合图

(一) 分区的考虑

分拣作业系统中的分区设计,除前面介绍的分拣分区外,还必须考虑储存分区部分。因此,在设计分拣分区之前,必须先对储存分区进行了解、规划,才能使系统整体的配合更加完善。图 3-14 是进行分区设计时的程序,每个分区考虑的因素和重点都不尽相同,但其基本理念都是由大到小、从广入深的。

1. 按货物特性分区

按货物特性分区就是根据货物原有的性质,将需要特别储存搬运或分离储存的货物进行区隔,以保证货物的品质在储存期间保持一定。在分拣单位的确定过程中,货物特性分组已将货物按其特性完成分类,接下来要做的就是根据不同的分组特性设计储存区域。该

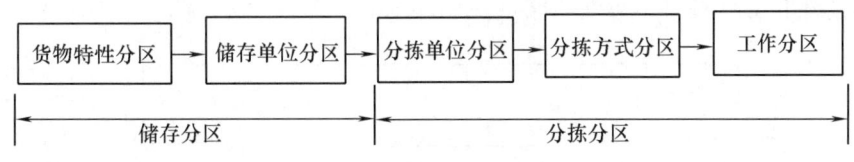

图 3-14 储存与分拣分区

过程的原则是尽量使用共同设备，以使设备成本降低。

2. 按储存单位分区

同一货物在特性分区内可能因储存单位不同而分别储放于两个以上的区域。这种按储存单位划分的区域称为储存单位分区。货物储存单位已在分拣单位的决定中求出，因此，只需将货物特性分区中具有相同储存单位的货物集中，便可形成储存单位分区。

3. 按分拣单位分区

在同一储存单位分区内，有时又可按分拣单位的差异再做分区设计。例如，AS/RS 自动仓储系统及托盘货架都是以托盘为储存单位的，AS/RS 自动仓储系统又以托盘为取出单位，而托盘货架则以箱作为分拣单位。因此，在分区设计时还必须参考分拣方式。如果按单分拣，则分拣分区可完全按分拣单位决定的结果进行；如果按批量分拣方式，则分拣单位必须依订单分批后合计量的结果进行修正。

4. 按分拣方式分区

分拣方式在此除有批量分拣和按单分拣的区别外，还包括搬运、分拣机器设备等差异。如果想在同一分拣单位分区之内采取不同的分拣方式或设备，就必须考虑分拣方式的分区。通常分拣方式分区中要考虑的重要因素是货物被订购的概率以及订购量。若被订购的概率和订购量高，则应采取更具时效的分拣方式和设备。

5. 按工作分区

先订出工作分区的组合并预估其分拣能力，然后再计算出所需的工作分区数。计算公式为

$$工作分区数 = 总分拣能力需求 / 单一工作分区预估分拣能力$$

（二）订单分割策略

订单分割的原则是按分区策略而定。一般订单分割策略主要在于配合分拣分区的结果，因此在分拣单位分区、分拣方法分区及工作分区完成之后，应确定订单分割的大小范围。订单分割既可以在原始订单上做分离设计，也可以在订单接受之后做分离的信息处理。下面介绍几种订单分割的方法：

1. 分拣单位分区的订单分割策略(见图3-15)

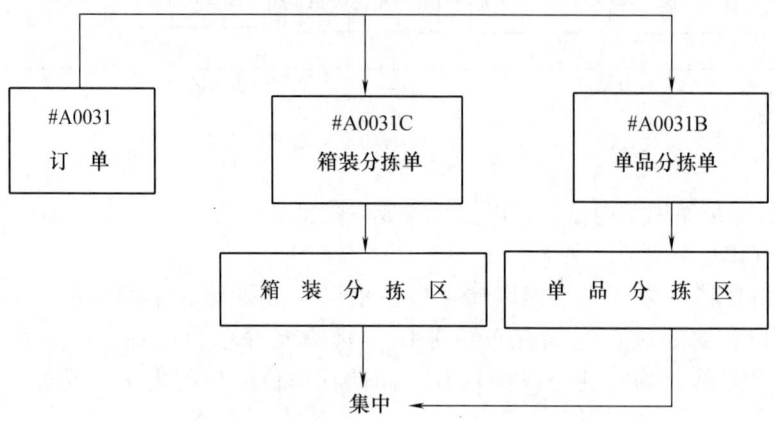

图3-15 分拣单位分区的订单分割策略

2. 分拣方式分区的订单分割策略(见图3-16)

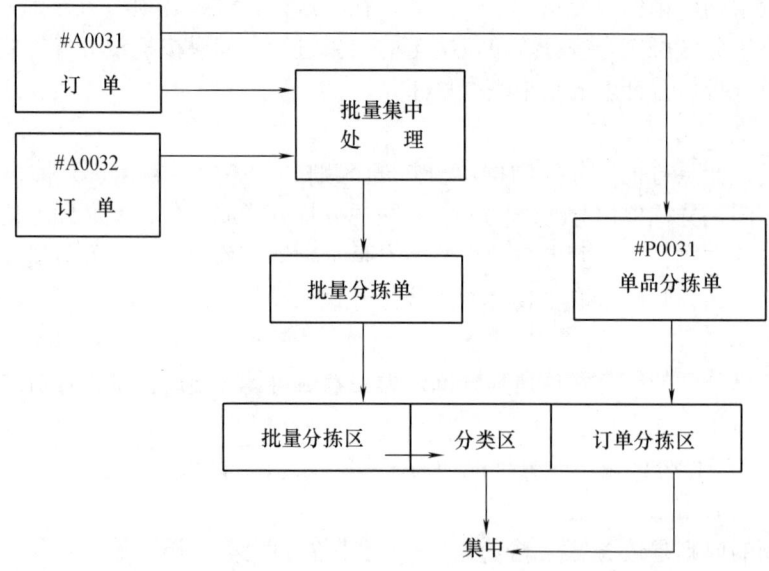

图3-16 分拣方式分区的订单分割策略

3. 工作分区的订单分割策略（见图 3-17）

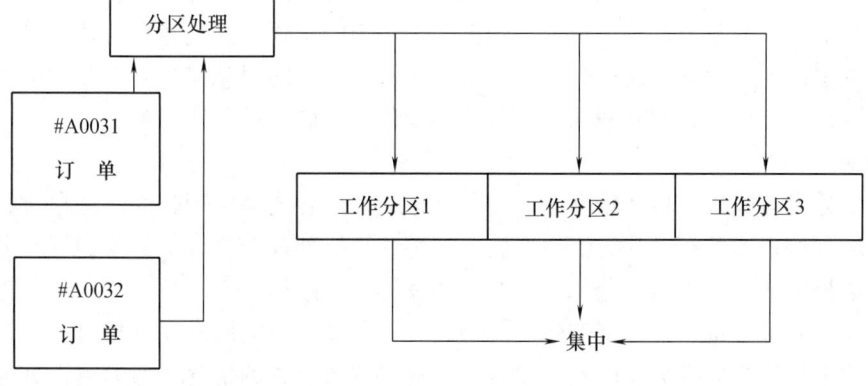

图 3-17　工作分区的订单分割策略

（三）订单分批的策略

在批量分拣作业方式下，如何确定订单分批的原则和批量的大小，是影响分拣效率的主要因素。下面将详细介绍订单分批策略的应用。

一般可以根据表 3-9，按配送客户数、订货类型及需求频率三个条件，选择合适的订单分批方式。

表 3-9　订单分批方式与适用情况

分批方式 \ 适用情况	配送客户数	订货类型	需求频率
总合计量分批	数量较多且稳定	差异小而数量大	周期性
固定订单分批	数量较多且稳定	差异小且数量不大	周期性或非周期性
时窗分批	数量多且稳定	差异小且数量小	周期性
智能型分批	数量较多且稳定	差异较大	非即时性

1. 总合计量分批

总合计量分批方式较为简单，只需将所有客户需求的货物数量统计汇总，由仓库中取出各项货物需求总量，再进行分类作业即可。

2. 固定订单量分批

订单总数/固定量 = 分批次数

通常固定订单量分批方式采取先到先处理的原则，按订单到达的先后顺序做批次安排。较先进的方法是利用智能分批的原则，将订货品项接近的订单同批处理，以缩短分拣移动的距离。

3. 时窗分批

$$作业总时间/时窗（TW）= 分批次数$$

时窗分批方式的重点在于时窗大小的决定，决定的主要因素是客户的预期等候时间及单批订单的预期处理时间。这种分拣方式是为了适应客户的紧急需求，因此时窗的时长不应过长，且每批订单处理的时间在分拣系统的设计中也应尽可能地缩短。

4. 智能型分批

智能型分批方式是技巧性较高的一种分批方式，适合仓储面积较大、储存货物项目多的分拣区域。订单通常在前一天汇集之后，经过计算机处理，将订货品项相近或分拣路径一致的货物分为同批，以缩短分拣寻找的时间及移动的距离。

要做到智能型分批，最重要的就是货物储放位置和货位编码的相互配合，这样就使订单输入货物编号后能凭借货物的货位编号了解货物储放位置的情况，然后再根据分拣作业路径的特性，找出订单分批的法则。

（四）分类方式的确定

采取批量分拣作业方式时，必须有分类作业与之配合，而且不同的订单分批方式，其分类作业的方式也有所不同。也就是说，决定分类方式的主要因素是订单分批的方式，不采取批量分拣的作业方式就不需要进行分类作业。

分类方式可分为分拣后分类（Sort-After-Picking，SAP）和分拣时分类（Sort-While-Picking，SWP）两种。分拣后分类可以由分类输送机完成或在空地上以人工方式完成；分拣时分类一般由计算机辅助分拣台车来进行，这种分类方式较适合与固定订单量分批及智能型分批方式配合。

分类方式除了受订单分批方式的影响外，表3-10 也可作为选择分类方式的参考依据。

表3-10 各种分类方式的特性

分类方式	特性	处理订单数量	订购货物品项数	货物重复订购频率
分拣后分类	分类输送机	多	多	变化较大
	人工分类	少	少	较高
分拣时分类		多	少	较低

六、分拣信息的处理

（一）分拣作业方式与分拣信息

一般来说，分拣信息与分拣系统的规模及自动化程度有着密切的关系。通常，货物品项数少、自动化程度较低的分拣系统以传票作为分拣信息，其分拣方式偏向于简单的按单分拣。分拣单是目前最常采用的一种分拣信息，与分拣方式配合的弹性也较大。分拣标签的分拣信息除与下游零售商的标价作业相适应外，还常与自动化分类系统相配合。电子信息最主要的目的就是与计算机辅助分拣系统或自动分拣系统相配合，以追求分拣的时效性，达到及时控管、完全掌握的目的。表3-11是分拣信息适合的分拣作业特性，可作为分拣作业方式决定后选择分拣信息的参考依据。

表3-11　分拣作业方式与分拣信息配合的情形

分 拣 信 息	适合的分拣作业方式
传票	按单分拣、订单不切割
分拣单	适合各种传统的分拣作业方式
分拣标签	批量分拣、按单分拣
电子信息	分拣时分类、工作分区、自动分拣系统

（二）分拣信息的处理

1. 传票

分拣传票产生的方式基本上有两种：一种方式是复印订单的方法，即在接到订单之后将其复制成分拣传票。这种方式费用较高，但其弹性较大，可适应不同大小的订单形式。另一种方式是直接由多联式订单中撕下分拣专用的一联。这种方式有时会因订单联数过多而产生复写消清的现象，导致错误发生。

以传票方式作为分拣信息的先决条件是货物品项数不多，通常在100种以下。无论是填写式还是勾选式的订单表格，应以不超过一页为标准。适合传票的分拣方式为按单分拣。

2. 分拣单

按单分拣的分拣单处理程序是：接到订单之后，利用键盘输入方式或光扫描方式进入计算机系统中，然后与计算机资料库中的货物存量核对，并查出货物的储存位置，最后再按工作排程的顺序打印出分拣单，产生补货指示和出库指示等。

分批分拣的分拣信息处理程序与按单分拣的最大差异就在于订单输入时的汇总，订单汇总必须按订单分批方式的原则，将同属一批的订单按货物品项种类统计订购数量。之后的核对存量与寻找货位，大致与按单分拣相同，最后打印出分批分拣单，产生补货、出库与分类等指示的信息。其中，分类指示在自动分类中由计算机程序直接提供信号给控制系统，若用人工分类，则分类指示通常可直接由分批分拣单得到。

3. 分拣标签

分拣标签大致可以分为价格标签和识别标签两种。价格标签的目的在于标示价格；常见的识别标签为条码，此条码并非货物条码（货物条码一般印在货物包装上），通常为流通条码或店内条码。也有在一张分拣标签内同时显示价格和条码的。

在订单到达之前就事先印制好标签，贴标签的动作发生在进货之初（统一标价）或出货之前（店内条码或个别标价）的，可将其归类于流通加工作业，并不属于分拣信息所讨论的范围。提供分拣信息的标签通常在输入订单之后，经过分拣作业信息处理才打印出来。这类标签的功能除标示价格以外，对分拣作业的贡献主要有两类：一是分拣时贴标签代替了清点货物数量的过程；二是附有流通条码的标签可提供自动分类系统识别的信息。

4. 电子信息

在电子信息处理中，由计算机分拣信息处理程序将指令传给控制器，接着由控制器传出控制信号给机器使其动作，所以在电子信息的处理中偏重于软硬件的结合。一般常见的电子标签系统（ELS）、计算机辅助分拣系统（CAPS）以及无线通信分拣系统（RFS）即属于这种类型的应用。

电子信息与前三种分拣信息最大的差别就是无纸化，因此，分拣信息的传送可以更加迅速、准确，而且可以做到及时控制与管理。

七、分拣设备的选用

表3-12为各种分拣模式及其设备组合，可以作为选择分拣系统设备配置的参考。

表3-12　各种分拣模式及其设备组合

编　号	记　号	模型说明	可用的设备组合
1-1	P→P SOP/MP	托盘储存/托盘取出 订单分拣/人至物分拣设备	地板直接放置/拖板车 地板直接放置 托盘货架 托盘流动架 驶入式货架 驶出式货架 后推式货架 托盘移动货架
1-2	P→P SOP/PM	托盘储存/托盘取出 订单分拣/物至人分拣设备	立体自动仓库
2-1	P→P＋C SOP/MP	托盘储存/托盘、箱取出 订单分拣/人至物分拣设备	地板直接放置/拖板车 地板直接放置/堆垛机 托盘货架/堆垛机 托盘移动货架/堆垛机 托盘货架/分拣堆垛机 立体高层货架/搭乘式存取机

(续)

编号	记号	模型说明	可用的设备组合
2-2	P→P+C SOP/PM	托盘储存/托盘、箱取出 订单分拣/物至人分拣设备	立体自动仓储系统
3-1	P→C SOP/MP	托盘储存/箱取出 订单分拣/人至物分拣设备	地板直接放置/台车 托盘货架/台车 托盘货架/堆垛机 立体高层货架/分拣式堆垛机
3-2	P→C SOP/PM	托盘储存/箱取出 订单分拣/物至人分拣设备	立体自动仓储系统
3-3	P→C SOP/AP	托盘储存/箱取出 订单分拣/自动分拣设备	立体自动仓储系统/层别分拣机 单箱分拣机器人
4-1	P→C SWP/MP	托盘储存/箱取出 批量分拣时分类/人至物分拣设备	地板直接放置/笼车、牵引车 托盘货架/笼车、牵引车 托盘货架/计算机分拣台车、牵引车
4-2	P→C SWP/PM	托盘储存/箱取出 批量分拣时分类/物至人分拣设备	立体自动仓储系统
4-3	P→C SAP/MP + C – sort	托盘储存/箱取出 批量分拣后分类/人至物分拣设备/箱分类	托盘货架/堆垛机/箱装分类系统 托盘货架/输送机/箱装分类系统
4-4	P→C SAP/PM + C – sort	托盘储存/箱取出 批量分拣后分类/物至人分拣设备	立体自动仓储系统/箱装分类系统

复习思考题

1. 批量分拣和按单分拣各适用于什么场合？
2. 基本分拣单位有哪几种？
3. 画出分拣作业流程图。
4. 分拣信息有哪几种处理方式？
5. 分拣策略有哪几种？

第四章

配送系统优化

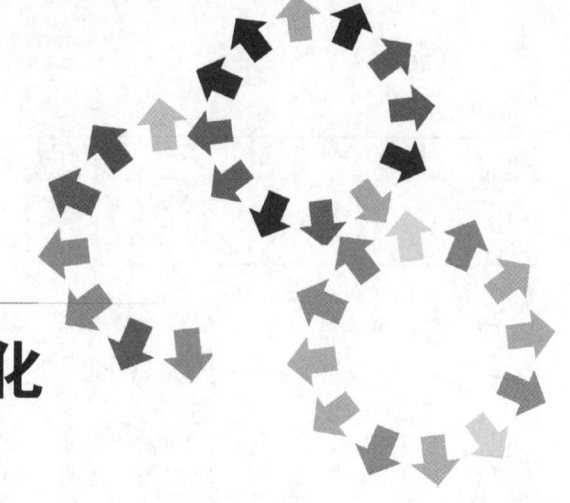

◎ 作 用

本章阐述了配送系统的特性,从系统的角度阐述了配送的基本管理理论和方法。通过对本章的学习,能够理解配送系统的基本理论,掌握常用的配送系统优化方法。

◎ 关 键

了解配送系统的构成、特点和目标,理解配送系统分析和设计的思路,理解配送系统评价和配送系统合理化的基本原则,了解配送系统优化的基本内容,掌握配送系统优化的常用方法。

配送作为一种特殊的物流形式,直接面对客户,配送的质量及服务水平直观而具体地体现了物流系统对需求的满足程度。同时,配送也是一项复杂的业务,涉及客户、货物以及运输、储存、装卸搬运、包装、配送加工、信息处理等多个环节,因而它是一个复杂的系统。本章将从系统的角度对配送管理进行介绍。

第一节 配送系统概述

一、配送系统的构成

从系统的角度来看,配送具有系统的基本特征:整体性、相关性、层次性、统一性。从配送系统的构成来看,它包括以下相互联系、相互作用的不同要素:

1. 配送系统的主体

配送的主体是指实施配送的组织,如从事专业配送的企业或企业的配送部门。若要提高配送效率,达到既定的服务水平,实现配送系统的优化,就必须发挥配送主体的主观能动性,也就是发挥从事配送管理工作和执行工作的人的主观能动性。

2. 配送系统的客体

配送的客体是指配送的对象,即为客户配送的货物。配送的对象不是独立的货物,而是有特定指向的货物,即为哪个客户配送哪种货物。客户的需求和货物的特性共同决定了配送模式的选择、配送计划的制订、运输工具的选择等配送作业问题。

3. 配送系统的环境

根据系统的层次性特征,任何系统都是在一定的客观环境(即更大的系统)中运行的,配送系统也不例外。配送系统的环境是指实施配送所面对的客观环境,如城市交通状况、客户分布、交通法规等。由于配送直接面对客户,直接与外界环境发生相互作用,因此,环境对配送系统运行的影响不可忽视。

4. 配送系统的设施设备

配送系统的设施设备是指在配送中具体使用的仓库、运输车辆、装卸搬运设备、分拣设备等。配送设施设备的选择需要综合配送对象的特点、客户的需求、服务水平、经济效益等多个因素。

配送是一个复杂多变的系统,这是由于客户的需求随机易变,很难预测,城市的交通状况也难以控制。所以,配送管理必须从系统的角度对配送的各个环节加以协调、优化。

二、配送系统的特点

配送系统除具有一般系统所具有的特征外,还有着自身的一些特点。

1. 配送系统是一个小型的物流系统

配送系统涉及货物的订购、仓储、分拣、配货、送货、配送中心的运营与管理、信息管理等多方面内容,几乎涉及了物流的全部要素。因此,可以说配送系统是一个小型的物流系统。配送系统的运行、管理和优化都要从全局的角度出发,综合考虑全部因素的相互作用,而不能孤立地看待某一个问题。

2. 配送系统的服务以客户为中心

配送系统提供的是一种服务,而且是一种以客户为中心、依据客户的要求而进行的服务。配送系统管理必须树立以客户需求为核心的理念,即客户需要什么就送什么。尤其是在企业自营配送的模式下,配送系统不是以利润为中心的,而是以满足企业需求为中心的,其利润是由节约成本和扩大销售产生的。

3. 配送系统的时间管理要求高、难度大

对配送作业的一个首要要求就是准时,即要在客户指定的时间将特定的货物送到客户手中,对时间的准确性要求非常高,特别是在连锁经营企业的运营中。例如,超市每天都会有一个固定的时间段用来接货,配送的车辆必须在这个固定的时间段内把货物送到。而且配送一般都是在城市范围内进行的,由于交通管制的原因,也会要求配送车辆只能在某

配送管理

一个时间段通过某些路段。

另一方面,由于城市里不同时间段的交通状况、路面是否有施工工程、是否有交通事故等情况,每天都可能不同,有时甚至是突发的,这就导致配送作业的时间管理难度非常大。

此外,配送与长途批量运输相比,最大的不同就是车辆停靠的时间比行驶的时间还要多。例如,出发前装货;配送途中遇到堵车时,不得不停车;到一家客户时,必须停车卸货;如果客户暂时没有存放货物的场所,还需要把货物送到别的地方;有时因客户的原因还要等待卸货,等等。

综上所述,配送过程中的很多时间浪费是不可能预测的,有时只能依赖配送管理人员的经验来指挥配送作业活动。

4. 配送系统的需求(输出)特点是客户多、批量小

配送是支线物流,就是要为客户送去小批量多批次的货物。配送中心一天往往要为多家客户配送少量、多品种的货物,甚至是多批次的。为了节省运力、缩短配送里程,通常会采取一辆车同时装运多家客户的货物,然后按一定路线依次送货的方法。这样就产生了很多问题,如送货的顺序、路线的选择、时间的安排和装卸的便利与否等,从而增加了送货的复杂性。

5. 配送系统的服务对象不确定

配送作业中常见的情况就是每天的送货地点和货物量都不同。因为配送对象和配送要求都是不规律的,配送作业的计划、车辆安排、配载、行车路线等都需要及时调整,从而增加了配送管理的难度。

从上述配送系统的特点可以看出,配送是一个复杂、多变的系统,要做好配送系统的管理,就要有详细的计划。但也应注意,配送活动不可能完全按计划行事,对配送系统的管理要有一定的灵活性,并应做好处理突发事件的准备。

三、配送系统的目标

配送系统的基本目标是在满足一定服务水平的前提下,尽可能降低配送过程中的费用。具体来说,可以细分为以下几个目标:

1. 快速

快速是配送的要求,也是配送服务存在的基础。配送是在生产节奏加快、社会分工扩大、竞争日趋激烈的环境下产生的。作为一种新型的物流手段,配送的最大作用就在于能够为客户提供快速的"门到门"服务,缩短货物流通时间。

2. 及时

及时是配送的生命。在配送方式下,客户会更依赖于配送中心的服务,尤其是实施零库存战略的企业,会完全依靠配送服务将生产所需的零部件直接送到生产线而不保持自己

的库存。如果配送不能达到及时的要求，企业就会转而寻求库存的保障，配送也就失去了存在的意义。

3. 可靠

快速、及时是配送的效率目标，而配送的可靠性是配送的效果目标，也是非常重要的。配送不仅要以最快的速度及时供货，还要做到将货物保质保量地送到客户手中，而且不能在配送中发生货物的短缺、破损等问题，保证货物送到客户手中就能够投入使用。

4. 节约

配送服务的利润主要依靠节约。采用配送方式能够有效地改善支线运输和小量货物的搬运流程，适应支线运输灵活、易变的特点，使输送过程得以优化和完善。特别是在采取准时配送方式时，生产企业可以完全依靠配送中心的准时配送或只保持少量安全库存，从而实现生产企业的"零库存"，减少库存资金的占用。采用配送方式，客户也可以简化订货手续，减轻工作量，节省开支。

配送系统的目标之间存在二律背反现象：提高服务水平（即为客户提供更快速、更及时的服务），必然带来费用的上升。配送系统优化就是要在服务水平和费用之间加以权衡，实现最佳的配送系统效益。配送系统的目标应建立在合适的配送中心选址、合适的仓储设施、合理的配送区域、适当的作业系统和存货水平，以及适当的规模和实时、快速的信息处理系统的基础上，使配送系统在提供某一服务水平下的收益与配送成本达到适度的平衡。也就是说，以尽可能少的配送费用支出来获得能最大限度地满足各种需要的服务水平。

配送系统的目标还可以用配送系统的输入与输出的比值来表示。配送系统的基本输出为客户服务，可用一定的服务水平来衡量。配送系统的输入则包括进货、分拣、备货、信息处理、流通加工等环节所消耗的各种资源。

因为配送管理是以全过程的配送成本和效益达到最优为最终目标，所以配送管理的核心可以概括为：以较低的库存量和规模化的配送降低配送成本；通过对配送系统的规划、组织、指挥、协调、监督和控制，使配送过程的各环节实现最佳的协调和配合，提高配送服务水平，同时，以准时制配送为客户创造时间或空间上的效用，提供最大化的让渡价值。

第二节 配送系统分析、设计与评价

一、配送系统分析

在经济领域，几乎没有什么是固定不变的。一个系统今天也许是最优的，但明天就未必最优，配送系统也不例外。例如，燃油价格的变动就会改变配送作业的运输费用支出，而使当前最优的配送系统运行变成次优的。为此，在建立一个系统或经营一个系统时，应全面分析研究影响系统的内外环境因素（即系统的运行特点），据此进行设计和调整，以保证系统的有效性。

（一）系统分析

系统分析的目的主要是对新系统进行优化设计或是实现现有系统的优化运营。配送系统分析是指对配送系统的一个或多个部分进行有次序、有计划的调查了解，以优化各个部分以及整个系统的设计或运行。配送系统分析的对象可以是一项简单的作业活动，如对分拣作业的效率和准确度进行分析；也可以是对整个配送系统的分析和重新设计，包括配送中心的规划、配送区域的确定、作业流程的设计等。

系统分析的第一步是通过调查了解，获得进行系统分析所需要的数据。第二步是把这些数据组合，建立配送系统规划模型。模型通常是模拟在某一特定环境条件下，现在或预期的配送系统对各种可能发生的情况的反应。在模拟及解析分析的基础上，最后一步是对整个配送系统进行重新设计。

（二）配送系统分析的一般原则

1. 配送系统整体目标的实现

配送系统的各作业环节的分析与设计，应以实现配送系统的整体目标为前提。配送中心选址、分拣系统建立、配送中心管理、配送作业流程规划等环节都有各自不同的目标，这些目标也可能与配送系统的整体目标相悖。在进行配送系统的分析和设计时，要以配送系统的整体目标的实现为前提，而不能孤立地分析某个具体环节。各环节的价值是依它们对整个系统的绩效作用而定的。

2. 局部优化服从于配送系统整体的优化

配送系统包含多个要素，各要素的设计并不要求都达到最佳或最优化的设计，重点在于组成系统的各要素之间的综合运行状态达到最优。例如，在配送中心的规划上，如果配送货物的数量没有达到一定规模，而片面地追求分拣作业的高效和准确，进而采用自动化的分拣设备，就是一种偏重局部而忽略整体效益的做法，反而增加了投资，降低了配送系统的效益。

（三）配送系统分析的内容

配送系统分析可以分为整体分析和局部分析两种。

1. 配送系统的整体分析

配送系统的整体分析是指对配送系统的各个环节进行综合性分析，包括从客户需求分析、配送系统服务目标分析到配送中心、仓库的选址分析、配送作业流程分析，再到配送质量分析、配送成本分析等在内的整体性综合分析。一般地，在配送系统最初建立时，需要对配送系统做整体分析。

2. 配送系统的局部分析

在改进已有配送系统和优化运营时，配送系统分析不需要审查系统的所有各方面的业务活动，而是基于一定要求，进行局部分析就够了。这种局部分析有时是对某一环节的分析，有时仅仅是对一项作业的分析。

例如，有一种置于托盘上，四周可以向下折叠的大型金属筐，具有可以进行单元化货物搬运的特点，而且容许使用各种大小和形状的纸箱（或较小的包装用品）。经过实际试用及分析，不论在配送中心仓库装货，还是在零售商店卸货，都证明采用该设备是合理的；而且，对仓库和零售商店带来的节省足以抵偿对该种设备的投资。那么，要采用这种设备的前提就是节省的资金能够在仓库和零售商店之间平均分配。或者说，享有较大节约份额的一方给另一方一定的补偿，以便另一方同意采用新设备。这样的决策就是经局部系统分析后做出的。

常见的配送系统局部分析有：①顾客服务标准分析；②配送中心内部布局分析；③进货流程分析；④储存作业分析；⑤分拣作业分析；⑥送货流程分析；⑦配送线路分析；⑧车辆配载分析；⑨收货站台（码头）作业过程分析；⑩订单处理流程分析；⑪系统改进需要的时间分析，等等。

配送系统局部分析的内容不仅如此，一般需要根据具体配送系统的现状和委托人的要求而定。

但是，进行局部分析有时难免具有局限性。因为对于依据局部分析所制定的决策，并没有测试其对整个系统的影响，不仅可能无助于整个配送系统运行效率的改善，反而可能会对整个系统造成损害。

二、配送系统设计

配送系统设计是一项综合性任务，其基本的设计步骤如图 4-1 所示。

（一）确定配送系统目标

在开始设计或重新设计一个配送系统之前，首先应明确系统的目标。配送系统的目标在第一节中已经述及。在配送系统设计中，需要将系统的目标进一步明确、量化。例如，配送系统的目标是降低配送费用吗？对利润和投资收益率有无具体要求？顾客服务的标准需要改进吗？一般来说，配送系统的目标应包括以下内容：

（1）顾客的订单处理时间，包括订单输入、审核、确认、输出等。

（2）订单分拣集合时间，可以 12h 或 24h 内的完成率作为

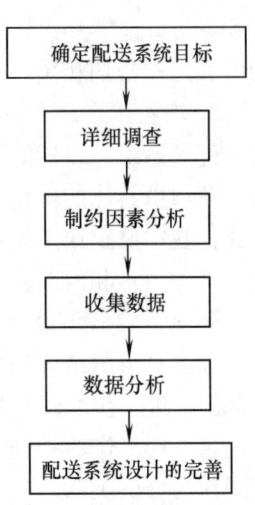

图 4-1 配送系统设计步骤

具体指标。

（3）客户订单的配送时间，包括从接收客户订单到货物送达客户的全部时间。通常配送部门的做法是设定 24h、48h、72h 等几个时间标准。

（4）对缺货的处理方式，包括通知客户的时间、方式及补救措施等。

（5）对送达货物的质量要求。客户对货物配送的可靠性要求较高，一般不允许出现质量问题和未通知的短缺。

（6）配送费用要求。一般配送系统要求以尽可能低的费用完成既定的服务水平。

系统设计中确定的系统目标必须可以度量。这样，当研究工作结束，新系统投入运行后，就能够确定系统是否达到了预期目标。对于管理人员来说，这也是一种精神激励因素，因为他们能够确定自己的努力是否获得成功。

在某种程度上，配送系统作为企业运营的一个环节，还具有比上述目标更为宽泛的目的。例如，提高市场占有率、费用最小和利润最大等。在着手配送系统的设计和再设计时，目的和可度量的目标应保持一致。

（二）详细调查

详细调查是指要对配送系统的组织结构、功能体系、业务流程以及薄弱环节等方面进行调查分析。在调查和分析的过程中，应尽可能地使用各种形象、直观的图表，帮助管理人员描述系统、记录要点和分析问题。

1. 组织结构调查

组织结构调查是指对配送系统（企业）的组织结构状况（即部门划分）以及它们的相互关系进行调查。调查中应详细了解各部门人员的业务分工情况和有关人员的姓名、工作职责、决策内容、存在问题和对系统改进的要求等。配送企业的部门划分以及它们的相互关系最好能够用组织结构图来表述，如图 4-2 所示。配送系统的组织结构与配送系统的功能和运作密切相关。

2. 功能体系调查

配送系统总目标的实现必须依赖于各子系统功能的完成，而各子系统功能的完成又依赖于各项更具体的操作。功能体系调查的任务，就是要了解或确定配送系统的功能构造。因此，在掌握配送系统组织体系的基础上，以组织结构为线索，层层了解各个部门的职责、工作内容和内部分工，就可以掌握配送系统的功能体系。

3. 业务流程调查

通过对组织结构和功能体系的调查，可以看出配送系统的部门划分以及这些部门的主要职能。进一步的任务就是要弄清这些职能在有关部门的完成情况，以及在完成这些职能时信息处理工作的一些细节，即完成对配送业务流程的调查和分析。通常可以使用业务流程图作为分析工具。

业务流程图是一种表明配送系统内各环节、人员之间业务关系、作业顺序和信息流动

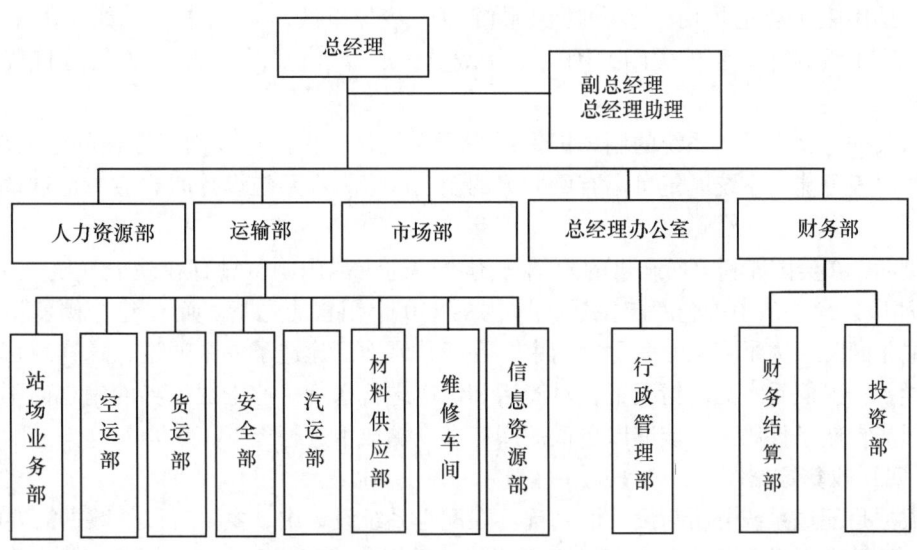

图 4-2 配送企业的组织结构图

的流程图,可以帮助分析人员找出业务流程中的不合理回路。图 4-3 是某配送企业的配送业务流程。

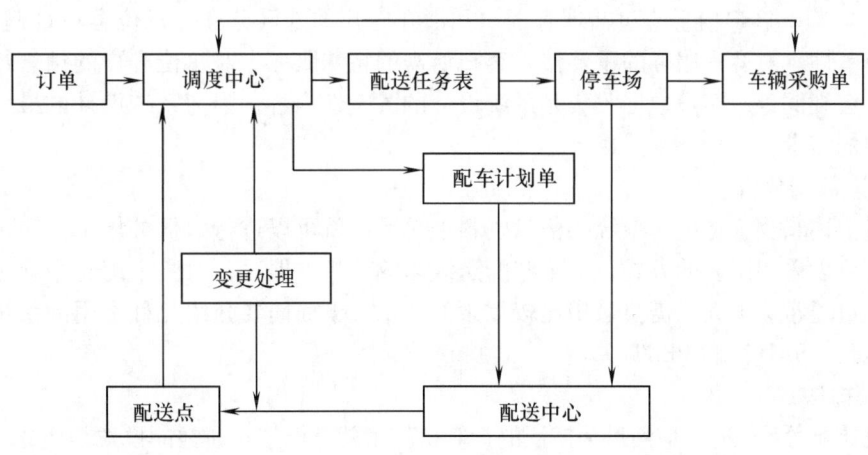

图 4-3 某配送企业的配送业务流程

(三)制约因素分析

在进行配送系统设计时,必须对系统的制约因素加以分析。这些因素在系统设计时需要作为约束条件进行处理。

制约因素主要是指由于各种原因系统中无法加以改变的因素。例如，由于某种原因，既有的配送中心不能关闭；因为不能裁员，所以货物分拣不能由人工分拣改用自动化分拣，等等。

从某种意义上看，系统的制约因素减少了系统设计中的可变因素，使问题简单化了。然而，对于可能与系统既定目标有所冲突的制约因素，在系统设计时也应考虑这些因素能否化解。

例如，在美国加利福尼亚州的阿纳海姆市的迪士尼乐园，只有在晚上（晚上11：15—早上7：15）允许从中央仓库向主题公园内的110个销售店送货。而在建造佛罗里达州的迪士尼乐园时，为了克服时间上的约束，在新公园地下建造了一个通道，这样就可以在任何时候，在人们看不见的情况下，对商店和饭店进行送货。迪士尼世界的销售商不再受制于乐园的自然条件约束，能够以更低的库存和仓储成本进行经营。

（四）收集数据

数据是配送系统分析与设计的基础。在配送系统设计中，主要有以下数据需要收集：

（1）配送的货物。需要收集的配送货物的数据包括货物种类、包装状况、数量、地理分布、生产或销售的季节性、目前使用的配送方式等。

（2）现有的设施。这方面的数据包括配送中心的位置及其储存和配送设施的能力、订单处理的速度和准确性、生产厂的位置和生产能力。现有设施中不能变更的方面应作为约束条件来处理。现有设施的情况是进行系统改进的重要依据。

（3）客户。客户信息应包括现有客户和潜在客户的地区分布、每位客户订购的产品、订货的季节性、对客户服务的重要性、客户所需的特殊服务、对每位客户的销售数量和可获得的销售利润等。客户数据收集是系统设计的关键性内容，因为系统设计的最终目的是满足客户的需求。

（五）数据分析

经过上述步骤，将配送系统的信息资料汇总后，就可以进行数据分析了。简单的局部系统分析可以采用图表的方式，如某些配送线路的分析。但是，对整个配送系统进行分析时，数据量通常会很大，需要采用比较复杂的技术。下面简要介绍几种常用的系统分析技术：模拟法、SAD法和PERT法。

1. 模拟法

在设计配送系统时，应用最为广泛的计算机技术就是模拟。通常的模式是建立一个表达系统的一系列数学关系的模拟模型，有选择地改变特定的参数来观察这个系统的运行情况。模拟的可靠性在于建立的模型要尽可能地接近现实世界。例如，可供利用的运输工具、配送费用、客户地点、供货厂商地点、客户服务要求、配送中心选址等因素，都应该在配送系统模拟模型中准确反映。通过设定各种假设，可以对拟建立的配送系统做出评估。例如：如果将客户的平均订货周期从12天减少为7天，成本会增加多少？销售量会有多大变化?

如果将配送中心从 32 个减少为 19 个,将会对客户的服务水平产生什么样的影响?成本会如何变化?

……

模拟法的主要优点是可以使企业以相对少的费用支出试验一项改革建议的可行性。此外,任何系统的重大改革都可能会有一段适应期,在配送系统的改进过程中,可能会暂时导致客户服务水平的下降或经营费用的增加。采用模拟法,可以模拟系统改革中可能出现的各种情况,并制定相应的解决办法,从而使企业避免风险。

美国亨氏公司最早应用模拟技术进行配送系统分析。研究开始时,该公司在美国拥有 68 个仓库。随着时间的推移,公司管理部门认识到,以家庭为经营单位的小型零售店在杂货流通中已日益变得不太重要,而连锁店成为杂货流通的主导形式,它们只在少数的几个地点接受公司送货,但每次购货的批量较大。显然,公司的仓库太多了。因此,亨氏公司确定仓库网络结构的研究目标是:①应该使用多少个仓库?②它们应如何分布?③每个仓库应对哪些客户服务?鉴于问题的广泛性和复杂性,该公司的专家们选定模拟模型为理想的分析技术。

确定研究目标后,公司成立了工作分析和管理监督两个小组,并完成了关于产品、现有设施、客户等项目的调查。经公司的专家分析确定,需要使用仓库的是那些订货批量小、不适宜用直达发货的客户和订货周期比较短的客户。在计算机中输入需要存储和中转的货物信息后,按不同数目的仓库和地址进行试验。对于每一种仓库网络结构,模拟一年的销售金额数据,并确定每种方案的费用和客户的服务水平。在经过计算机对每种方案进行约 75 百万次计算以后,结果表明,仓库的最优数目大约是 40 个。这时可以做到在满足客户服务水平要求的情况下,达到配送费用最少。

2. SAD 法

当分析的问题涉及一些人们感觉的、抽象模糊的定性因素时,如企业出现各部门间的利益冲突、矛盾涉及面广、关系复杂、感情和理性的因素混杂在一起或某个经济活动过程发生恶性循环时,采用 SAD (System Accommodation and Development,系统调整与发展) 法较为有效。SAD 法是一种一方面对系统进行调查和调整,另一方面对系统进行开发的系统分析与设计方法。它通过画出问题系统图 (见图 4-4),利用数学分析方法,并借助计算机,将混杂在一起的各种问题加以整理,并对它们之间的相互关系以及

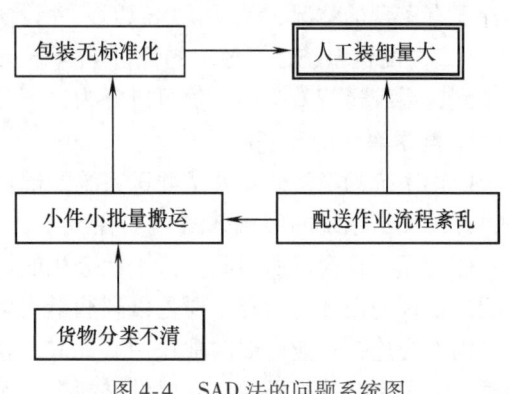

图 4-4 SAD 法的问题系统图

各自的重要程度加以分析，从而找出优先的系统改善步骤。

3. PERT 法

当分析人员需要确定配送系统应该完成的所有任务之间的时间关系时，采用 PERT（Project Evaluation and Review Technique，计划评审技术）法十分有效。PERT 法的基本思路是：某些任务需要按一定的先后顺序一次完成，如订单处理与货物分拣；而另一些任务可以并行处理，如货物分拣与车辆调配；完成每一项任务都需要一定的持续时间。PERT 法通过将配送任务分解，确定每一项工作的作业时间，分析工作之间的逻辑关系，绘制网络图，对配送系统进行分析和优化。关于具体的 PERT 方法的原理和运用，可以参阅有关管理科学或运筹学方面的书籍。

（六）配送系统设计的完善

配送系统设计的最后工作是对研究结果进行完善。一般需要充分考虑外部环境、政策法规等无法量化的因素，以及系统的发展预期等，形成最终的配送系统设计和改进方案。

配送系统的全面变革对于大多数企业来说影响都很大，往往无法承受，而且可能导致客户服务功能的中断，如订单遗失、配送货物数量出错、缺货现象频繁发生。这些都是一个配送系统在短期内变化太快而可能引发的典型问题。此外，配送系统的工作人员也可能抵制这些变革。因此，配送系统的改进不能一蹴而就，更适当的方法是使用系统分析的方法找出那些首先应该改革的领域，然后持续、渐进地实现配送系统的改进。

三、配送系统评价

对配送系统的评价可以分为两个方面：一是对配送系统预期目标实现情况的评价；二是对配送系统运行效率的评价。

（一）配送系统预期目标的评价

对配送系统预期目标的评价是指在配送系统进入正常运转后，对系统的运行是否达到系统预期的目标进行评价，主要是分析实际运行状况和预期目标是否一致。如果存在预期目标没有实现的情况，就要找出原因，并设法进行调整，重新完善配送系统。

（二）配送系统运行效率的评价

配送系统运行效率的评价可以分为以下几个方面：

1. 配送系统的经济效益

配送系统的经济效益就是配送系统能够获得的收入或利润。但是，由于配送的服务性质，评价配送系统的经济效益还要在成本、利润和服务之间进行权衡。由于配送模式不同，评价标准也会有所不同。对于社会化的配送中心实施的配送，盈利是其唯一目标。这种配送系统的设计与运营主要是以利润最大化为目标，并在成本与服务之间进行权衡。

而作为连锁企业内部的配送中心，其基本目标是保障连锁企业大系统的利润最大化。此时，配送系统首先必须保证提供连锁企业所需的配送服务水平。在此基础上，对配送系

第四章 配送系统优化

统的各环节进行相互协调,减少浪费,提高作业效率,并引入适当的科技手段,选择合适的配送方式,尽可能降低配送系统的成本。

2. 配送系统的运作效率

配送系统的运作效率评价需要有相应的基准,即制定指标用来衡量配送效率的好坏,否则,配送运作效率评价就失去了它应有的意义。常用的评价配送运作效率的指标有:

(1) 配送车辆的效率。其主要包括:

1) 车辆使用率。可通过配送车辆的实际运行量来测定。例如,假设有 5 辆配送车辆,确定的车辆使用指标为每辆车 1 天跑 2 趟,车辆使用率要达到 100%,所有的车辆都必须工作。一个月按 30 天计算,所有车辆的总趟数 = 30 天 × 2 趟/(天·辆) × 5 辆 = 300 趟,100% 的使用率即要求一个月车辆的总趟数为 300 趟,如果只跑了 260 趟,车辆使用率就是 87%。

但是,并不是配送车辆的使用率越高,配送效率就越高。如果运转车辆不能满载,而是存在大量空车的现象,则车辆使用越多,效益越差。

2) 车辆实载率。测定配送车辆的使用率时,还要看配送车辆的实载率。所谓实载率,即所装货物与配送车量载货能力之比。例如,载重为 4t 的车辆装载 4t 货物,实载率是 100%;如果只装载 2t 货物,则实载率是 50%。车辆实载率可以通过重量测算,也可以通过容积来测算。一般体积大、重量轻的货物,用容积测算比较合理。

(2) 整体配送效率。上述指标以配送车辆为基准,通过配送车辆的使用状况来测定配送效率。除此之外,还可以以整体配送的效率作为效率评价的指标。

整体配送效率可以用生产率,即投入与产出的比率来测算。投入是指配送作业使用的设施面积、劳动人员数量、投入的车辆数量等;产出是指配送作业所取得的总营业额或总利润。例如,有一家配送中心,使用面积为 $1000m^2$,员工 100 人,配送车辆 20 辆。假设这家配送中心的月营业额为 100 万元人民币,100 万元人民币除以 $1000m^2$ 可得出设施生产率,除以 100 人可得出劳动生产率,除以 20 辆车则可得出车辆生产率。

配送效率也可以用费用成本来测定。例如,可以用配送中心的总营业额除以配送中心支出的总费用,得出营业额与配送费用之比,用以衡量配送管理和作业的效率。

3. 配送效率指标的制定

为了制定切实可行的效率指标,需要调查现有的效率状况,然后确定可能实现的数字,并把它作为效率指标。当指标不能完成时,可以及时发现问题,分析原因,找出办法,加以改善。

通常,制定的配送运作效率指标要比实际的运行指标稍高,这样能够促进配送管理的改善。但是,指标也不能定得太高。如果配送管理或作业人员认为制定的指标即使通过努力也无法实现时,就会放弃努力。配送效率指标应该经常修订。

第三节 配送系统计划与组织

配送系统计划是指对计划期内配送货物的种类、数量，配送系统的资源、车辆、人员、库存、配送路线等所做的预见和安排。它从预测配送需求开始，经过车辆调配、人员配置、路线规划等过程，将企业的配送资源配置到各项配送作业中，从而实现合理的配送作业。配送系统计划包括配送需求计划和配送作业计划。配送组织是指配送业务管理的组织形式和工作程序。配送计划和组织是实现配送合理化的必要保障。

一、配送需求计划

（一）配送需求计划

配送需求计划（Distribution Requirements Planning，DRP）是制造需求计划（Manufacturing Requirements Planning，MRP）的编制原理和方法在配送领域中的应用。MRP 研究的是产品生产所需投入的原材料、零部件等的需用量。它从最终产品的生产进度计划出发，按各工序分阶段展开，逐级计算和计划在一定期间所需材料、零部件的需用量和计划补充订购数量。DRP 则与产品的配送业务有关，需要考虑多个配送阶段以及各阶段的特点。它基于 IT 技术和预测技术，对不确定的客户需求进行预测分析，并规划、确定普适性的存货、分拣、运输等能力。

DRP 主要解决产成品的供应、调度与配送问题，其基本目标是合理进行货物配送和资源配置，在保证有效满足客户需求的基础上，使得配置费用最省。

DRP 实际应用的是准时供应的思想，要求将客户所需货物准时、保质保量地送到客户手上。而准时供应的实现需要以大范围内配送系统的控制为基础，所以制订 DRP 计划的关键也就集中在订货需求与库存控制计划上。

DRP 系统的应用能帮助降低配送系统的运营费用，改善配送部门与制造部门的协调性，有效地降低存货水平。

DRP 系统的构成模块如表 4-1 所示。这些模块可以同时使用，也可以选择使用。

表 4-1 DRP 系统的构成模块

序号	模块	功能
1	库存管理	交互的库存量查询、货位控制、周期盘点、各种类型货物库存、出入库记录、退货管理
2	质量控制	质量标准、质量信息跟踪、不合格品的处理、质量统计报告及质量记录与分析
3	预测	客户需求、库存、订单等的预测

(续)

序 号	模 块	功 能
4	运输管理	承运商优选、生成运单、发货通知、货运费用报告、到货及时率报告、货物跟踪记录、报关记录及分析
5	采购管理	订单下达、订单追踪和物料监控等工作
6	计划/调度管理	生成资源需求计划和配送作业计划、车辆调度
7	订单管理	订单记录、追踪、查询和分析
8	数据库接口与数据传输	使DRP数据库系统和财务系统、其他仓库或配送中心的数据实现交换

（二）配送需求计划原理

配送需求计划原理如图4-5所示。

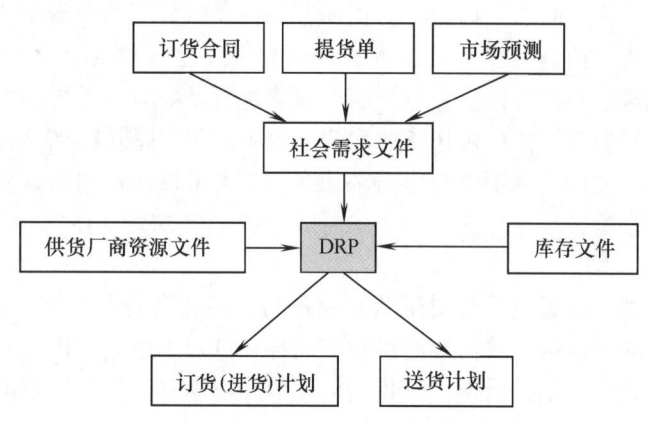

图4-5 配送需求计划原理

实施DRP时，需要输入社会需求、供货厂商资源、库存等文件，然后根据这三个文件生成订货（进货）计划或送货计划。

（三）配送需求计划的输入文件

1. 社会需求文件

社会需求文件是指客户的订货单、提货单或供货合同，也包括下属各子公司、下属各地区配送中心的订货单。将这些需求按品种、需求日期进行统计，制定社会需求文件。如果没有预先签订好订单、供货合同等，则社会需求量就要靠预测来确定。

社会需求文件是进行DRP处理的依据，是DRP处理的主要文件，如果没有这个文件，就不可能进行DRP处理，因此将其称为社会需求主文件。

2. 库存文件

库存文件是配送系统仓库里所有库存货物品种和数量的列表。配送作业需要根据库存情况来确定什么货物可以从仓库里提货送货、送多少，什么货物需要订货进货。从仓库里提货送货，送货的数量不能超过现有的库存量；如果仓库里没有足够的货物，就需要订货或进货。所以，库存文件也是制订DRP计划所必需的文件。

3. 供货厂商资源文件

供货厂商资源文件是货物生产厂或供应商的可供资源文件。该文件包括可供的货物品种、数量、时间，以及供货厂商的地理位置等情况。供货厂商资源文件主要是为DRP制订订货计划使用。

（四）配送需求计划的生成文件

DRP的生成文件是送货计划和订货或进货计划。

1. 送货计划

送货计划是指对客户的送货计划。根据库存文件和供货厂商资源文件，可以确定客户的订货是从仓库送货，还是需要订货、进货再送货，或是会发生缺货。由于仓库与客户、下属子公司、子配送中心都有一定路程，所以提货送货需要有一个提前时间，才能保证货物及时送达。如果是需要订货后再送货的客户，也可以确定是从生产厂商处直接送货还是经配送中心送货。一般地，对于大批量需求的客户，可采取工厂送货；对于小批量的需求者，可采取配送中心配送。

2. 订货或进货计划

订货或进货计划是指配送系统对供货厂商的订货或进货计划。对于客户需求的货物，如果仓库没有足够的库存量，就需要向供货厂商补充订货或进货。因为订货或进货需要花费时间，所以需要设定订货提前期。订货提前期需要根据具体供货厂商的情况来确定。

（五）DRP的编制和明细表调整

1. DRP的编制

DRP编制的一般程序是从最底层的客户需求开始，逐层向上累计，直至配送系统的最高层——一级配送节点或中央配送中心。在具体编制时，每一层次的配送节点根据预测的客户或下一层次配送节点的需求或订单，扣除预计库存，确定计划补充订购日期和数量，报送各自归口的上一层次配送节点，直至一级配送节点确定向供货厂商发出补充订货的日期和数量。

DRP计划最基本的依据就是明细表（见表4-2），它用于协调整个计划期内的需求和订货。每一个库存存储单元（Stock Keep Unit，SKU）和每一个配送节点都有一张明细表。同一个SKU的明细表汇总起来，就可用于确定配送节点的需求。明细表尽可能描述离客户较近的产品环节的存货情况，它是整个货物数据库的一部分。有关存货和需求的信息需要不断更新，并在各层次的配送节点之间实现周期性传递或即时传递。

表 4-2 某地区仓库一的 DRP 明细表
安全库存：20 个　订货批量：60 个　订货周期：2 周

预测时间周期/周	1	2	3	4	5	6	7
预测的需求数/个	20	20	20	10	30	30	20
在途存货数量/个		60			60		60
预计现有存货数量/个（45）	25	65	45	35	65	35	75
计划订货数量/个			60		60		

这些明细表一般以周为单位进行编制，反映配送系统一段时期内的活动。明细表的编制也可按日或按月进行编制。对于每一个节点和 SKU，明细表反映当前现有存货剩余、安全库存、计划周期长度以及订货批量等。

此外，对于每一个周期，明细表反映总需求数、在途存货数量，以及预计现有存货数量和已计划订货数量。总需求数包括来自客户和其他配送节点的需求。预计现有存货数量是指预计的期末存货水平，它等于上一周期的现有存货数量减去本周期的总需求数加上在途存货数量。已计划订货数量是指已向供货厂商发出的库存补充数量。

下面以一个中央仓库和两个地区仓库为例，简要说明地区仓库和中央仓库 DRP 明细表的编制。

如表 4-2 所示为某地区仓库一的 DRP 明细表。从中可以看出 DRP 明细表的一般结构：预测开始之前的存货数量为 45 个。第 1 行是需求预测的时间周期，以周为单位。第 2 行是预测的需求数，它反映了来自客户或者其他配送节点的需求。第 3 行是该仓库的在途存货数量，这里，订货周期以及装卸所需的时间已经被考虑在内，该批货物在相应的时间已经可以被使用。第 4 行是预计的现有存货数量，它表明了预测时间周期末的存货数量，这一行是通过计算得出的。计算公式为

预计现有存货数量 = 上一周期末的存货数量 + 在途存货数量 − 本周期的预测需求数

最后一行是计划订货数量，它是为避免存货数量低于安全库存而向供货厂商提出的订货数量。这里必须考虑订货周期的影响因素。实际上，计划订货和在途存货在时间上相差一个订货周期。此外，DRP 明细表还需给出安全库存、订货周期和订货批量，作为 DRP 计划中的参考数据。表 4-3 为某地区仓库二的 DRP 明细表。

表 4-3 某地区仓库二的 DRP 明细表
安全库存：10 个　订货批量：40 个　订货周期：1 周

预测时间周期/周	1	2	3	4	5	6	7
预测的需求数/个	15	15	15	20	15	15	15
在途存货数量/个		40		40			40
预计现有存货数量/个（32）	17	42	27	47	32	17	42
计划订货数量/个	40		40		40		

所有地区仓库的 DRP 明细表列出来以后，就可以将其中的计划订货数信息传送到中央仓库，得到中央仓库的 DRP 明细表。表 4-4 为中央仓库的 DRP 明细表。

表 4-4 中央仓库的 DRP 明细表

安全库存：50 个   订货批量：150 个   订货周期：1 周

预测时间周期/周	1	2	3	4	5	6	7
地区仓库一计划订货数量/个			60		60		
地区仓库二计划订货数量/个	40		40			40	
预测的总需求数/个	40	0	100	0	60	40	0
在途存货数量/个			150			150	
预计现有存货数量/个（100）	60	60	110	110	50	160	160
计划订货数量/个		150			150		

由中央仓库的 DRP 明细表，可以得到中央仓库的计划订货数量。这些计划订货的数据就可以作为制订订货计划的依据。

2. DRP 明细表的调整

在 DRP 明细表中，每个时间周期的需求数量是由以往的经验预测出来的。实际的需求一般会在预测值附近波动，这样经过几个时间周期，原 DRP 明细表中的内容就需要进行调整，尤其是计划订货的时间。表 4-5 的例子对此进行了说明。其中实际的需求数第 1 周为 16 个，第 2 周为 26 个，而预测的需求数是 20 个。第 1 周的实际需求比预测的需求数少，对计划订货时间没有造成影响；但第 2 周实际需求的增长使得原计划中第 4 周的订货提前到第 3 周，同时以后计划的预测时间也相应地提前了 1 周。

表 4-5 DRP 明细表的调整示例

安全库存：5 个   订货批量：40 个   订货周期：1 周

预测时间周期/周	1	2	3	4	5
预测的需求数/个	20	20	20	20	20
在途存货数量/个	40		40		40
预计现有存货数量/个（6）	26	6	26	6	26
计划订货数量/个		40		40	

第 1 周的实际需求：16 个

预测时间周期/周	2	3	4	5	6
预测的需求数/个	20	20	20	20	20
在途存货数量/个		40		40	
预计现有存货数量/个（30）	10	30	10	30	10
计划订货数量/个	40		40		

（续）

第2周的实际需求：26个					
预测时间周期/周	3	4	5	6	7
预测的需求数/个	20	20	20	20	20
在途存货数量/个	40	40		40	
预计现有存货数量/个（4）	24	44	24	44	24
计划订货数量/个	40		40		40

（六）DRP 系统评价

和任何一种计划方法一样，DRP 系统也有自身的优点与不足。使用 DRP 计划进行配送管理，有下面一系列优点：

（1）对客户需求情况进行趋势性预测，提高预算能力。

（2）对订单执行情况进行有效的跟踪，并做出分析报告。

（3）建立合理的库存水平，并对退货情况进行统计，实现对存货的有效管理，降低存货水平，节省仓储费用，提高存货对市场不确定性反应的柔性。

（4）实时查询各种货物的库存，并对不良品、过期品库存处理提供详细报告。

（5）优化配送策略以节省配送成本，缩短配送时间。

（6）生成对配送系统各环节能力的需求报告。

（7）改善服务水平，保证客户的需求得到满足。

DRP 的应用局限性最突出的表现在于 DRP 需要对需求有相对准确的预测，这是一个存在缺陷的前提。如果预测结果与实际情况吻合，实际需求应该在预测值的附近波动，并且需要对 DRP 明细表进行相应的调整。如果出现大范围的波动，就可能导致存货不能满足实际需求或者低于安全库存。另外，DRP 对订货周期的确切性也有很大的依赖性，而订货周期则受很多不确定因素的影响。

（七）配送资源计划

1. 配送资源计划概述

为了提高各环节的物流能力，达到系统优化运行的目的，有些企业扩展了配送需求计划的内容，称为配送资源计划（Distribution Resource Panning，DRPⅡ）。当配送系统有多个运作单位（如多个仓库）时，需要从系统整体的角度，对现有的各种配送资源进行有效的整合，以确定各运作单位的经营方向和经营内容。

制订配送资源计划（DRPⅡ）的目的是有效地解决以下问题：

（1）当一个配送系统需要设立多个仓库、多个储运中心或者多个转运站时，设置多少配送据点是合理的。

(2) 仓库位置的选择和仓库配送区域的确定，以满足配送系统的需求。

(3) 仓库存放的货物种类、数量和仓库空间规划，以满足相应配送区域的货物需求。

(4) 为了满足配送作业需求，各配送据点需要具备哪些设施资源和人力资源，彼此之间又应该如何协调，才能达到系统的整体最优。

2. 配送资源计划的构成

(1) 仓库数量及地点规划系统。仓库设置地点及数量规划需要从外部收集数据作为规划的依据。所收集的数据主要包括区域人口数、年龄分配状况、区域客户分布状况、区域货物配送金额等。根据这些数据来估计该区域的市场潜力、配送货物种类、销售金额与数量以及设置的仓库数、仓库设立的地点等。

(2) 多库货物规划系统。配送系统中存在多种货物、多个配送据点时，需要确定各种货物在各个仓库中的分布，包括品种和数量。因此，在决定设立仓库的数量和具体位置后，需要根据市场调查数据，分析、计算每个仓库所储存的货物种类和数量，这就是多库货物规划系统。

此外，还需要针对各仓库的库存数量、机器设备、人力资源和配送计划进行规划、协调和控制，对应的系统分别为多库库存控制系统、多库机器设备规划控制系统、多库人力资源计划系统及多库货物配送调派计划系统。

二、配送作业计划

(一) 制订配送作业计划的必要性

配送作业计划是关于配送作业活动的具体计划。制订配送作业计划的目的是实现配送管理的合理化，消除配送中的作业浪费、时间浪费，减少货物损失，提高设备、设施、运输工具的使用效率，从而削减配送费用，使配送工作能够高效率地进行。

配送是直接面对客户的活动，详细的计划是提高配送效率的保障，是提高配送服务水平的必要条件。

配送是一个多环节的系统，配送效率的提高需要各个环节的密切配合、协调一致。如果没有周密的计划，对配送的每一个环节、每一个部门的工作不做出明确的规定，而是在执行配送作业时，各部门各自为政、各行其是，就难免会出现配送作业的混乱、低效率以及配送不及时、服务水平降低等问题。

配送作业的特点决定了需要制订详细的配送作业计划。配送一般都是在小范围内（如一个城市内），为分散在不同地方的多家客户，少量、多频率地递送其所需货物。用于配送的运输工具一般都是小型货车，也有使用小型船舶、非机动车等配送工具的情况。因此，需要预先制订具体的配送作业计划，安排和控制配送的运作过程，对配送路线规划、车辆配载和调度、控制配送时间、合理安排人员等给予明确的指导，并对交通事故、交通堵塞、临时送货等突发事件采取应对措施。

第四章 配送系统优化

由于上述众多问题，在配送过程中，也经常存在打乱事先制订好的计划的情况。例如，客户临时改变收货时间和地点、取消订货，需要在客户那里再装运其他货物，临时出现交通管制等类似情况常常发生。因此，在制订配送计划时，需要以配送活动不可能完全按计划行事的思想为前提。

（二）制订配送作业计划的主要依据

配送作业计划一般由配送经理组织拟定，配送计划员负责制订，供具体负责进行配送作业的员工执行。现在通常采用计算机作为编制配送作业计划的主要手段。

用来制订配送作业计划的参考资料主要有订货合同、仓储配送合同、电话预约合同、货物的特性、配送设备、运输条件和配送节点（仓库、客户）等。

虽然订货合同、配送合同、电话预约合同确定的客户订货信息的准确度不同，但是一般都可以作为制订配送作业计划的依据。根据上述合同可以确定客户所订购货物的品种、规格、数量，客户要求的具体送货时间、送货地点，对方的接货人以及接收货物的方式等。这是确定配送作业计划的最基本的依据。

货物的特性是指货物的体积、密度、质地，是否属于危险品，是否需要特殊配送措施，如冷藏、保温等，或者是否具有其他特殊特性等。货物的特性是确定运输车辆和运输方式的依据。

配送设备主要包括配送车辆、装卸和搬运设施等。运输条件主要是指与配送有关的道路条件、环境和气候等。配送节点是指配送系统中涉及的各个配送中心的仓库、客户等。所能使用的配送设施，道路状况，天气变化，仓库库存的货物品种、规格、数量，客户的分布及需求等情况是制订配送作业计划的依据和限制性条件。

（三）配送作业计划的主要内容

配送作业计划的主要目的是为具体的配送作业提供指导，因此，配送作业计划的内容就是确定配送作业的时间、地点、内容、作业人员和怎么做等问题。具体来看，配送作业计划的主要内容包括以下几方面：

（1）按日安排客户所需货物的品种、规格、数量、送货时间、送达地点、接货人等，并弄清各客户的详细地址，可以在配送路线图上标明，也可以在出货的单据或表格中列出。

（2）按客户需要的时间，确定配送作业准备的提前期。

（3）确定每天从各配送点发运的货物的具体品种、规格、数量。

（4）按计划的要求选择配送服务的具体组织方式、确定配送路线。

（5）列出详细配送计划表供审批、执行和备案。

（四）配送作业计划中的相关单据

为使内部配送计划比较周详，且能掌握外部难以直接控制的情况，在配送计划中经常使用各种表格或单据。这种方式一目了然，能够对配送业务的各环节做出详细而直观的描述。

1. 作业时间表

作业时间表是指由配送的各个环节所需作业时间及各环节间的衔接关系所构成的表格。通过作业时间表能够确定从接到订单一直到送货整个过程所需的全部时间。

作业时间表的第一个重要作用就是确定各种作业的最合适的作业时间，这是计算配送系统处理能力的基本要素。如果作业时间表设计不合理，将使配送系统的全部工作完全混乱，无法有序工作。作业时间表的第二个作用是表明各项作业之间的先后关系，如接到订单后是直接从仓库出货，还是需要先订货再出货等。每种配送方式需要的时间是多少，在作业时间表上也可以一目了然。

作业时间表的具体内容和各项作业之间的衔接关系会因配送流程的不同而不同，即作业时间表要根据配送作业的具体内容和性质来制定。

2. 其他表格

在整个配送计划中，除了作业时间表以外，一般还需要出货、配送路线、人员配备、车辆调度等作业的表单相互配合使用。

在配送的外部运输过程中常会有突发状况发生，而且对车辆和司机的情况也需要做出评估，因此通常也采用表格的形式加以记录。它们除了能用于随时对车辆与司机的品质及工作量做出评估调整，而且还能反映事前配送规划的效果，供后续配送做参考。

三、配送组织

（一）配送组织工作的基本内容

配送作业的对象、品种、数量等较为复杂，为了做到有条不紊地组织配送活动，物流经理应当遵照一定的工作程序对配送业务进行安排与管理。一般情况下，配送组织工作的基本内容主要有以下几个方面：

（1）配送路线的选择。配送路线合理与否直接影响到配送的速度、成本和效益。因此，采用科学的方法确定合理的配送路线是配送中的一项非常重要的工作。确定配送路线可以应用相关的数学方法，以及在数学方法的基础上发展和演变出来的经验方法。但是无论采用哪种方法，都应该首先确定要达到的目标，然后再考虑实现此目标所存在的各种限制因素，在有约束条件的情况下寻求最佳的解决方案。

（2）拟定和下达配送计划。物流经理应组织拟定配送计划并向各配送点下达任务。依据计划调度配送车辆、装卸机械及相关作业班组与人员，并指派专人将货物送达时间、品种、规格、数量通知客户，使客户按计划准备好接货工作。

（3）配货和进货组织工作。物流经理应按计划做好配货和进货组织工作，要求各配送点按配送计划审定库存货物的数量和质量，若有缺货情况应立即组织进货。同时，要求各配送点按计划进行配货、分货、包装、配装等。

(4) 发货管理。要求理货人员按计划将各种所需的货物进行分类，标明到达地点、客户名称、配送时间、货物明细等，并按流向、流量、距离将各类货物进行配装，将发货明细表交给司机或随车送货人员。发货车辆应按指定路线抵达目的地。

(5) 费用结算管理。费用结算是整个配送业务的最后一个环节。配送车辆按计划到达客户，由客户在回执上签字，表明货物已送达。之后，物流经理即可通知财务部门进行费用结算，完成整个配送过程。

（二）配送组织工作中应注意的要点

做好配送服务，必须根据配送的特点，加强对配送业务的计划、组织、指挥、协调和控制，从而不断完善和发展。

1. 全面掌握客户的需求情况

要对本配送区域的客户进行细致周密的调查研究，了解和掌握各客户的销售、加工、设备维修和基本建设等情况，以及所需原材料、燃料、辅助材料和各种配件的品种、规格、型号、数量、接受价格和供应周期等情况，并进行科学的预测。在此基础上，建立配送档案，深入客户，随时掌握客户需求，迅速传递信息，保证按需组织配送。只有全面、准确地掌握客户的需求情况，配送才有明确的目标和方向。

2. 建立稳定的资源基地和客户需求

稳定的资源基地是配送持续稳定发展的关键。为保证配送系统的服务水平，配送部门不能现买现卖，而需要与资源单位密切联系，建立一批稳定的资源基地，为配送打下物质基础。通过各种形式的联合，保证配送有稳定的资源渠道。

客户需求是否稳定也是配送效率能否提高的重要因素。客户需求稳定，有利于配送计划的制订和配送作业的管理，不仅可以提高配送效率，还可以降低配送成本。与客户建立稳定的供需关系，可以通过多种渠道，如签订长期配送协议、建立合作伙伴关系等。

3. 加强配送的计划管理

生产和销售的连续性和计划性，决定了配送要有很强的计划性。从配送业务本身来看，它也是一项需要多方面密切协调配合的工作，组织资源、配货、储运、送货上门等一系列活动，都要有严密的计划。要在掌握客户需求的基础上，制定配送的总目标和分阶段目标，以及实施步骤和措施，做到有计划、分期地订货和采购，合理控制库存。在具体执行时，可以要求客户提前向配送部门提出分期使用计划，列出所需货物的品种、规格、数量和供货时间，便于配送部门制订配送计划和组织配送。对客户的临时性需求，可通过不定期的函电联系，临时组织送货上门。

4. 建立与配送相适应的组织结构

适当的组织结构是发展配送的组织保证。在企业自营配送的情况下，应设立独立的配送管理和执行部门，并应与其他部门（如销售、市场等）处于相同级别；配送管理机构的设置应与配送的重要性相匹配。在专业的物流企业或配送企业中，对配送业务的管理也应有与之相适应的部门，并将配送业务的管理与其他物流业务的管理分开进行。

5. 科学地组织配送

配送作业具有很强的科学性。例如，配送半径有一个经济合理的范围，需要根据配送和整车运输的成本进行分析。在保证客户需求及时、齐备地组织配送的前提下，科学地确定配送路线和批量，在客户比较集中的地区做到定线送货，有利于降低配送成本。在组织配送资源时，要科学地安排人力、物力、财力的比例关系，衔接好各环节的作业活动，合理调度和指挥各要素的运动，使整个配送业务过程迅速、协调地进行。

6. 争取各方面的协作和支持

配送是一项系统工程，衔接上游供货厂商、下游客户，还涉及道路运输管理等部门，因而只有得到各方面的支持，才能做好这项工作。配送企业或部门要协调好各方面的关系，争取他们的协作，以完善配送工作。

（三）配送的组织模式

随着物流概念的成熟和日益被人们所接受，在大多数企业，产成品配送越来越多地由独立的配送部门完成。但是在不同的企业，配送业务的组织模式不同，主要可分为以下两种模式：

1. 集权式组织模式

集权式组织模式是指在整个企业中只有一个配送部门，对配送业务实行集中管理，统一协调各个仓库、配送节点和供货厂商的供需关系。例如，在一些连锁经营企业中，所有门店的商品配送是由公司统一组织货源并送货的。

2. 分权式组织模式

分权式组织模式是指配送业务由企业的各分部或产品组，或不同地区分别管理和执行。这种模式在大型的企业集团或跨国公司中较为常见。

这两种配送组织模式各有利弊。集权式配送组织模式能够把企业整体的需求、生产以及原材料供应的工作联系在一起，尤其是在公司自己承担运输工作时，能够有效地利用运力，平衡输入与输出的运量，也更便利于货物联合运输。随着信息技术的发展和计算机的普及，信息传递的迅捷和实时性，使企业，即使是生产和销售遍布全球的企业，也可能对遍布全球的配送工作实施高效的统一管理。

在分权式配送组织模式下，各地区分公司或各分部的配送职能由各个分部去完成，这样能够对本地区或本分部的配送需求做出快速反应。当各分部的产品共同之处很少时，这种组织制度更能发挥作用。但是，这种配送组织模式不利于公司总体的平衡，比如，会造成库存的增加、运力的浪费，尤其是当各分部的产品同质性较强时，这种情况更为突出。

总体来看，集权式组织模式对需求的反应速度和柔性较差，但能够有效地控制配送成本；分权式组织模式对客户需求的反应迅速，但是成本较高。配送是一项时效性要求非常高的业务，客户要求的配送时间往往是24h或48h。因此，企业在选择配送组织模式时，需要综合考虑以下几方面因素而确定：
(1) 企业的规模。
(2) 货物特点及货物的配送区域。
(3) 供货厂商的分布。
(4) 集权式配送组织模式提供的客户服务标准能否达到所要求的水平。

现在有很多企业采用的是适当的集权与分权相结合的方式：同质性高、需求量大的产品或原材料由企业统一组织配送；而各分部之间差异较大的产品或是需求量波动大的零星产品，以及配送时间短和临时发生的配送要求，则由各分部自行组织货源及配送。

第四节 配送系统优化方法

配送系统优化就是要实现配送系统的合理化，它涉及配送方式选择、设施选址、库存控制、车辆配载、路线规划等问题。这些问题的解决，除了依靠管理人员和作业人员的经验以外，还可以采用适当的数量方法进行定量分析。本节重点介绍几种配送系统中常用的优化方法。

一、配送系统合理化

配送是一个由不同的作业环节构成的系统，配送系统合理化就是要在配送系统整体合理化的前提下，实现每项作业的合理化。一般来说，配送系统的设计与运行是否合理，可以参考以下几个指标：

(1) 库存。库存是判断配送合理化的重要标志，有效的配送作业能够在保持一定服务水平的前提下，降低库存总量，提高库存周转率。这也可以体现为库存占用资金的减少和资金周转速度的提高。

(2) 成本和效益。这是衡量配送系统运作是否合理的重要标志。合理的配送作业应该能够通过对库存、配送路线、车辆调度等的优化控制，有效地降低配送成本，提高配送效益，而不影响配送服务水平。从宏观角度来看，合理地实施配送作业，能够起到减少社会车辆、降低车辆空驶率的作用，从而提高社会效益。

(3) 服务水平。服务水平体现在缺货次数、配送时间、即时配送等方面，合理的配送应该能够保证一定的服务水平。

实现配送系统的合理化要与配送系统的目标紧密结合，具体可从以下几个方面着手：

1. 实现配送作业合理化

配送作业合理化就是要实现进货、储存、补货、分拣、配装、送货、配送加工等作业的合理化。每一项作业的流程、作业方式要与货物的种类、数量、特性、客户的需求相匹配。表4-6 对各项作业合理化的要点进行了简要汇总。

表 4-6 配送作业合理化要点

作业环节	合理化要点
进货、发货	提高作业效率,关键在于订货信息、发货信息等传递速度的提高
货物验收	做好货物验收准备,货物验收方式、内容、抽样方法适当,重点货物进行重点抽查
保管、装卸、补货、分拣	实现作业的标准化,推广使用电子条形码和便携式终端,自动化程度与作业环境、作业数量相匹配
货物储位管理	确定适当的场所管理方式,综合考虑货物自身的特性、周转情况、客户的分布、季节性等特点
配送加工	合理选择配送加工的内容和地点,综合考虑送货、销售、成本等因素

2. 实现配送流程合理化

配送流程合理化就是通过对配送各项作业的流程进行再造重组,使配送各环节的衔接更加合理,从而达到降低成本、提高服务水平的目标。

(1) 信息传递的合理化。整个配送运作涉及大量的信息传递,如仓库部门需要有入库通知单和验收合格单才能将货物入库,发货部门需要有发货通知单才能组织发货,车辆部门需要有出车单才能派车,为了合理配载还需要有配载计划,等等。这些信息如果在传递过程中有一处发生错误或延迟,就会导致整个配送效率的降低或无效配送。为了加强信息传递的准确性和及时性,企业可以采用计算机信息系统实现各部门的及时传输和配送作业的统一管理。

(2) 分类管理。一个配送中心或企业采用配送方式运输的货物数量和品种可能有成千上万,如果对所有货物的配送都采用相同的管理方法,其结果必然导致成本大幅度上升。通常对企业的经济效益起较大作用的只有少部分货物,而大量的货物都是小额的,配送要求不高。在配送作业管理中,企业可以考虑结合库存的 ABC 分类,对配送作业实行分类管理。A 类货物的配送管理,可以采取事先计划、事中跟踪、事后评估的方法,从而提高配送效率,降低配送成本;对于 B 类货物,可以采取一般的配送管理;对于 C 类货物,可采用临时配送,当有配送任务时即时安排,而不需要投入过多的精力进行跟踪管理。

3. 控制配送成本

配送系统合理化离不开对配送成本的控制。配送系统的成本可以分为固定成本和变动成本。配送固定成本主要是指配送系统中的各种固定资产的投入,如配送中心的建设成本、配送车辆的购置成本、分拣设备的购置安装费用等。配送变动成本主要是指配送系统运行中所发生的与配送货物有关的人员费、配装费、流通加工费、修理费、燃料费等费用。

对于配送变动成本的控制,主要是加强配送管理,实现配送作业和流程的合理化,在配送成本和配送服务水平之间做出恰当的平衡。这两点前面内容已有述及,这里简要介绍配送固定成本的控制。

对配送固定成本的控制重点在于对配送系统初始投资的控制。在考虑配送系统建设时，应遵循以下原则：

（1）初始投资适当。配送系统是一个服务系统，其核心目标是降低配送成本，提高服务水平。如果初始投资过大，不能与配送规模相适应，则初始投资难以从配送成本的节约中得到回收，得不偿失。初始投资的确定应与配送系统正常运营的变动成本结合考虑。如果有多种方案可供选择，则可以运用数学方法建立模型进行分析。

（2）自动化程度适当。自动化程度应与企业的生产系统、配送规模相适应，如果配送系统的作业量不足，自动化的配送系统就没有意义。配送系统的自动化程度还应考虑客户对配送服务的要求和客观环境。如果企业有富余的劳动人员，能够胜任配送系统的作业工作，并且客户对配送服务的要求不是很高，那么就没有必要投入大量的资金建立自动化配送系统。自动化程度与初始投资是密切相关的，自动化配送系统属于资本密集型系统，固定资本投资额大。

（3）配送系统的建设应具有可持续性。任何系统都不是一成不变的，而是需要不断地根据环境的变化做出调整，配送系统也不例外。当环境变化小时，如客户的分布、配送货物的种类等发生变化，可以通过对配送系统运营的调整来适应环境的变化。如果环境变化巨大，现有系统不能适应新的环境，就需要对系统做出变革，甚至是重新设计和建设。因此，进行配送系统建设时需要考虑对未来变化的适应性，应留有一定的发展和调整空间。

（4）适当采取混合配送策略。混合配送策略是指企业的一部分配送业务由自身完成，一部分外包给第三方配送的策略。采用混合配送策略的目的是合理安排企业的自营配送和外包配送作业，使配送成本最低。例如，美国一家干货生产企业为满足遍及全美的1000家连锁店的配送需要，建造了6座仓库，并拥有自己的车队。随着经营的发展，企业决定扩大配送系统，计划在芝加哥投资700万美元再建一座新的配送中心，并配以新型的干货处理系统。董事会讨论该计划时，却发现这样不仅成本较高，而且就算配送中心建起来还是满足不了需要。于是，企业把新增的配送业务外包给第三方完成，并在附近租用公共仓库，增加一些必要的设备，再加上原有的仓储设施，企业所需的仓储空间足够了，但总投资只需10万美元的设备购置费，10万美元的外包运费，加上租金，远远少于700万美元。

二、配送设施设备规划

配送系统中的设施设备包括配送中心（仓库）、装卸搬运设备、分拣设备、配送车辆等。配送设施设备规划就是在充分考虑配送需求及其发展的条件下，合理选择仓库位置，配置各类设备。

（一）配送中心选址

配送中心选址是配送系统优化中一项十分重要的战略决策，它决定了整个配送系统的结构。配送中心选址的基本方法与其他设施选址没有本质的区别,一般都需要采用定性分析与定量分析相结合的方法,区别只在于具体需要考虑的影响因素和目标有所差异。因此,这里只简要介绍配送中心选址的基本思路和方法,而不做具体应用的介绍。

1. 配送中心选址的类型

物流设施选址问题可以分为成本最小化、服务最优化和物流量最大化三种类型。在本章第二节已经分析过配送系统的经济效益评价随配送模式的不同而不同,但配送中心选址基本属于成本最小化或服务最优化这两种类型。当然,成本和服务是相辅相成的,成本最小化的目标应在满足一定服务水平的前提下实现,而服务最优化也必须考虑配送成本的限制。因此,在配送中心选址中,成本和服务这两个因素都需要考虑。

2. 定性分析

配送中心选址需要考虑的因素众多,一般包括:

(1) 需求。它包括配送中心的服务对象——客户的分布情况、配送作业量、配送区域等的现状和未来预测,以及客户对报告到货时间、发送频度的要求等。

(2) 交通状况。在初步选择配送中心的备选地点时,必须考虑当地的交通状况,包括铁路、水路等长途运输条件和公路的短途运输条件,以及备选地点附近的城镇交通状况。

(3) 用地条件。配送中心一般要占用大面积的土地,甚至需要预留扩展空间,因此,配送中心选址必须考虑当地政府的城市发展规划和土地的获取成本。

(4) 政策法规。除了用地许可外,当地的税收政策、物流政策、关税及汇率等也都需要进行综合考虑。特别是在跨国经营时,还要考虑该区域政局是否稳定,法制是否健全等。

(5) 其他。配送中心选址是一项具有战略意义的工作,需要考虑其是否符合企业的战略规划,配送中心应该具有哪些功能,备选地点的劳动用工方面是否合适,是否有特殊货物的作业等。这些因素都需要纳入配送中心选址的考虑范围。

在上述因素中,很多问题无法加以量化,特别是在备选地点的初选中。因此,定性分析是必不可少的。当然,定性分析中也可以引入简单的定量方法,如基本的统计分析。

3. 定量方法

从理论上说,国内外学者在设施选址方面所取得的研究成果、所提出的定量模型都可用于配送中心选址的定量分析。例如,混合整数规划模型、重心法、鲍莫尔—沃尔夫(Baumol-Wolfe)模型等,比较适用于成本最小化类型的配送中心选址;而层次分析法、模糊综合评价法则适用于对备选地点的综合评价;服务最优化类型的配送中心选址则可以采用以最大服务距离最小化为目标建立定量模型进行分析。

在具体的配送中心选址问题分析中,定性分析与定量分析往往是交叉重复进行的。概而言之,一般是先运用定性分析及简单的统计分析方法确定配送中心的备选地点,再运用定量方法对各备选地点择优,最后还需要对择优结果进行定性分析。定性分析—定量分析—定性分析这个过程也可能需要进行几次循环，才能最终确定配送中心选址地点。

（二）装卸搬运设备的配置

装卸搬运设备的作业能力直接关系到配送系统的作业效率和经济效益。在设备配置中，需要考虑作业类型、作业流程、作业量、搬运距离、货物的特性等因素。一般来说，装卸搬运设备的选型和配置需要遵循以下原则：

1. 适用性与先进性相结合

装卸搬运设备的配置，必须以能够适应作业的需求为基本原则。若配送中心的作业量大且作业频繁，需要充分掌握作业发生的规律，配备适当的装卸设备。此外，装卸搬运设备都有一定的经济寿命，在配置时还要充分考虑配送中心未来的发展和技术的进步，使设备能够在其经济寿命周期内保持适当的技术先进性和作业能力空间。

2. 经济性原则

装卸搬运是一个不产生直接经济效益的作业环节，其经济性体现为设备的购置成本和使用及维修保养成本。一般装卸搬运设备配置的目标可设定为在满足作业需求和合理的技术先进性的前提下，实现设备在整个购置、安装、运行、维修、改造、更新，直至报废的全过程内的总成本最小，即设备的全寿命周期成本（Life Cycle Cost，LCC）最小。

3. 系统化原则

装卸搬运设备的配套，是保证前后作业相互衔接、相互协调，保证装卸搬运工作连续稳定进行的重要条件。因此，要在进行配送系统流程分析、充分考虑各个作业工序之间衔接的基础上，配置装卸搬运设备，以使设备相互适应，减少作业等待时间，从而提高作业效率。在新建配送中心时，应对装卸搬运设备与配送中心布局、设施的规划设计同时进行考虑。

装卸搬运设备的具体选型可以从技术或技术经济的角度进行分析，选择品牌、型号、工作参数适当的设备。若有多个同种类型的设备具有类似的条件而无法做出直观判断，也可以考虑采用排队论、数学规划、综合评价等方法进行定量分析，以辅助设备优化配置的决策。

三、配送路线规划

配送系统常见的路线规划问题有以下三种类型：

（一）单一起讫点的配送路线规划问题

在多品种少批量的配送方式下，不同品种的货物被整合到一起，然后以整车的方式通过配送据点送达客户。在这种情况下，面临的路线规划问题就是单一起讫点的配送路线问题，起点是配送据点，终点是客户，货物的起运地和目的地都唯一且确定，此时需要考虑的是选择最短的路线来完成配送任务。这类问题可以简单地描述为在一个已知的交通运输网络中，寻找从出发地到目的地的最佳路线。这里的"最佳"可以指距离最短、时间最省或是费用最少。

通常，这类单一路线规划问题可以转化为求网络图中一个特定点对之间的最短路线问题，采用网络规划中求最短路的Dijkstra算法进行求解。在配送业务的路线规划中，时间是非常关键的服务指标，因此，除了距离以外，还需要考虑货物通过交通网络的时间长短。单纯的最短距离路线并不能说明穿越网络的时间最短，因为该方法没有考虑各条路线的运行质量。因此，在设定路线的权数时，通常要对运输时间和距离都加以考虑。

（二）多起讫点的运输路线规划问题

当配送系统需要同时规划从多个配送据点到多个客户的货物配送路线时，配送系统面临的就是多起讫点的配送路线优化问题，此时需要确定各供求地点之间的最佳供应关系。如果各配送据点和客户之间的供应与需求有特殊限制，如禁运、专供等，则问题会更复杂。这类问题可以根据情况，采取表上作业法或图上作业法进行定量分析。

1. 表上作业法

若各配送据点和客户之间配送的货物具有同质性，则可以将这类问题转化为数学规划中的运输问题，运用表上作业法进行求解（该方法的原理与求解可见有关的运筹学书籍）。运输问题的数学模型为

$$\min Z = \sum_{i=1}^{m} \sum_{j=1}^{n} c_{ij} x_{ij}$$

$$\text{s.t.} \begin{cases} \sum_{j=1}^{n} x_{ij} = a_i & (i = 1, 2, \cdots, m) \\ \sum_{i=1}^{m} x_{ij} = b_j & (j = 1, 2, \cdots, n) \\ x_{ij} \geq 0 & (i = 1, 2, \cdots, m; j = 1, 2, \cdots, n) \end{cases} \quad (4\text{-}1)$$

式中 x_{ij}——由配送据点 A_i 调给客户 B_j 的货物数量；

c_{ij}——由配送据点 A_i 到客户 B_j 的货物的单位运输费用或时间；

a_i——配送据点 A_i 能够提供的货物数量；

b_j——客户对货物的需求量，并且 $\sum_{i=1}^{m} a_i = \sum_{j=1}^{n} b_j$。

$\sum_{i=1}^{m} a_i = \sum_{j=1}^{n} b_j$，表示该货物的总供应量和总需求量是相等的，供求平衡。如果是供求不平衡的情况，可以采用引入虚拟的配送据点或客户的方式转化为平衡问题。

2. 图上作业法

对于收发点不多的配送路线规划问题，也可以运用图上作业法进行分析。图上作业法是指在一张标有收发点、收发量、收发点间距离的交通网络示意图上进行方案编制工作的一种方法。在方案编制过程中，按照就近配送的原则，不断调整方案，最后得到一个既能

完成调运计划,又能使吨公里达到最少的调运方案。在图上作业法中,对交通网络的示意图画法的有相关规定如表 4-7 所示。图上作业法还要求货物的流向应画在路线的右侧。

表 4-7　图上作业法图例

图　例	说　　明
○	货物的发点,其数量标为负
×	货物的收点,其数量标为正
●	路线交叉点,无收发任务
→	货物的运输方向

一般说来,一个好的调运方案中不应有不合理的对流、迂回等现象,图上作业法的主要思路就是消除配送中的对流和迂回。举例来说,图 4-6a 中就形成了货物的对流,而图 4-6b 的配送路线则消除了对流。

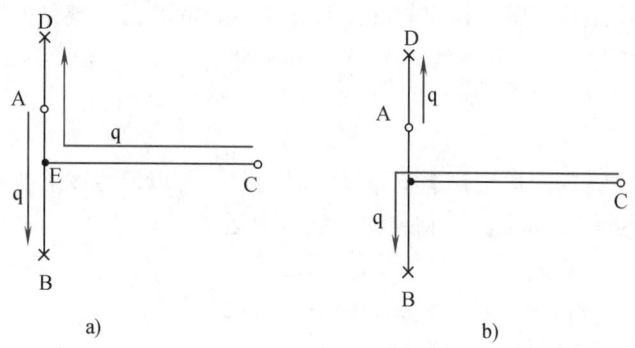

图 4-6　对流与无对流
a）对流　b）无对流

图 4-7 则给出了配送路线中是否存在迂回的情况。

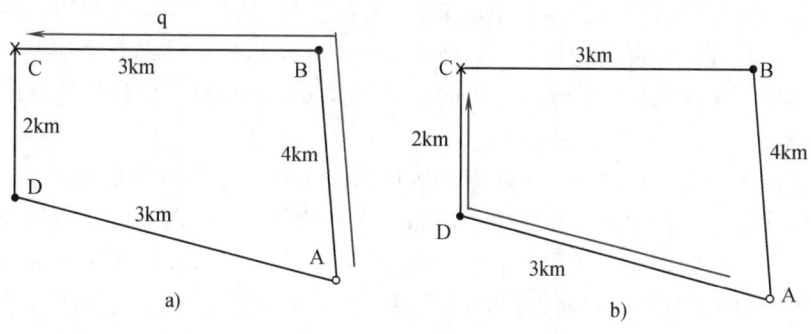

图 4-7　迂回与无迂回
a）迂回　b）无迂回

在路线成圈的情况下，根据流向图画法的要求，表示流向的箭线可能位于圈内，也可能位于圈外，分别称为内圈流向或外圈流向。对于配送路线是否存在迂回情况，有以下结论：只要使内圈或外圈流向长度小于等于圈长的一半，就能保证这个方案一定是一个没有迂回的合理调运方案。对多圈、多收发点的情况也可得到同样结论。

一般来说，当不存在不合理的对流和迂回时，配送路线就是合理的。

（三）起讫点重合的问题

配送系统中最常见的路线规划问题就是起讫点重合的问题。例如，一辆货车需要运载不同客户的货物，在经过每一位客户后返回始点。对于配送系统而言，解决起讫点重合问题的目标是在一定的时间要求下，找出车辆合适的经停点及其先后顺序，满足配送车辆的荷载能力要求，并满足客户对送货时间的要求，且总出行时间或总距离最短。

这类问题是旅行推销商问题（Travelling Salesman Problem, TSP）的扩展，属于 NP 难题。当涉及的客户数量较少时，可以用穷举法找到最优方案；但当客户数量较多时，难以在有限的时间内找出最优方案。这里先介绍起讫点重合问题路线规划的基本原则，再介绍几种比较简便易行的近似分析方法。本章第五节将专门介绍遗传算法在这类问题中的应用。

1. 基本原则

在安排起讫点重合的配送车辆运行路线和时间时，可以遵循以下原则：

（1）将相互接近的送货点的货物装在一辆车上运送。

（2）将聚集在一起的停留点安排在同一天送货。

（3）一辆运货车顺次途经各停留点的路线尽可能呈凸状。

（4）尽量使用大载重量的送货车辆。

（5）提货应尽可能与送货过程交叉进行。

（6）对偏离停留点集中区域的单独停留点可单独配送。

（7）尽量避免停留点工作时间太短的约束。

上述原则可以帮助管理人员制定出满意的、现实可行的合理路线和时间安排。当然，上述原则也仅是合理路线规划的指引，运作人员面对车辆运作的许多复杂情况并不是上述原则所能包容的。当遇到特殊的运输条件时，运作人员要根据自己的经验处理。

2. 近似解法

当附加了许多约束条件之后，求解车辆运行路线和时间安排问题就变得十分复杂，而这些约束条件在实际工作中常常会发生。例如，客户的接货时间要求、车辆的类型、一条路线上允许的最大运行时间、不同区段的车速限制、运行途中的障碍物（施工、交通管制）、司机的短时间休息等。对这类问题的求解，往往采用的是启发式算法以求得一个满意解。这里介绍几种比较简单的求近似解的方法。

（1）扫描法。扫描法的进行步骤可简述如下：

第一步,将仓库和所有停留点的位置画在地图或坐标图上。

第二步,在仓库位置放置一直尺,直尺指向任何方向均可,然后顺时针或逆时针方向转动直尺,直到直尺交到一个停留点。询问:累计的装货量是否超过送货车辆的载重量或载货容积(首先要使用最大的送货车辆)?如果超过,将最后的停留点排除后,将一辆车的停留点确定下来。再从这个被排除的停留点开始继续扫描,从而开始一条新的路线。这样扫描下去,直至全部的停留点都被分配到路线上。

第三步,对每条运行路线安排停留点顺序,以求运行距离最小化。停留点顺序的确定可以使用下面的节约法、最近点连接法或最优插入法求解,匈牙利法、动态规划方法、图论的方法也能够在一定程度上辅助决策。

由于扫描法是分阶段操作的,因此有些时间方面的问题,如路线上的总时间和停留点工作时间的约束等难以妥善处理。

(2)最近点连接法。在起讫点重合的配送线路规划问题中,当车辆的停留点和起始点确定后,最近点连接法的含义就是,从起始地点开始,比较其余 $n-1$ 个地点与该地点的距离,取距离最短者作为第二个地点。对于第二个地点,就其余的 $n-2$ 个地点做同样的处理。依此类推,直至遍历所有地点为止,最后返回起始地点。

最近点连接法极为直观与简单,但结果的满意程度往往较差。

(3)最优插入法。当车辆的停留点和起始点确定后,首先,从任意两点的距离中选出最小的,即选出 $d^* = \min\{d_{ij} | i,j = 1,2,\cdots,n, \quad i \neq j\}$,与其关联的节点计做 v_1、v_2。其次,选节点 v_3,使 v_3 与 v_1、v_2 距离之和最小,可得到 $\triangle v_1 v_2 v_3$,依此类推。

设已得到一个包含 k 个节点的圈,其排列为 $v_1 v_2 v_3 \cdots$,对尚未入圈的 $n-k$ 个节点,逐个进行如下操作:检查对 v_1、v_2、$\cdots$、v_k 的所有插入方式,计算剩余点插在其中任意两个节点之间引起已有圈长的增加量 δ_l。

$$\delta_l = d_{il} + d_{i+1,l} - d_{i,i+1} \quad 1 \leq i \leq k \ (v_{k+1} 可视为 v_1), \ k+1 \leq l \leq n$$

再取这些增量的最小值,记作 δ_l^*,即

$$\delta_l^* = \min\{\delta_l | k+1 \leq l \leq n\}$$

由此选定第 $k+1$ 个入圈点 v_{k+1}。重复此过程,直至最后,形成一个由 n 个节点连成的圈,即为近似解。

最优插入法所得近似解的总长度,不超过最优解总长度的 2 倍。但其计算量较大,需要利用计算机求解。

(4)节约法。节约法的基本思想是两个客户巡回送货的总里程要小于分别单独送货的总里程,这是基于三角形的两边之和大于第三边的原理。采用这种方法确定配送路线时,要将任意两点之间的里程节约数量计算出来,并从大到小排列,然后先连接节约里程最大的两点,并在配送车辆载重量的限制下,考虑将列在第二位的两点连接进来,其次是排在第三位的两点、第四位的……直至达到车辆满载,再开始一条新的路线。节约法的目的是

获得最大的节约里程。

图 4-8 显示了配送中心与 a、b 两点的距离及 a、b 之间的距离，a、b 两点巡回送货的节约里程的计算为

$$节约里程 = L_a + L_b - L_{ab}$$

四、车辆配载

在第二章中已经分析了车辆配载的一般原则和定性因素，这里简要介绍车辆配载的定量分析方法。

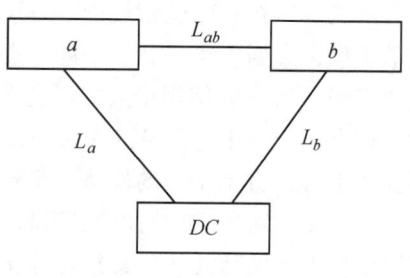

图 4-8 节约法

（一）动态优化方法

某些车辆配载问题可以看作背包问题，进而化为多阶段问题，运用动态规划方法求解。下面以装货问题和多品种混装问题为例加以简要说明。

1. 装货问题

装货问题一般可以描述为：货车的载重量有一定的上限 G，可用于运送 n 种不同的货物，货物的重量分别为 w_1、w_2、…、w_n。每种货物对配送中心来说具有一个价值系数，分别用 p_1、p_2、…、p_n 表示，它表示价值、运费或重量等。现在的问题是应如何安排 n 种货物的装载，使企业能够获得最大的价值。

若设 x_k 表示第 k 种货物的装入数量，则这类问题可以描述为如下数学模型

$$\max f(x) = \sum_{k=1}^{n} p_k x_k$$

$$\text{s.t.} \sum_{k=1}^{n} w_k x_k \leq G \quad (x_k \geq 0, k=1,2,\cdots,n)$$

在具体求解时，可以把装入一种货物作为一个阶段，运用动态规划方法求解。

例如，现有载重量为 8t 的载重汽车，运输四种机电产品，其重量分别为 3t、3t、4t、5t，表 4-8 给出了四种机电产品的重量和价值系数。试问：在不考虑容积的情况下，如何配装才能充分利用货车的运作能力？

本例中的价值系数即产品重量。按机电产品种类，可划分为四个阶段，用动态规划方法求解，可得到三种最优方案：

① $x_1=1$，$x_2=0$，$x_3=0$，$x_4=1$，即装载机电产品 1 和机电产品 4 各 1 件。
② $x_1=0$，$x_2=1$，$x_3=0$，$x_4=1$，即装载机电产品 2 和机电产品 4 各 1 件。
③ $x_1=0$，$x_2=0$，$x_3=2$，$x_4=0$，即装载机电产品 3 为 2 件。

上述三种配载方式都能够使货车达到最大载重量 8t。

表 4-8 四种机电产品的重量和价值系数

机电产品号	重量/t	价值系数	机电产品号	重量/t	价值系数
1	3	3	3	4	4
2	3	3	4	5	5

2. 多品种混装

多品种混装的问题可以描述为：货物按品种、形状、颜色和规格分为若干类，分别称为 1 类，2 类，…，m 类。其中，同一客户的同类货物记作 1 件（捆），这样，多品种混装要求在同一货车内每类货物至多装入一件（捆）。设共有 N 件（捆）待运货物，其中 1 类货物有 N_1 件（捆），它们的重量分别为 $G_{11}, G_{12}, \cdots, G_{1N_1}$；2 类货物有 N_2 件（捆），它们的重量分别为 $G_{21}, G_{22}, \cdots, G_{1N_2}$；依此类推。不难看出

$$N = \sum_{s=1}^{m} N_s$$

若设

$$x_{rs} = \begin{cases} 1 & r \text{ 类第 } s \text{ 件货物装入} \\ 0 & r \text{ 类第 } s \text{ 件货物不装入} \end{cases}$$

多品种混装问题可以表示为

$$\max G = \sum_{r=1}^{m} \sum_{s=1}^{n} G_{rs} x_{rs}$$

$$\text{s.t.} \begin{cases} \sum_{s=1}^{N_r} x_{rs} \leq 1 & (r = 1, 2, \cdots, m) \\ \sum_{r=1}^{m} \sum_{s=1}^{n} G_{rs} x_{rs} \leq G_0 \end{cases}$$

式中 G_0——货车的载重量上限。

对于此类问题，当货物品种不多时，可以用穷举法求解，找出各种可能的方案，比较后求出不超过 G_0 的最大装载量的路线；也可以将不同类的货物看成不同的阶段，将上述问题转化为动态规划问题求解。

例如，假设现共有 8 件 4 类货物，货车载重量 $G_0 = 50\text{t}$；第一类货物 2 件，$G_{11} = 20\text{t}$，$G_{12} = 11\text{t}$；第二类货物 1 件，$G_{21} = 13\text{t}$；第三类货物 3 件，$G_{31} = 6\text{t}$，$G_{32} = 11\text{t}$，$G_{33} = 8\text{t}$；第四类货物 2 件，$G_{41} = 19\text{t}$，$G_{42} = 17\text{t}$。要求找出装载量最大的配装方案。

此问题可按货物类别划分为四个阶段，用动态规划方法求解得到最优方案有两组：装载第一类货物第一件，第三类货物第二件和第四类货物第一件；或装载第一类货物第一件，第二类货物和第四类货物第二件，每组的装载量都是 50t，达到满载，充分利用了货车装载能力。

配 送 管 理

复杂的车辆配载问题需要考虑货物的外观尺寸、装卸顺序、车辆的平衡等问题,模型复杂,求解多采用启发式算法,这里不再介绍。

(二) 货区组合

除具体的车辆配载问题外,在大型的配送中心或仓库里,由于货物种类、货位成百上千,在不要求精确优化的情况下,可以采用对货位进行分区,并按货区组合进行货物配装的方法来降低货物配装的费用。

在货区组合时,需要根据货区分布情况,统筹规划,合理调用设备,使临近货区的货物尽可能组合在一辆货车上,尽量避免场区内不合理的物流,以减少装货成本。这样,在某一个货区组合方案中的各货区的货物才可以配装在同一辆货车上。

一般来说,在货区组合中,货区的个数越少,装货费用越低;货区越临近,装货费用越低。在大型配送据点中,货区组合的方案很多,一般需要借助于计算机才能完成货物配装方案。为了减少运算量,可以根据实际需要,选取一个有代表性的货区组合方案的子序列,供实际配车运算使用。表4-9是某储运仓库选用的10种有代表性的序列,它由10种组合方案构成。

表4-9 某储运仓库的10种货区组合方案

货区组合序号	包含的货区	费用系数
1	各单个货区	平均0.45
2	4区,6区	0.60
3	5区,6区	0.70
4	1区,2区	0.70
5	1区,3区,4区	0.75
6	3区,4区,5区,6区	0.75
7	1区,3区,5区	0.80
8	4区,6区,1区,2区	0.85
9	1区,3区,5区,7区,8区	0.90
10	货场内的全部货区	1.00

假定在该储运仓库中储有某种货物,运往同一地点,待运货物的重量和存放货区如表4-10所示,货车载重量为50t。

表4-10 待运货物的重量和存放货区

货单号	01	02	03	04	05	06	07	08	09
重量/t	20	15	10	25	5	15	10	20	20
存放货区	1	4	5	6	7	1	4	5	5

按货区组合法确定的配装方案如表 4-11 所示。

表 4-11 按货区组合法确定的配装方案

方案序号	货区组合	货区及货物重量	费用系数
1	1	5 区 10t、20t、20t	0.45
2	2	4 区 15t、10t；6 区 25t	0.60
3	9	1 区 20t、15t；7 区 5t	0.90

此配装方案的平均装货费用系数为 0.65，可以理解为这种方案相当于装货费用上限的 65%。

五、车辆调度问题

在配送系统优化中，车辆调度也是一个重要环节。配送系统面临的问题是：往往有多种货物需要同时用车辆运往不同的地点；有些货物的运量和发货点及收货点可能是固定的，有些货物则可能是临时安排的，且多为短途运输等。在经过配送路线规划之后，虽然各种货物的收货点、发货点及收发量都已确定，但因为要在短时间内运送较多的货物，而且一般为多车辆的多次配送，稍不注意就会出现空车对流或迂回，这就增加了空驶里程，引起了不必要的浪费。

因此，这里的车辆调度问题主要是针对空车的调度工作。具体来说，如何派发空车到发货点，装上货物后运往收货点，卸车后，又将空车调往新的发货点。如此反复地调派空车也就是安排空车的流向问题。

空车调度的优化主要解决以下问题：

1. 尽量减少空驶里程

要减少空车的行驶里程，就要消灭空车的对流和迂回。在货物的收发点和数量确定的情况下，重车的行驶里程是确定的，此时可以把车场的空车看作某种货物，利用图上作业法、表上作业法等方法来优化空车的调度。从理论上来说，按照图上作业法或表上作业法的原则进行空车调度，可以保证得到一个空驶里程最少的空车流向方案，从而大大提高配送车辆的里程利用率。

2. 车辆的循环配送组织

在配送系统运作中，组织车辆循环配送是一项重要工作。除保证空车调度要按最优流向进行外，在具体组织循环运输时，还需要考虑以下问题：

（1）空车的出场和回场。空车的出场和回场是必不可少的，属于合理的空车流。一般地，只要遵循"就近派车，就近收车"的原则即可。这样可以使出场和回场的空车流达到较理想的状态。当然，收、发车的原则不是绝对的，在实际问题中也不一定能够完全实现，对于一些特殊情况，需要根据实际经验灵活处理。

结束车辆循环配送，指令空车回场时，除需要考虑就近收车外，还要考虑车辆（司机）的工作时间（如 8 小时制）、回程带货等问题。

（2）空车运货的顺序和空车的调拨。为实现"就近收车"，在条件允许的情况下，应尽量先安排距离远的货物的运输，然后按照空车的最优流向安排空车的调度。

（3）车型、场地、道路交通等的限制。在货物配送需要不同的车型时，不便于组织循环运输，收发点的场地能同时容纳的车辆数、道路交通流量的限制及装卸力量的安排等，也是组织车辆循环配送时必须考虑的因素。因此，在组织循环配送时，应全面统筹，有时可能为了完成某些特殊配送任务，避免浪费时间，而允许出现一些空车迂回。

第五节 遗传算法在配送路线规划中的应用

起讫点重合的配送路线问题，在确定了车辆的停留点后，就转化为 TSP 问题。其问题描述十分简单：寻找一条最短路线，遍历 n 个配送点（或者城市）。如果用数学语言描述就是：搜索整数子集 $X = \{1, 2, \cdots, n\}$（X 的元素表示对 n 个配送点的编号），形成一个排列 $\pi(X = \{v_1, v_2, \cdots, v_n\})$，使得

$$T_d = \sum_{i=1}^{n-1} d(v_i, v_{i+1}) + d(v_n, v_1) \tag{4-2}$$

取最小值。式中的 $d(v_i, v_{i+1})$ 表示配送点 v_i 到 v_{i+1} 的距离。

在 TSP 问题中，配送中心与各个配送点均视为配送路线中的一个节点，配送路线中配送中心与配送点没有区别。

TSP 问题是一个典型的、易于描述却难以处理的 NP 完全问题。当配送节点比较少时，可以使用运筹学的一些计算机软件包（如 Lingo 软件）进行求解；但随着配送点 n 的增加，配送路线的组合数将按照 $(n-1)!/2$ 增加，10 个配送点的情况下为 181440 条路线，如果有 100 个配送点，则将达到 4.6663×10^{155} 条路线，这时数据计算量大，计算速度很慢。因此，借助遗传算法解决 TSP 问题是比较有效的方法。

遗传算法（Genetic Algorithm，GA）是模拟生物界遗传选择和自然淘汰的生物进化过程的计算模型，它是美国密歇根大学的霍兰德（J. Holland）教授于 1975 年首先提出的。它的主要特点是简单、通用、鲁棒性强，适用于并行分布处理，应用范围广。

采用遗传算法对配送路线优化比较常见的方法有四种：部分匹配交叉法（Partially Matched Crossover，PMX）、顺序交叉法（Order Crossover，OX）、循环交叉法（Cycle Crossover，CX）以及基于知识的交叉法。本节主要介绍应用比较广泛的部分匹配交叉法（PMX）。

遗传算法的计算流程如图 4-9 所示。

下面结合一个具体的例子来说明遗传算法在配送路线规划中的应用。

如图 4-10 所示，假设有 9 个配送节点需要进行送货，如果采用遗传算法寻找最优路线，计算过程如下：

1. 随机产生初始种群

首先对这 9 个配送节点进行编号，然后根据 9 个配送节点随机产生若干数字串，如 346812975，964218753，198435276，271953648，…这些数字串表示不同的配送路线，图 4-11 所示是数字串 346812975 表示的配送路线。

很显然，这些随机产生的配送路线不是最优路线。在遗传算法中，这些初始产生的随机数称为"种群"。初始种群产生的数量应比较适当。初始种群数太少，个体的多样性低，则在后续的计算中提供可选择的余地就小，得到最优解的机会也少；初始种群数太多，则在后续计算中搜索速度慢，计算量会大大增加。

2. 选择

遗传算法通过对种群中的个体进行选择，将那些表现优良的个体保留下来，而将表现较差的个体淘汰掉。但是，哪些个体应当保留，哪些个体应当淘汰，在遗传算法中需要有一定的判断标准。

在自然界中，通常是那些对环境适应性较差的个体被淘汰。与此类似，遗传算法中采用适应度（Fitness）对子代进行评价，适应度高的子代被保留下来，进入下一轮的交叉，适应度差的子代则被淘汰。

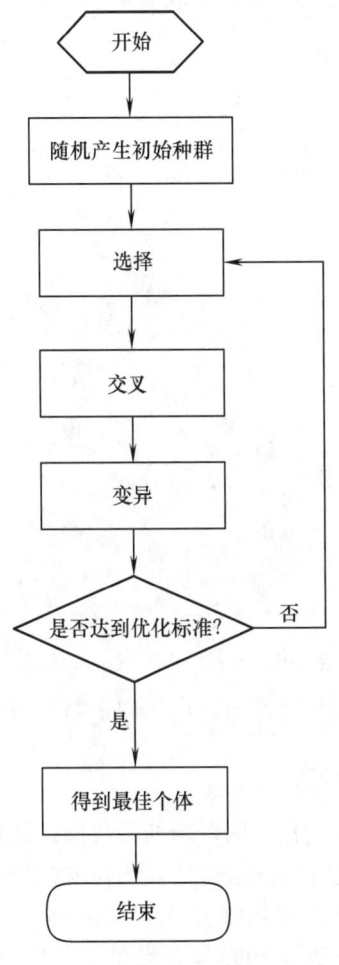

图 4-9　遗传算法的计算流程

遗传算法中计算个体适应度所建立的函数（方程）称为适应度函数，通常是将目标函数转换为适应度函数。

对于 TSP 问题，适应度函数常取路线长度 T_d 的倒数，若用 f 表示适应度函数，则 $f=1/T_d$。

对于本例，则分别计算子代的路线长度，取它们的倒数后，得到子代的适应度，对适应度较小（路径长度较大）的个体淘汰。

3. 交叉

在种群中随意选择 2 条路线作为父路线，如选 346812975、271953648 作为父代。

代表路线的数字串可视作基因，父代的基因需要进行交叉。若采用一点交叉，基因的

配送管理

交叉点随机选取为4，如下所示

3 4 6 8 | 1 2 9 7 5
2 7 1 9 | 5 3 6 4 8

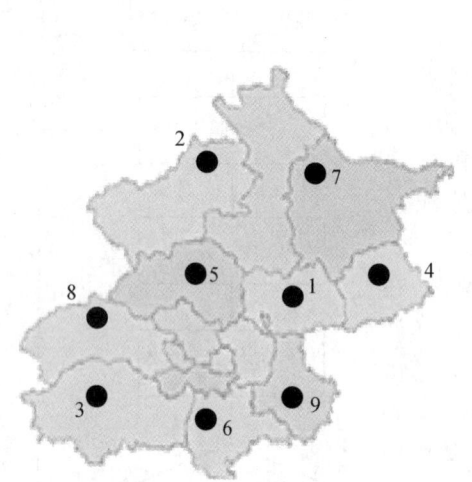

图4-10 某起讫点重合的配送路线规划问题　　图4-11 数字串346812975表示的配送路线

交叉后，产生两个新的后代

2 7 1 9 1 2 9 7 5
3 4 6 8 5 3 6 4 8

在这两个新的后代里，其路线有重复的配送节点，而且也没有遍历所有的配送节点。这种情况是遗传算法在求解TSP问题时特有的难题。针对这种情况，可以采用部分匹配交叉策略PMX解决。（其他策略如顺序交叉法、循环交叉法可参见陈国良等编著、人民邮电出版社1996年出版的《遗传算法及其应用》的第139~140页。）

PMX是先依据均匀随机分布产生两个基因的交叉点，定义这两点之间的区域为一匹配区域，并使用位置交换操作交换两个父串的匹配区域。

还是以上面的两个父路线为例，它们的匹配区域如下

A = 3 4 6 | 8 1 2 | 9 7 5
B = 2 7 1 | 9 5 3 | 6 4 8

首先交换A和B的第二个匹配区域，得到A'和B'

A' = 3 4 6 | 9 5 3 | 9 7 5
B' = 2 7 1 | 8 1 2 | 6 4 8

对于A'、B'两个子串中匹配区域以外出现的重复节点，依据匹配区域内的位置映射关系，逐一进行交换。

中间匹配区域的映射关系如下

$$8 \leftrightarrow 9$$
$$1 \leftrightarrow 5$$
$$2 \leftrightarrow 3$$

对 A' 匹配区域以外的 3、9、5 分别以 2、8、1 替换，则得

$$A'' = 2\ 4\ 6\ |\ 9\ 5\ 3\ |\ 8\ 7\ 1$$

同理可得

$$B'' = 3\ 7\ 5\ |\ 8\ 1\ 2\ |\ 6\ 4\ 9$$

这样，每个子串的次序部分地由其父串确定。

4. 变异

遗传算法主要是靠选择子代的机制和父代的交叉进行搜索的，变异的目的是减少子代的退化，造成优化过程提前结束。

变异实际上是对子代的基因进行小概率扰动，使其发生变化。在 TSP 问题中，变异的方法很多，其中一种是对调变异。

对调变异算法如下：

对于子代 A'' 基因为 246953871，随机地将任意两个配送点位置对调，如将 4 和 8 对调，得到变异后的新子代 A''' 为 286953471。这样，经过变异后的新一代就与原来的子代有不同的特性（适应度不同）。

5. 达到优化的准则

遗传算法通过不断反复交叉、变异、选择、淘汰的计算，得到新的一代。何时终止计算，可以采用以下准则之一作为判断条件：

（1）种群中个体的最大适应度超过预先设定值。

（2）种群中个体的平均适应度超过预先设定值。

（3）遗传代数超过预先设定值。

以下是一个采用 Matlab 编写的遗传算法 TSP 程序。使用该程序，必须建立一个配送点的距离矩阵 D，将各个配送点的距离计算出来，然后将此矩阵输入该程序，进行计算。

以图 4-10 所示的配送问题为例，以任意一点为原点建立坐标系，测量各点的坐标值。各点坐标如图 4-12 和表 4-12 所示。

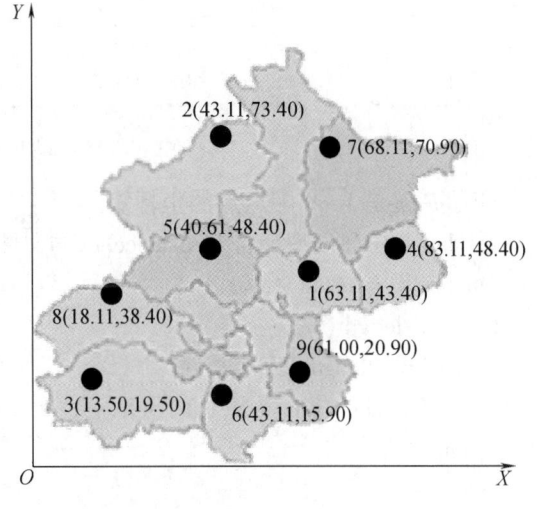

图 4-12　配送节点坐标系

表4-12 配送节点坐标

配 送 点	X 坐标	Y 坐标
1	63.11	43.40
2	43.11	73.40
3	13.50	19.50
4	83.11	48.40
5	40.61	48.40
6	43.11	15.90
7	68.11	70.90
8	18.11	38.40
9	61.00	20.90

在 Matlab 的工作空间（Workspace）中建立一个变量 P，将以上值输入变量 P，如图 4-13 所示。

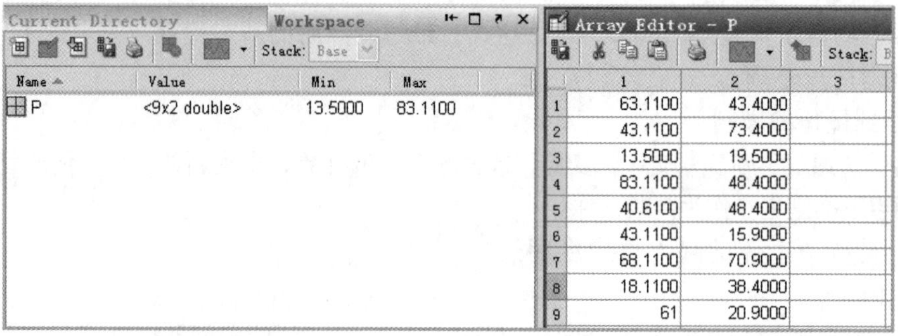

图 4-13 在 Matlab 中输入坐标矩阵

变量 P 就是 1~9 配送点的坐标矩阵。

在 Matlab 中建立一个名为 distance.m 的文件，在该文件中输入以下代码（见图 4-14）：

```
function D = distance(X)
for i = 1:length(X)
    for j = 1:length(X)
        D(i,j) = sqrt((X(i,1) - X(j,1))^2 + (X(i,2) - X(j,2))^2);
    end
end
```

以上代码是计算坐标矩阵 X 的两点之间的距离，返回得到的是距离矩阵 D。

第四章 配送系统优化

```
function D=distance(X)
for i=1:length(X)
    for j=1:length(X)
        D(i,j)=sqrt((X(i,1)-X(j,1))^2+(X(i,2)-X(j,2))^2);
    end
end
```

图 4-14 建立 distance.m 文件

在 Matlab 的命令窗口（Command Window）中输入以下命令：
≫ D = distance(P)
则可以计算得到距离矩阵 **D**，如图 4-15 所示。

```
>> P

P =

  63.1100   43.4000
  43.1100   73.4000
  13.5000   19.5000
  83.1100   48.4000
  40.6100   48.4000
  43.1100   15.9000
  68.1100   70.9000
  18.1100   38.4000
  61.0000   20.9000

>> D=distance(P)

D =

        0   36.0555   55.0669   20.6155   23.0489   34.0037   27.9508   45.2769   22.5987
  36.0555         0   61.4977   47.1699   25.1247   57.5000   25.1247   43.0116   55.4644
  55.0669   61.4977         0   75.3708   39.6253   29.8280   74.9947   19.4541   47.5206
  20.6155   47.1699   75.3708         0   42.5000   51.5388   27.0416   65.7647   35.2860
  23.0489   25.1247   39.6253   42.5000         0   32.5960   35.5317   24.6221   34.2345
  34.0037   57.5000   29.8280   51.5388   32.5960         0   60.4152   33.6341   18.5756
  27.9508   25.1247   74.9947   27.0416   35.5317   60.4152         0   59.6343   50.5030
  45.2769   43.0116   19.4541   65.7647   24.6221   33.6341   59.6343         0   46.3228
  22.5987   55.4644   47.5206   35.2860   34.2345   18.5756   50.5030   46.3228         0
```

图 4-15 距离矩阵 **D**

在 Matlab 的命令窗口中输入如下命令：

≫= TSP(D ,9)

根据提示，输入初始种群数 $m=100$，遗传代数 $p=40$，最后计算得到配送路线为 725836914，路线长度 $s=185.94$，如图 4-16 所示。

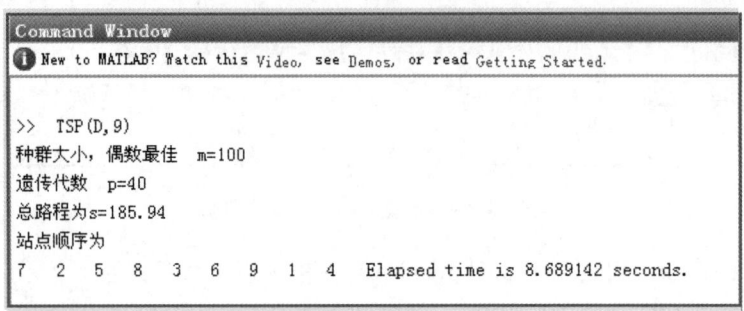

图 4-16　计算结果

以上结果对应的配送路线如图 4-17 所示。

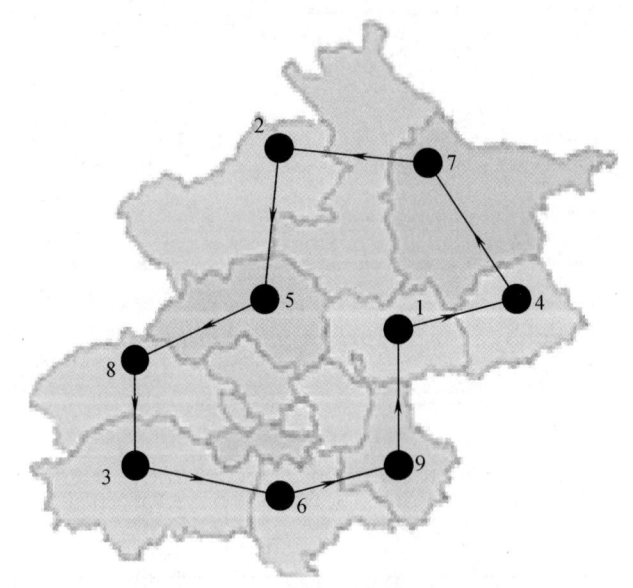

图 4-17　遗传算法得出的配送路线

在运用遗传算法进行计算时，有一点需要注意，由于遗传算法在计算过程中，初始种群的生成以及交叉、变异都是随机的，因此，每次计算结果都不一定相同，需要进行反复计算，从大量的结果中选择一个最优值作为最终结果。

以下为 TSP 问题遗传算法的 Matlab 代码，供参考。

```
function [s,q] = TSP(D,n)
    % D 距离矩阵,n 配送点个数
    tic
    m = input('种群大小,偶数最佳 m =');
    p = input('遗传代数 =');
    % 产生初始种群
    for i = 1:m
            e = 1:n;
            for j = 1:n
                    t = unidrnd(length(e));
                    q(i,j) = e(t);
                    e(t) = [];
            end
    end
    s = len(q,D,n,m);    % 计算路线长度
    for i = 1:p
            q = newq(s,q,m);     % 产生新种群
            q = change(q,m,n);   % 交叉
            q = vf(q,n,m);       % 变异
            s = len(q,D,n,m);    % 计算路线长度
    end
    [s0,b] = min(s);
    fprintf('总路线为 s = %4.2f\n',s0);
    fprintf('站点顺序为\n');
    fprintf('%d   ',q(b,:));
    toc
    % 计算路线函数
        function s = len(q,D,n,m)
            for i = 1:m
                s(i) = 0;
                for j = 1:n-1
                    s(i) = s(i) + D(q(i,j),q(i,j+1));
                end
            end
```

```
%选择目标函数小的个体,产生新种群
function q = newq(s,q,m)
    t = 0.2;    %淘汰的比例
    for i = 1:m - 1
        for j = i:m
            if s(i) < s(j)
                k = s(j);
                s(j) = s(i);
                s(i) = k;
                Q = q(j,:);
                q(j,:) = q(i,:);
                q(i,:) = Q;
            end
        end
    end
    f = fix(m * t);    %淘汰个数
%将目标函数值大的前 f 个个体用目标函数值小的后 f 个个体替换
    for i = 1:f
        q(i,:) = q(m - f + i,:);
    end
%打乱顺序
    for i = 1:2 * m
        N1 = unidrnd(m);
        N2 = unidrnd(m);
        Q = q(N1,:);
        q(N1,:) = q(N2,:);
        q(N2,:) = Q;
    end
%两两交叉操作
function q = change(q,m,n)
    while 1
        N1 = unidrnd(n - 1);
        N2 = unidrnd(n - 1);
        if N2 > N1 + 1
```

```
                        break;
                    end
            end
% 采用部分匹配交叉,且一对一对交叉
for i = 1:2:m - 1
    % 中间部分交叉
    Q = q(i,N1 + 1:N2);
    q(i,N1 + 1:N2) = q(i + 1,N1 + 1:N2);
    q(i + 1,N1 + 1:N2) = Q;
    % 选出可以保留的部分
    t1 = 1; t2 = 1;
    for j = 1:n
        if(q(i,j) ~ = q(i,N1 + 1:N2))
            e1(t1) = j;
            t1 = t1 + 1;
        end
        if(j > N1&j <= N2)
            e1(t1) = j;
            t1 = t1 + 1;
        end
        if(q(i + 1,j) ~ = q(i + 1,N1 + 1:N2))
            e2(t2) = j;
            t2 = t2 + 1;
        end
        if(j > N1&j <= N2)
            e2(t2) = j;
            t2 = t2 + 1;
        end
    end
% 替换重复部分
    for j = 1:n
        if j ~ = e1
            for k = N1 + 1:N2
                if q(i + 1,k) ~ = q(i,e1)
```

```
                    q(i,j) = q(i+1,k);
                    e1(t1) = j;
                    t1 = t1 + 1;
                    break;
                end
            end
        end
        if j ~= e2
            for k = N1+1:N2
                if q(i,k) ~= q(i+1,e2)
                    q(i+1,j) = q(i,k);
                    e2(t2) = j;
                    t2 = t2 + 1;
                    break;
                end
            end
        end
end
for j = 1:n
    if j ~= e1
        for k = 1:n
            if k ~= q(i,e1)
                q(i,j) = k;
                e1(t1) = j;
                t1 = t1 + 1;
                break;
            end
        end
    end
    if j ~= e2
        for k = 1:n
            if k ~= q(i+1,e2)
                q(i+1,j) = k;
                e2(t2) = j;
```

```
                        t2 = t2 + 1;
                        break;
                    end
                end
            end
        end
        clear e1 e2
end
% 变异
function q = vf(q,n,m)
    F = 0.01;    % 变异概率为 0.01
    N1 = unidrnd(m);
    N2 = 1 + unidrnd(n - 1);
    k = 1 + unidrnd(n - 1);
    p0 = unifrnd(0,1);    % 产生随机变异概率
    if p0 < F
        for i = 1:n
            if q(N1,i) == k
                q(N1,i) = q(N1,N2);
                break;
            end
        end
        q(N1,N2) = k;
    end
```

案例

案例一　W 公司配送

一、公司简介

W 公司在全国 33 个省、市、自治区近 500 个大中城市下设有近 1000 家全资子公司，400 多条长途专线和 150 多条中短支线通达近千个城市，堪称中国公路第一网，并与国内外 20000 多家工商企业建立了长期的运业关系。W 公司实力雄厚，现有员工 10000 人，拥有各种运输车辆 2500 辆，先进的物流设备近

300台套,集仓库、堆场面积500万m^2,年吞吐能力1000万t,年产值逾10亿元。其拥有庞大的运营网络、科学的资源配置、先进的管理技术,可为各类企业提供全方位的第三方物流服务,为个性化客户提供完善的供应链管理服务。先进的信息系统为庞大的运营网络提供了强有力的智能保障;门对门、库对库的24小时一站式服务为提高物流效率、降低物流成本、满足客户需求提供了保障;并且有专门的保险公司提供零风险的运输保障。

仅在北京市,W公司就有53家分公司,配送网点遍布北京市的各个区。本案例仅选取公司的四个配送中心进行研究。这四个配送中心具有以下特点:

(1)配送网络比较广阔。
(2)客户数目不多,但比较固定,几乎需要每日配送。
(3)每个客户需求量波动不是很大。
(4)货物种类较少,需求量较少,配送周期短。
(5)客户与公司虽然联系较多,但仍处于关系建立阶段,客户问题时有发生。

二、W公司配送系统现状

企业的配送系统中有四个配送中心($M=1,2,3,4$)、30个客户点($N=1,2,\cdots,30$),单个配送中心基本建设费用$R=600$万元。单位产品单位里程运费C_1为固定的1.4元/(t·km),车辆单位里程的费用C_2为固定的0.6元/km。

(一)配送中心网点布局

本案例中考虑的配送中心坐标如表4-13所示,中心位置(50,50)为市中心,四个配送中心围绕在城市周边。

表4-13 配送中心坐标

配送中心编号	x	y
1	19	35
2	75	81
3	28	70
4	70	24

(二)配送中心经营能力(见表4-14和表4-15)

表4-14 配送中心的容量、费用情况

配送中心设施位置	容量/m^3	库存费用/[元/(天·t)]	服务顾客数/人
1	110	100	7
2	110	100	8
3	110	120	4
4	110	100	11

注:库存费用包括存储费用、保养费用等。

每个配送中心有车辆 6 辆,每辆车的承载能力为 12t。配送中心总人员有 30 人左右。每个配送中心虽然人数不多,但依靠先进的管理信息系统,都实现了不错的业绩。

表 4-15　配送中心经营情况

配送中心编号	总成本/元	总收入/元	客户总数/个	满意客户数/个
1	2308000	3020000	7	5
2	3680000	4044000	8	7
3	1653000	1770000	4	4
4	3989000	4935000	11	9

(三) 配送系统客户概况

本案例所述四个配送中心目前总共有客户 30 个,客户需求量比较稳定,货物种类较少。为了方便分析,这里假设客户需要同一种货物,如表 4-16 所示。

表 4-16　客户坐标分布情况

客　户	x	y	需求量/t	客　户	x	y	需求量/t
1	55	5	4	16	58	60	5
2	36	79	4	17	65	69	4
3	45	20	3	18	24	10	4
4	69	30	7	19	65	35	2
5	10	43	6	20	88	89	5
6	55	78	6	21	90	40	4
7	76	60	7	22	68	88	4
8	80	65	5	23	33	37	5
9	40	90	5	24	64	42	3
10	80	90	6	25	63	34	3
11	15	10	2	26	79	12	5
12	87	7	6	27	6	68	4
13	70	20	5	28	2	48	1
14	5	30	7	29	83	12	3
15	70	40	6	30	31	52	2

三、W 公司初始配送情况

图 4-18 和表 4-17 描述了 W 公司配送中心最初的配送情况。

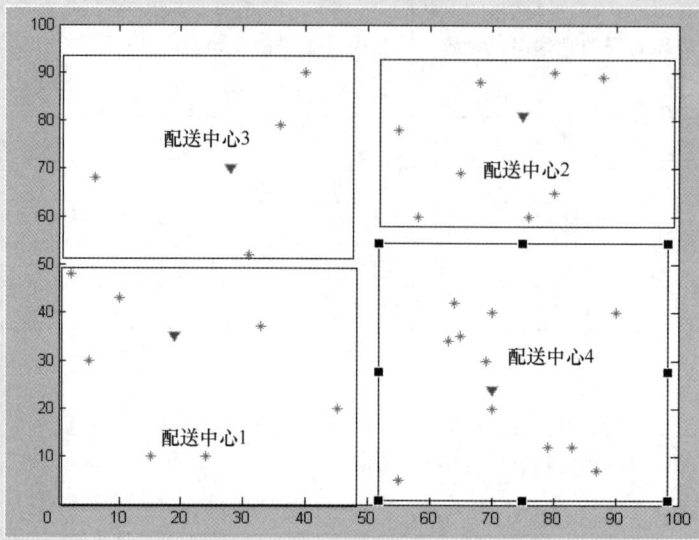

图 4-18 配送中心最初的配送情况

表 4-17 配送中心的最初配送情况

配送中心编号	客 户	需求量/t
1	3,5,11,14,18,23,28	28
2	6,7,8,10,16,17,20,22	42
3	2,9,27,30	15
4	1,4,12,13,15,19,21,24,25,26,29	48

配送中心最初配送成本的详细情况如表 4-18 所示。

表 4-18 配送中心最初配送成本的详细情况

成本项目	配送中心 1	配送中心 2	配送中心 3	配送中心 4
建设成本/(元/年)(预计使用 10 年,按直线方法折旧)	600000	600000	600000	600000
库存总成本/(元/年)	1008000	1512000	648000	1728000
运输总成本/(元/年)	690000	1553000	405000	1642000
顾客不满意所造成的成本/(元/年)	10000	15000	0	19000
总成本/(元/年)	2308000	3680000	1653000	3989000

配送中心的行车路线如表 4-19 所示。

表 4-19 配送中心的行车路线

配送中心	行 车 路 线	配送中心	行 车 路 线
1	配送中心 1—5—28—23—配送中心 1 配送中心 1—14—11—配送中心 1 配送中心 1—18—3—配送中心 1	3	配送中心 3—30—2—9—配送中心 3 配送中心 3—27—配送中心 3
2	配送中心 2—6—22—配送中心 2 配送中心 2—16—17—配送中心 2 配送中心 2—10—20—配送中心 2 配送中心 2—7—8—配送中心 2	4	配送中心 4—26—12—配送中心 4 配送中心 4—25—19—15—配送中心 4 配送中心 4—4—24—配送中心 4 配送中心 4—13—29—21—配送中心 4

思考题：

根据案例提供的资料，分析 W 公司存在的问题，确定 W 公司的配送系统优化目标，并选择合适的方法对该配送系统进行优化。

案例二 D 公司北京城区配送网络优化

一、案例背景——D 公司北京城区网点空间布局现状

D 公司成立于 1994 年，经过发展，已在全国建立了庞大的"快运网络"，业务范围覆盖了国内大部分省市和香港地区，成为一家国内知名的全国性快递公司。北京分公司是 D 公司最大的分公司。

（一）北京城区网点布局现状

1. 网点数量及分布

截至 2006 年年底，D 公司北京分公司共拥有营业所 6 个、营业厅 20 个，内网合计达 26 个，合作网络 5 个，网点数量合计 31 个。其中，机场营业所所属的昌平、怀柔、顺义、通州 4 个营业厅和北京分公司管辖的 5 个合作网点均不属于北京城区的范畴，因此不作为本案例的研究对象。北京城区网点实际包括 5 个营业所和 15 个营业厅，共计 20 个网点，详见表 4-20。

从行政区划来看，网点在 9 个行政区的分布情况是：东城区、西城区、崇文区、宣武区[①]各 1 个营业厅网点，海淀区 5 个网点，其中 1 个营业所、4 个营业厅；朝阳区 8 个网点，其中 3 个营业所、5 个营

[①] 2010 年 7 月 1 日，国务院批复：撤销北京市东城区、崇文区，设立新的北京市东城区，以原东城区、崇文区的行政区域为东城区的行政区域；撤销北京市西城区、宣武区，设立新的北京市西城区，以原西城区、宣武区的行政区域为西城区的行政区域。

业厅；石景山区1个营业厅，大兴区2个网点，其中1个营业所、1个营业厅；丰台区没有网点。北京城区80%的网点分布于三个近郊区和一个远郊区，只有20%的网点分布于北京城市中心4区。

从方位角度来看，以长安街及其延长线为界，南部共有7个营业网点，其中营业所3个，均位于北京城区与远郊区相连的边缘地带；北部共有13个营业网点，其中营业所2个、营业厅11个。

表4-20 D公司北京分公司网点

分公司	营业所	营业厅	分公司	营业所	营业厅
北京	大山子	北辰	北京	朝阳	国贸
		三元桥			四惠
	丰台	广安门流动厅		亦庄	方庄
		五棵松		中关村	阜成门
		大兴			当代
		石景山			紫竹桥
	朝阳	东大桥			成府路
		东城			

2．网点密度分析

衡量网点密度有两个方法：一是单位面积内的网点数量；二是每个网点的服务人数。

北京城区每百公里网点数量如表4-21所示。

表4-21 北京城区每百公里网点数量

行政区	面积/km²	网点数量/个	网点密度/(个/100km²)
东城区	25.34	1	4
西城区	31.62	1	3
崇文区	16.52	1	6
宣武区	18.91	1	5
海淀区	430.8	5	1.16
朝阳区	455.08	8	2
石景山区	84.32	1	1
丰台区	305.8	0	0
大兴区	1036.32	2	0.2

可以看出，每百公里网点数量从大到小依次是崇文区、宣武区、东城区、西城区、朝阳区、石景山区、海淀区和大兴区，丰台区没有网点布局。

北京城区每10万人网点数量如表4-22所示。

表4-22 北京城区每10万人网点数量

行 政 区	人口/万人	网点数量/个	服务人口密度/(个/100万人)	
东城区	61.37	1	1.63	2
西城区	86.78	1	1.15	1
崇文区	34.41	1	2.91	3
宣武区	52.39	1	1.91	2
海淀区	198.90	5	2.51	3
朝阳区	291.10	8	2.75	3
石景山区	48.90	1	2.04	2
丰台区	305.80	0		
大兴区	88.60	2	2.26	2

从单个网点的服务人口指标来看，崇文区、朝阳区、海淀区接近3；而东城区、宣武区、石景山区和大兴区达到2；西城区则更低，只有1；丰台区没有本区内的网点进行服务，所有业务均由临近区域的营业厅进行办理。

3. 城市地价分析

按照城市地租理论，城市地价从里向外逐层降低，核心商务区最高，中间层次之，远郊区最低。D公司网点所在地基准地价级别如图4-19所示。

由北京市基准地价级别示意图可以看出，北京城区网点分布情况是：一级地块没有分布网点；二级地块分布网点3个；三级地块分布网点4个；四级地块分布网点2个，五级地块分布网点4个；六级地块分布网点7个；因本案例研究范围的原因，七级地块无网点分布。

4. 网点运营指标对比

D公司北京分公司网点运营指标如表4-23所示。

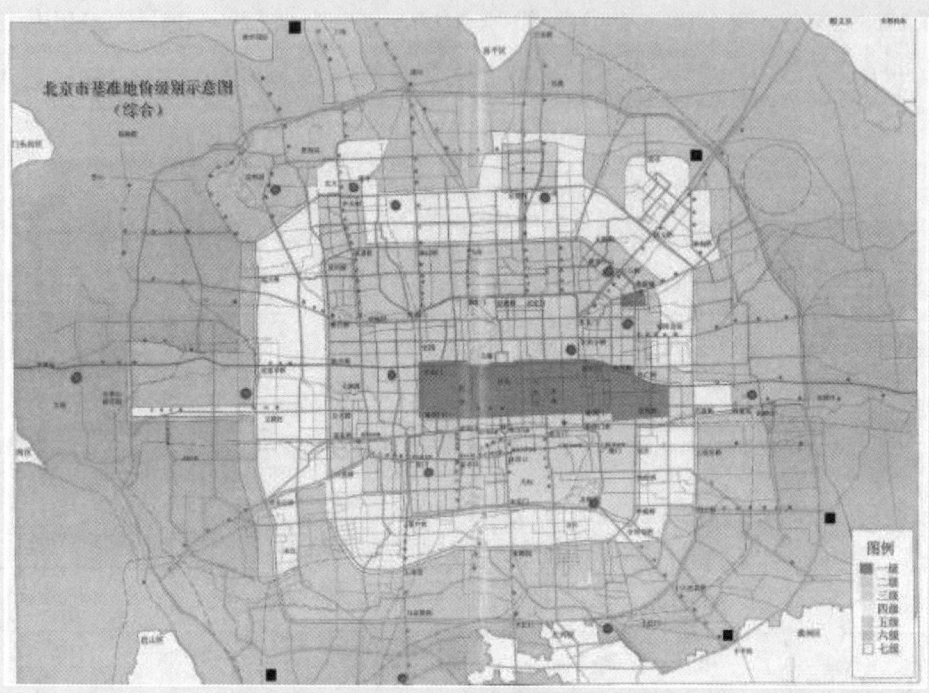

图 4-19　D 公司网点所在地基准地价级别示意图

表 4-23　D 公司北京分公司网点运营指标

比较类别	D 公司北京分公司	北京区部
网点数量	20 个	近 200 个
小件业务收入	180 万元/月	1400 万元/月
终端取派资源	70 名员工、90 辆金杯车	1200 名小件员
取派时间	2h	1h
取派票数	35 票/人	60 票/人
小件员收入	1500～1600 元/月	2500～3000 元/月

思考题：
1. 请对 D 公司北京城区网点布局现状做总体评价。
2. D 公司北京城区网点布局存在哪些问题？分析原因。
3. D 公司北京城区网点优化的整体思路是什么？
4. 结合案例，构建一个网点布局的基本框架。
5. 做一份网点优化比较分析，最好用数据说明。

复习思考题

1. 配送系统的构成要素是什么?
2. 讨论配送系统目标的确定方法。
3. 试述配送系统分析与设计的步骤和内容。
4. DRP 的基本原理是什么?如何评价?
5. 制订配送计划的主要依据及主要内容有哪些?
6. 配送组织的基本内容及注意要点是什么?
7. 查阅资料,总结常用的配送系统优化方法及其解决的问题类型。调查一个实际的配送中心(或企业的配送部门),根据本章学习的内容,编写调查报告及分析报告。

第五章

配送中心规划

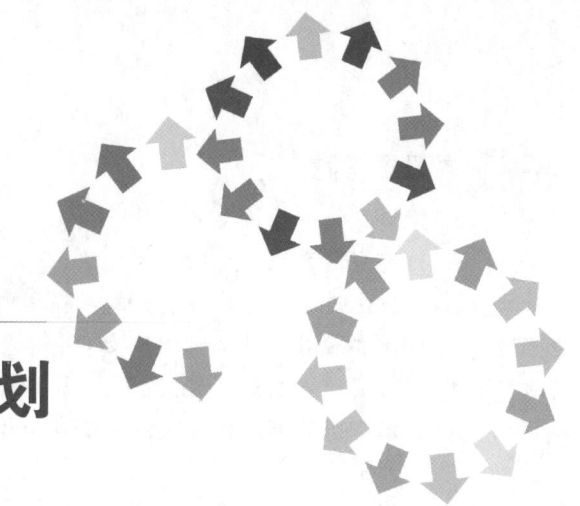

作用

配送中心是配送系统中的重要环节，是配送活动的聚集地和发源地，同时也是物流活动的重要枢纽。对配送中心进行科学的规划是保证配送活动正常进行的重要前提。本章首先介绍了配送中心规划的含义、内容和程序，在此基础上，重点阐述了配送中心的设立和选址规划、配送中心的功能和布局规划、配送中心设施设备规划等问题。

关键

了解配送中心规划的基本原则和内容，熟悉配送中心规划的基本程序、要求和方法。通过案例学习，掌握配送中心的选址、功能和布局规划、作业流程设计、设施设备规划以及管理系统设计的基本原理与科学的程序。

第一节 配送中心规划概述

一、配送中心

（一）配送中心的含义

在实际生活中，配送和其他经济活动一样，通常也是由专业化的组织来进行安排和操作的。配送中心是指从事配送业务的物流场所或组织，应基本符合下列要求：①主要为特定的客户服务；②配送功能健全；③完善的信息网络；④辐射范围小；⑤多品种、小批量；⑥以配送为主，储存为辅。

作为物流运作枢纽的配送中心，要发挥其集中供货的作用，首先必须采取各种方式（如零星集货、批量进货）组织货源；其次，必须按照客户的要求及时分拣（分装）和配备各种货物。为了更好地满足客户需要及提高配送水平，配送中心还必须具有比较强的加工能力以开展各种形式的流通加工。从这个意义上讲，配送中心实际上是集集货中心、分货中心和流通加工中心为一体的现代化的物流基地，也是能够发挥多种功能作用的物流组织。

现代的配送中心与普通的仓库和传统的批发、储运企业相比，已经存在质的不同。仓库仅仅用来储存货物，而配送中心绝不是被动地接受委托存放货物，它还起到集配的作用，具有多样化的功能。和传统的批发、储运企业相比，配送中心在服务内容上，由商流、物流分离发展到商流、物流、信息流有机结合；在流通环节上，由经过多个流通环节发展到由一个中心完成流通全过程；在经销方式上，由层层买断发展到代理制；在工商关系上，由临时、随机的关系发展到长期、固定的关系。配送中心和传统的批发、储运企业相比的这些特点在社会化的共同配送中心上表现得尤为突出。

（二）配送中心的分类

配送中心是一种新兴的经营管理形态，具有满足多样少量的市场需求及降低流通成本的作用。但是，由于各企业的背景不同，其配送中心的功能、构成和运营方式也会有很大区别。因此，在进行配送中心规划时，应充分注意配送中心的类别及其特点。配送中心的具体分类方式如下：

1. 按配送中心的设立者分类

按配送中心的设立者进行分类，其可分为以下几种：

（1）制造商型配送中心。制造商型配送中心是以制造商为主体的配送中心。这种配送中心的货物100%是由制造商自己生产制造的，用以降低流通费用、提高售后服务质量和及时地将预先配齐的成组元器件运送到规定的加工和装配工位。

（2）批发商型配送中心。批发商型配送中心是由批发商或代理商建立的，是以批发商为主体的配送中心。批发是货物从制造者到消费者手中的传统流通环节之一，一般是按部门或货物类别的不同，把不同制造商或供应商的货物集中起来，然后以单一品种或多品种搭配向消费地的零售商进行配送。这种配送中心的货物来自多个制造商或供应商，它所进行的一项重要活动是对货物进行汇总和再销售，而它的全部进货和出货都是社会配送的，社会化程度高。

（3）零售商型配送中心。零售商型配送中心是由零售商向上整合成立的，以零售业为主体的配送中心。零售商发展到一定规模后，就可以考虑建立自己的配送中心，为专业零售店、超级市场、百货商店、建材商场、粮油食品商店、宾馆饭店等服务，其社会化程度介于前两者之间。

（4）专业配送中心。专业配送中心是以第三方物流企业（包括传统的仓储企业和运输企业）为主体的配送中心。这种配送中心有很强的配送能力，地理位置优越，可迅速将到达的货物配送给客户。它为制造商或供应商提供配送服务，而配送中心的货物仍属于制造商或供应商所有，配送中心只是提供仓储管理和配送服务。这种配送中心的现代化程度往往较高。

2. 按配送中心的服务范围分类

按配送中心的服务范围进行分类，其可分为以下几种：

（1）城市配送中心。城市配送中心是以城市为配送范围的配送中心。由于城市范围一般处于汽车运输的经济里程，这种配送中心可采用汽车直接配送到最终客户。所以，这种配送中心往往与零售经营相结合，由于运距短、反应能力强，因而从事多品种、少批量、多客户的配送较有优势。

（2）区域配送中心。区域配送中心是以较强的辐射能力和库存准备，向省（州）际、全国乃至国际范围的客户配送的配送中心。这种配送中心配送规模较大，一般而言，客户较大，配送批量也较大。而且，往往是给下一级的城市进行配送，也配送给营业所、商店、批发商和企业客户。区域配送中心虽然也从事零星的配送，但不作为其主营形式。

3. 按配送中心的功能分类

按配送中心的功能进行分类，其可分为以下几种：

（1）储存型配送中心。储存型配送中心有很强的储存功能。例如，美国赫马克配送中心的储存区可储存16.3万托盘。我国目前建设的配送中心，多为储存型配送中心，库存量较大。

（2）流通型配送中心。流通型配送中心包括通过型或转运型配送中心，基本上没有长期储存的功能，仅以暂存或随进随出的方式进行配货和送货。其典型运作方式为：大量货物整批进入，按一定批量零出。一般采用大型分货机，其进货时直接进入分货机传送带，分送到各客户货位或直接分送到配送汽车上。

（3）加工型配送中心。加工型配送中心是以流通加工为主要业务的配送中心，如食品加工配送中心、生产资料加工配送中心等。

综上所述，配送中心的分类如表5-1所示。

表5-1 配送中心的分类

分类方法	配送中心类别	简称
按配送中心的设立者分类	制造商型配送中心	M.D.C
	批发商型配送中心	W.D.C
	零售商型配送中心	Re.D.C
	专业配送中心	T.D.C
按配送中心的服务范围分类	城市配送中心	
	区域配送中心	R.D.C
按配送中心的功能分类	储存型配送中心	
	流通型配送中心	F.D.C
	加工型配送中心	

二、配送中心规划的含义和内容

配送中心规划是关于拟建配送中心的长远的、总体的发展计划。"配送中心规划"与"配送中心设计"是两个不同但却容易混淆的概念,二者有密切的联系,但也存在区别。在配送中心建设的过程中,如果将规划工作与设计工作相混淆,必然会给实际工作带来许多不应有的困难。因此,比较配送中心规划与配送中心设计的异同,阐明二者的相互关系,对于正确理解配送中心规划的界定,在理论和实践上都具有重要意义。

在建设项目管理中,将项目设计分为高阶段设计和施工图设计两个阶段。高阶段设计又分为项目决策设计和初步设计两个阶段。项目决策设计阶段包括项目建议书和可行性研究报告。通常,也将初步设计和施工图设计阶段统称为狭义的二阶段设计。对于一些工程,在项目决策设计阶段中进行总体规划工作,作为可行性研究的一个内容和初步设计的依据。因此,配送中心规划属于配送中心建设项目的总体规划,是可行性研究的一部分,而配送中心设计则属于项目初步设计的一部分内容。配送中心规划与配送中心设计的相同之处在于:

(1)配送中心的规划工作与设计工作都属于项目的高阶段设计过程,内容上不包括项目施工图样等的设计。

(2)二者理论依据相同,基本方法相似。配送中心规划与设计工作都是以物流学原理作为理论依据,运用系统分析的观点,采取定量与定性相结合的方法进行的。

配送中心规划与配送中心设计的不同之处在于:

(1)目的不同。配送中心规划是关于配送中心建设的全面长远发展计划,是进行可行性论证的依据;配送中心设计是在一定的技术与经济条件下,对配送中心的建设预先制订详细方案,是项目施工图设计的依据。

(2)内容不同。配送中心规划强调宏观指导性;而配送中心设计强调微观可操作性。

配送中心规划可以分为两类:一类是新建配送中心规划;另一类是原有物流组织(企业)向配送中心转型的改造规划。新建配送中心规划又可以分为单个配送中心规划和多个配送中心规划两种形式。表5-2列出了这几种规划形式的特点和内容。

三、配送中心规划的程序

配送中心规划是一项复杂的工作,大体上可以按照以下程序进行:

(一)前期准备

前期准备工作是为配送中心规划提供必要的基础资料。其主要内容包括:

(1)收集配送中心建设的内部条件、外部条件及潜在客户的信息。

(2)分析配送中心配送货物的品种、货源、流量及流向。

(3)调查配送服务的供需情况、物流行业的发展状况等。

前期准备工作采用调研的方法，包括网上调研、图书资料调研与现场调研等。

表 5-2　配送中心规划的特点与形式

类　　型	新　　建		改　　造
	单　个	多　个	
委托方	新兴企业、跨国企业、政府部门		大多为老企业
规划目的	高起点、高标准、低成本	成为企业、区域的新经济增长点或支柱产业	实现从传统物流组织向现代配送中心的转变
关键点	配送中心选址	系统构造、网点布局	进行企业作业流程重组，充分利用现有设施
规划内容	●配送功能规划 ●场址选择 ●作业流程规划 ●配送设施规划 ●信息系统规划	●配送功能规划 ●配送系统规划 ●配送网络信息规划 ●配送网点布局规划 ●配送设施规划	●企业发展战略研究 ●配送功能设计 ●作业流程规划 ●配送设施规划
规划原理与方法	物流学、统计学、物流系统分析、管理信息系统	物流学、统计学、物流系统分析、生产布局学、城市规划、管理信息系统	物流学、统计学、企业发展战略、物流系统分析、管理信息系统

（二）确定目标及原则

确定配送中心建设的目标是配送中心规划的第一步，主要是依据前期准备工作的资料，确定配送中心建设的近期、中期、远期目标。

配送中心建设的原则一般是根据物流学原理及项目的实际情况而确定的。

（三）选址规划

配送中心拥有众多建筑物、构筑物以及固定机械设备，一旦建成，很难搬迁，如果选址不当，则将付出长远代价。因而，需要对配送中心的选址规划给予高度重视。选址规划主要包括以下内容：

（1）分析约束条件，如客户需求、运输条件、用地条件、公用设施及相关法规等。

（2）确定评价标准。

（3）选择选址方法。根据实际情况，一般采用定性与定量相结合的方法。

（4）得出选址结果。

（四）功能规划

功能规划是将配送中心作为一个整体的系统来考虑，依据确定的目标，规划配送中心为完成业务而应该具备的功能。配送中心作为一种专业化的物流组织，不仅需要具备一般的物流功能，还应该具备适合不同需要的特色功能。配送中心的功能规划，首先需要对配送中心的运输、配送、保管、包装、装卸搬运、流通加工、物流信息等功能要素进行分析，然后综合配送需求的形式、配送中心的发展战略等因素来选择配送中心应该具备的功能。

（五）布局规划

布局规划是配送中心规划的重要步骤，也是配送中心规划的核心内容，直接影响到设施配备和作业流程等，对后续的建设具有重要影响。不同类型的配送中心，其内部布局也有很大的不同。在实际规划中，应该根据配送中心的功能，结合货物特性与客户需求进行必要的规划。

（六）设施设备规划

配送中心的设施设备是保证配送中心得以正常运作的必要条件。设施设备规划涉及建筑模式、设备选择与安装等多方面问题，需要运用系统分析的方法求得整体优化，最大限度地减少物料搬运，简化作业流程，创造良好、舒适的工作环境。在传统物流企业的改造中，设施设备规划要注意企业原有设施设备的充分利用和改造等工作，这样才能尽可能减少投资。配送中心的设施设备规划包括原有设施设备的利用以及新建设施设备的规划。

（七）信息系统规划

信息化、网络化、自动化是配送中心的发展趋势，信息系统规划是配送中心规划的重要组成部分。配送中心的信息系统规划，既要考虑满足配送中心内部作业的要求，有助于提高配送作业的效率，也要考虑同配送中心外部的信息系统相连，方便配送中心及时获取和处理各种经营信息。一般来讲，信息系统规划包括配送中心内部的管理信息系统分析与设计，以及配送中心的网络平台架构。

第二节　配送中心的设立和选址

设立配送中心是一项非常复杂的工作，需要进行多方面的决策。决定是否设立配送中心，是进行配送中心规划的前提。配送中心选址是指在一个具有若干供应点及若干需求点的经济区域内，选择一个或几个地址设置配送中心的规划过程。

一、配送中心的设立

（一）设立准备

发达国家配送中心的先进性不只表现在设施设备等硬件上，主要还表现在科学的程序化管理上。这是很重要的方面，应该给予充分的重视。一般来说，决策者在投资建立配送中心之前，应从以下几方面做好准备：

1. 摸清家底

必须明确的情况包括：目前企业的物流设施设备情况（有多少仓库，库房状况如何，有多少货运汽车、冷藏车、叉车、货架、托盘等）；专业人员及技术状况（有多少物流专业人员，以前是否从事过配送业务或相关业务）；上家情况（目前有业务往来的生产厂家有多少，交易和结算方式是什么，固定供货的货物种类有多少，买断与代理货物的比率多大，进一步合作的意向如何）；下家情况（目前提供配送服务的零售店铺或生产企业或直接客户有多少，需要继续提供配送服务的占多大比例，有望形成契约关系的占多少，需要配送的生产资料或生活资料的品类、数量构成如何）。

2. 准确定位

根据自身条件、业务开展情况及上、下家情况，合理设置配送中心，选择可行的配送模式，制定可持续发展的配送战略目标。

3. 逐步配套发展

配送中心的建设过程应分阶段进行，建设过程中应不断改进配送设施、管理技术，广泛开展从业人员的专业培训，完善信息系统功能，提高信息处理水平。

（二）配送中心的设立时机

配送中心的设立时机，视不同的企业类型而有所不同。这里以典型的连锁企业为例进行说明。在连锁企业的发展实践中，时时困扰业内人士的一个问题就是是否应该建立配送中心。倘若不建立的话，那么连锁就流于形式，连而不锁，难以实现规模效应，有悖于连锁企业发展的初衷；倘若建立的话，则又受资金实力等因素的制约，且若配送业务量相对较少，势必带来一定的浪费。

要解决上述问题，首先应明确的一个问题是，配送中心的建立与否是由连锁店的发展是否需要而决定的，而不是要发展连锁店就要配套建立配送中心。也就是说，发展连锁店一定要有配送中心，但却不一定要自建配送中心。因为企业毕竟不是以建立配送中心为目的，而是为了适应连锁店发展的需要。但是，不一定自建配送中心，却又必须有配送中心，这就涉及要谈的下一个问题。

除了自建配送中心之外，还可以采取共建方式以及利用社会化配送中心等。关于这一配送中心的所有者问题，将在下文进行详述，但从中也不难看出，对于一些新建的连锁组织来说，配送业务是可以通过多种途径来解决的。更进一步来说，先采取共建以及社会化配送中心的方式，随着连锁店规模的扩大，再独立建设配送中心，无疑是一种较为明智的选择。从世界连锁业发展的实践来看，一个便利店连锁公司，在拥有 20 个店，总面积达到 4000m^2 时，就可考虑建立配送中心；一个超市连锁公司，在拥有 10 个店，总面积达到 5000m^2 时，就有建立配送中心的必要；一个特级市场连锁公司，在开店的同时，就应考虑与之配套的配送体系。

通过以上分析，可以得出如下结论：强调配送中心建设宜"一步到位"的观点，在理论上是欠妥的，在实践中也是行不通的。与我国的实际情况相联系，我国连锁企业的配送中心建设宜走一条"共同配送→社会配送→自行配送"的渐进之路。当然，上述理论只是一个总体概括，对于单个企业而言，何时是建立配送中心的最佳时机，应根据各自的实际情况进行决策，不排除例外的情况。

（三）配送中心的规模决策

这里仍然以连锁业配送中心为例，探讨配送中心的规模问题。配送中心的规模包括三层含义：一是与店铺规模相适应的总规模，即需要总量为多少平方米的配送中心；二是建立几个配送中心，即这些配送中心的布局；三是每个配送中心的规模。因此，配送中心的规模决策也包含这三个层次的决策。

配送中心是连锁企业的"后勤部队"，其主要功能是为连锁企业的各店铺提供货物配送服务，因而，服务能力便成为衡量配送中心总规模是否适当的一个指标。一般而言，配送中心的总规模与服务能力呈正相关关系，即配送中心总规模越大，配送服务能力就越高，反之亦然，如图5-1所示。

但是，尽管配送中心是服务性机构，应注意服务能力，但进行"成本—收益"分析也是必要的。一般来说，配送规模与单位配送成本之间的关系，在开始的某一时段内，随着配送规模的不断扩大，配送成本也随之不断降低，其原因在于规模经济性；当配送规模达到一定程度之后再进一步扩大的话，则配送成本开始随配送规模的扩大而上升，因为此时规模不经济性开始发生作用，如图5-1所示。

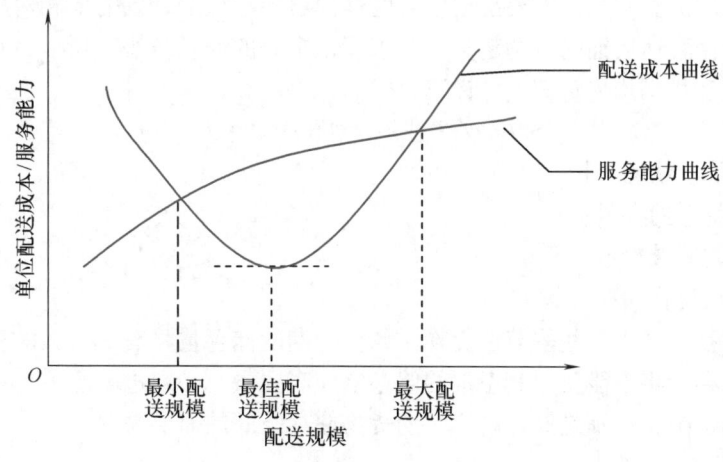

图5-1 配送规模与服务能力、配送成本的关系

根据上述论述及图5-1，可以看出，服务能力和单位配送成本下降阶段的交点就是配送中心的最小规模，此时进一步扩大规模，则有助于获得规模经济；理论上的最大配送中心规模应是在服务能力和单位配送成本上升阶段的交点上，此时若进一步扩大规模，则可

能引起规模不经济。也就是说，过分强调配送服务能力而不注意单位配送成本，认为配送中心规模越大越好的思想是不正确的；相反，过分偏重单位配送成本的降低而忽视配送服务能力的思想也是不可取的。

在明确了配送中心总规模的基本原则之后，来进一步探讨确定配送中心总规模的具体方法。确定配送中心总规模的方法可以参照运输及仓库规模的确定方法，因为储存和配送是配送中心的两大基本功能。具体步骤如下：

1. 测定配送及储存货物总量

配送中心的配送量和货物储存量直接受连锁企业各店铺货物经营总量的影响。货物经营量越大，所需要的配送中心规模就越大。而货物经营量又与店铺面积有着正相关关系，所以连锁店铺总面积与配送中心总规模也呈正相关关系。例如，法国家乐福集团的一个2万 m^2 的配送中心负责20家特级市场的货物配送任务。这20家特级市场的店铺总面积为20万 m^2 左右，即配送中心与店铺总面积的规模比为1:10。应该着重指出的是，连锁店铺总面积与配送中心规模的比例，因业态不同、流转速度不同而不同。因而，在借鉴已有经验数据的同时，企业还必须充分考虑自身的特性，以确保决策无误。此外，在测定货物配送及储存总量的同时，还需掌握配送储存的具体品种及相应的数量情况和包装等。

2. 推算平均配送量

平均配送量既包括平均吨公里数，也包括平均储存量，前者决定运输规模，后者决定仓储规模。由于货物周转速度直接影响货物在配送中心停留的时间，若速度慢，则意味着占据配送中心空间的时间长，需要配送中心的规模就大；反之，则需要相对较小的配送中心。同时，从厂商直达店铺的货物越多，要求配送中心的面积越小。所以，在推算平均配送量时，应引入货物平均周转速度。计算公式为

$$\overline{Q} = Q/T \text{ 或 } \overline{Q} = Q \times D/360 \tag{5-1}$$

式中　$\overline{Q}$——平均货物储存量；

　　　Q——货物总储存量；

　　　T——平均周转次数；

　　　D——平均货物储存天数。

值得注意的是，对于某些季节性货物，各个时期的储存量将有非常大的变动。在这种情况下，平均储存量将不能反映其正常的储存空间需要量，必须进一步分析货物储存量在全年各期的分布情况，特别是储存高峰时期货物储存空间的需要情况。

3. 计算储存空间需要量

由于不同货物的容量及包装不同，因而在储存过程中所占配送中心的空间也不同。这样就使得储存的货物和其所占用的空间这二者之间有一个换算关系，这个换算关系可用"仓容占用系数"来表示。有些货物的储存量按重量计算，有些货物的储存量按金额计算，仓容占用系数是指单位重量或金额货物所占空间的大小。计算公式为

$$P = \overline{Q} \times q \tag{5-2}$$

式中　P——储存空间需要量；

　　　q——平均仓容占用系数。

4. 计算配送中心的储存面积

在储存空间一定的条件下，所需储存面积的大小取决于配送中心允许的货物堆码高度。影响配送中心允许堆码高度的因素有货物性能、包装、配送中心建筑构造和设备的配备等。根据配送中心存放货物的特点和配送中心设计等方面的条件，应合理地确定货物堆码高度、配送中心的储存面积。计算公式为

$$S_t = P/H \tag{5-3}$$

式中　S_t——配送中心的储存面积；

　　　H——货物平均堆码高度。

5. 计算配送中心的实际面积

配送中心的实际面积要大于上面计算的储存面积。这是因为配送中心不可能都用于储存货物，为了保证货物储存安全和适应库内作业的要求，需要留有一定的墙距、垛距、作业通道以及作业区域等。配送中心库房面积的利用率是储存面积与实际使用面积之比，这取决于货物保管要求、配送中心建筑结构、仓储机械化水平、库房布置和配送中心管理水平等多种因素。因此，应根据新建配送中心的具体条件，确定配送中心面积利用系数，并根据其对配送中心面积做最后的调整。计算公式为

$$S = S_t/u \tag{5-4}$$

式中　S——配送中心的实际面积；

　　　u——配送中心面积利用系数。

6. 确定配送中心的面积

配送中心的全部面积为配送中心实际面积与辅助面积之和。根据配送中心本身的性质以及实际的需要确定辅助面积所占比重，进而确定配送中心的全部面积。

（四）配送中心的投资决策

配送中心的投资决策是通过可行性研究与分析，计算出投资多少、效益怎样，从而对配送中心的建立与否提供科学依据的重要一环。本节主要从定性的角度对投资决策中的几个主要问题进行阐述，至于相应的量化分析方法，可参阅有关的投资学、财务管理等文献。

1. 配送中心投资额的确定

配送中心的投资额主要包括四项内容：

（1）预备性投资。由于配送中心是占地较大的项目，且应处于与客户接近的最优位置，因此，在基本建设主体投资之前，需有征地、拆迁、市政、交通等预备性投资。这是一笔相对较大的投资，尤其是在一些准黄金地段，这项投资甚至可超过总投资的50%。

(2)直接投资。这是用于配送中心项目主体的投资,如配送中心各主要建筑物的建设费用,配送中心的货架、叉车、分拣设备的购置及安装费,信息系统的购置安装费,配送中心自有车辆的购置费等。

(3)相关投资。不同地区与基本建设及未来经营活动有关的诸如燃料、水、电、环境保护等,都需要有一定的投资,在有些地区,相关投资可能很大。因而,如果只考虑直接投资而忽视相关投资,极容易导致投资估算失误。

(4)运营费用。运营费用包括配送过程中发生的人力、物力费用。由于配送中心的投资效果不仅取决于事前的投资费用,而且还决定于事后的运营费用,特别是在有些情况下,事前的投资费用很低,但事后的运营费用却很高,如远离市区的配送中心,配送效率显然不会高,因而企业对此必须有充分的估计。

2. 投资效果的分析

投资效果问题归根结底是对投资收益的估算问题。由于配送中心不像一般产品生产企业那样生产一定数量、一定质量、一定价格的有形产品,而是向各客户提供配送服务,它是一种无形产品,因而其收益计量具有一定的模糊性。同时,由于配送中心的各个作业环节也不能像生产企业那样明确确定,因而进一步加大了对其投资效果进行分析的难度。较为合适的方法是比较有与没有配送中心、自建与租赁配送中心所产生的利益差,这个利益差是通过店铺效益反映出来的,诸如统一配送进货价格降低了多少,增加了多少销售额,取得了多少利润,或者说,有多少利润是由于自建配送中心而取得的。

3. 投资与效益的比较

如果效益是理想的,则可进行投资,否则只有放弃。至于理想效益的界定则与企业的整体发展战略有关,诸如目标是取得什么样的效果,投资多少年能收回等。

由于效益是投资与效果的差额,所以在实际工作中,若仅仅使用上述四项确定投资额是不完善的,因为那仅仅是投资配送中心的会计成本,而在效益衡量中,应使用完全成本的概念,即"在会计成本上再加上因之发生的机会成本,也就是因自建配送中心该笔资金不能他用而带来的最大损失"。只有这样,才能真正计量出效益的大小。

二、配送中心的选址

配送中心拥有众多建筑物、构筑物以及固定机械设备,一旦建成很难搬迁,如果选址不当,将付出长远代价。因而,配送中心的选址是配送中心规划中至关重要的一步。

(一)配送中心选址的影响因素

配送中心的选址主要应考虑以下因素:

1. 自然环境因素

配送中心的选址应考虑的自然环境因素有以下几方面:

(1)气象条件。配送中心在选址过程中,主要考虑的气象条件有温度、风力、降水量、无霜期、冻土深度、年平均蒸发量等指标。例如，选址时要避开风口，因为在风口建设会加速露天堆放货物的老化。

（2）地质条件。配送中心是大量货物的集结地。某些容重很大的建筑材料堆码起来会对地面造成很大的压力。如果配送中心地面以下存在着淤泥层、流沙层、松土层等不良地质条件，会在受压地段造成沉陷、翻浆等严重后果，因此，土壤承载力要高。

（3）水文条件。配送中心选址需远离容易泛滥的河川流域与上溢的地下水区域。因此，要认真考察近年的水文资料，地下水位不能过高，洪泛区、内涝区、故河道、干河滩等区域应绝对禁止。

（4）地形条件。配送中心应地势高、地形平坦，且应具有适当的面积与外形。若选在完全平坦的地形上是最理想的，其次可选择稍有坡度或起伏的地方，对于山区陡坡地区则应该完全避开；在外形上可选长方形，不宜选狭长或不规则形状。

2. 经营环境因素

配送中心的选址应考虑的经营环境因素有以下几方面：

（1）经营环境。配送中心所在地区的物流产业优惠政策将对物流企业的经济效益产生重要影响；数量充足和素质较高的劳动力条件也是配送中心选址考虑的因素之一。

（2）货物特性。经营不同类型货物的配送中心最好能分别布局在不同地域。例如，生产型配送中心的选址应与产业结构、产品结构、工业布局紧密结合进行考虑。

（3）配送费用。配送费用是配送中心选址的重要考虑因素之一。大多数配送中心选择接近配送服务需求地。例如，接近大型工业、商业区，以便缩短运距，降低运费等物流费用。

（4）服务水平。服务水平是配送中心选址的考虑因素。由于配送过程中能否实现准时运送是衡量服务水平高低的重要指标，因此，在进行配送中心选址时，应保证客户在任何时候向配送中心提出配送需求，都能获得快速满意的服务。

3. 基础设施状况

配送中心的选址应考虑的基础设施状况有以下几方面：

（1）交通条件。配送中心一般应具备便利的交通运输条件，最好靠近交通枢纽进行布局，如紧临港口、交通主干道枢纽、铁路编组站或机场，且有两种以上运输方式相连接。

（2）公共设施状况。配送中心的所在地要求城市的道路、通信等公共设施齐备，要有充足的供电、水、热、燃气的能力，且场区周围要有污水、固体废物处理能力。

4. 其他因素

配送中心的选址应考虑的其他因素有：

（1）国土资源利用。配送中心的规划应贯彻节约用地、充分利用国土资源的原则。配送中心一般占地面积较大，周围还需留有足够的发展空间，因此，地价的高低对布局规划有着重要影响。此外，配送中心的布局还要兼顾区域与城市规划用地的其他要素。

（2）环境保护要求。配送中心的选址需要考虑保护自然环境与人文环境等因素，尽可能降低对城市生活的干扰。

（3）周边状况。由于配送中心是火灾重点防护单位，因而不宜设在易散发火种的工业设施（如木材加工、冶金企业）附近，也不宜选择居民住宅区附近。

（二）配送中心选址的程序和步骤

在进行配送中心选址时，可以按照如图5-2所示的程序进行。具体来说，可分为以下几个步骤：

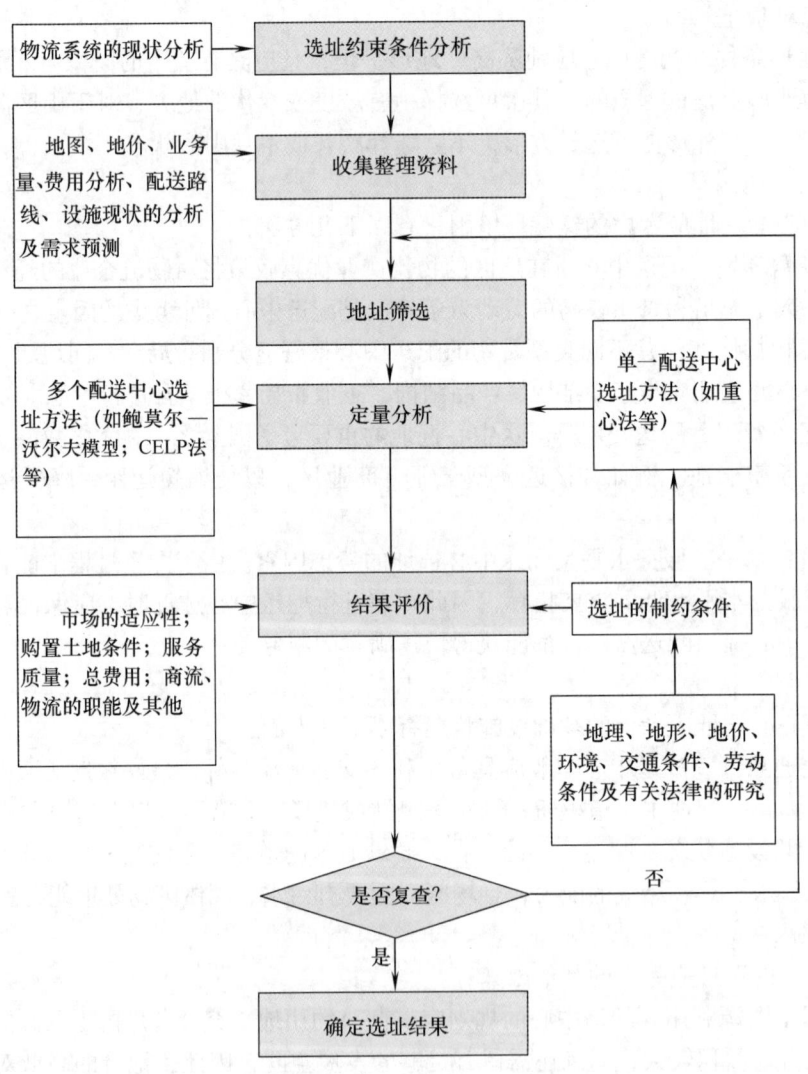

图 5-2 配送中心的选址程序

第五章　配送中心规划

1. 选址约束条件分析

选址时，首先要明确建立配送中心的必要性、目的和意义；然后，根据配送系统的现状进行分析，制订配送系统的基本计划，确定所需要了解的基本条件，以便大大缩小选址的范围。

（1）需求条件。它包括配送中心的服务对象——客户的现在分布情况及未来分布情况的预测、货物配送量的增长率及配送区域的范围。

（2）运输条件。应靠近铁路货运站、港口和公共交通终点站等运输据点；同时，也应靠近运输业者的办公地点。例如，北京市的四道口蔬菜、果品配送中心就建在铁路货运站的旁边，并且靠近公路，交通运输十分便利，有着得天独厚的运输条件。

（3）配送服务约束。它包括向客户报告到货时间、发送频度，以及根据供货时间计算的从客户到配送中心的距离和服务范围等。

（4）用地条件。用地条件是用现有的地皮还是重新取得地皮？如果重新取得地皮，那么地价有多贵？地价允许范围内的用地分布情况如何？

（5）法规制度约束。根据指定用地区域的法律规定，有哪些地区不允许建立配送中心？

（6）流通职能条件。商流职能是否要与物流职能分开？配送中心是否也附有流通加工的职能？如果需要，从保证员工人数和通勤方便的角度出发，要不要限定配送中心的选址范围？

（7）其他。不同的配送类别有不同的特殊需要。例如，为了保持货物质量的冷冻、保温设施，防止公害设施，或危险品保管等设施，对选址都有特殊要求。是否有满足这些条件的地区？

2. 收集整理资料

选择地址的方法一般是通过成本计算，也就是将运输费用、配送费用及配送设施费用模型化，采用约束条件及目标函数建立数学公式，从中寻求费用最小的方案。但是，采用这种选址方法寻求最优的选址解时，必须对业务量和生产成本进行正确的分析和判断。

（1）业务量分析。选址时，应掌握的业务量包括如下内容：

1）工厂到配送中心之间的运输量。

2）向客户配送的货物数量。

3）配送中心保管的数量。

4）配送路线承担的业务量。

由于这些数量在不同时期会有种种波动，因此要对所采用的数据水平进行研究。另外，除了对现状的各项数据进行分析外，还必须确定设施使用后的预测数值。

（2）费用分析。选址时，应掌握的费用如下：

1）工厂到配送中心之间的运输费。

2）配送中心到客户之间的配送费。

3）与设施、土地有关的费用及人工费、业务费等。

由于前两项费用会随着业务量和运送距离的变化而变动,所以必须对每一吨公里的费用进行分析（成本分析）；第三项包括可变费用和固定费用,最好根据可变费用和固定费用之和进行成本分析。

（3）其他。一般需要用缩尺地图表示客户的位置、现有设施的配置方位及工厂的位置,并整理各候选地址的配送路线及距离等资料,必备车辆数、作业人员数、装卸方式、装卸机械费用等要与成本分析结合起来考虑。

3. 地址筛选

在对所取得的上述资料进行充分的整理和分析,考虑各种因素的影响并对需求进行预测后,就可以初步确定选址范围,即确定初始候选地点。

4. 定量分析

针对不同情况选用不同的模型进行计算,得出结果。如果对多个配送中心进行选址,可采用奎汉—哈姆勃兹（Kuehn-Hamburger）模型、鲍莫尔—沃尔夫模型、CELP法等；如果对单一配送中心进行选址,就可采用重心法等。

5. 结果评价

结合市场适应性、购置土地条件、服务质量等条件对计算所得结果进行评价,看其是否具有现实意义及可行性。

6. 复查

分析其他影响因素对计算结果的相对影响程度,分别赋予它们一定的权重,采用加权法对计算结果进行复查。如果复查通过,则原计算结果即为最终结果；如果复查发现原计算结果不适用,则返回第3步继续计算,直至得到最终结果为止。

7. 确定选址结果

在用加权法复查通过后,计算所得的结果即可作为最终的选址结果。但是所得解不一定为最优解,可能只是符合条件的满意解。

第三节 配送中心功能和布局规划

一、配送中心功能规划

配送中心的功能是配送中心能够提供的各种物流服务的总称。配送中心作为一种专业化的物流组织,不仅需要具备一般的物流服务功能,还应该具备适合不同需要的特色功能。因此,比较合理地规划和设计配送中心的功能,是配送中心流程规划、设施规划等工作的基础,也是配送中心规划的重要工作。从理论上说,配送中心应具备如下基本功能：

（一）仓储保管功能

货物交易完成后，除直接送货（DSD）外，均经过货物实际入库、保管、流通加工、包装后出库等程序。因此，配送中心需具有仓储保管功能。仓储保管功能分为有形的仓库管理作业和无形的库存管理作业。

1. 仓库管理作业

仓库管理作业包括货物从入库到出库之间的装卸、搬运、流通加工、区域规划等一切与货物实务操作、设备、人力资源相关的作业。其中，入库作业要考虑预定入库的数据输入，入库厂商、车次调度，入库货物装卸，入库货物检验，入库货物数据输入，货物搬移上架时的搬运工具及人力规划、货位批示与管理等。货物在储存状态中的作业内容包括货位的调整、搬运、库存数量清点、库存跟踪等功能。订单在排定日期后，货物就必须提领出库，按照客户要求加以分类、包装、流通加工。这就包括拣货批次的规划，流通加工包装批次规划，拣货单、包装单、流通加工单的打印及分派工作，拣货、包装、流通加工的补货调度及规划，补货工单打印及分派工作，拣货单、包装单、流通加工单数据输入，出货单据打印，出货货物在出货区堆叠等。配送中心若采用自动机具设备，则需有自动机具设备与控制计算机之间信息的传输、转换与控制系统；对包装容器需有容器组合选用系统；货物装卸托盘时需有货物摆放规划系统等。还需包括仓库的规划布置系统。例如，仓储区的规划，如果是大批出货、托盘出货，则只需将货物按仓储区分类存放；而当出货或储存单位比较复杂时，则需按储放单位的不同而规划成几个货区，再按各区域内的品种分类存放，以方便拣取。这些都需纳入仓库区域规划管理系统。

2. 库存管理作业

除了货物出入库的各项实际作业外，库存量的变化则显示配送中心资金占用状况。另外，货物进出量的准确性也会影响库存损耗的计量，因此配送中心需做好库存管理。其作业包括产品分类、经济采购批量及订购时点的确定、库存盘点作业、货物周转率分析与货位使用率分析等。

（二）装卸搬运功能

装卸搬运功能是为了加快货物在配送中心的流动速度而必须具备的功能。公共型的配送中心应该配备专业化的装载、卸载、提升、运送、码垛等装卸搬运机械，以提高装卸搬运作业效率，减少对货物造成的损毁。

（三）包装功能

配送中心包装作业的目的不是改变货物的销售包装，而在于通过对销售包装进行组合、拼配、加固，形成适于配送的组合包装单元。

（四）流通加工功能

配送中心的流通加工作业包括分类、磅秤、大包装拆箱改包装、产品组合包装、商标、标签粘贴作业等。为了适应这些作业需求，计算机管理系统的设计可包括工具、设备、人力的选用及调派系统，组合货物的搭配系统，包装容器的选用系统，包装方法的规划设计系统等。

（五）计划功能

货物拣取包装处理好后，需由运输设备送达客户手中，故货物配送时需包括派车计划及出货路线选择、装车调度等。其中，派车计划包括该批次货物所需配送车辆类型及数量，计算机管理系统中应包括路线选择系统来决定送货顺序，装车人员还可据此顺序装载货物。此外，还需规划送货途中状况的信息传输方式，以便在货物配送途中跟踪货物、监控管理运送设备及处理意外情况。

（六）订单处理功能

订单处理作业包含接受订单、现有库存数量及各项配送资源是否足以提供此订单出货的查询；订单资料的建档及维护；订单数量统计、订单出货日期及出货批次安排；统计货物需求数量、检查库存水平，以便于出货日前进行采购；出货当日则要打印各种出货单据、发票，并将出货信息转入应收账款中，以便定期结账、催款单据的制作；经催款至账款入账为止，才可算是买卖交易的完整结束。

（七）信息处理与提供功能

配送中心除进销、配送、流通加工、仓储保管等功能外，还能提供各种信息，为配送中心经营管理政策的制定、货物路线开发、货物销售促销政策的制定提供参考。

二、配送中心布局规划

（一）配送中心作业区的构成

由于配送中心的类型不同，作业区的构成及其面积大小也不尽相同。一般的配送中心，其作业区包括以下几个部分：

1. 接货区

在这个作业区内，工作人员要完成接收货物的任务和货物入库、拣选之前的准备工作（如卸货、检验、分拣等工作）。因货物在接货区停留的时间不太长，并且处于流动状态，故接货区的面积相对来说都不太大。它的主要设施有铁路（或公路）专用线、卸货站台和验货场区。

2. 储存区

在这个作业区内，存储或分类存储着经过检验后的货物。由于所进货物需要在这个区域内停留一段时间，并且要占据一定的位置，因此，相对而言，储存区所占的面积比较大。这个作业区大体上要占整个作业区面积的一半左右，个别配送中心（如煤炭、水泥配送中心）的储存区面积甚至要占配送中心总面积的一半以上。储存区是存储货物的场所，在这个区域内一般都建有专用仓库（包括现代化的立体仓库），并且配置着各种设备，包括各种货架、叉车和吊车等起重设备。从位置上看，储存区多紧靠接货站台。

3. 理货区

理货区是配送中心的工作人员进行拣货和配货作业的场所，其面积大小因配送中心的类型不同而异。一般说来，拣选货和配货工作量比较大的配送中心（或者说向多家客户配送多种货物且按照少批量、多批次方式配送货物的配送中心）其理货区的面积都比较大；反之，拣选及配货任务不太多的配送中心，其理货区所占的面积也不大。与其他作业区一样，在理货区内也配置着许多专用设备和设施，包括手推载货车、重力式货架和回转式货架、升降机、传送装置、自动分拣设施等。包括拣选、配货作业在内的理货区是配送中心的一个重要区域。

4. 配装区

由于种种原因，有些分拣出来并配备好的货物不能立即装车发送，而是需要集中在某一场所等待统一发运，这种放置和处理待发送货物的场地就是配装区。在配装区内，配送中心的工作人员要进行配装作业，即根据每个客户的货物数量进行分放、配车和选择装运方式（单独装运还是混载同运）。因在配装区内货物转瞬即出，停留的时间不长，所以货位所占的面积也不大。相对而言，配装区的面积要比储存区小得多。需要指出的是，有一些配送中心，其配装区是与理货区或发货区合在一起。因此，配装作业常常融合于其他相关的作业中。

5. 发货区

发货区是工作人员将组配好的货物装车外运的作业区域。从布局和结构上看，发货区和进货区类似，也是由运输货物的路线和接靠载货车辆的站台、场地等组成的。所不同的是，发货区位于整个作业区的末端，而进货区则位于首端。

6. 加工区

有很多从事加工作业的配送中心，在结构上除了设置一般性的作业区以外，还设有配送加工区。在这个区域内，配备了多种加工设备，如剪床、锯床、打包机、配煤生产线等。因加工工艺有别，各个（加工型）配送中心的加工区所配置的设备也不完全相同。和储存区一样，加工区所占的面积也比较大，尤其是煤炭、水泥、木材等生产资料加工区，所占面积更为广大。

7. 分拣配货区

分拣配货区是根据接到的订单进行货物的拣选、分类和配货的区域。

8. 退货处理区

退货处理区是存放进货残损或不合格以及需要重新确认的等待处理的货物的区域。

9. 废弃物处理区

废弃物处理区是对废弃物（废弃包装物、破碎货物、变质货物等废料）进行清理或者回收利用的区域。

10. 设备存放及简易维护区

设备存放及简易维护区是存放堆垛机、托盘等设备及其维修工具（充电、充气、紧固等）的区域。

典型的配送中心的功能分区如表5-3所示。

表5-3 配送中心的功能分区

退货处理区	废弃物处理区	设备存放及简易维护区	
进货区	理货区	储存区	
		加工区	废弃物处理区
管理区	分拣配货区	管理区	
	发货区		

（二）配送中心布局规划的内容和影响因素

配送中心布局规划的内容包括仓储区域的作业空间规划、分拣区域的作业空间规划、柱子间隔规划、库房高度规划、通道规划等。

进行配送中心布局规划时，首先需了解所有影响空间布局规划的要素，并应对其进行认真分析和评价。这些影响因素主要包括：

（1）货品尺寸、数量。

（2）托盘尺寸、货架空间。

（3）使用的机械设备（型号、尺寸、产能、回转半径）。

（4）通道宽度、位置及需求空间。

（5）库内柱距。

（6）建筑尺寸与形式。

（7）进出货及搬运位置。

（8）补货或服务设施的位置（防火墙、灭火器、排水口）。

（9）作业原则。主要包括动作经济原则、单元化负载、货品不落地原则、减少搬运次数及距离、空间利用原则等。

（三）配送中心布局规划方法

配送中心的不同活动区域之间从作业程序、组织结构、业务管理、环境影响等方面存在一定的依存关系，对这些关系进行关联性分析对于区位布局和设施规划都是至关重要的。关联性分析包括定性关联图和定量从至图两种。

1. 定性关联图

定性关联图方法主要是对设施内部的各种活动之间的相互关系进行定性分析，确定两两活动区域之间的关联程度，以此作为设施规划的空间布置提供设计上的基本依据。假设配送中心有 10 个活动区域，其一般的定性关联图如图 5-3 所示。

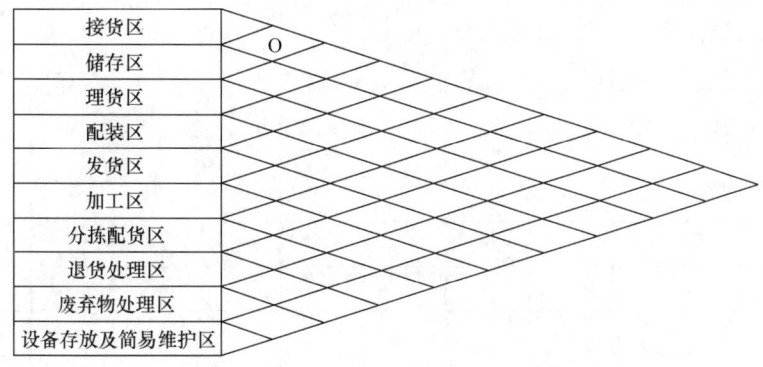

图 5-3　定性关联图

在定性关联图中，任何两个区域之间都有一个菱形将两个区域相连接，该菱形内记录两个区域关联程度等级。关联程度等级表如表 5-4 所示。

表 5-4　关联程度等级表

相关程度等级	相关程度说明
A	绝对重要
E	特别重要
I	重要
O	一般重要
U	不重要
X	禁止接近

在图 5-3 中，由于接货区与储存区的关联程度等级为一般重要，则其公共区域的菱形中标记"O"。

2. 定量从至图

定量从至图以资料分析所得出的定量数据为基础，目的是分析各作业区域之间的物料流动规模和大小，使得区域布置时，避免搬运量大的作业经过太长的搬运距离，减少人力、物力的浪费，从而为各区域的空间布局和规模设计提供依据。定量从至图的表格如表 5-5 所示。

定量从至图的制定过程如下：

（1）依据主要作业流程，将所有作业区域分别以搬运起始区与搬运到达区按同一顺序列表（为方便起见，可使用作业编号来命名）。

（2）为正确表现各流量之间的关系以及方便计算流量总和，需要统一各区域的搬运单位。

表 5-5 定量从至图

物流作业区域		搬运到达区										
		1	2	3	4	5	6	7	8	9	10	合计
搬运起始区	1											
	2											
	3											
	4											
	5											
	6											
	7											
	8											
	9											
	10											
	合计											
		主要搬运单位					其他搬运单位					

(3) 根据作业流程，将物料搬运流量的测试值逐项填入以上从至图中。

(4) 以从至图区域间的搬运流量为依据，流量大的两个作业流程具有较高的优先顺序，并被放置于相邻的位置。

经过关联性分析后，根据不同作业区之间的定性测量值即接近程度，或定量测量值即货物流动密度，来配置各作业区的相对位置，可以将整个布局的过程简化为算法程序。具体的方法有关联线图法、图形建构法和动线布置法等。

（四）配送中心各作业区相对位置配置方法

1. 关联线图法

在绘制关联线图之前，首先应在汇总各个作业区的基本资料后，制作各个作业区的作业关联图，如图 5-4 所示。

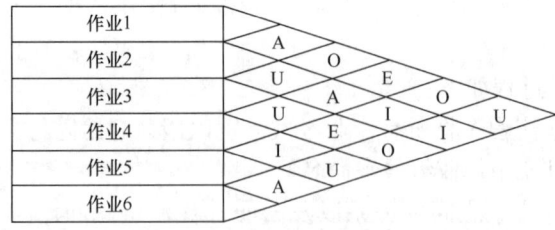

图 5-4 作业关联图

关联线图法的基本步骤如下：

步骤一：选定第一个进入布置的作业区：选择具有最多"A"关联的作业区作为开始。若有多个作业区同时符合条件，则以下列顺序加以选定：最多"E"的关联，最多"I"的关联，最少"X"的关联；最后如果还是无法选定，就在这些条件完全相同的作业区中，任意选定一个作业区作为第一个进入布置的作业区。

步骤二：选定第二个进入布置的作业区：第二个被选定的作业区，是与第一个进入布置的作业区相关联的未被选定的作业区中具有最多"A"关联的作业区。如果有多个作业区具有相同条件，则与步骤一一样，按照最多"E"的关联，最多"I"的关联，最少"X"的关联进行选择。最后如果还是无法选定，就在与第一个进入布置的作业区相关联的这些条件完全相同的作业区中，任意选定一个作业区作为第二个进入布置的作业区。

步骤三：选择第三个进入布置的作业区：第三个被选定的作业区，应与已被选定的前两个作业区同时具有最高的接近程度；与前两个作业区关系组合的优先顺序依次为 AA、AE、AI、A∗、EA、EE、EI、E∗、II、I∗，其中符号∗代表"O"或"U"的关联。如果遇到多个作业区具有相同的优先顺序，仍采用步骤一的顺序法则来处理。依次将剩余的作业区域选择进入关联线图。

步骤四：发展关联线图，完成最终布局，在发展关联线图时，可使用方块板来代替每个作业区，如图 5-5 所示。相对位置确定后，依照个别作业区的实际尺寸完成最终布局。

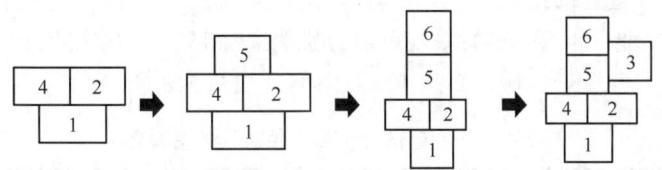

图 5-5 发展关联线图

2. 图形建构法

图形建构法与关联线图法相似，不同的是，此方法以作业区间的权数总和（定量测量）作为挑选作业区的法则。这里介绍一种启发式的图形建构法，主要是根据节点插入的算法来建构邻接图，并且保持共平面的性质。图形建构法首先要设定各作业区间的关联权重，图 5-6 所示是某作业关联图和关联线图。

在此基础之上，图形建构法的基本步骤如下：

步骤一：从图 5-6 所示的作业关联图中，选择具有最大关联权重的成对作业区。因此，在本例中，作业区（3）和作业区（4）首先被选中而进入关联线图中。

步骤二：选定第三个作业区进入图中，其根据是这个作业区与已选入的作业区（3）

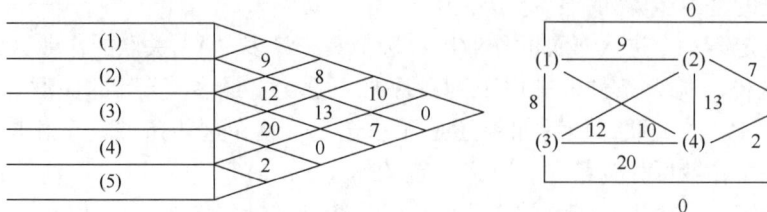

图 5-6 作业关联图和关联线图

和作业区（4）所具有的权数总和最大。在表 5-6 中，作业区（2）的权数总和为 25，所以入选。

表 5-6 作业区选择步骤二关联权数总和表

作 业 区	3	4	合　计
1	8	10	18
2	12	13	25（最佳）
5	0	2	2

如图 5-7 所示，线段（2-3）（3-4）和（4-2）构成一个封闭的三角形图面，这个图面可以用符号（2-3-4）来表示。

步骤三：对尚未选定的作业区，建立步骤三的关联权数总和表（见表 5-7），由于加入作业区（1）和作业区（5）的关联权重值分别为 27 和 9，因此作业（1）被选定，以节点的形态加入图面，并置于区域（2-3-4）的内部，如图 5-8 所示。

表 5-7 作业区选择步骤三关联权数总和表

作 业 区	2	3	4	合　计
1	9	8	10	27（最佳）
5	7	0	2	9

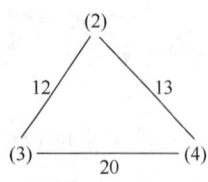

图 5-7 图形建构法步骤二示意图

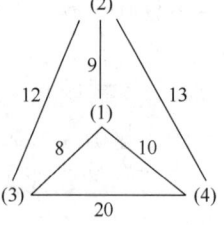

图 5-8 图形建构法步骤三示意图

步骤四：剩余的工作是决定作业区（5）应该加入哪一个图面。在这个步骤中，先建立作业区选择步骤四关联权数总和表（见表5-8）。显然，作业区（5）可以加入图面（1-2-3）（1-2-4）（1-3-4）或（2-3-4）之内。作业区（5）加入图面（1-2-4）或加入图面（2-3-4）都得到相同的权数值为9，所以任意选择其一即可，本例将作业区（5）加入图面（1-2-4）的内部。最后得到的邻接图如图5-9所示，此图为图形建构法的最佳解，线段上的权数总和为81。

表5-8　作业区选择步骤四关联权数总和表

作业区	1	2	3	4
5	0	7	0	2

图画	合计
1-2-3	7
1-2-4	9（最佳）
1-3-4	2
2-3-4	9（最佳）

步骤五：建构完一个邻接图之后，最后一步是依据邻接图来重建区块布置，如图5-10所示。在建构区块布置图时，各作业区的原始形状必须做出改变，以配合邻接图的要求。但在实际应用上，由于作业区形状需要配合内部个别设备的几何外形，以及内部布置结构的限制，所以作业区的形状还需要根据具体情况来决定。在决定各作业空间的面积时，需要考虑仓库本身的大小、设备的大小和设备的摆放位置等因素。

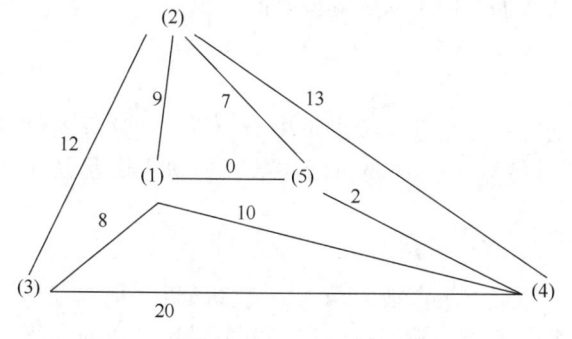

图5-9　图形建构法步骤四示意图

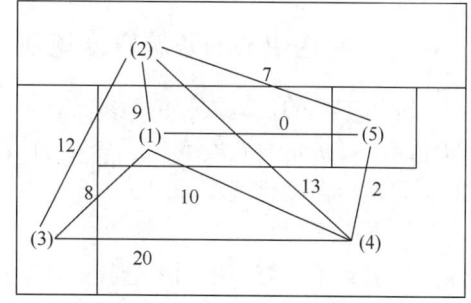

图5-10　最终布置示意图

3. 动线布置法

动线布置法通过决定作业系统的主要动线进行方向，根据流程性质或关联性关系进行区域配置。其主要包括两种方式：一种是流程式。首先确定物流配送中心内由进货到出货的主要物流动线形式，并完成物流相关性分析。在此基础上，再按作业流程顺序和关联程度配置各作业区域位置，即由进货作业开始进行布置，再按物流前后相关顺序按序安排各物流作业区域的相关位置。另一种是关联式。以整个仓库的作业配置为主，根据活动关联分析得出各作业区域之间的活动流量，以线条表示。为避免流量大的区域间活动经过的距离太长，应将两区域尽量接近。

以下区域布置安排以流程式为主，其基本步骤如下：

步骤一：决定配送中心对外的道路连接形式，以决定出入口位置及内部配置形式。

步骤二：决定配送中心内部空间范围、大小及长宽比例。

步骤三：决定配送中心内从进货到出货的动线形式。

步骤四：根据作业流程顺序配置各作业区的位置，首先安排面积较大，且长宽比例不易变动的区域，如储存作业区等；之后再插入面积较小且长宽比例较易调整的区域，如理货区等。

步骤五：进行各作业流程与活动关联的布置组合，并考虑各种可能的布置组合。若有违反关联性原则者（即大流量的区域间的活动经过太长的距离），则回到步骤三进行调整，直到动线形态、活动区域配置与区域间关联性取得一致为止。

根据上述步骤，可以逐步完成各个区域的概略布置，然后再以区域模板置入相对位置，并做适当调整，形成关联布置图，最后经过调整部分作业区域的面积或长宽比例后，即得到作业区域配置图。

第四节　配送中心设施规划

配送中心的设施设备是保证配送中心得以正常运作的必要条件，因而设施规划是配送中心规划中的重要工作，涉及建筑模式、空间布局、设备安装等多方面问题。

一、配送中心的建筑设施规划

配送中心的建筑设施包括多种，但主要的建筑还是仓库或加工中心，所以，这里所谈的建筑主要是针对仓库或加工中心而言的。具体来说，主要包括层数、材料、形状及土地、规模、自动化程度等问题。

1. 层数

一般有单层与多层两种选择。比较而言，单层建筑占地面积大、造价昂贵，每立方米储存费用较高，但空间较大，照明成本低，水平运作，搬运费较省；而多层建筑占地面积小、造价便宜，但空间小，照明成本高，立体运作，搬运费较高。具体孰优孰劣，还需要根据实际情况进行综合评析。

2. 材料

必须选用防火、防潮、防晒、性能好的材料，一般为钢筋水泥式建筑。目前，很多连锁企业在此项花费上较为"经济"，这是需要引起注意的一种不良倾向，其根源在于侥幸心理作祟。

3. 形状

一般有长方形和正方形两种选择。长方形建筑方便布局，采光较好，通风设备可更有效地发挥作用，建筑支柱少，可增加存货面积，同时有利于进行扩充；正方形建筑的特征与长方形建筑相反。一般专家们更倾向于选择长方形建筑。

4. 土地、建筑物及设备

土地、建筑物及设备有购买和租赁两种方式。购买花费投资较大，并且需要不断地进行维修；租赁投资较小，不必担心维护问题，租费也可在所得税前扣除。从目前情况看，租赁已成为一种国际流行的趋势。但是，由于目前我国的租赁市场，尤其是配送中心所需的设备方面的租赁市场尚欠发达，因而制约了企业选择租赁的形式。

5. 规模

建筑规模大小属于配送中心设计中的详细问题，这里不再详谈。

6. 自动化程度

标准化仓库控制装置一般使用可编程控制器（Programmable Controller，PC），可以按自动、半自动、手动运行。操作方法同使用复印机一样容易：只要将卡插入操作盘内，可以由女性来操作。并且，具有计算机库存管理系统所具有的库存管理、货位管理、各种查询、各种账单生成等选择功能。利用托盘可以自由地存放箱装、罐装、散装、袋装等货物，同时，可以设置自动调芯固定台、手推车、电动台车、链条或辊道输送机等。自动化程度高的配送中心可极大提高作业效率，降低人工作业强度。

二、配送中心的作业设施规划

配送中心的作业设施主要包括硬件设施与软件设施。硬件设施主要是指储存设施、分拣设施和搬运设施，具体包括板台、滑台、手推车、拖车、叉车、牵引机、输送机、升降机、货架、桥板等。而软件设施主要包括中心内各项规章制度、订货、出入库管理等信息处理系统等。特别是物流自动化与现代化的发展，使得配送中心的设施要求也越来越高。配送中心应配备的主要设施有：

（一）配送中心的存储设施

配送中心内部的存储设施主要包括货架和托盘等。配送中心可以按照自己的需要进行选择。一般而言，货架是指专门用于存放成件货物的存储保管设施。货架在配送中心内起着重要的作用。为了实现配送中心的现代化管理，改善配送中心的功能，不仅要求尽可能使用货架，而且要求其具有多功能，以便于实现机械化、自动化。

1. 货架的形式

货架形式有很多种，常见的主要有以下几种：

（1）悬臂货架。这种货架多用于存储长料，如金属棒、管等。

（2）流动货架。货物可以从货架的一端进入，在重力作用下可从另一端取出。它有时适合于存储数量多、品种少、移动快的货物，如存储某些电子器件等的立体仓库。

（3）货格式货架。这种货架最常见，在我国也比较多，多用于容量较大的仓库，如以集装箱为单位存储的立体仓库。

（4）水平或垂直旋转式货架。这是一种旋转或循环的存储装置，适合于存储体积小、品种多、重量轻的货物。

（5）悬挂输送存储货架。它们多安放于车间的工作区或设施上方，由人工根据需要随时取下或放上货物，整个存储系统在不断低速运动。

（6）被动辊式货架。这种货架适用于存储重量和体积比较大的货物。在这种货架的单元货格中有很多无动力的辊子，利用存储设施（通常是大型巷道式堆垛机）的动力驱动这些辊子，就可将大型货物存入或取出。航空货运货物的处理多采用这种形式的货架。

2. 货架的材料

高层货架是立体仓库的主要构筑物，一般用钢材或钢筋混凝土制作。钢货架的优点是构件尺寸小，仓库空间利用率高，制作方便，安装建设周期短。而且随着高度的增加，钢货架比钢筋混凝土货架的优越性更为明显。因此，目前国内外大多数立体仓库都采用钢货架。钢筋混凝土货架的突出优点是防火性能好，抗腐蚀能力强，维护保养简单。

货架的高度是关系到自动化仓库系统（AS/RS）全局性的参数。货架钢结构的成本随其高度增加而迅速增加。尤其是当货架高度超过20m时，其成本将急剧上升，同时堆垛机等设施费用也随之增长。当库容量一定时，仓库基础费用、运行导轨投资则随货架高度的增长而下降。货架可由冷轧型钢、热轧角钢、工字钢焊接成"货架片"，然后组成立体的货架。

3. 货架的尺寸

通常货架高度在 8~50m。恰当地确定货格净空尺寸是立体仓库设计中一项极为重要的设计内容。对于给定尺寸的货物单元，货格尺寸取决于单元四周需留出的空隙大小的同时，在一定程度上也受到货架结构造型的影响。这项尺寸之所以重要，是因为它直接影响着仓库面积和空间利用率。同时，因为影响因素很多，所以确定这项尺寸比较复杂。

货架与货箱的关系如图 5-11 所示。在图 5-11 中，A 为货箱宽度，b 为货叉宽度，d 为牛腿间

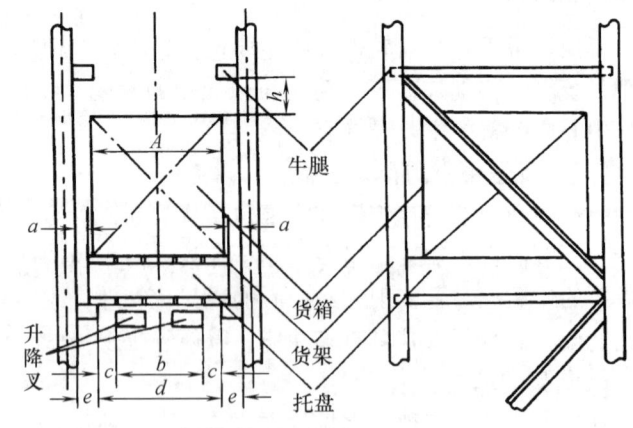

图 5-11　货架与货箱关系图

距，c 为货叉-牛腿距，e 为牛腿宽度，a 为托盘立柱距，h 为牛腿货箱高度差。上述参数的关系为

$$b = 0.7A$$
$$d = (0.85 \sim 0.9)A$$
$$c = (0.075 \sim 0.1)A(大货箱取大值)$$
$$e = 60 \sim 125\text{mm}(大货箱取大值)$$
$$a = 25 \sim 60\text{mm}(大货箱取大值)$$
$$h = 70 \sim 150\text{mm}(大货箱取大值)$$

配送中心内货物的载体可以是托盘、托板、滑板、专用集装箱、专用堆放架、硬纸板箱等。货箱或托盘，其基本功能是装物料，同时还应便于叉车和堆垛机的叉取和存放。托盘多为钢材、木料或塑料制成；托板一般由金属制成；滑板由波状纤维或塑料制成，可将单元货物拉到滑板上；专用集装箱多由钢板制成；专用盛放架由钢材或木料制成，可盛放专用件或特殊形状的货物；硬纸板箱盛放相对密度较小的货物。

货箱尺寸是货架设计的基础数据。货物（载荷）引起货箱的挠度应小于一定的尺度，否则会影响装取货物。各种货箱示意图如图5-12所示。

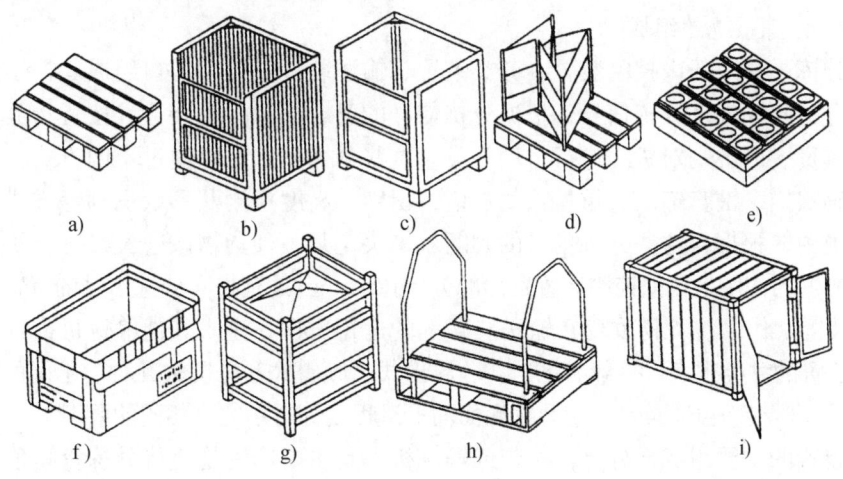

图5-12 各种货箱示意图

a) 木质和塑料托盘 b) 钢质格栅货箱 c) 钢质箱形托盘 d) 具有可折护板的托盘
e) 工具搬运托盘 f) 小型塑料货箱 g) 液体容器型托盘 h) 套托盘 i) ISO货箱柜

（二）配送中心的分拣设施

对于配送中心而言，分拣系统是其核心设施，而现在先进的分拣系统一般都是自动分拣系统。自动分拣系统（Automated Sorting System）是第二次世界大战后，在美国、日本

的配送中心中广泛采用的一种分拣系统。该系统目前已经成为发达国家大中型配送中心不可缺少的一部分。

1. 自动分拣系统的主要特点

（1）能连续、大批量地分拣货物。由于采用大生产中使用的流水线自动作业方式，自动分拣系统不受气候、时间、人的体力等的限制，可以连续运行；同时，由于自动分拣系统单位时间分拣件数多，因此分拣能力大大高于人工分拣系统。一般地，自动分拣系统可以连续运行 100h 以上，每小时可分拣 7000 件包装货物；如用人工则每小时只能分拣 150 件左右，同时分拣人员也不能在这种劳动强度下连续工作 8h。

（2）分拣误差率极低。自动分拣系统的分拣误差率大小主要取决于所输入分拣信息的准确性，这又取决于分拣信息的输入机制。如果采用人工键盘或语音识别方式输入，则误差率在 3% 以上；如果采用条形码扫描输入，除非条形码的印刷本身有差错，否则不会出错。因此，目前自动分拣系统主要采用条形码技术来识别货物。

（3）分拣作业基本实现无人化。国外建立自动分拣系统的目的之一就是减少人员的使用，减轻人员的劳动强度，提高人员的使用效率。因此，自动分拣系统能最大限度地减少人员的使用，基本可以做到无人化。

2. 自动分拣系统的组成

自动分拣系统一般由控制装置、分类装置、输送装置及分拣道口组成。控制装置的作用是识别、接收和处理分拣信号，根据分拣信号的要求指示分类装置，按货物品种、货物送达地点或货主的类别对货物进行自动分类。这些分拣需求可以通过不同方式，如条形码扫描、色码扫描、键盘输入、重量检测、语音识别、高度检测及形状识别等方式，输入分拣控制系统中，根据对这些分拣信号的判断，来决定某一种货物该进入哪一个分拣道口。

分类装置的作用是根据控制装置发出的分拣指示，当具有相同分拣信号的货物经过该装置时，该装置动作，使货物改变在输送装置上的运行方向，进入其他输送机或进入分拣道口。分类装置的种类很多，一般有推出式、浮出式、倾斜式和分支式几种。不同的装置对分拣货物的包装材料、包装重量、包装物底面的平滑程度等有不完全相同的要求。

输送装置的主要组成部分是传送带或输送机，其主要作用是使待分拣货物鱼贯通过控制装置、分类装置。输送装置的两侧一般要连接若干分拣道口，使分好类的货物滑下主输送机（或主传送带），以便进行后续作业。

分拣道口是已分拣货物脱离主输送机（或主传送带）进入集货区域的通道，一般由钢带、皮带、滚筒等组成滑道，使货物从主输送装置滑向集货站台，在那里由工作人员将该道口的所有货物集中后，或是入库储存，或是组配装车并进行配送作业。

以上四部分装置通过计算机网络联结在一起，配合人工控制及相应的人工处理环节，从而构成一个完整的自动分拣系统。

第五章　配送中心规划

（三）配送中心的搬运设施

搬运设施是配送中心仓库中的重要设施。它们一般由电力来驱动，通过自动或手动控制，实现把货物从一处搬到另一处。典型设施有升降梯、搬运车、巷道式堆垛机、双轨堆垛机、无轨叉车和转臂起重机等。巷道式堆垛机是立体仓库中最重要的运输设施，它是随着立体仓库的出现而发展起来的专用起重机。它的主要用途是在高层货架的巷道内来回穿梭运行，将位于巷道口的货物存入货格或者相反。

堆垛机的额定载重量一般为几十千克到几吨，其中0.5t的使用最多。它的行走速度一般为 4~120m/min，提升速度一般为 3~30m/min。

有轨巷道堆垛起重机通常简称为堆垛机，它是由叉车、桥式堆垛机演变而来的。桥式堆垛机由于桥架笨重，因而运行速度受到很大限制，仅适用于出/入车频率不高或存放长形原材料和笨重货物的仓库。其优点在于可以方便地为多个巷道服务。

目前，AS/RS 中应用最广的是巷道式堆垛机。巷道式堆垛机由运行机构、起升机构、装有存取货机构的载货台、机架（车身）和电气设施五部分组成。

1. 机架

堆垛机的机架由立柱、上横梁和下横梁组成一个框架，整机结构高而窄。机架可以分为单立柱和双立柱两种类型。双立柱结构的机架由两根立柱和上、下横梁组成一个长方形的框架。这种结构的强度和刚性都比较好，适用于起重量较大或起升高度比较高的场合。单立柱式堆垛机机架只有一根立柱和一根下横梁，整机重量比较轻，制造工时和材料消耗少，结构更加紧凑且外形美观。堆垛机在运动时，驾驶员的视野比较宽阔，但刚性稍差。由于载货台与货物对单立柱的偏心作用，以及行走、制动和加速减速的水平惯性力的作用，会对立柱产生动、静刚度方面的影响。当载货台处于立柱最高位置时，挠度和振幅达到最大值，这在设计时需加以计算。

堆垛机的机架沿天轨（在堆垛机上方辅助其运行的轨道）运行，为防止框架倾倒，上梁上一般装有引导轮。

2. 运行机构

在堆垛机的下横梁上装有运行驱动机构和在轨道地轨上运行的车轮，按运行机构所在的位置不同，可以分为地面驱动式、顶部驱动式和中部驱动式等几种。其中，地面运行式使用最广泛。这种方式一般用两个或四个承重轮，沿敷设在地面上的轨道运行。在堆垛机顶部有两组水平轮沿天轨导向。如果堆垛机车轮与金属结构通过垂直小轴铰接，堆垛机就可以走弯道，从一个巷道转移到另一个巷道去工作。顶部驱动式堆垛机又可分为支承式和悬挂式两种。前者支承在天轨上运行，堆垛机底部有两组水平导向轮；后者则悬挂在位于巷道上方的支承梁上运行。

3. 起升机构

堆垛机的起升机构由电动机、制动器、减速机、卷筒或链轮以及柔性件组成。常用的柔性件有钢丝绳和起重链等。升降机通过钢丝绳牵引载荷台做升降运动。除了一般的齿轮减速机外，由于需要较大的减速比，因而也经常见到使用蜗轮蜗杆减速机和行星齿轮减速机的。在堆垛机上，为了尽量使起升机构尺寸紧凑，常使用带制动器的电动机。

起升机构的工作速度一般在 12～30m/min，最高可达 48m/min。不管用多大的工作速度，都备有低速档，主要用于平稳停准和存取货物时的"微升降"作业。

在堆垛机的起重、行走和伸叉（叉取货物）三种驱动中，起重的功率最大。

4. 载货台及存取货装置

载货台是货物单元的承载装置。对于需要搬运整个货物单元的堆垛机，载货台由货台本体和存取货装置构成；对于只需要从货格拣选一部分货物的拣选式堆垛机，则载货台上不设存取货装置，只有平台供放置盛货容器之用。

存取货装置是堆垛机的特殊工作机构。取货的那部分结构必须根据货物外形特点来设计，最常见的是一副伸缩货叉，也可以是一块可伸缩的取货板，或者其他结构形式。

伸叉机构装在载货台上，载货台在辊轮的支撑下沿立柱上的导轨做垂直行走方向的运动（起重），垂直于起重-行走平面的方向为伸叉的方向。目前大多堆垛机的操作平台设在底座上，工人在此处可进行手动或半自动操作。

5. 电气设施

电气设施主要包括电力拖动、控制、检测和安全保护。在电力拖动方面，目前国内较多采用的是交流变频调速、交流变极调速和可控硅直流调速，而涡流调速已很少采用。对堆垛机的控制一般采用可编程序控制器、单片机和计算机等。堆垛机必须具有自动认址、货位虚实检测以及其他检测功能。电力拖动系统要同时满足快速、平稳和准确三个方面的要求。

第五节　EIQ 方法在配送中心规划中的应用[⊖]

除了商品的品项（I）和发货数量（Q），配送中心还必须把客户（E）考虑进去。而且，由于发货数量和时间波动性较大，配送中心不可能制订如工厂中稳定的生产计划一样的货运计划。因此，储存、订单拣选和运输工作变得过于复杂，给日常管理带来困难。基于这样的背景，本节介绍一种运用 EIQ 方法和 PCB 表设计、管理和运作标准型配送中心的方法。所谓标准型配送中心，是指储存型配送中心，通常会涉及收货、储存、订单拣选、检验、包装和货物运输等作业。而且，基于 EIQ 方法和 PCB 表阐释一种抽象分析和

⊖ 改写自 Shinichiro Takami、Satoshi Tange、Masatoshi Kitaoka 和 Shin Suzuki 的文章《基于 EIQ 方法的配送中心规划与控制》。

设计配送中心的方法，把这种理论运用到配送中心的日常管理和运作中，并通过模糊理论解决选择装卸搬运设备的应用问题。

一、EIQ 表和 PCB 表

（一）EIQ 表的构成

EIQ 分析是用于规划和管理发货时间和数量变动较大的配送中心的一种技术。EIQ 分析的基础包括以下三个因素：客户（E）、品项（I）、发货数量（Q）。对此，可以使用 EIQ 表来进行 EIQ 分析。表 5-9 给出了 EIQ 表的一个简单例子。横行表示品项（$I1$，$I2$，…），纵列表示客户（$E1$，$E2$，$E3$，…）。EIQ 表是依据订单建立的，订单中包含了客户（E）、品项（I）、发货数量（Q）的具体信息。EIQ 表同时也是一张装箱单。IQ 表示品项发货数量，并对品项按发货数量大小降序排序（$I1$，$I2$，…）。EQ 表示客户订单发货数量，并对客户按订单发货数量降序排序。此外，EIQ 表还包括每个客户订单发货品项数（EN）和每个品项订货次数（IN）。这种方式可以更清楚地了解到什么客户订购了哪些品项货物，各品项订购数量是多少。编制 EIQ 表时，如果使用一个工作日平均数据，则称为单日 EIQ 表；如果使用高峰期一个工作日数据则称为单日峰值 EIQ 表。另外，还可以根据每周、每月、半年度以及年度数据来编制 EIQ 表。

表 5-9　EIQ 表

客户 \ 品项	$I3$	$I17$	$I15$	…	$I45$	EQ	EN
$E11$	600	0	0	…	0	600	1
$E15$	0	20	30	…	0	192	9
$E35$	120	0	0	…	0	120	1
⋮	⋮	⋮	⋮	…	⋮	⋮	⋮
$E38$	0	0	0	…	0	1	1
IQ	924	271	173	…	1	2333	
IN	9	19	15	…	1		151

（二）PCB 表的构成

PCB 表给出了客户订单的存储单元。表中的数据显示了客户订单发货数量（EQ）和品项发货数量（IQ）是采用托盘（P，Pallet）、箱（C，Case）还是单品（B，Bulk）为单位。如果每托盘所装箱体数量和每箱所装单品的数量是已知的，那么以单品单位表示订单和发货数量就可以换算成以托盘、箱或单品为单位来计数。

表 5-10 给出的是 EQ-PCB 表。客户订单发货数量（EQ）以箱为单位，位于表的中间两列，并且按订单数量进行降序排序，订单总发货数量（GEQ）位于表的下端。客户订单

发货数量的单位以托盘和箱的形式在 EQ 列右边列出，并且客户订单中箱的数量转换成了托盘的数量，在 EQ 列的左边列出。例如，1 托盘可装载 24 箱，1 箱可装载 24 单品。在表 5-10 中，客户 E1 订了 100 箱某品类的货，但是实际订单只有 1 托盘和 76 箱（100 箱减去 1 托盘，即 24 箱）。在表 5-10 中 EQ 列的左边，76 箱转换成 3.2 托盘。客户 E2 和 E3 的订单也都是以箱为单位来计算的，没有以托盘为单位的货。只有客户 E4 有 1 托盘的货。所有订单总共为 1428 箱或者 59.5 托盘，但是，实际上所有订单被分成了 2 托盘和 1380 箱。

表 5-10 EQ-PCB 表

P	PC	E	Q	P	C
1	3.2	E1	100	1	76
0	3.8	E2	92	0	92
0	3.8	E3	90	0	90
1	2.2	E4	77	1	53
⋮	⋮	⋮	⋮	⋮	⋮
0	0.2	E28	4	0	4
2	57.5		1428	2	1380
			59.5		57.5

表 5-11 给出的是 IQ-PCB 表。各品项发货数量（IQ）以箱为单位，位于表 5-11 的中间两列，并且对品项名按发货数量进行降序排序，各品项总发货量（GIQ）位于表的下端。在 IQ 列的右边是各品项所装的托盘和箱的数量。在 IQ 列的左边，各品项所需箱的数量转换成了托盘的数量。在表 5-11 中，品项 I1 的发货数量为 298 箱，但是实际上发货数量为 1 托盘和 274 箱（298 箱减去 1 托盘，即 24 箱）。从表 5-11 的 PC 列可以看出，274 箱可以转换成 11.4 托盘，那么装 274 箱的货物就需要 11.4 个托盘。同样，品项 I2 的出货数量是 157 箱，实际发货数量为 1 托盘和 133 箱。所有品项一天总发货量是 1428 箱，以 2 托盘和 1380 箱的形式发货。

表 5-11 IQ-PCB 表

P	PC	I	Q	P	C
1	11.4	I1	298	1	274
1	5.5	I2	157	1	133
0	5.0	I3	120	0	120
0	4.5	I4	108	0	108
⋮	⋮	⋮	⋮	⋮	⋮
0	0.0	I32	1	0	1
2	57.5		1428	2	1380
			59.5		57.5

（三）EIQ 图

在 EIQ 表中，IQ 的数据是按照发货数量（Q）降序排列的。把 IQ 的数据按照货物品项排序，绘制成图，并与发货数量的累计值进行比较，就成为一个 ABC 分析曲线图。将该图的发货数量（Q）旋转 180°就得到图 5-13。类似地，EQ 的数据也是按照发货数量（Q）降序排列的。EIQ 图中 EQ 的数据是按照客户订单排序的，然后根据发货数量（Q）进行累计，并将发货数量（Q）旋转 180°放到表 5-9 的左侧而得到的。将 IQ 图和 EQ 图相关联可得到 EIQ 图，通过这个图可以确定配送中心的规模。图 5-14 表示出六种典型的 EIQ 图。图 5-14a 显示了一个货物品项（I）较多，有少量的客户订单（E）和大量的发货数量（Q）的配送中心的例子；图 5-14b 显示了一个货物品项（I）较多，有大量客户订单（E）以及大量的发货数量（Q）的配送中心的例子；图 5-14c 显示了一个货物品项（I）较少，而拥有大量客户订单（E）和大量发货数量（Q）的配送中心的例子；图 5-14d 显示了一个货物品项（I）较多，只有少量客户订单（E）和少量发货数量（Q）的配送中心例子；图 5-14e 显示了一个货物品项（I）较少，有大量客户订单（E）和少量发货数量（Q）的配送中心的例子；图 5-14f 显示了一个货物品项（I）较少，并且有少数客户订单（E）和少量发货数量（Q）的配送中心的例子。

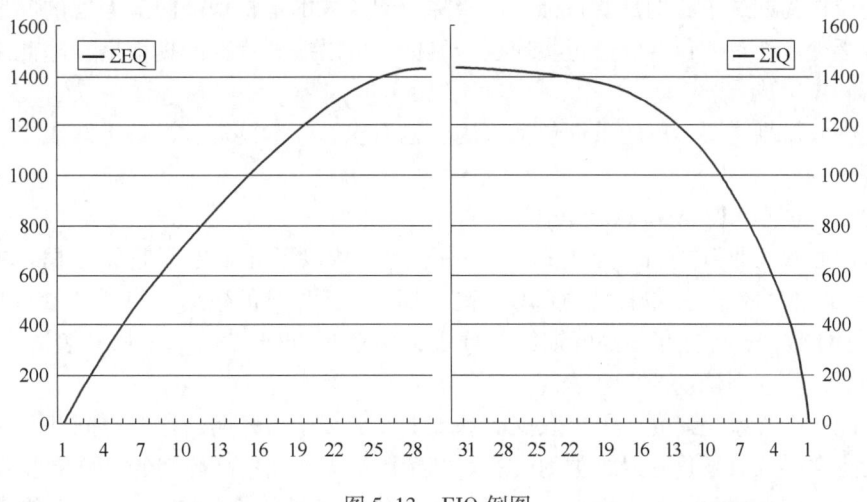

图 5-13　EIQ 例图

二、采用 EIQ 表和 PCB 表进行基本设计的规划流程和管理方法

（一）EIQ 和 PCB 分析的步骤

本节介绍一些使用 EIQ 表和 PCB 表的配送中心的规划程序和管理方法。在后面的规划过程中会做具体解释。

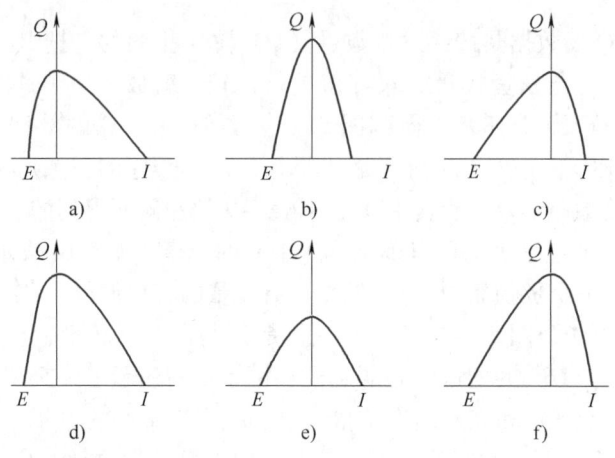

图 5-14 典型 EIQ 图

步骤一：明确目标和条件。

配送中心规划之前应明确配送中心的规划目标、管理理念以及工作内容。另外，客户服务水平应作为配送中心的重要目标。尽管降低配送成本是管理部门应考虑的问题，但是客户服务必须放在首要位置。通过实现这个目标，可以缩短货物的提前期。除此之外，还要考虑控制投资成本。

配送中心规划需要考虑的条件包括可用土地面积、资本投资、设备维修成本、公共事业支出等。

步骤二：创建 EIQ 表和 PCB 表。

配送中心每天收到的订单变化较大。基于此，从以下几个方面收集数据：单日 EIQ（大约 5 天的平均数据）；单日峰值 EIQ（高峰期 1 个工作日的数据）；1 个月的 EIQ 数据；6 个月的 EIQ 数据；建立年终高峰期的 EIQ 表；建立 IQ-PCB 表和 EQ-PCB 表。

步骤三：建立高峰期的 EIQ 表。

如果配送中心系统建立在平均数据的基础上，那么在高峰期，存储空间和装卸搬运设备的不足将会导致收发货延迟之类的问题。基于此，需要使用高峰期的 EIQ 数据设计配送中心系统。这些数据包括：高峰期 1 天的 EIQ 表中的发货数量（GEQ_{max}）；年终高峰期发货数量最大的一天的数据（GEQ_{pmax}）；单日 EIQ 数据（GEQ_{av}）。

如果没有高峰期的 EIQ 数据，用以下估算步骤来计算：

(1) 计算比率 $R = GEQ_{max}/GEQ_{av}$，以及 $R_{max} = GEQ_{pmax}/GEQ_{av}$。

(2) 引入一年的 EIQ 表中所有的品项和客户订单，所有的数据乘以 R 及 R_{max}，即计算 βR 和 βR_{max}，其中，β 是高峰期比率，一般情况下，$0.7 < \beta < 0.8$。据此可以建立两个高峰期的 EIQ 表。

(3) 用第二步中的方法建立两个高峰期的 IQ-PCB 表和 EQ-PCB 表，并用 βR 和 βR_{max} 分别乘以两个表中的数据。

步骤四：计算收货数量和发货数量。

(1) 最大发货数量。Q 表示一天发货数量，基于步骤 3 中求得的 R 和 R_{max}，可求得工作日高峰期（Q_{max}）和年终高峰期（Q_{pmax}）的最大发货量如下

$$Q_{max} = Q\beta R$$
$$Q_{pmax} = Q\beta R_{max}$$

(2) 客户订单数量。假设接受订单到发货的时间为 d 天，计算高峰期一天的订单数量（SQ_d），以及年终高峰期一天的订单数量（SQ_p）如下

$$SQ_d = Q_{max} d$$
$$SQ_p = Q_{pmax} d$$

(3) 计算确定最低和最高库存数量。

1) 如果最低库存数量（ZQ_{min}）（缓冲库存）是 d 天收到的货物品类订单的期望数量，则

$$ZQ_{min} = Qd$$

2) 高峰期一天的最高库存数量（ZQ_{dmax}）和年终高峰期的最高库存数量（ZQ_{pmax}）可以通过以下公式计算

$$ZQ_{dmax} = (SQ_d + ZQ_{min})$$
$$ZQ_{pmax} = (SQ_p + ZQ_{min})$$

3) 根据高峰期 EIQ 表，按比例计算每种货物的库存数量 ZQ_i

$$ZQ_i = \frac{1}{2} \times \frac{Q_i}{Q} \times (ZQ_{min} + ZQ_{max})$$

式中，Q_i 为第 i 种货物的发货数量；Q 为每天的发货数量。

4) 计算平均库存数量

$$ZQ_{av} = Q_{av} \times HL$$

式中，HL 为平均存储天数；Q_{av} 为平均每天的发货数量。

步骤五：确定储存区和移动区（Movement）库存数量。

(1) 确定移动区数量。从一天的 EIQ 表可以得到一天的发货数据，移动区域面积由货物在该区域的存储天数决定，储存区域和活动区域的比率需要提前确定。

(2) 确定储存区数量。储存区面积由收货提前期、收货数量和库存数量决定，它是根据当前所有的库存数量决定的。库存包括平均时期库存和高峰期库存，货物存放时间是由安全库存（Safety Stock，SS）管理方法确定的。

步骤六：计算收货和发货数量。

(1) 在 1 个月的 EIQ 表中输入所有品项（I）和客户（E），并用这些数据分别乘以

βR 和 βR_{max}，为两个峰值点创建新的 EIQ 表。

(2) 创建步骤 2 中提出的 IQ-PCB 表和 EQ-PCB 表，并分别乘以 R 和 R_{max}，为两个峰值点创建新的 IQ-PCB 表和 EQ-PCB 表。

创建峰值 EIQ 表：以某个企业数据为例，由 1 张 EIQ 表计算得到平均 1 天的发货数量为 2333 箱（GEQ_{av}，Q），高峰期 1 天最大发货数量（GEQ_{max}）约等于 7000 箱。相同的，年终高峰期最大发货数量（GEQ_{pmax}）约等于 9332 箱。由此计算可知 $R = 3.00$，$R_{max} = 4.0$。

(二) 举例

根据上面的步骤设计配送中心，第一步需要阐明规划目标和约束条件。首先需要确定配送中心的工作内容，如食品批发商、制造商的零件存储，零售商的货物运输等。

(1) 利用 EIQ 表与 PCB 表进行分析。根据 EIQ 表可以确定（见表 5-9）：

1) 每天的订单数量：$E = 37$。

2) 每天的货物品项：$I = 32$。

3) 每天的发货数量：$Q = 2333$ 箱，每天高峰时段一天发货数量（GEQ_{max}）$= 7000$ 箱，年终高峰期最大发货数量（GEQ_{pmax}）$= 9332$ 箱。

4) 发货提前期为 3 天，订单数量（SQ）根据高峰期一天订单数量（SQ_d）和年终高峰期订单数量（SQ_p）计算，得到 $SQ_d = 7000$ 箱 $\times 3 = 21000$ 箱，$SQ_p = 9332$ 箱 $\times 3 = 28000$ 箱。

5) 货物品规：$ZI = 89$。

6) 确定库存数量。

① 根据一天预期发货量确定最小库存量（ZQ_{min}）（缓冲库存），$ZQ_{min} = 2333$ 箱 $\times 1 = 2333$ 箱。

② 根据高峰期一天订单量和年终高峰期订单量确定最大库存数量（ZQ_{dmax}）和（ZQ_{pmax}）

$$ZQ_{dmax} = 21000\ 箱 + 2333\ 箱 = 23333\ 箱$$
$$ZQ_{pmax} = 28000\ 箱 + 2333\ 箱 = 30333\ 箱$$

(2) 计算移动区域库存数量和存储区域库存数量。

1) 移动区域库存数量。因货物品规 $ZI = 89$，所以由 PCB 分析的移动区域库存数量（AZQ）至少应该有 89 托盘，按每托盘 24 箱货物码放计算，得到 AZQ = 89 托盘 = 2136 箱。

2) 存储数量。存储区域库存数量（RZQ，Reserve Storage Quantity）为一天的发货数量 - 移动区域库存数量，得到 RZQ = 23333 箱 - 2136 箱 = 21197 箱。

3) 储备品规。存储品规为 89，出货品规为 30，储备品规为 $89 - 30 = 59$。

(3) 收发运量的计算。从 1 月份的 EIQ 表输入所有货物品项（I）和客户（E），设置

数据的 $\beta=0.8$，$R=3$，按 2.4 倍比率分配到 EIQ 表；同样的，如果 $R_{max}=4$，$\beta=0.8$，按 3.2 倍比率分配到 EIQ 表，然后根据两个峰值建立 EIQ 表。

（三）利用模糊理论选择分拣方法和设备

步骤一：利用模糊理论选择存储设备。

在 EIQ 表中的 IQ 累计图上，品项累计百分数为 60%～70% 确定为 A 类，品项累计百分数为 20%～30% 定为 B 类，其余 10% 定为 C 类。选择模式：①从托盘到托盘 = 56 个托盘；②从托盘到箱 = 989 箱（约 41 托盘）。

使用模糊隶属函数进行选择：

（1）A 类、B 类、C 类货物分别分成三个类别：高、中、低。

（2）发货数量 Q 按照大小分为高、中、低三类。

（3）通过模糊隶属函数确定客户数量的类别：高、中、低。

（4）存储设备根据以下规则来确定。配送中心的基本存储方法包括如下六种：托盘、托盘和货架、托盘和流动架、箱和货架、箱和流动架、货架。货物的规模则可根据 EIQ 表、EQ-PCB 表和 IQ-PCB 表确定。

设备选型规则如下：

规则 1：如果 A 类货物的数量较多，并且类型少，客户订单数量有限以及每天的发货量较多，则使用托盘存储。

规则 2：如果 A 类货物的数量较多，并且类型多，客户订单数量有限以及每天的发货量较多，则使用托盘存储。

89 种库存货物采用类似的规则，设备就是利用这种选型规则进行选择的。

步骤二：选择货物装卸搬运设备。

装卸搬运设备选择规则建立在货物类型的数量、货物数量、客户订单数量和每天发货数量的基础上。可选择的装卸搬运设备包括叉车、输送机、螺旋输送机、电梯和转向架。

规则 1：如果 A 类货物的数量较多，并且类型少，客户订单数量有限以及每天的发货量较多，使用叉车作为装载搬运设备。

规则 2：如果 A 类货物的数量较多，并且类型多，客户订单数量有限以及每天的发货量较多，使用叉车作为装载搬运设备。

89 种库存货物采用类似的规则确定装卸搬运设备。

步骤三：选择拣选设备。

配送中心的拣选工作是在货物存放在仓库的情况下产生的。有三种存储方法：托盘（P）、箱（C）和单品（B）。拣选作业分为七种方法，如表 5-12 所示。这七种拣选方法作为选择拣选设备的规则，拣选方法根据订单大小而有所不同。当货物的存储方式包括托盘（P）、箱（C）和单品（B）时，拣选方法的选择可以参照以下规则：

规则 1：如果存储方法是托盘并且拣选单元是 20~30 箱或者更多，就用托盘拣选。
规则 2：如果存储方法是托盘并且拣选单元是 2~3 箱或者更多，就用箱拣选。
规则 3：如果存储方法是箱并且拣选单元是 2~3 个单品或者更多，就用单品拣选。
步骤四：收货区和发货区。

（1）确定移动区域库存数量。如果所有类型物料使用托盘被放置在移动区域，移动库存品规为 AZI，移动量为 AZQ，托盘架将被作为存储设备，移动区域面积（S）可以用下面的公式来计算

移动区域面积（S）= 叉车通道数（C）× [拣选面宽度（PW）+ 货架宽度（W）× 2] × 货架长度（L）

表 5-12　储存拣选方法

序　号	储 存 方 法	拣 选 方 法
1	托盘存储	托盘拣选
2	托盘存储	箱拣选
3	托盘存储	结合托盘和箱拣选
4	箱存储	箱拣选
5	箱存储	结合托盘和箱拣选
6	箱存储	单品拣选
7	单品存储	单品拣选

（2）发货区域。假设高峰期的托盘数量为 Q_{max}，发货目的地的数目为 V，对于每个目的地，需要托盘的数量将是 Q_{max}/V。如果货架尺寸为 $M×N×O$，则货架宽度为 1.2m，M 排货架，存储区域长度是 L，则

存储区域面积（S）= L × 1.2 × M

配送中心的其他区域如分拣区域，可以根据现有的数据分析计算得到。

案例

案例一　烟叶物流配送中心规划设计案例研究

随着某省烟工业产业布局的调整和新厂区的落成，烟工业产能进一步提升，省中烟公司对烟叶储备能力和物流保障体系提出了更高的要求。因原有的多个烟叶配送中心分散、运作效率较低，谋求新的烟叶储存和配送 RDC（Regional Distribution Center，区域配送中心）以满足公司不断增长的卷烟生产需求成为当务之急。中烟公司希望通过规划物流配送中心的功能布局，优化仓储作业流程，改善物流系统，提

升物流配送中心的运作效率，使物流系统能够灵活应对物流需求变化，提高服务水平。另外，通过规划，重新配置更合理的人力资源和库存以优化人力和库存管理成本。

一、物流配送中心功能布局规划

烟叶储存和配送的总流程是：烟叶经营商把烟叶和烟梗送到烟叶物流配送中心，配送中心对烟叶和烟梗进行加工（主要是熏蒸灭虫、分级/分类）、存储，并根据配送指令把烟叶和烟梗配送到指定卷烟生产厂区。

（一）烟叶物流配送中心总体规划

根据客户的卷烟产能需求，规划物流中心的总面积为 $80000m^2$，由 4 栋库房构成，每栋库房有 3 层，每层规划 4 个加工仓储区，每个区的面积是 $6000m^2$。库房的首层是烟梗箱储存区域，第二、三层是烟叶箱储存区域。首层设计包括入库暂存区和出库集货区、收货卸车月台区和发货装车月台区、进出货车停车区域。

（二）储存区平面布局设计

储存区平面布局如图 5-15 所示。采用横列式布局，设计南北向共 5 行用于存放烟叶箱、2 条主作业通道，东西两侧各一条主作业通道分别通向入库和出库升降梯和消防楼梯。其中，第一行规划 26 个烟叶箱堆头，每个堆头可放置 117 箱烟叶；第二行规划 30 个烟叶箱堆头，除两侧的 4 个堆头各可放置 105 箱烟叶，其余 26 个堆头每个可放置 117 箱烟叶；第三、四行分别规划 34 个烟叶箱堆头，每个堆头可放置 69 箱烟叶；第五行规划 33 个烟叶箱堆头，每个堆头可放置 93 箱烟叶。堆头间距为 0.5m，叉车通道为 2.3~2.8m。这种布局设计既考虑了原仓库建筑空间的特点，充分利用了建筑空间提高存储能力、保证作业效率，同时在保证满足正常业务需求的条件下，考虑了应对意外业务要求的设计（注：烟叶箱规格是长 112cm，宽 72cm，高 75cm）。

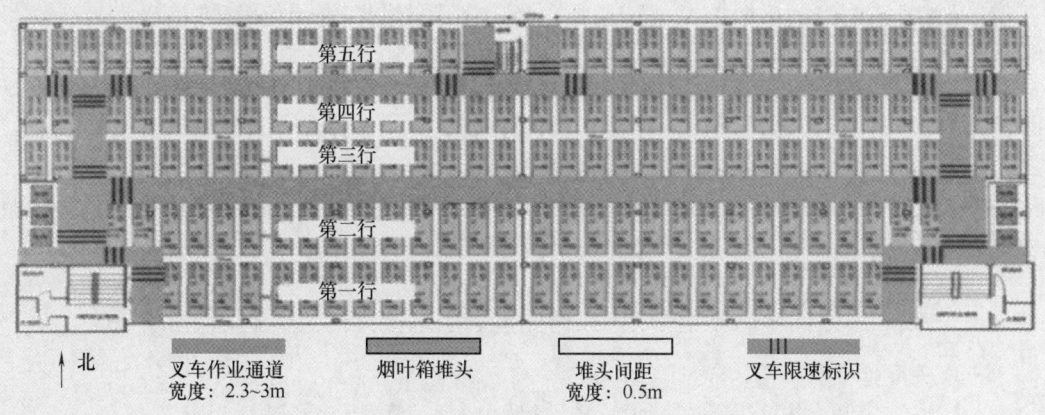

图 5-15 储存区平面布局图

该设计使库房的物流作业能力能最大限度地满足：单栋库房日收发货处理能力峰值分别为 8000 箱/天和 3500 箱/天；4 栋库房的总体日收发货处理能力峰值（12h）分别为 32000 箱/天和 14000 箱/天的需求。库房的物流作业能力如表 5-13 所示。

配送管理

表5-13 库房的物流作业能力

单栋库房的物流作业能力		4栋库房的总体物流作业能力	
烟叶最大库存（2楼+3楼）	30624箱	箱总体库存能力	160000箱
烟梗最大库存（1楼）	10800箱		
总栋库房的总体库存能力	41424箱		
处理能力的峰值系数	3		
库存烟草品种数量	120SKU	库存烟草品种数量	120SKU
日收货处理能力峰值（1h）	8000箱/天	日收货处理能力峰值（12h）	32000箱/天
日收货处理能力均值（8h）	2600箱/天	日收货处理能力均值（8h）	10000箱/天
日发货处理能力峰值（1h）	3500箱/天	日发货处理能力峰值（12h）	14000箱/天
日发货处理能力均值（8h）	1200箱/天	日发货处理能力均值（8h）	5000箱/天
		应急处理能力	8000箱

（三）货物入库/出库作业动线规划

烟叶和烟梗入库时，货车停在卸车月台区，把货物卸在入库暂存区，然后根据入库作业动线把烟叶和烟梗搬运至仓储区堆存；出库时，根据出库作业动线把烟叶和烟梗搬运至发货装车月台区，然后装车发货。

（四）意外业务需求应对策略

（1）突发性的大批量到货。对出现计划外的大批量到货的状况，可以利用场地中的空地进行密集存储，临时满足大批量到货状况，即根据烟叶箱的存储期限要求，压缩存期为3个月以下的堆头的间距、将箱头堆高增加到5层。

（2）下游紧急要货。针对烟草生产特点和业务模式，对于可能发生的下游卷烟厂的特殊订单而提出的紧急要货状况，设计专门的紧急出货流程，以满足快速出货要求。

（3）不可抗力。物流配送中心将根据事先制定的突发事件应对措施，搬移货物到园区外部的临时仓库。

（五）发生突发事件时各楼层的消防撤离策略

发生突发事件时，要使用3条消防楼梯紧急搬运烟叶/烟梗撤离库房，最大限度地保障财产安全、减少损失。

二、物流配送中心作业流程设计

（一）关键作业策略

（1）批次追踪策略。按照烟叶进货批次，进行全程批次跟踪管理。

（2）上架策略。从进货环节就严格执行烟叶"先进货就先出货"的策略。

（3）拣货策略。根据先进先出策略和保质期限策略进行拣货。

（4）存储策略。一种是ABC分类存储，按照烟叶等级严格区分存储；另一种是基于储位管理的编码规则进行存储。

（二）整体物流流程

整体物流流程由正向物流和逆向物流两大主线构成，正向物流包括进货流程、出货流程、盘点流程和整理流程；逆向物流主要是针对客户退货的处理流程。整体物流流程如图 5-16 所示。

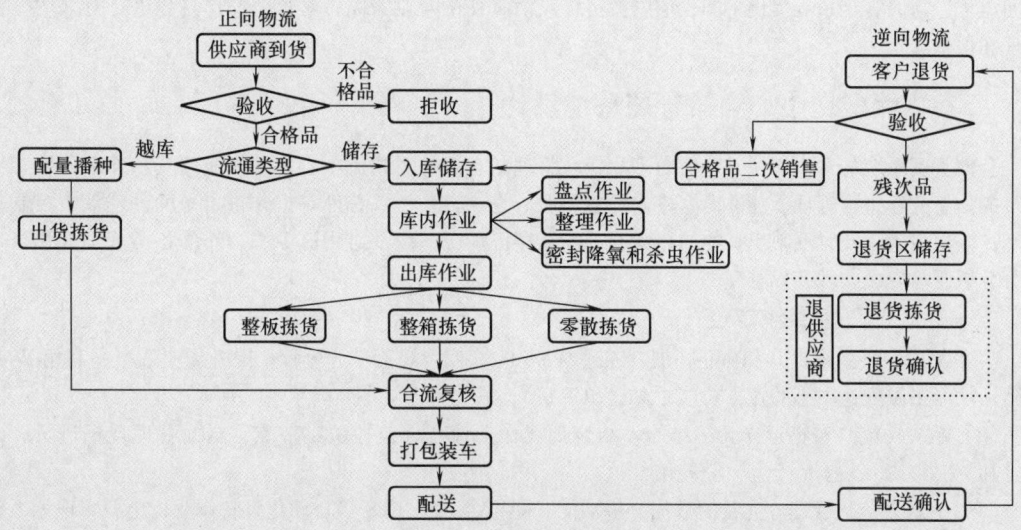

图 5-16　整体物流流程

（1）进货流程。进货单由系统内建或者通过数据接口承接各种类型的数据资料形成。可通过多种方式进行信息查看，并对整个进货作业流程，从到货→验收→验收单的打印→进货商品的入库自动或人工定位→储位入库单的打印→入库上架及回单，进行全程的控制管理及稽核。验收必须遵守以下原则：验单（检查有无准运证、合同，核对烟叶年份、产地、等级、品种、外包装、数量等）；抽磅核对重量。

（2）出货流程。出货单可由系统内建或通过接口承接各种外部系统的单据数据形成，同时支持一般出货和紧急出货等出货模式。出货数量可由系统预先进行出货定位试算，得出具体从哪些储位、出什么商品、数量多少的指令，操作人员根据指令进行拣货出货动作，无须任何人员对仓库内的商品布置情况死记硬背，减少操作人员的作业强度和难度。发备货前必须遵守以下抽检要求：对密封的烟叶（特殊情况除外）和上个年份的烟叶，每个等级按 5% 的比例进行抽检；对前 2 个烟季（年份）的烟叶，每个等级则按 5%～10%；对 3 个烟季（三年）的烟叶，要求全面检查和加工合格后才能发备货。

（3）盘点流程。盘点主要目的在于提高库存准确性。除了根据仓库活动（如货位拣货短缺）进行活动驱动式盘点之外，还可创建用户自定义盘点计划。通过仓储管理系统，可以获取详细的统计数据，可以快速了解盘点的进度、尚未完成的盘点、完成百分比和误差率等。盘点可由 RF 设备及/或表单纸张模式驱动。盘点同时也要按照要求对烟叶品质进行抽验。

（4）整理流程。由配送中心管理人员根据物流中心运作情况对配送中心进行整理，也可根据次日的待出货情况，进行库内整理动作，以保证第二天的出货商品的货源和出货的快速方便性。整理动作可由仓储管理系统根据设置好的规则策略进行自动试算，或人工进行指定。另可通过使用 RF 设备，从而最大限度地提高用户的生产效率和工作效率（提供一般库内整理、出货量库内整理、安全量库内整理等多种库内整理类型)。

(5) 退货流程。针对客户的退回商品,按照返配到货→返配验收→返配上架→退货或再次出货销售步骤进行。同时,针对供应商,可进行退货建单→退货下架→退货确认等一系列操作处理,实现商品的逆向流程。仓储管理系统提供了同正向物流一样灵活多变的规则策略,对整个操作过程进行有效的控制管理和稽核。

三、物流配送中心仓储管理系统设计

仓储管理系统的主要模块是仓储管理和作业管理,它们针对物流中心内部作业以及和外部各级相关系统的信息交互进行管理,能够对仓库内的货物收、发、存、调、移库等操作进行全面的建议、控制和管理;输出报表,及时反映出货物占用状况、收发存等情况,以及对物流中心运作的各类管理 KPI 指标进行分析管控等,实现高效管理。

(一)仓储管理系统定位

(1) 配送中心效率提升和功能拓展。通过 WMS 的管控,规范作业流程,提升作业效率;利用 WMS 的附加功能拓展配送中心的业务功能(如订单追踪);满足行业规范及要求。

(2) 系统功能与实物运作无缝结合。结合现场作业流程,监控关键节点;全面管理现场进货、出货、补货(移库)、退货、盘点等作业。

(3) 信息系统化管理。完善的数据分析功能,能结合 RF、DPS 等自动化设备作业,全面实现无纸化作业;提供详尽的作业报表和管理报表。

(二)仓储管理系统整体架构

供应商收到采购订单后,把烟叶送到烟叶物流配送中心;下游客户(卷烟厂)把需求发送给 SOA 物流平台,物流平台把订单信息发送到订单处理中心,处理中心进行订单分派;烟叶物流配送中心的仓储管理系统接到作业订单后,按照订单要求进行拣货配货,然后把烟叶和烟梗配送到下游客户。仓储管理系统通过 SOA 物流平台和订单处理中心的无缝连接,畅通了信息交流渠道,使烟叶物流配送中心能快速响应客户需求。

案例二 日本安藤(股)公司药品配送中心

随着消费者需求的多样化,许多人都在追求复杂化、高度化的物流,以信息处理为核心的物流体系逐渐成为企业经营的重要因素。为适应这一发展,以物流系统化为目标,构建以信息处理为核心的整体物流系统成为企业的当务之急。因此,医药用品综合商社的安藤(股)公司经过一年的构想,整理出新配送中心的基本构思及计划后,总结本身独有的医药品物流经验,配合富士通的系统整合经验及解决方案,于 1993 年 7 月成立新配送中心。

该配送中心占地面积 17900m^2,建筑面积 10300m^2。

该中心的营运货物种类繁多,包括在医院使用的各类专门医药品,从感冒药到营养剂等约有 17000 项。每天需处理的订单约 750 件,同时需发送至日本群马县内的 2400 间药店及医院。

富士制御(股)公司依据安藤(股)公司对配送中心的需求,从物流处理设备及物流控制的计算机系统的企划阶段开始,到构筑运用阶段为止,提供新配送中心的系统整合服务。

下面介绍有关安藤(股)公司新配送中心构筑的规划方法及设计理念。

第五章 配送中心规划

一、项目规划方法

安藤（股）公司的新配送中心从1990年1月起正式筹建，至新配送中心建成，共用时3年6个月。其中，着手规划新中心到认可实施计划的企划阶段约用时1年6个月。而新配送中心的建设工程/物流处理设备的制作、施工、测试/信息控制系统的软件开发/综合测试等的构筑阶段则耗时2年。

为进行本计划，安藤（股）公司自企划阶段起就与富士制御（股）公司签订了富士通配送中心管理规划咨询合同及可行性研究合同。同时，在配送中心的构筑阶段，签订物流系统设备及物流管理控制系统集成合同，以利于计划的实施推进。

而在项目推进之时，安藤（股）公司与富士制御（股）公司为了使工作顺利推行，特别规划特定人员参与此项目有效率的计划营运。

下面介绍实际计划的推进。

（一）企划阶段

高精确度的物流分析：在主计划阶段中，为达到最佳的物流系统基本设计，必须掌握高精确度的数据。这是物流分析中不可缺少的。在此次计划中，所承接品项高达17000种，需分析的资料数量相当庞大。因此，物流分析的目标是分析作业的效率及提供高精确度的数据。所以，安藤（股）公司内部计算机主机读取高峰时段的实际资料，运用本公司开发的FPG支援系统进行I-Q等分析，依此分析结果来确切掌握安藤（股）公司的物流特性，从而进行最恰当的基本设计工作。

可行性研究阶段：确切的能力评估及效果分析，从而确定物流系统的基本设计内容。本阶段的重点放在能力评估与效果分析上。

首先，在能力评估方面，从物流设备的运转率、库存轮换等的模拟分析结果来进行评估。另外，在效果分析方面，通过对现阶段中心的作业测定分析，了解到影响配送中心经济效益的重要因素是人事费用，同时依此结果，将目前中心的现状与新中心构筑后进行比较，并进行经济效果分析，再由此结果算出投资金额。

（二）构筑阶段

构筑阶段以WBS（工作细分结构化）方法进行计划管理。在构筑阶段中，对土建工程/物流处理设备的制作、施工、测试/信息控制系统的软件开发/综合测试等，由各供应商完成不同种类的各项作业。

因此，本计划采用WBS方法（将各供应商之间的作业，以时间为工程单位，细分各厂商需担任的工作）的目的，在于明确各供应商作业之间的合作与任务分担。借此WBS方法的计划管理，防止各供应商在作业当中产生相互之间在设计或工程方面的疏忽，从而能及早发现问题，并及早解决。

二、新配送中心的设计理念

（一）上级经营指导方针

由于安藤（股）公司对此配送中心的构筑抱有相当大的期望，上层经营者对新配送中心系统构筑事项的指示如下：

（1）面向21世纪物流业务的合理化。

（2）高频度/小量化的医药品的订货对应。

(3) 顾客服务品质的提升（快速响应 QR）。

为实现上述指导方针，公司强烈希望能依靠主机的订货系统与配送中心内的计算机管理相互对接，来构筑新配送中心系统。

（二）系统化的基本方针

为了实现高层经营者对配送中心的殷切期盼与需求，在决定系统化基本方针时，特别参考了其他公司的事例，同时与安藤（股）公司现有配送中心的现状做分析比较，再根据分析结果得出下述系统化基本方针：

（1）入/出库精确度的提升与先进的库存管理（自动仓库/条码的有效利用），采用订单拣货方式（采用数位拣货）。

（2）药店配送业务的自动化（货物补充的自动化）。

鉴于上述基本方针，根据案例研究结果，其他公司的医药品批发中，医院货物自动化补充案例很多。但因医院货物有其紧急特性，其配送方式不同于药店配送，所以决定针对药店推动库内业务自动化。

（三）系统化的重点

以此方针为基础进行重点研究，现采用小货量 I-Q 分析结果。I-Q 分析着重对药店配送（见图 5-17）及医院配送等货物的品类进行分析，因而筛选出以下系统化的重点：

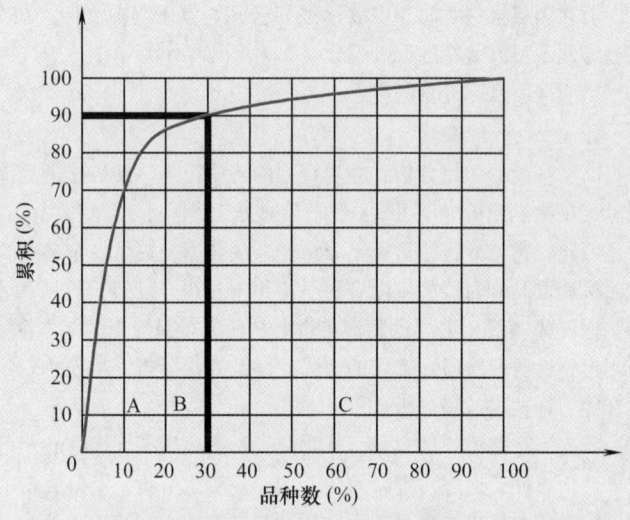

图 5-17 品类拣货 I-Q 分析

药店：
A 等级（高频度出货货物）：数位拣货 + 自动补充装置（自动仓库 + 天花板单轨自动搬运装置）。
B 等级（中频度出货货物）：少量拣货（台车方式）。
C 等级（低频度出货货物）：少量拣货。
医院：
A 等级（高频度出货货物）：数位拣货（台车方式）。
B 等级（中频度出货货物）：数位拣货（台车方式）。
C 等级（低频度出货货物）：少量拣货。

（四）新配送中心系统概要

在进行新配送中心的楼层排列设计时，针对配送给医院的货物，为能在紧急时迅速出货，将其配置在一楼，不进入自动仓库，货物置于触手可及之处；而配送至药店的货物则配置在二楼，A 等级货物在自动仓库内，利用自动补货的先进物流机械做货物自动补充；三楼则是总公司/事务所的空间，内设中庭，以创造舒适的楼层环境。配送中心的运作方式如表 5-14 所示，配送中心的货物处理与信息的关系如图 5-18 所示。

表 5-14 配送中心运作方式探讨

对　象	I-Q 分析结果		运 作 方 式
药店配送 库存资料：7800 品种 拣货资料：4300 品种 出库个数：43000 个/日	A 品种数：400 出库个数：30000 B 品种数：900 出库个数：8000 C 品种数：3000 出库个数：5000	A 管理品 B 管理品 C 管理品	自动仓库，补充自动化 货架＋拣货单＋台车
医院配送 库存资料：13000 品种 拣货资料：3400 品种 出库个数：4600 个/日	A 品种数：300 出库个数：3000 A 品种数：700 出库个数：900 A 品种数：2400 出库个数：700	A 管理品 B 管理品	自动化（计算机装置 台车方式）
		C 管理品	货架＋拣货单＋台车

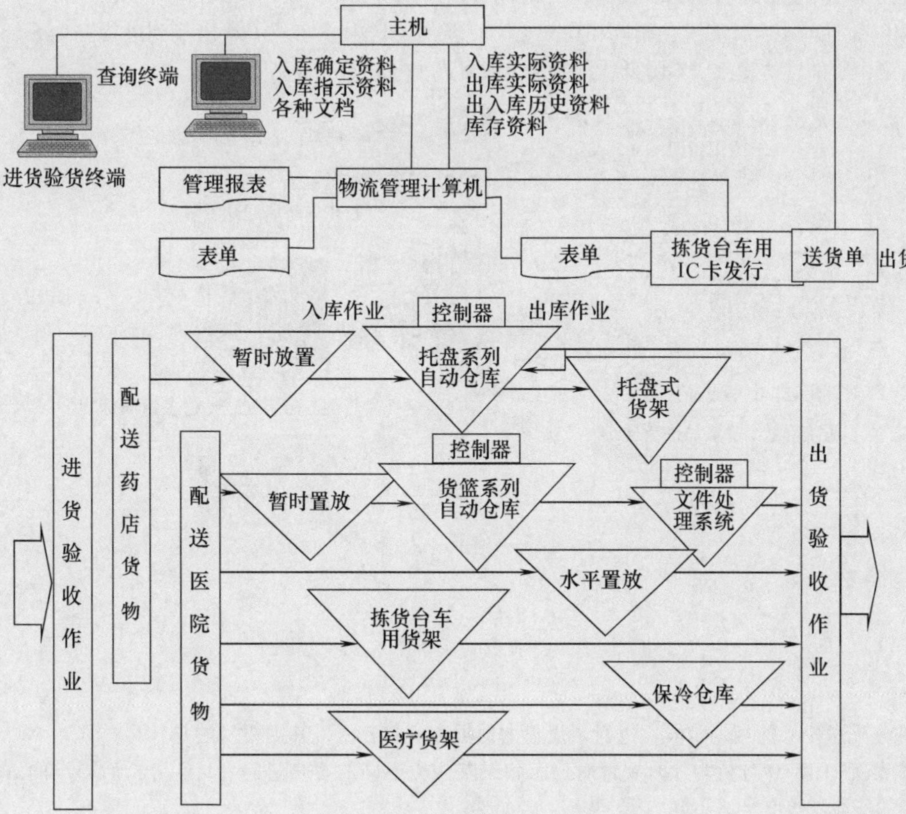

图 5-18 货物处理与信息的关系

新的配送中心主要通过指挥控制中心和信息中心两大部分进行管理。
1. 指挥控制中心的作用
（1）库存管理。
（2）入库管理（入库设定、入库作业指示、发行标签）。
（3）各计算机终端间的信息管理。
（4）控制设备、物流机械控制、文件处理系统的管理。
（5）查询/维护。
（6）库存和业务资料管理。
2. 信息中心
（1）供货管理（订货管理、进货验收管理、厂商管理、买入管理）。
（2）销售管理（接受订货管理、收货单、配送单发行、顾客管理、销售业务）。
（3）库存管理（分品种的总量库存管理、特殊品库存管理）。
（4）入出货实际管理。
（5）物流控制设施间的通信。

原配送中心作业需花费相当多的人力与时间，而新配送中心引入了自动仓库及各种物流机械设备（见图5-19），同时配合计算机控制。相比较之下，新的配送中心实现了从出货到进货完全无纸化的作业，使配送中心的整体物流成本降低，同时也节省了人力、物力，提高了效率。

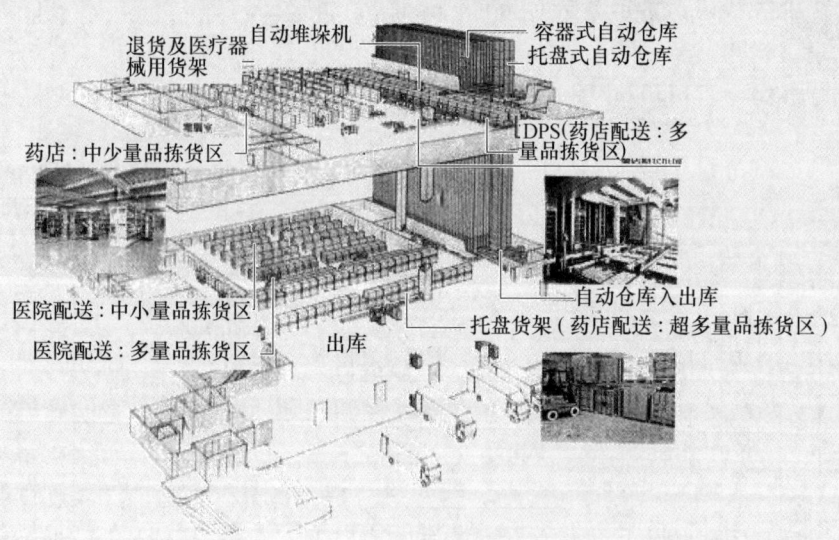

图 5-19 物流系统设备的构成示意图

思考题：
1. 在该配送中心的规划阶段，进行了大量的数据和资料分析，其主要目的是什么？
2. 本案例中，I-Q分析为什么要针对药店和医院两类不同的客户进行？I-Q分析后得出的 A、B、C 三类药品的作业特点有什么不同？
3. 本案例中，在进行配送中心内部布局时，考虑了哪些因素？

复习思考题

1. 简述配送中心规划的基本程序和内容。
2. 配送中心规模决策的依据有哪些?
3. 配送中心投资额由哪几部分组成?
4. 配送中心选址的主要影响因素有哪些?
5. 配送中心的主要功能有哪些?
6. 简述配送中心的基本作业流程。
7. 配送中心的作业区主要由哪几部分组成?存储区的布局方法有哪些?
8. 配送中心的分拣系统和巷道式堆垛机各由哪几部分组成?

第六章

配送绩效管理

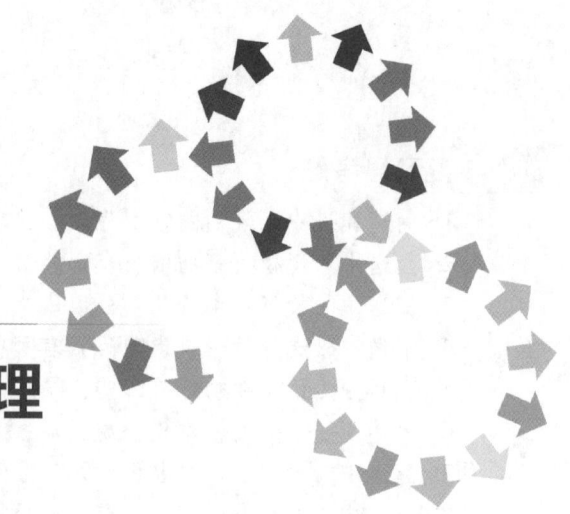

❋ 作用

绩效管理是配送管理的重要组成部分,是企业提升竞争实力、实现企业战略目标的重要管理手段。本章将绩效管理和配送管理相结合,应用绩效管理的理论,评价、指导和改进配送管理工作,提高配送工作的质量和服务水平。

❋ 关键

了解绩效管理的基本概念和理论,理解配送绩效管理的基本步骤,掌握配送作业的绩效管理、配送员工的绩效管理,掌握绩效管理中使用的主要绩效评价方法。

第一节 绩效管理概述

一、绩效及绩效管理的含义

1. 绩效

绩效来源于"performance"一词,最初应用于企业管理,中文也有译作业绩的。根据《韦伯斯特新世界词典》的解释,绩效的意思是:①正在执行的活动或已完成的活动;②重大的成就,正在进行的某种活动或者取得的成绩。因而,绩效既可以看作一个过程,也可以看作该过程产生的结果。

实际上,目前对"绩效"的定义还存在争议,没有统一,理论界对其定义和内涵众说纷纭。有的学者认为,绩效是反映人们从事某一活动所取得的成绩或成果。有的学者则认为,企业绩效可以从两个方面来解释:一种是以结果为导向的绩效,是指在特定的时间内由特定的工作职能或活动产生记录;另一种是以行为为导向的绩效,是指与企业目标有关的,可以按照个体的能力(即贡献程度)进行测量的行为或行动。

第六章　配送绩效管理

其实，绩效一词的范围很广泛。广义的绩效概念包括了组织绩效和个人绩效两个层次。绩效包含而完全不等同于以前或者说目前所实行的"效益评价"中的"效益"。它不仅注重经济效益，还注重包括社会效益在内的综合效益；不仅注重效益，还注重包括"效益"在内的"稳定、节约、效益和效率"的总体目标；而且，更重要的是，它既包括产出，也包括行为，注重结果的实现和过程的有效控制，而不仅是结果导向，注重事前控制、事中监督和事后评价的有机结合。表6-1是关于"performance"——绩效一词的英汉解释一览表。

表6-1　关于"performance"——绩效一词的英汉解释一览表

英 文 释 义	中 文 解 释
Something accomplished: deed, feat	已完成的事：成就，成绩
The ability to perform: efficiency	完成的能力：效率
A. the manner in which a mechanism performs B. the way in which someone or something functions C. the manner of reacting to stimulate D. behavior in which an organism engages in response to a task or activity which lead to results, especially to a result which modifies the environment in some way	A. 机制起作用的方式 B. 某人或某事起作用的途径 C. 对刺激的反应方式 D. 集体组织对能以某种方式改变环境的任务或活动进行反应的行为
A. the act of performing, or the start of being performed B. the fulfillment of a claim, promise or request implementation C. the execution of an action D. activity	A. 进行或实施某事的行为或过程 B. 要求、允诺或请求的满足和履行 C. 行动的完全过程 D. 活动
Linguistic behavior, contrasted with competence	与胜任度对比的语言表现度
A. the action of representing a character in a play B. a public presentation or exhibition C. the act or style of performing a work or role before an audience	A. 在戏剧中扮演角色的表演 B. 公开的演出或展出 C. 在公众面前完成某项任务或扮演某个角色的行为或风格

（资料来源：方振邦. 绩效管理[M]. 北京：中国人民大学出版社，2003.）

2. 绩效评价

绩效评价（Performance Measurement，PM）一词，或称"性能评价"，在某些文献中也将其译为"绩效考核"，是指运用一定的技术方法，采用特定的指标体系，依据统一的评价标准，按照一定的程序，通过定量、定性对比分析，对业绩和效益做出客观、标准的综合判断，真实反映现实状况，预测未来发展前景的管理控制系统。介绍绩效考核的文献大部分与员工的薪资相联系，这容易让这一概念狭隘化。其实，员工绩效考核只是企业或供应链绩效评价的一部分，是为促进绩效指标的责任化、激励员工的行为而进行的。绩效评价是一项有意义的实践活动，它是对某单位、某部门、某行业、某地区的某个时期的工作和建设事业所取得的结果，从成绩和效益方面进行客观评价。绩效评价是基于目标对运行结果进行衡量。其过程主要包括绩效指标的定义、分析和报告、评价和改进三部分。

3. 绩效管理

绩效管理（Performance Management）就是使用绩效评价信息来实现组织文化、体制、过程的积极变化，帮助组织设定一致的绩效目标，合理分配资源，分享绩效成效。绩效管理的本质就是通过绩效评价、评估和不断地指导，得到具有高工作动机和高工作素质的劳动力。绩效管理是管理组织绩效的过程，包括绩效计划、绩效改进和绩效考查三个子过程。绩效计划包括系统地阐述组织的预期目标和战略、定义绩效等；绩效改进是一个过程，包括业务过程重组、持续过程改进、标杆管理和全面质量管理等活动；绩效考查包括绩效衡量标准和评估。绩效管理是一个完整的系统，在这个系统中，组织、管理者和员工全部参与进来，管理者和员工通过沟通，将企业的战略、管理者的职责、管理的方式和手段以及员工的绩效目标等管理的基本内容确定下来，在持续不断沟通的前提下，管理者帮助员工清除工作过程中的障碍，提供必要的支持、指导和帮助，与员工一起共同完成绩效目标，从而实现组织的战略目标。

通过以上界定，不难发现绩效评价与绩效管理的区别：首先，绩效管理关注过程，而绩效评价关注结果。绩效管理是一个复杂的系统，它强调事先的预见和过程中的引领与指导，它的根本目的在于组织与个人全面绩效的提升；绩效评价只是绩效管理中的一个环节，更加关注最后的结果，并不重视对过程的控制，其着眼点是对过去绩效的总结。其次，绩效管理是一个紧密耦合的循环控制系统，为了全面管理系统的绩效，通过部署战略和策略来获得回馈；绩效评价则致力于评估组织或个人是否实现他们目标和战略。最后，绩效评价系统是一个信息系统，是绩效管理过程的核心，是绩效管理系统最关键的子集。具体地说，绩效评价只负责建立绩效评价体系，选择评价指标集、评价模型、评价方法，最后得出评价报告；绩效管理不仅包括所有的绩效评价的内容，还包括根据绩效评价的结果进行调整、优化业务流程，制定新的激励措施等内容，与供应链决策支持过程有功能交叉。

二、绩效管理的基本原则

在进行绩效管理时，应遵循以下原则：

1. 将过程管理和结果管理有机结合

绩效管理更加深刻的内涵在于过程，在于对行为的管理；而绩效评价的含义则相当局限，侧重于对结果的评价。在绩效管理工作中，如果仅仅实施和关注绩效评价这一个环节的工作,特别是仅关注结果,而不注重对过程的管理和评估,就容易使关注点出现偏差。绩效管理不仅强调结果导向,而且重视达成目标的过程。

2. 将短期目标与长远发展有机结合

从绩效管理实践来看,仅关注和追求短期财务指标、追求短期产出的行为,会带来对组织战略的长远发展和核心能力建设关注的不足,如品牌建设、客户服务、人才培养等各个方面;同样,仅强调管理过程中的某一个方面或矛盾的某个侧面,如客户、质量或流程等,都可能会在整体上妨碍组织实现更为远大的目标。因此,绩效管理强调用一种全面的、长远的、平衡的管理观点来代替任何具体的、短期的、单一的衡量尺度。

3. 将个体绩效与组织绩效有机结合

绩效包括个体绩效和组织绩效。通常人们将个体绩效理解为职务绩效,即限定在岗位说明书规定的范围之内的活动的绩效。但对组织绩效而言,对团队合作和创新做出巨大贡献的除了个体绩效,还应包括涉及职责范围外自愿从事的有利于组织和他人的活动的绩效,即周边绩效。绩效评价容易使员工过于单纯地关注个体绩效,对考核范围外的工作不够关注,而对组织绩效漠不关心。绩效管理就是要突破绩效评价的误区,将个体绩效和组织绩效有机结合起来,实现个体和组织的双赢。

三、绩效管理的基本步骤

绩效管理是一个完整的系统,可用工作流程图来表示这个系统中不同环节之间的关联,如图6-1所示。

绩效管理的过程通常被看作一个循环。这个循环的周期通常分为四个步骤,即绩效计划、绩效实施与管理、绩效评价以及绩效反馈。

1. 绩效计划

绩效计划是绩效管理流程中的第一个环节,发生在新的绩效周期开始时。制订绩效计划的主要依据是工作目标和工作职责。在绩效计划阶段,管理者和被管理者之间需要在对被管理者绩效的期望问题上达成共识。在共识的基础上,被管理者对自己的工作目标做出承诺。在这个环节中,管理者有一项至关重要的工作就是要设定关键绩效指标,这是在未来进行绩效考核的重要依据。

管理者和被管理者共同的投入和参与是进行绩效管理的基础。绩效管理是一项协作性的活动,由工作执行者和管理者共同承担。绩效管理的过程是连续的过程,而不是在一年内只进行一两次的活动。

2. 绩效实施与管理

制订了绩效计划之后,被评估者就要开始按照绩效计划开展工作。在工作的过程中,管理者要对被评估者的工作进行指导和监督,对发现的问题及时予以解决,并对绩效计划

配送管理

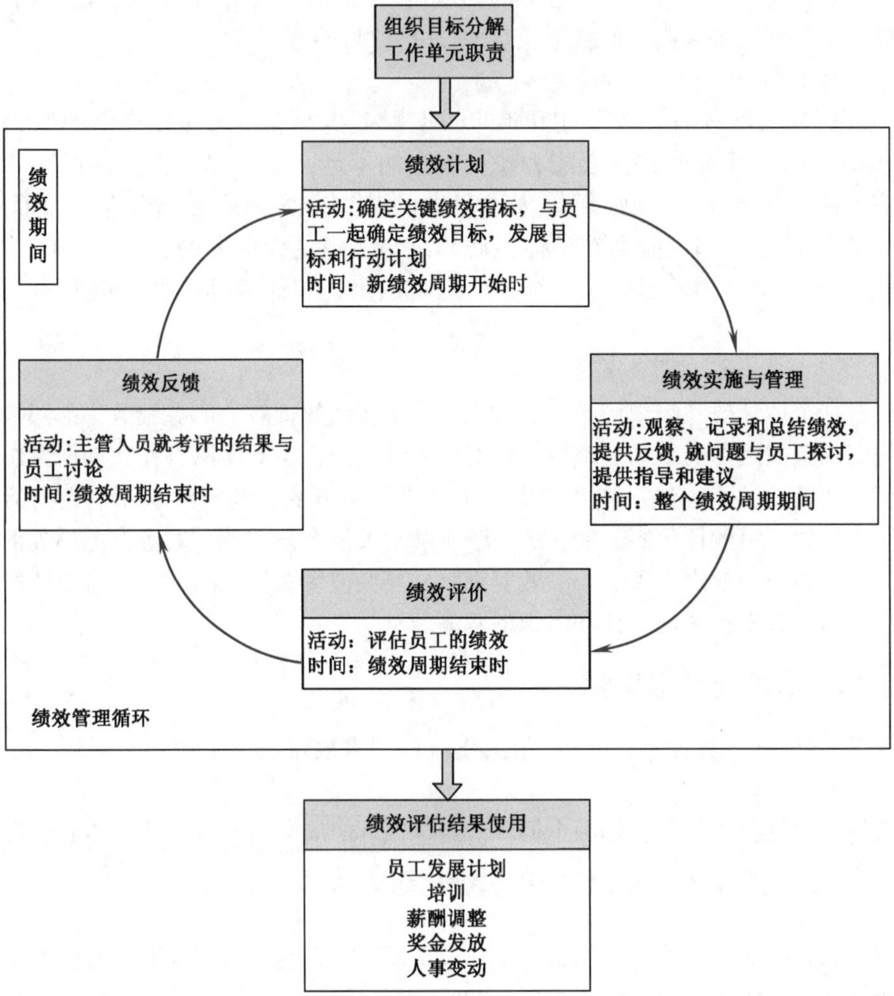

图 6-1 绩效管理工作流程

进行调整。绩效计划并不是在制订之后就一成不变了，而要随着工作的开展根据实际情况不断调整。在整个绩效管理周期内，都需要管理者不断地对员工进行指导和反馈。

3. 绩效评价

在绩效管理周期结束时，依据预先制订好的计划，主管人员对下属的绩效目标完成情况进行考评。绩效评价的依据，就是在绩效管理周期开始时双方达成一致意见的关键绩效指标。同时，在绩效实施与管理过程中，所收集到的能够说明被考评者绩效表现的数据和事实，可以作为判断被考评者是否达到关键绩效指标要求的证据。

4. 绩效反馈

绩效管理的过程并不是对绩效考评打出一个分数、给出一个结论就结束了，主管人员还需要向下属进行反馈。通过反馈，使下属了解主管对自己的期望，了解自己的绩效，认识自己有待改进的方面；下属也可以提出自己在完成绩效目标中遇到的困难，请求主管人员给予指导。

经过上面的四个环节，就完成了一个绩效管理的循环。作为对这个循环的一个必要补充，绩效评价结果的应用也是一个非常重要的环节。首先，绩效评价的结果可用于员工工作绩效和工作技能的提高，通过发现员工在完成工作过程中遇到的困难和工作技能上的差距，制订有针对性的员工发展计划和培训计划；其次，绩效评价的结果可以比较公平地显示员工对公司做出贡献的大小，据此可以决定对员工的奖励和报酬的调整。最后，通过员工的绩效状况，也可以发现员工是否适应现有职位，可根据员工绩效高于或低于绩效标准的程度，决定相应的人事变动，使员工能够从事更适合自己的职位。

第二节 配送作业绩效评价

配送作业的绩效评价作为配送绩效管理的主要环节，是总结配送作业成果，发现配送作业中的问题，并根据评价结果进行配送作业改进的重要工作。

一、配送作业绩效评价指标体系的确立

配送作业涉及配送计划的设计、配送作业过程的执行和配送效果的反馈等方面。对不同时期配送过程的效果进行评价，有助于企业分析实际经营水平，提高经营能力，进而增加企业以及整个供应链的整体效益。以往的配送只注重对配送活动某一个过程的评价，这就很难从整体去审视整个配送活动的综合效果。而配送作业绩效评价可从配送作业计划设计、过程执行和效果反馈三个阶段出发，分别建立不同的绩效评价指标，以建立完善合理的配送评价指标体系，如图 6-2 所示。

配送计划是对配送活动进行安排，其实质是对要达到的目标及途径进行事先确定，是配送活动的重要环节。配送计划的优劣主要体现在全局性、应变性和效益性三个方面。

配送流程的执行是配送服务的核心环节，执行的质量好坏关系到整体服务效果。配送作业流程的执行主要体现在配货和运输作业两个方面，其共同特征体现在作业的速度、作业能力的利用率、作业的一致性和作业的灵活性方面。

配送效果的反馈是配送活动的末端环节，处理好配送效果的反馈工作对于提高配送业务操作水平以及整体服务水平都有积极的意义。配送效果的反馈一般体现在顾客满意度、顾客市场份额递增率、从顾客处获得利润的综合值等方面。

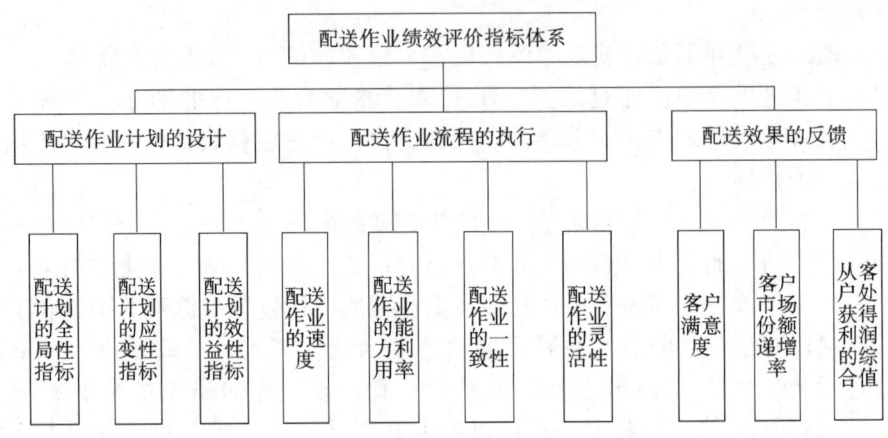

图 6-2 配送作业绩效评价指标体系

二、配送作业绩效指标体系的量化

（一）配送作业计划的评价

1. 配送计划的全局性指标

全局性是指配送计划必须符合配送整个业务流程的需要，而不是单一地满足某一方面的需要。为了便于评价，可利用功效系数法进行评价，将其指标分数化成 100 分制，计算公式为

$$全局性评价指标分数 = 60 + \frac{指标实际值 - 指标不允许值}{指标满意值 - 指标不允许值} \times 40$$

指标不允许值和指标满意值均可由决策者经过长期的实际运作分析而定。对于某一时期的配送计划绩效的评价，指标实际值由决策者根据这段时间内的计划进行分析而定。配送计划的全局性评价指标分数越高越好。

2. 配送计划的应变性指标

应变性是指当外界条件发生变化时，其计划能够较快地做出调整，以适应变化的要求。为此，可以采用功效系数法和比较尺度法进行评价，其指标值越大越好。配送计划应变性的比较尺度如表 6-2 所示。

表 6-2 配送计划应变性的比较尺度

应变性难易程度	很不容易	较不容易	不容易	稍不容易	一般	稍微容易	容易	较容易	十分容易
分数	1/9	1/7	1/5	1/3	1	3	5	7	9

当认为计划的应变性为容易时，对其进行打分，取值在 1~9：

$$应变性评价指标分数 = 60 + \frac{指标值}{9} \times 40$$

当认为计划的应变性为不容易时，对其进行打分，取值在 1/9 ~ 1：

$$应变性评价指标分数 = 60 + \frac{指标值}{1} \times 40$$

3. 配送计划的效益性指标

效益性是配送绩效评价的主要内容之一，配送的主要目的在于体现其效益性。可以采用盈亏平衡分析法对一个配送计划进行评价，具体计算公式为

$$效益性评价指标分数 = 60 + (\varepsilon_1 - 1) \times 40$$

$$\eta_1 = \frac{P_利}{C}, \quad \varepsilon_1 = \frac{\eta_1}{\eta_0}$$

式中　η_1——该计划的单位成本获利数；

η_0——企业长期统计的标准单位成本获利数；

$P_利$——该计划能够获得的利润；

C——该计划的总成本；

ε_1——该计划单位成本获利数与标准单位成本获利数的比值。

（二）配送作业流程的执行

1. 配送作业的速度性指标

可以采用配送系统对客户服务需求的平均响应时间进行衡量。设配送系统共有 N 种服务内容，对于第 i 类客户服务，配送中心在从接到第 j 个客户订单到送到客户手中这一整体活动中，所需的时间为 t_{ij}，那么第 i 类客户服务的速度性指标可以利用该种服务需要的平均时间 $\bar{t}_i$ 来衡量

$$\bar{t}_i = \frac{\sum_{j=1}^{N_i} t_{ij}}{N_i}$$

式中　N_i——第 i 类客户的总数。

2. 配送作业能力的综合利用率指标

作业能力是指某项作业在规定时间内（每小时、每天），员工进行正常作业程序时所能够完成的作业量。配送作业能力综合利用率是指配送企业进行配送活动时，其作业能力（包括运输能力、配货能力等）的综合利用率情况。设企业进行配送活动包括 N 项作业内容，对于第 i 项作业，假定经过长期的观测，其作业能力为 C_i，某一时期内该作业工序的平均配送作业量为 $\bar{C}_i$，则该作业工序的配送作业能力的利用率为

$$\theta_i = \frac{\bar{C}_i}{C_i} \quad (i = 1, 2, \cdots, N)$$

综合 N 项作业内容，配送作业能力综合利用率 θ 取所有工序能力利用率的最小值，即
$$\theta = \min(\theta_1, \theta_2, \cdots, \theta_N)$$

3. 配送作业的一致性指标

配送作业的一致性指标体现在配送活动在一定时期内准时交货并保证质量的次数占总交货次数的百分比。设在一个时段 t 内，准时保质交货的次数为 N_d，总交货次数为 N_t，则作业一致性指标 P_d 的计算公式为
$$P_d = \frac{N_d}{N_t}$$

4. 配送作业的灵活性指标

配送作业的灵活性指标主要体现在处理异常的客户服务要求的能力，以及当发生故障时恢复的可行性两个方面。其中，处理异常的客户服务要求的能力可以利用异常要求处理完毕数与异常要求需要处理数之比来衡量；故障处理能力可以用发生故障的标准恢复时间和实际恢复时间之间的关系来计算。配送作业的灵活性指标的计算公式为
$$k = \alpha k_1 + (1-\alpha) k_2$$

式中　k——作业灵活性指标值；

　　　k_1——处理异常客户服务要求的能力指标值；

　　　k_2——故障恢复的能力指标值；

　　　α——处理异常客户服务要求与故障恢复的能力相比的重要程度。若 $\alpha = 0.6$，表示异常客户服务要求在两者中占总的 60%，而故障恢复的能力则为 40%。α 的取值由决策者确定。

$$k_1 = \frac{异常情况处理完毕数目}{异常情况总需要处理数}$$

$$k_2 = \frac{\sum_{i=1}^{n} t_{i标} - \sum_{i=1}^{n} t_{i实}}{\sum_{i=1}^{n} t_{i标}}$$

$$k = 0.6 k_1 + 0.4 k_2$$

式中　$t_{i标}$——第 i 类故障标准恢复时间（由企业决策者确定）；

　　　$t_{i实}$——第 i 类故障实际恢复时间；

　　　n——故障总类数。

（三）配送效果的反馈

1. 客户满意度

满意度计算一般通过回访调查得到，即满意数与总调查数之比。为了使满意度的计算更加合理，把很满意数、满意数、基本满意数等统一折算成满意数。在实际中，可以用如

下公式来计算

$$客户满意度 = \frac{很满意数 \times 1.1 + 满意数 \times 1 + 基本满意数 \times 0.6}{样本总数} \times 100\%$$

2. 客户的市场份额递增率

客户的市场份额递增率用来评价物流企业客户的市场份额递增的情况，通常采用如下公式计算

$$\lambda = \frac{\beta_2 - \beta_1}{\beta_1}$$

式中　β_1，β_2——相同时间段 T 内的前期市场份额和本期市场份额；

　　　λ——市场份额增长率。

3. 从客户处获得利润的综合值

配送效果反馈中，要重视客户的交易利润。应当注意，有些客户尽管无利可图，但是若其有很大的增长潜力，则也不可忽视。如果是同企业交易多年仍然无利可图的客户，应尽快摆脱。因此，可将客户分为三类，分别是稳定的长期客户、有较大发展潜力的客户和无利可图的客户。从客户处获得利润的综合值的计算公式为

$$A = \left(\sum_{i=1}^{n_1} A_{1i}\right) \times 1 + \left(\sum_{j=1}^{n_2} A_{2j}\right) \times f_1 + \left(\sum_{k=1}^{n_3} A_{3k}\right) \times f_2$$

式中　　　　A——从客户处获得利润的综合值；

A_{1i}，A_{2j}，A_{3k}——分别表示稳定的长期客户中第 i 位客户的总利润值，有较大发展潜力的客户中第 j 位客户的总利润值，无利可图的客户中第 k 位客户的总利润值；

n_1，n_2，n_3——分别表示稳定的长期的客户总数，有较大发展潜力的客户总数，无利可图的客户总数；

　　　f_1——有较大发展潜力的客户的利润折算系数，由决策者确定，$f_1 > 1$；

　　　f_2——无利可图的客户的利润折算系数，由决策者确定，$0 < f_2 < 1$。

第三节　配送员工绩效评价

配送员工绩效评价即员工绩效考核，是指用科学的方法对集体或个人在某一段时期内的工作进行检验、评价并与标准核对的工作。员工的绩效考核是配送人力资源管理的一项重要工作。配送部门的主管应及时进行绩效考核，并将结果予以公布，让员工知道他们的工作做得如何，怎样做才是对的。这是规范员工岗位行为的必要方法。

一、配送员工绩效考核的原则

配送部门在进行绩效考核时，应遵守以下几项原则：

配送管理

1. 绩效考核应有统一标准

绩效考核必须公正才能有效，而公正的重要因素就是考核必须有正式规定的统一标准，不能以考核者的印象、好恶为考核依据。考核者必须预先制定出各岗位统一的考核标准。这种标准应通过对每一工作岗位的工作方法进行深入研究后制定而成，要尽可能量化、文字化，并通告所有将被考核的员工。同一岗位员工的工作成绩都由同一套标准来判定，这样考核才会令人信服。

2. 考核标准应体现不同岗位的特点

配送部门各岗位员工的工作内容和工作方法是不相同的。因此，制定考核标准的第一步就是科学地划分配送部门内存在的不同岗位，根据它们各自的特点分别制定不同的考核标准。

3. 要有确定的考核机制

对配送员工的考核不能随意进行。如果配送管理人员有时间则组织考核，没时间则长期疏于考核，考核工作就无法起到鞭策、激励员工的作用。因此，考核工作必须确定考核机制。它包括以下内容：

（1）考核工作多长时间进行一次。如果考核时间间隔太长，则容易侧重于员工的最近表现，而忽略他们的整体表现；如果考核时间间隔太短，则容易使烦琐的考核工作成为例行公事。因此，应根据员工在企业工作时间的长短以及不同的工作性质和不同的考核内容来确定考核时间。一般来说，配送员工的日常考核每月进行一次比较适宜，再配合进行半年考核、年考核，就会得到比较好的效果。

（2）由谁来进行考核。对配送员工的考核不能仅由配送主管一个人来进行，而应该由具有代表性的一组人来进行，这样能够保证考核的公正性。通常，这一组人中应包括被考核者的直接上级、主管、配送经理、员工代表等。

（3）考核方法的确定。首先，确定考核的信息来源。例如，对员工工作表现的评价是来源于员工个人的总结，还是同事的评语，抑或来自外界的反映。其次，考核是由全体员工讨论评定还是制定表格计分，或是累计员工的平日业绩，这些都必须事先确定，并让每一位员工明了。

（4）考核必须与奖惩相结合。考核的目的是使好的工作态度、工作方法得到宣传和效法，使不好的工作态度、不合乎要求的工作方法得到批评和纠正。考核只是达到这一目的的手段之一，必须结合相应的奖励和惩罚措施才能产生效果。

二、配送员工工作考核的基本内容

在配送员工工作考核中，主要应围绕员工所担当的工作结果及工作表现来进行，基本内容如图6-3所示。

配送过程的主要岗位有调度员、仓库管理员、营业代表、账务员、客服员等。这五

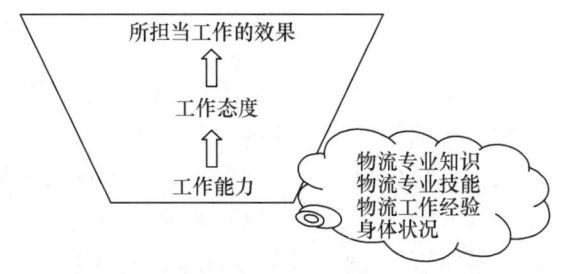

图 6-3　配送员工的考核内容

种岗位没有涵盖配送过程的全部岗位，但是这些岗位的工作人员数量占据配送员工总人数的 75% 以上。因此，配送员工绩效评价主要是对这些员工的绩效进行考核。

对配送员工工作考核可以包括客户、财务、内部管理、学习与发展四个方面。不同岗位员工的考核内容有相同之处。客户方面主要考虑客户满意度；财务方面主要考核员工的工作结果；内部管理方面主要考察员工的工作及服务态度、专业知识水平、团队精神及协调能力；学习与发展方面则考核员工的考试成绩和工作改善建议采纳情况。不同的岗位有不同的工作内容，对各岗位员工的考核内容也有所不同。对各岗位员工在财务方面考核的具体内容如表 6-3 所示。

表 6-3　各岗位员工在财务方面的具体考核内容

岗　位	考　核　内　容
调度员	货物积载率、配送达成率
仓库管理员	出货及时准确率、库存准确率、仓库管理合格率
营业代表	营业额预算达成情况、利润预算达成情况
账务员	出货单管理及时准确率、账务报表提供及时准确率
客服员	物流费用报表提报及时准确率、客诉处理成功率、回款预算达成率、部门费用预算达成率

三、配送员工工作考核的主要方法

1. 自我评定考核法

配送管理人员及负责考核的人员应将绩效考核的内容以问题的形式向员工提出来，让员工自己做出报告。这种方法为员工反思、总结自己过去所做的工作提供了机会。员工在经过系统地思考以后，可以比较容易地发现自己的成绩和存在的不足，甚至可以发现企业配送管理中存在的问题。因此，这种方法在绩效考核工作中应用比较广泛，并经常与为企业提合理化建议的工作一起进行。

自我评定考核法的局限性也是显而易见的。个人对自己的评价有时不够客观、全面，有时故意回避某些情况或问题，所以自我评定的结果并不能作为绩效考核的唯一标准。

2. 考绩面谈考核法

自我评定的方法虽然有一定的缺点，但它可以使配送管理人员事先研究员工对自己的工作成绩的看法，从而使考绩面谈取得最佳的效果。由于员工在自我评定报告中已反映出其最敏感的问题是什么，也鉴定出自己存在的弱点，因此，负责考核的配送管理人员可以在面谈中把精力集中在其他方面，而不需再重复其缺点。

为了使面谈能顺利进行，不出现离题、跑题等现象，配送管理人员应准备一份设计完善的考核表。表格的设计应取决于评定的目的，至少应包括以下内容：

（1）员工基本情况。例如，姓名、工作时间、担任的工作等。

（2）考评报告。内容包括知识、技能、知识应用能力、计划与组织能力、与他人共事的能力、指导他人的能力等。

（3）在本职岗位上的培训需求。

（4）潜能。

（5）职业发展需求。

（6）参考性工资期望值。

在进行面谈时，管理人员应注意不要发生以下情况：

（1）谈话仓促进行。这会让员工感到此事毫不重要，只不过是为了完成工作程序的一环而应付差事。

（2）事先预定谈话结果。面谈之前就把表格填好，谈话时以"印证自己的主观印象"为目的提问题，迫使接受面谈人"就范"。

（3）照表宣读，不用自己的语言解释评语。

（4）夸夸其谈或随意聊天。

第四节 配送管理中的绩效评价方法

绩效评价要建立绩效评价指标体系，选择绩效评价方法，最后得出评价报告。绩效评价有诸多评价方法可供使用，总体来说，绩效评价方法可分为两类：绩效评价指标体系构建方法（模型）和绩效评价数学方法。本节将对这两类绩效评价方法的主要原理进行简要介绍。

一、配送绩效评价指标体系的构建方法

（一）平衡计分卡（BSC）方法

平衡计分卡（Balanced Scorecard，BSC）方法又称BSC模型，最早于1992年由美国哈佛大学教授罗伯特·卡普兰（Robert Kaplan）与诺顿研究所最高行政长官大卫·诺顿

（David Norton）共同提出，并在随后的文献中得到进一步的丰富和发展。BSC 模型使用一套财务及非财务指标来描述整个组织的绩效。这个想法的初衷是将组织的战略与策略行动具体化，以创造组织竞争优势，将组织的战略和策略转换成绩效目标与绩效指标，作为战略衡量与管理体系的架构，重点考虑从不同的角度进行平衡测量与评价。BSC 模型的一个重要特征集中于组织战略业务单元，而且这些战略业务单元是以获得顾客满意度和体现股东价值为目标的。平衡计分卡在企业绩效评价中的研究与应用已经非常普遍。

BSC 模型从四个角度来评价组织的绩效，即财务、客户、内部业务流程及革新与增长。BSC 模型的框架如图 6-4 所示。

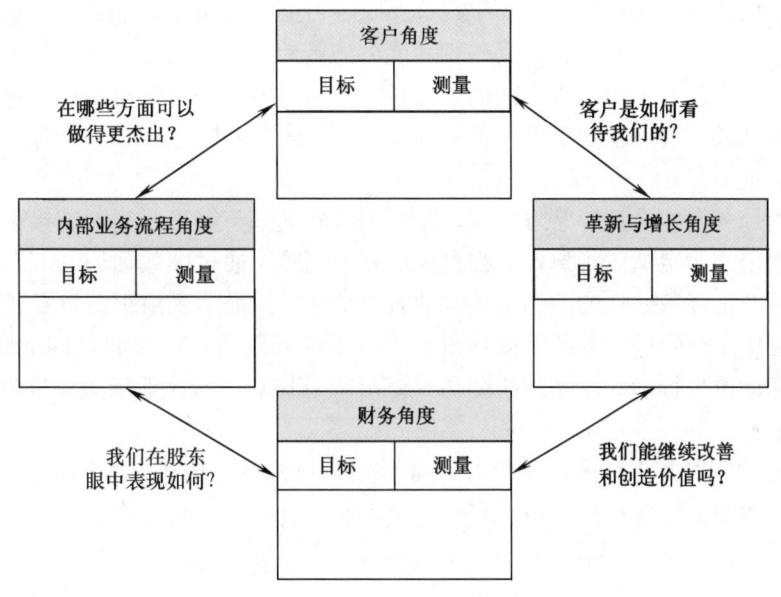

图 6-4　BSC 模型的框架

1. 财务角度（我们在股东眼中表现如何？）

财务角度的评价发展较成熟，常见的指标包括：①反映盈利能力的指标，如销售利润率、净资产收益率、总资产报酬率；②反映营运能力的指标，如存货周转率、流动资产效用比率、固定资产效用比率；③反映偿债能力的指标，如资产负债率、流动比率、速动比率；④反映企业发展能力的指标，如销售收入增产率、总资产增长率。

2. 客户角度（客户是如何看待我们的？）

降低运营成本、提高顾客满意度成为企业能否生存、发展的关键问题。客户角度的主要指标有：①反映客户满意的指标，如客户满意度、客户忠诚度、客户投诉率、客户获得率；②反映柔性的指标，如配送响应速度、交货柔性等；③反映可靠性的指标，如失去销售百分比、准时交货率、订单配送完成率；④反映配送质量的指标，如货损率、顾客抱怨解决时间。

3. 内部业务流程角度（在哪些方面可以做得更杰出？）

通过对配送流程进行评价，可以对整个配送过程进行改进。一般通过如下指标进行评价：①反映配送成本的指标，如配送成本、仓储成本、管理成本、信息成本；②反映配送满足客户需求能力的指标，如交货期提前、准时配送率、平均满意率；③反映配送业务流程的指标，如服务循环期等。

4. 革新与增长角度（我们能继续改善和创造价值吗？）

革新与增长角度的指标包括：①反映成长能力的指标，如总资产增长率、净资产增长率、营业利润增长率、税后利润增长率；②反映学习能力的指标，如员工建议增长率、员工培训增长率、人力资本比率；③反映创新能力的指标，如新服务产品收益比率。[1]

平衡计分卡不仅提供过去成果的财务性指标，同时兼顾以客户角度、内部业务流程角度以及革新与增长角度为基础的非财务性绩效指标，来弥补财务性绩效指标的不足，以提升未来的财务绩效。

通过平衡计分卡的设计，管理者能清楚组织战略远景与策略，沟通连接策略目标与衡量的基准，规划与设定绩效指标，并在目标展开的同时，通过绩效面谈、双向沟通来调整行动方案，以及加强策略性的反馈与持续的教育训练，从而达到组织绩效发展的目标。

BSC 方法用于对配送业务的绩效评价，可以发现问题所在，并将新的战略付之量化，从而采取实际的改进行动。以某配送公司 S 公司运用 BSC 进行企业绩效评价为例，其具体实施流程如下：

（1）战略目标及指标体系的确定。平衡计分卡的关键是将战略目标转化为实际行动。首先将公司的战略目标分解成财务、客户、内容业务流程、革新与增长四个部分，然后逐层分解成各个具体的指标体系，如表 6-4 所示。

表 6-4　战略目标解释及分解

第一层指标	战略目标	第二层指标
财务	● 利润增长	利润边际
		收入/员工
		市场份额
		投资回报率

---

[1] 马丽娟. 供应链绩效评价与平衡计分卡[J]. 商场现代化，2007（13）.

（续）

第一层指标	战略目标	第二层指标
客户	• 更高的客户满意度	客户满意度
		投诉数目
		投诉限额
内部业务流程	• 改进管理流程 • 改进配送系统 • 降低库存成本	及时交货率
		缺陷的数目
		库存成本
		存货周转率
		流程效率
		质量指数
革新与增长	• 应用电子商务的可能性 • 提高合作项目中的员工满意度 • 联盟的市场战略	总资产增长率
		新技术应用率
		人力资本比率
		新服务产品收益比率

（2）平衡计分卡的数据处理过程。建立平衡计分卡以后，可以根据有关的历史数据对设定的各项指标进行计分，反映企业财务、客户、内部业务流程、革新与增长四个方面的业绩状况和发展趋势，以及企业的总体业绩状况和发展趋势。这个过程的关键在于如何计算平衡计分卡各项指标的分值。企业可以按以下几个步骤计算指标的分值：

1）建立指标体系，设计相应的指标体系表。

2）收集定量数据，进行无量纲处理。把不同计量单位的指标值进行无量纲处理，同时把算得的数据填入表 6-5 的 [4] 栏中。

3）计算定性数据。根据定性指标设计调研问卷，并对调研问卷的结果进行处理，把数据填入表 6-5 的 [4] 栏中。

4）确定权重。通过专家打分法确定两个层次各个指标的权重，并把第二层和第一层指标的权重数据分别填入表 6-5 的 [5] 栏和 [2] 栏中。

5）计算单项指标分。先从第二层指标倒推出第一层指标，如表 6-5 所示。第一层指标值 [6] = [4] × [5]，然后计算 [7] = [2] × [6]。

6）计算平衡计分卡总分值。将四个方面指标的分值 [7] 加总，得到企业的综合业绩分值 [8] = ∑[7]。

7）把上述求得的值填入平衡计分卡中，如表 6-6 所示。

表 6-5 平衡计分卡数据计算过程表

[1]指标	[2]第一层权重(%)	[3]第二层指标	[4]第二层指标值	[5]第二层权重	[6]第一层指标值	[7]指标分值	平衡计分卡值
财务		利润边际					
		收入/员工					
		市场份额					
		投资回报率					
客户		客户满意度					
		投诉数目					
		投诉限额					
内部业务流程		及时交货率					
		缺陷的数目					
		库存成本					
		存货周转率					
		流程效率					
		质量指数					
革新与增长		总资产增长率					
		新技术应用率					
		人力资本比率					
		新服务产品收益比率					
总计	100%				100%		

表 6-6 平衡计分卡

S 公司的平衡计分卡							
起始时间：				终止时间：			
指标	本月		实际值/预算值（%）	累计		实际值/预算值（%）	
	实际值	预算值		实际值	预算值	
财务						
客户						
内部业务流程						
革新与增长						
平衡计分卡值						
经理人员的评价						

（3）平衡计分卡的数据分析。在进行绩效评价时，必须注重考察一些关键指标，尤其是一些波动较大的第一层指标，进一步考察该第一层指标下的第二层指标，也就是考察平衡计分卡各指标的因果关系，如图6-5所示。假如得到的客户指标波动较大，就要对客户满意度进行考察。

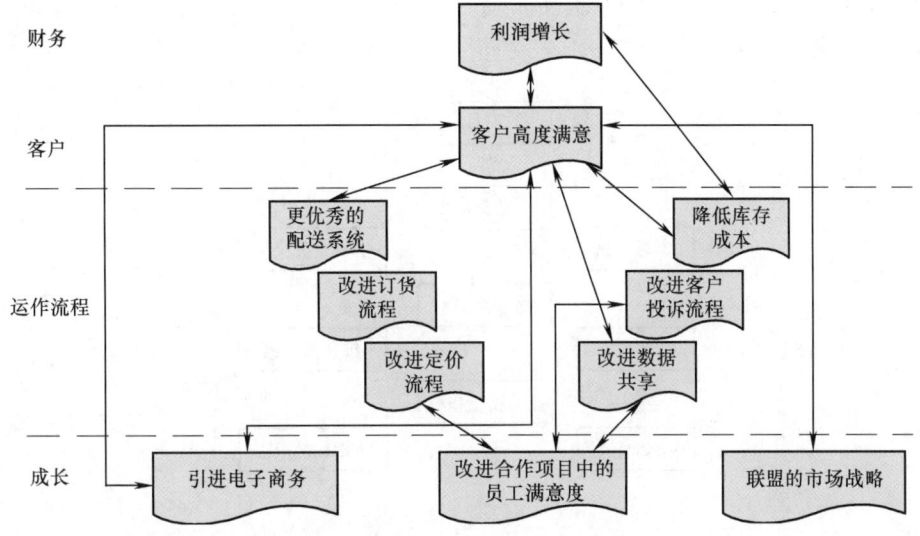

图6-5 平衡计分卡各指标的因果关系图

（二）关键绩效指标（KPI）方法

关键绩效指标（Key Performance Indicator，KPI）方法是组织绩效考核的方法之一。KPI是一种目标式量化管理指标，通过对组织内部流程的输入端、输出端的关键参数进行设置、取样、计算、分析来衡量流程绩效，是把组织的战略目标分解为可操作的工作目标的工具，是企业绩效管理的基础。KPI是用于衡量工作人员工作绩效表现的量化指标，是绩效计划的重要组成部分。关键指标必须符合SMART原则，即具体性（Specific）、衡量性（Measurable）、可达性（Attainable）、现实性（Realistic）和时限性（Time-based）。

KPI方法的特点如下：

（1）KPI方法将考核工作的主要精力放在关键结果和关键过程上，是对重点经营活动的衡量，而不是对所有操作过程的反映。

（2）作为衡量各职位工作绩效的指标，关键绩效指标所体现的衡量内容最终取决于组织的战略目标。

（3）KPI是组织上下认同的。关键绩效指标不是由上级强行确定下发的，也不是由本职职位自行制定的，它的制定由上级与员工共同参与完成，是双方所达成的一致意见的体现。

（4）KPI 随组织战略目标的发展演变而调整。当组织战略侧重点转移时，KPI 必须予以修正以反映组织战略新的内容。

因此，KPI 是对真正驱动组织战略目标实现的具体因素的发掘，是组织战略对每个职位工作绩效要求的具体体现。KPI 体系的建立是对组织战略目标的进一步细化和发展，其建立过程在于计划性、流程性和系统性。

KPI 体系建立流程如图 6-6 所示。

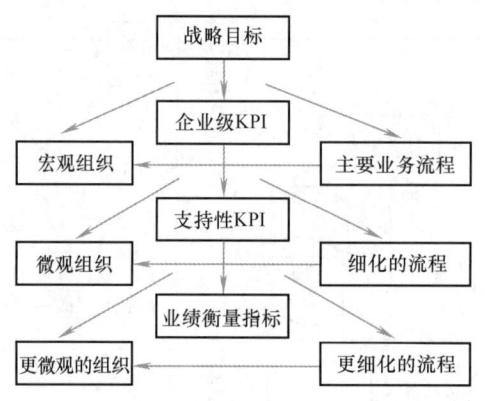

图 6-6　KPI 体系建立流程图

（1）明确组织的战略目标，在组织会议上利用头脑风暴法和鱼骨分析法找出组织的业务重点，即组织价值评估的重点。

（2）用头脑风暴法找出关键业务领域的关键绩效指标（KPI），即企业级 KPI。

（3）部门主管依据企业级 KPI 建立部门级 KPI，并对相应部门的 KPI 进行分解，确定相关的要素目标，分析绩效驱动因数（技术、组织、人），确定实现目标的工作流程，以便确定评价指标体系。

（4）部门主管和部门的 KPI 人员一起再对 KPI 做进一步细分，分解为更细化的 KPI 及各职位的业绩衡量指标。

（5）设定评价标准，并对关键绩效指标进行审核。

信息技术的发展，特别是电子商务，带来了对配送的巨大需求。相对于传统的配送服务 KPI 体系，信息技术下的第三方配送服务 KPI 体系要多一些新的指标。基于信息技术的配送指标体系可以从以下几个方面着手：①订单系统，是指第三方配送企业接受并进行订单处理的系统；②运输系统；③服务水平；④查询系统，这是信息技术下的第三方物流配送中特有的一项指标；⑤绿色系统，是指在物流过程中抑制对环境与资源造成危害的同时实现对物流环境的净化，使物流资源得到充分利用；⑥信息系统。这六个方面中，每个方面展现出的具体指标如表 6-7 所示。

表6-7 第三方配送指标体系的基本构成

支持性 KPI	订单系统	运输系统	服务水平	查询系统	绿色体系	信息系统
业务衡量指标	订单处理的及时性	货物运输路线安排	及时性	网站响应速度	配送车辆的油耗	电子通关
	订单延迟率	运输方式	弹性（柔性）	网页设计（引导、直接）	运输车辆尾气排放量	条形码技术
	信息准确性	车辆分配情况	可靠性	数据库完整性	运输车辆噪声	在线货运信息系统
	订单差错率	在途物品破损率	客户满意度	资料的及时更新	及时配送（JIT）	GPS 卫星定位系统
	紧急订单响应率	在途运输时间	便利性		物品的包装物	
		费用管理	货物保险			
		承运商管理				
		运输准点				

上述 KPI 体系构成一个关于第三方配送服务全方位的评价体系，物流企业可以根据这些指标来衡量自身的配送服务能力，修正自身存在的不足之处。

二、配送绩效评价的数学方法

1. 层次分析（AHP）方法

层次分析（Analytic Hierarchy Process，AHP）方法是一种相对比较完善、计算简便，适合多目标、多准则的系统评价方法。AHP 是美国运筹学家萨蒂（T. L. Saaty）在 20 世纪 80 年代初创立的。它综合定量与定性分析，将人的思维条理化、层次化，对各备选方案按优劣进行排序，具有实用性、系统性、简洁性的特点。

AHP 方法解决问题的基本思路是：首先将需要分析的问题层次化，根据问题的性质和要达到的总目标将问题分解为不同的组成因素，按因素间的相互关联影响以及隶属关系将因素按不同层次聚集组合，形成一个多层次的分析结构模型，并最终把系统分析归结为最低层相对于最高层（总目标）的相对重要性权值的确定或相对优劣次序的排序问题。它体现了决策思维的基本特征：分解、判断、综合，具有系统性、综合性与简便性的特点。AHP 的关键环节是建立判断矩阵。判断矩阵是否科学、合理直接影响到 AHP 的效果。

完整的 AHP 方法包括三个步骤：根据研究对象和研究目标建立层次结构模型；构造判断矩阵并计算指标权数；对评价指标进行无量纲处理，计算各评价对象的综合评价结果。详细的步骤这里不再赘述。

使用 AHP 方法对配送进行评价，其评价指标体系包括：

（1）配送安全指标。它主要是指所配送货物在流通过程中的安全，即保证其完整、无破损、无消耗，包括货物损坏率、客户满意度等指标。

（2）配送效率指标。它主要是指配送时间及配送车辆满载率，其中，配送时间包括在途时间、仓储时间、装卸搬运时间、检验检疫时间。

（3）配送成本指标。它主要是指由于配送及相关活动而产生的配送费用，包括单位货物的平均配送成本和吨公里成本两个方面。

（4）配送柔性指标。它主要体现在配送系统处理异常配送需求的能力以及当发生故障时恢复的可行性两个方面，其中，处理异常配送需求的能力可以利用异常要求处理完毕数与异常要求需要处理数之比来衡量。

2. 数据包络分析（DEA）方法

数据包络分析（Data Envelopment Analysis，DEA）是数学、运筹学、数理经济学和管理科学的一个新的交叉领域。它是查恩斯（A. Charnes）和库珀（W. W. Cooper）等人以相对效率概念为基础，于1978年研究出来的一种效率评价方法。DEA 使用数学规划（包括线性规划、多目标规划、具有锥结构的广义最优化、半无限规划、随机规划等）模型评价具有多个输入、特别是多个输出的"部门"或"单位"，也称为决策单元（Decision Making Unit，DMU）间的相对有效性（称为 DEA 有效）。使用 DEA 对 DMU 进行横向效率评价，不仅可以获知 DMU 的有效性（是否达到最大输出或资源充分利用），还可以利用 DEA 的"投影原理"进一步分析各个决策单元非 DEA 有效的原因（即优化方向），从而为管理者提供更多的管理决策信息和绩效改进的依据。

DEA 是将一个经济系统或一个生产过程看作一个实体（一个单元），在一定可能的范围内，通过投入一定数量的生产要素并产出一定数量的"产品"的活动，再由众多 DMU 构成被评价群体，通过对投入或产出比率的分析，以 DMU 的各个投入或产出指标的权重为变量进行评价运算，确定有效生产前沿面，并根据各 DMU 与有效生产前沿面的距离状况，确定各 DMU 是否 DEA 有效，同时还可用投影方法指出非 DEA 有效或弱 DEA 有效 DMU 的原因及应改进的方向和程度。

DEA 方法特别适用于评价具有多个输入与输出的复杂系统。因为它具有以下特点：

（1）各输入、输出向量对应的权重是通过效率指数进行优化来决定的，从最有利于决策单元的角度进行评价，从而避免了确定各指标在优先意义下的权重。

（2）假定每个输入都关联一个或多个输出，而且输入输出之间确实存在某种关系。DEA 方法不需要确定这种关系的明确表达式。这有利于处理输入输出权重信息不清楚的问题，同时也排除了很多主观因素，因而具有很强的客观性。

（3）DEA 方法强调在被评价单元群体条件下的有效生产前沿的分析，而不像传统的统计模型着眼于平均状态的描述，从而使研究结果更理想。

(4) DEA 方法致力于每个 DMU 的优化。

(5) DEA 方法可直接采用统计数据进行计算，简明易操作。

3. 模糊综合评价方法

模糊数学理论是 20 世纪 60 年代由查德（L. A. Zadeh）首先提出的。模糊数学理论可采用精确的数学方法来描述模糊性现象。目前，模糊集合论在各个领域的应用已经十分广泛，如设计方案的模糊综合评价、用模糊综合评定方法评定企业的经济效益等。

模糊综合评价方法是以模糊数学为基础，将边界不清、不易定量的因素定量化，进行综合评价的一种方法。在配送绩效评价问题中，其评价指标有些可以通过统计法统计，有些则只能用专家评价法，既存在定量指标，也存在定性指标。模糊综合评价方法有单因素模糊评价和多层次模糊评价。对于供应链管理环境下的配送绩效评价，应采用多层次模糊评价。

在复杂的系统中，对某一事物进行评判，需要考虑的因素很多。因素间有不同的层次，因而对诸因素的权重分配将会出现困难，这时可以使用多层次的模糊综合评价。

其一般步骤包括：构造绩效评价指标体系，建立模糊综合评价因素集，计算评价指标的特征值矩阵，确定隶属关系，建立模糊评价矩阵，给定各级指标层权重，建立评价等级集，进行模糊矩阵的运算，得到模糊综合评价结果。

4. BP 神经网络

学者鲁姆哈特（Rumelhart）和麦克利兰（McClelland）以及他们的同事洞察到神经元网络在信息处理方面的重要性，尽管明斯基（Minsky）和派珀特（Papert）指出单层感知器的局限性，但他们仍坚持不懈地研究，于 1982 年成立了 PDP 小组，研究并行分布式信息方法，探索人类认知的微结构。1986 年，鲁姆哈特、辛顿（Hinton）和威廉姆斯（Williams）完整而简明地提出一种 ANN 的误差反向传播训练算法（简称 BP 算法），系统地解决了多层网络中隐含单元连接权等学术问题，并对其能力和潜力进行了探讨。帕克尔（Parker）在 1982 年也提出过同样的算法。后来才发现韦博斯（Werbos）早在 1974 年的博士论文中曾提出过有关 BP 算法及其几种变形，但未引起注意。

误差反向传播算法的主要思想是把学习过程分为两个阶段：第一阶段（正向传播过程），给出输入信息，通过输入层经隐含层逐层处理，并计算每个单元的实际输出值；第二阶段（反向过程），若在输出层未能得到期望的输出值，则逐层递归地计算实际输出与期望输出之差（即误差），以便根据此误差调节权重。具体地说，就是对每个权重计算出连接单元的误差值与发送单元的激活值的积。因为这个积和误差对权重的微商成正比（又称梯度下降算法），把它称作权重误差微商。权重的实际改变可由权重误差微商一个模式一个模式地计算出来，即它们可以在这组模式集上进行累加。

反向传播算法有两种学习过程，这是由于在求导运算中假定所求的误差函数的导数是所有模式的导数和，则权重的改变方式就有两种：一种是对提供的所有模式的导数求和，再改变权重（即训练期的学习方式）。具体地说，就是对每个模式计算出权重导数，直到该训练期结束时才累加，此时才计算权重变化 $\Delta\omega_{ij}$，并把它加到实际的权重数组上，每个周期只做一次。由于权重的修正是在所有样本输入后，计算其总的误差后进行的，因此称为批处理。批处理修正可以保证其 $E_{总}$ 向减小方向变化，在样本数多的时候，它比分别处理的收敛速度快。另一种是在计算每个模式的导数后，再改变权重并求导数和（即模式学习方式）。具体地说，就是每处理一个模式就计算出该模式的权重误差导数，更新 $\Delta\omega_{ij}$，在处理下一个模式之前就把 $\Delta\omega_{ij}$ 加到原来的权重 ω_{ij} 上。如果学习速率小，那么这两种做法没有多少差别；若模式的集合可能非常大，那么每处理一个模式就修正权重的做法就比较合适。

A 市烟草公司物流配送满意度模糊评价

A 市烟草公司现有卷烟零售户（客户）20000 多户，年销量约为 20 万箱。该烟草公司原先的配送模式是"一库、两点、三中转站"，地方分散，设施陈旧，效率低下，是典型的仓储式传统运作模式。随着行业改革，A 市提出了"加速由传统商业向现代流通转型"的战略目标，正式拉开了 A 市烟草打造现代物流配送体系的序幕。目前，A 市物流配送体系的构架是：全市只设立一个配送中心，县（市）公司不再承担主要的物流职能，由配送中心的送货线对全市零售户进行送货，实行统一收货、统一存储、统一分拣、统一送货、统一结算和统一管理的"一级配、一级送"运作模式。

一、运用层次分析法确定所有评价指标的权重

根据层次分析法设计调查表，然后请重要客户及有关专家填写，综合处理所得的结果来获取所有评价指标的权重。客户满意度评价指标体系的二级指标从可靠性、响应性、情感性、实体性四个方面来考核，各指标的相对重要程度如表 6-8 所示。

表 6-8 客户满意度评价指标的相对重要程度

客户满意度评价指标体系	可靠性	响应性	情感性	实体性
可靠性	1	9	9	8
响应性	1/9	1	2	1
情感性	1/9	1/2	1	1/5
实体性	1/8	1	5	1

其中，得分为 1 表示两个指标对客户满意度同等重要；得分为 3 表示两者相比，其中一个指标相对于另一个指标对客户满意度略微重要；得分为 5 表示两者相比，其中一个指标相对于另一个指标对客

满意度重要;得分为 7 表示两者相比,其中一个指标相对于另一个指标对客户满意度很重要;得分为 9 表示两者相比,其中一个指标相对于另一个指标对客户满意度绝对重要;相邻两程度中间的 2、4、6、8 用于对客户满意度打分需要折中时候。

每个二级指标各自具有三级指标:可靠性评价指标包括送货准确性、卷烟完好性、结算正确性;响应性评价指标包括订单响应时间、投诉响应时间、事故处理速度;情感性评价指标包括个性化服务、倾听客户态度、信息反馈速度;实体性评价指标包括企业公众形象、服务人员素质、硬件设施设备。专家对各指标的重要性打分如表 6-9 所示。

表 6-9 三级指标重要性

可靠性评价指标	卷烟完好性	送货准确性	结算准确性
卷烟完好性	1	5	9
送货准确性	1/5	1	4
结算准确性	1/9	1/4	1
响应性评价指标	订单响应时间	投诉响应时间	事故处理速度
订单响应时间	1	3	1/4
投诉响应时间	1/3	1	1/5
事故处理速度	4	5	1
情感性评价指标	个性化服务	倾听客户态度	信息反馈速度
个性化服务	1	7	5
倾听客户态度	1/7	1	1/2
信息反馈速度	5	2	1
实体性评价指标	企业公众形象	服务人员素质	硬件设施设备
企业公众形象	1	1/7	1/2
服务人员素质	7	1	8
硬件设施设备	2	1/8	1

计算各指标对总目标的权重。各二级指标对总目标的权重如表 6-10 所示。

表 6-10 客户满意度二级指标权重

客户满意度评价指标体系	可靠性	响应性	情感性	实体性	W_i
可靠性	1.0000	9.0000	9.0000	8.0000	0.7264
响应性	0.1111	1.0000	2.0000	1.0000	0.0988
情感性	0.1111	0.5000	1.0000	0.2000	0.0467
实体性	0.1250	1.0000	5.0000	1.0000	0.1280

注:判断矩阵一致性比例:0.0852;对总目标的权重:1.0000;$\max\lambda = 4.2275$。

可靠性中,各项指标对可靠性的权重如表 6-11 所示。

表 6-11 可靠性

可 靠 性	卷烟完好性	送货准确性	结算准确性	W_i
卷烟完好性	1.0000	5.0000	9.0000	0.7429
送货准确性	0.2000	1.0000	4.0000	0.1939
结算准确性	0.1111	0.2500	1.0000	0.0633

注:判断矩阵一致性比例:0.0825;对总目标的权重:0.0988;maxλ:3.0858。

响应性中,各项指标对响应性的权重如表 6-12 所示。

表 6-12 响应性

响 应 性	订单响应时间	投诉响应时间	事故处理速度	W_i
订单响应时间	1.0000	3.0000	0.2500	0.2255
投诉响应时间	0.3333	1.0000	0.2000	0.1007
事故处理速度	4.0000	5.0000	1.0000	0.6738

注:判断矩阵一致性比例:0.0685;对总目标的权重:0.7264;maxλ:3.0713。

情感性中,各项指标对情感性的权重如表 6-13 所示。

表 6-13 情感性

情感性	个性化服务	倾听客户态度	信息反馈速度	W_i
个性化服务	1.0000	7.0000	5.0000	0.7396
倾听客户态度	0.1429	1.0000	0.5000	0.0938
信息反馈速度	0.2000	2.0000	1.0000	0.1666

注:判断矩阵一致性比例:0.0136;对总目标的权重:0.0467;maxλ:3.0142。

实体性中,各项指标对实体性的权重如表 6-14 所示。

表 6-14 实体性

实 体 性	企业公众形象	服务人员素质	硬件设施设备	W_i
企业公众形象	1.0000	0.1429	0.5000	0.0852
服务人员素质	7.0000	1.0000	8.0000	0.7855
硬件设施设备	2.0000	0.1250	1.0000	0.1293

注:判断矩阵一致性比例:0.0735;对总目标的权重:0.1280;maxλ:3.0764。

二、运用模糊综合评价法计算客户满意度

1. 调查方法及问卷设计

A市烟草公司的每个客户（零售户）与本企业已经建立了较为长期的合作关系，及时了解每个客户的满意程度，找出不足并快速加以改进，对进一步建立合作关系有着极其重要的意义。这对调查数据的可靠性及准确性有着较高要求，因此采用问卷调查法，将问题全部设置为"封闭型"。调查问卷的设计则本着明确的设计原则。

2. 抽样调查及调查问卷筛选

该调查在2011年8月和9月两个月的时间里，随机抽取了A市烟草公司的220名客户，并详细汇总了客户满意度调查情况，具体如表6-15所示。本调查共发出220份调查问卷，收回210份，有效调查问卷为201份，调查回收率为91.3%。表中很不满意、不满意、一般、满意、很满意栏中的数字，表示的是该选项评价者的人数。

表6-15　A市烟草配送客户满意度调查结果汇总

一级指标	综合权重	二级指标	综合权重	很不满意/人	不满意/人	一般/人	满意/人	很满意/人
可靠性	0.7264	卷烟完好性	0.7429	0	0	1	20	180
		送货准确性	0.1939	0	0	1	5	195
		结算准确性	0.0633	0	1	0	10	190
响应性	0.0988	订单响应时间	0.2255	0	5	45	31	130
		投诉响应时间	0.1007	12	10	32	27	120
		事故处理速度	0.6738	0	1	0	30	170
情感性	0.0467	个性化服务	0.7396	0	1	5	45	150
		倾听客户态度	0.0938	0	0	1	11	188
		信息反馈速度	0.1666	3	5	10	20	163
实体性	0.1281	企业公众形象	0.0852	1	2	3	9	186
		服务人员素质	0.7855	2	1	18	22	158
		硬件设施设备	0.1293	1	1	17	12	170

（1）建立评价矩阵

$$r_{ij} = \frac{c_{ij}}{\sum_{j=1}^{5} c_{ij}} (i = 1,2,3)$$

式中 $\sum_{j=1}^{5} c_{ij} = 201$ ——评价者人数。

由公式可得一级指标评价矩阵

$$R_1 = \begin{pmatrix} 0 & 0 & 0.005 & 0.1 & 0.896 \\ 0 & 0 & 0.005 & 0.025 & 0.970 \\ 0 & 0.005 & 0 & 0.05 & 0.945 \end{pmatrix}$$

(2) 对一级指标进行单级模糊综合评价

$$B_1 = W_1 \cdot R_1$$
$$= (0.7429 \quad 0.1939 \quad 0.0633) \cdot \begin{pmatrix} 0 & 0 & 0.005 & 0.1 & 0.896 \\ 0 & 0 & 0.005 & 0.025 & 0.970 \\ 0 & 0.005 & 0 & 0.05 & 0.945 \end{pmatrix}$$
$$= (0.0000 \quad 0.0000 \quad 0.0047 \quad 0.0823 \quad 0.9134)$$

这里采用的是普通乘法"·"算子,而没有采用扎德算子。同理可求得

$$B_2 = (0.0060 \quad 0.0140 \quad 0.0665 \quad 0.1485 \quad 0.7759)$$
$$B_3 = (0.0025 \quad 0.0083 \quad 0.0272 \quad 0.1873 \quad 0.7748)$$
$$B_4 = (0.0089 \quad 0.0054 \quad 0.0826 \quad 0.0975 \quad 0.8057)$$

(3) 对目标进行二级模糊综合评价

$$B = W \cdot R = \begin{pmatrix} 0.7264 \\ 0.0988 \\ 0.0467 \\ 0.1281 \end{pmatrix}^T \cdot \begin{pmatrix} 0.0000 & 0.0000 & 0.0047 & 0.0823 & 0.9134 \\ 0.0060 & 0.0140 & 0.0665 & 0.1485 & 0.7759 \\ 0.0025 & 0.0083 & 0.0272 & 0.1873 & 0.7748 \\ 0.0089 & 0.0054 & 0.0826 & 0.0975 & 0.8057 \end{pmatrix}$$
$$= (0.0077 \quad 0.0025 \quad 0.0233 \quad 0.0956 \quad 0.8725)$$

(4) 计算烟草配送客户满意度

$$CD = B \cdot C^T$$
$$= (0.0077 \quad 0.0025 \quad 0.0233 \quad 0.0956 \quad 0.8725) \cdot (1 \quad 2 \quad 3 \quad 4 \quad 5)^T = 4.8275$$
$$CDS = 4.8275/5 * 100\% = 96.5\%$$

所以,总体上该市烟草配送客户满意度是96.5%。

复习思考题

1. 简述绩效、绩效评价和绩效管理的基本定义。
2. 绩效评价和绩效管理的含义有何区别?
3. 配送绩效管理的基本步骤有哪些?
4. 简述配送作业绩效评价的指标体系及指标的量化。
5. 配送员工工作考核的基本原则是什么?
6. 配送员工工作考核的基本内容有哪些?

7. 配送员工工作考核的主要方法有哪些?
8. 平衡计分卡的基本原理是什么?
9. 配送绩效评价的数学方法都有哪些?其基本原理是什么?
10. 如何应用层次分析法进行绩效评价?
11. 实践与思考:调查分析某物流配送企业的员工绩效管理现状,制订一份配送员工绩效评价及管理方案。

第七章

农业配送管理

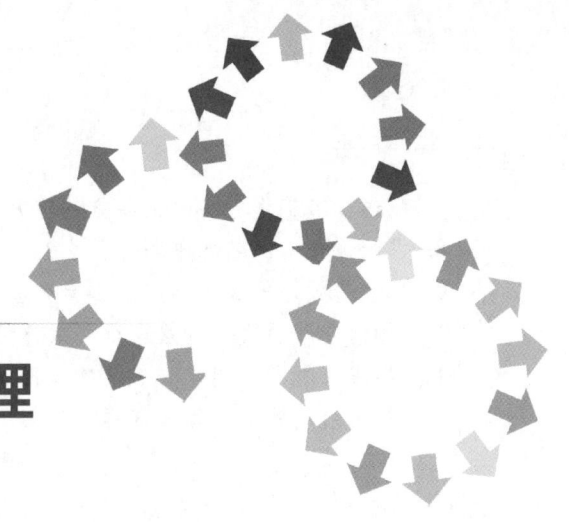

作用

农业配送管理是行业配送管理的重要组成部分之一,农业配送的基本知识和农业配送管理的基本方法,对于发展农业配送、促进农业生产和农村经济更快地发展具有重要作用。

关键

了解农业配送的概念、特性和分类,理解农业供应配送与销售配送的系统管理,掌握农产品配送的特点和具体管理方法,了解冷链配送管理。

在我国,由于对农业配送管理等农业物流理论的研究和应用相对落后,已严重制约了农业生产和农村经济的高速发展。因此,着力研究农业配送管理理论,尽快地发展农业配送,改变其落后面貌,以促进农业生产和农村经济更快发展,成为目前物流界的研究热点之一。

第一节 农业配送概述

一、农业配送的概念

农业物流是指在农业生产及其相关联的农业生产资料供应和农产品销售过程中,一切物流活动的总称。根据物流的作用不同,农业物流可以分为农业供应物流、农业生产物流和农业销售物流。农业物流包括农业生产资料和农产品的运输、储存、加工、包装、装卸搬运、配送和信息管理等功能要素。

农业配送是一种特殊的、综合的农业物流活动,是在农业生产资料、农产品送货的基础上发展起来的。

农业配送是指在与农业相关的经济区域范围内，根据客户要求，对农业生产资料、农产品进行分拣、加工、包装、分割、组配等作业，并按时送达指定地点的农业物流活动。

二、农业配送的特性

1. 农业配送环境的制约性

农业配送环境具有全方位性。农业包含农、林、牧、渔等子行业，其作业场所基本涉及人们所知的大多数地理环境。

农业配送环境的制约性表现在两个互相关联的方面：一方面，农业物流能力（包括物流管理和物流基础设施等方面）制约和影响农业配送的范围和绩效。例如，某乳业公司在建立冷链和提升物流系统能力以前，其液态奶的配送半径被局限在加工厂方圆300km以内。另一方面，宏观物流环境、国家物流政策、农产品行业规范及标准化等对农业配送形成外部约束和局限。

农业配送环境的制约性源于农业配送客体的特殊性。农业原料及其制品一般具有内在本质生物性、供应季节性、性状不稳定性及易腐败等特性；从客户的角度看，对其则有食用、营养、安全、卫生、感官等要求。这些特点决定了农业配送对物流管理能力和物流技术因素的高度依赖。

2. 农业配送主体的特殊性

农业配送主体既有加工企业、运销企业，又有农户（农户可视为一个自主经营、自负盈亏的经营主体）。

农户作为农业生产主体和核心企业的供应商，具有多重身份属性：自然人、法人、管理者、决策者、劳动者等。其行为模式比较复杂，决策的理性与非理性并存，并受农户个人的文化素养、偏好、心理状态、经济状况等因素影响而波动；在对市场信号和经济信息的认知、判断、反应上，既可能是理智决策，也可能是盲目从众；从数量特征上看，农户作为供应商，其数量弹性很大，可少至百十人，又可以多至成千上万甚至更多人。

例如，伊利集团带动了20多万名农户进行牧业生产和原奶供应。供应商数量如此之多，在其他行业中是少见的。供应商构成方面的这些特殊性，使得商业配送主流理论中关于配送基本环节、配送功能要素、配送流程等的理论和方法移植到农业配送管理时，会面临很大的适用障碍。

3. 农业配送客体和配送工具的多样性

农业配送客体主要为农副产品及其中间产品、产成品，此外还包括其他辅料、包装物等。农业配送工具也是种类繁多、层次不一：既可以是飞机、火车等现代物流工具，也可以是小四轮货车、马车等低级物流工具，甚至可以是个体的人。农业配送客体和配送工具的多样性决定了农业配送主体在联结模式的数量上呈几何级数增长，这就加剧了农业配送路径的多样性和复杂性。

4. 农业配送路径的复杂性

农业配送路径的复杂性主要源于农业生产的分散性和农产品消费的普遍性。农业配送过程可描述为：农业生产资料以工厂或工业城镇为起点，经由各种运输方式到达农村，直至千家万户（这一过程农业配送路径呈强发散性）；经过农业生产、收获等环节后，农产品由少聚多，由支线向干线汇聚到制造厂或分销商（这一过程呈强收敛性），经过加工（或流通加工）后，向分销商、零售商扩散（呈中度发散性），最后从各零售网点扩散至千家万户消费者（呈强发散性）。

农业配送路径的特征模式可概括为：强发散性+强收敛性+中度发散性+强发散性。这一特点决定了农业配送控制的高难度、管理的复杂性以及物流硬件投资的巨额性。这一特点的影响不仅表现在粮食、棉花等大宗农产品的流通方面，而且也突出地表现在一些全方位快速扩张的企业身上，如伊利、双汇、光明等企业。而其他行业配送路径中的一些生产资料用品基本不具有这一特征。此外，其他行业的许多日用品配送虽然在供应链下游也表现出强发散性，但在上游却不表现出"强发散性+强收敛性"的特点。

5. 农业配送时间竞争的双向性和局限性

一方面，农业配送在时间竞争的策略方向上具有双向性。在其他行业配送中，时间竞争策略的基本指向就是加速，即尽可能地缩短产品研发、加工制造、销售配送、服务支持等时间长度，以及减少它们的波动幅度来参与竞争。而在农业配送中时间竞争的策略指向上，不仅包括正向加速（一般意义上的加速），而且还包括逆向加速，即削减和抑制农副产品有机体自然生长（呼吸作用、光合作用、熟化、腐化）的速度，以使其具有更大的经济价值。例如，对生鲜品保鲜、冷藏以降低生物体活动强度，培育晚熟品种以均衡后续生产和供应等措施。

另一方面，农业配送在时间竞争方面受到诸多局限。首先，农产品的生产和运营周期十分漫长，这与农产品加工、流通的短周期形成鲜明对比。在一定的经济技术条件下，农业周期压缩的潜力有限，农业配送的时间竞争受到局限。其次，农产品的生产与运营环节在响应客户需求时，其响应方式与后续环节存在着巨大差异。农业生产和决策在时间上整体刚性很强，调整的柔性差。再次，农业配送各子系统在信息的传递、物流系统协调与集成、标准规则的一致性等方面的欠缺，也约束了农业配送基于时间竞争的整体优化空间。最后，农业配送节点的时间竞争手段很有限。在制造业中，时间竞争中常用的系统简化和整合、标准化、偏差控制、自动化等方法，在农业配送环节运用很困难。

6. 农业配送需求的不确定性

进入21世纪以来，随着我国国民经济的发展，居民收入和生活水平逐步提高，农副产品及其制品的种类和品牌日益增多，流通渠道日益复杂，消费者对价格、品质、服务等日益敏感，购买偏好和习惯也更加捉摸不定。总体看来，农副产品消费模式已由温饱型向

第七章 农业配送管理

质量型、服务型转变。

因此,农业配送需求呈现出高度的不确定性。农业配送需求的不确定性,既源于不同地区消费者对同类农产品需求的差异和变动性上,也源于同一地区消费者在不同种类农产品之间以及同一农产品不同品类之间频繁的选择和变换。综合来看,消费者需求模式的演变对整个生产、流通领域带来前所未有的压力,能否准确把握消费者需求并快速响应,已成为优化农业配送的关键。

三、农业配送的分类

(一)按物流的不同阶段划分

农业配送按照物流的不同阶段,可以分为农业供应配送、农业生产配送和农业销售配送。

1. 农业供应配送

农业供应配送是为保证农业生产不间断进行,保证农村经济持续发展,供给和补充农业生产所需生产资料和生活资料的配送。农业供应配送是农业生产的前提条件和物质保证。没有农业供应配送,农业生产就会停止。它是将工业产品向广大农村输送,属于工业和农业两大物质生产部门之间的物质流动范畴。

2. 农业生产配送

农业生产配送是指从农作物耕种、田间管理到农作物收获的整个过程中,由配置、操作和回收各种劳动要素所形成的配送。它是构成农业生产活动的主要内容,也是农业生产物流的核心。它决定着农业生产成本和效率,也影响着农业的收益。农业生产配送是农业生产工序间的物质运动,处于农业生产过程中,活动范围较小,属于微观物流性质。农业生产的作业时间、作业内容、作业场所、作业程序、作业路线、作业组织管理等问题,直接影响着农业生产配送的效益。

农业生产配送按照其内容和形式不同,又可分成三种配送形式:①耕种配送,即为了耕种配置生产要素的配送,其中包括农业机械设备及工具的调配和运作,种子、化肥、地膜等的下种和布施;②管理配送,即为了供给培育农作物生长的物质资料的配送活动,其中包括育苗、间株(插秧)、锄榜、除草、整枝、杀虫、追肥、浇水等作业所形成的配送;③收获配送,即为了满足收获农作物所需生产资料形成的配送,其中包括农作物收割、回运、脱粒、晾晒(烘干)、筛选、处理、包装、入库等作业所形成的配送。农业生产配送的内容比较单纯,流动范围小,是农业生产要素从仓库到田地和田地之间的往复运动;配送的方向是双向的,而且出大于入;配送主体是农业服务队,如农机站、机耕队或短途货运公司,或者是农民(农场)自己。

3. 农业销售配送

农业销售配送是指由于农产品的销售行为而引发的一系列配送活动,其中包括为销售农产品和满足消费者需要实行的分拣、配货、分放、组配、送货等活动。

（二）按配送客体划分

农业配送按照配送客体，可以分为农业生产资料配送和农产品配送。

1. 农业生产资料配送

农业生产资料配送是指以种子、化肥、农药、地膜、农业机具，以及农业生产消费的原材料、燃料等为配送客体，对它们进行分拣、加工、包装、分割、组配等作业，并按时送达指定地点的农业物流活动。农业生产资料配送路径一般是由城市到达农村。

2. 农产品配送

农产品配送是指以粮食、肉类、水果等农产品为配送客体，对它们进行备货、储存、分拣、配货、分放、配装、送货等作业，并按时送达指定地点的农业物流活动。农产品配送路径一般是由农村到达城市。

四、农业配送的合理化

（一）农业不合理配送的表现形式

1. 农业资源筹措的不合理

农业配送通过筹措农业资源的规模效益来降低农业资源筹措成本，使配送资源筹措成本低于客户自己筹措的资源成本，从而取得优势。如果不是集中多个客户需要进行批量筹措农业资源，而仅仅是为某一两户代购代筹，则对客户来讲，不仅不能降低资源筹措费，反而要多支付一笔代筹代办费，因而是不合理的。

农业资源筹措不合理还有其他表现形式。例如，农业配送量计划不准、农业资源筹措过多或过少，在农业资源筹措时不考虑建立与资源供应者之间长期稳定的供需关系等。

2. 农业配送价格的不合理

总的来讲，农业配送的价格应低于不实行配送时，客户自己进货时的产品购买价格加上自己提货、运输、进货的成本总和，这样才会使客户有利可图。有时，由于配送有较高的服务水平，价格稍高，客户也是可以接受的，但这不能是普遍的原则。如果配送价格普遍高于客户自己的进货价格，则损害了客户的利益，就是一种不合理的表现；如果价格定得过低，则使配送企业在无利或亏损状态下运营，会损害销售者，因而也是不合理的。

3. 农业配送与直达的决策不合理

一般的配送总是增加了环节，但是这个环节的增加却可以降低客户的平均库存水平，不仅抵消了增加环节的支出，还能取得剩余效益。但是，如果客户使用批量大，则可以直接通过社会物流系统均衡批量进货，较之通过配送中转送货可能更节约费用。所以，在这种情况下，不直接进货而通过配送就属于不合理范畴。

4. 送货中的不合理运输

配送与客户自提比较，尤其对于多个小客户来讲，可以集中配装一车送几家，这比一

第七章 农业配送管理

家一户自提可大大节省运力和运费。如果不能利用这一优势，仍然是一户一送，而车辆达不到满载（即时配送过多过频时会出现这种情况），就属于不合理。此外，不合理运输的若干表现形式在配送中都可能出现，会使配送变得不合理。

（二）农业配送合理化措施

国内外推行农业配送合理化，有一些可供借鉴的措施：

（1）推行一定综合程度的专业化农业配送。通过采用专业设备、设施及操作程序，取得较好的配送效果，并降低配送过分综合化的复杂程度及难度，从而实现配送合理化。

（2）推行加工配送。把加工和配送相结合，充分利用本来应有的中转，而不增加新的中转，使得配送合理化。同时，加工借助于配送，加工目的更明确，与客户的关系也更紧密，避免了盲目性。这两者有机结合，使投入不增加太多却可追求两个优势、两个效益，是配送合理化的重要经验。

（3）推行共同配送。通过共同配送，可以最近的路程、最低的配送成本完成配送，从而实现合理化。

（4）实行农业配送的送取结合。配送企业与客户建立稳定、密切的协作关系，配送企业不仅成为客户的供应代理人，而且成为客户储存据点，甚至成为产品代销人。在配送时，将客户所需的物资送到，再将该客户生产的产品用同一辆车运回，这种产品也成了配送中心的配送产品之一，或者作为代存代储，免去了客户企业的库存包袱。这种送取结合能充分利用运力，也更大地发挥了配送企业的功能，从而实现农业配送合理化。

第二节　农业配送的现状与发展趋势

一、我国农业配送的现状

我国农业生产具有地域广阔、季节性和周期性强的特点，与制造企业相比可控性低，常常面临自然风险、政策风险、市场风险的综合影响；同时，农业现代化发展在技术、资金和人才等方面均处于劣势。因此，农业物流建设和配送管理的发展显得尤为迫切。

在我国农业经济发展中，由于农业物流的理念没有形成，设施比较落后，资源没有得到优化配置，农业配送的发展更加滞后。我国农业分散组织采购、储存、销售，流通性费用所占比例很大，农业生产资料和农产品损失严重。这对于微利的农业企业和农户来讲，始终是难以承受的事实。

目前，我国农业的传统政策、经营方式和经营技术导致物流不畅、成本过高、农产品质量低劣等落后现状，反映在农业配送方面主要有以下几种情况：

1. 国际贸易对建立现代农业配送体系的迫切需求

长期以来，我国因缺乏对农业物流建设的政策引导和科学理论启发，导致了现代物流观念缺乏、农业物流基础设施不足、物流技术落后等问题。这就使得我国的农业配送滞留在简单化操作、高产量低质量的运行状态，甚至已经成为习惯性模式，根本无法与发达国家的农业竞争和抗衡。

1998年以来，受国家宏观消费政策和城市消费结构变化等各方面的影响，我国农业收入增长缓慢，个别年份甚至出现负增长。而从加入WTO后的形势分析，国内主要农产品的生产价格大都高出国际市场价格，基本丧失了商业竞争优势。例如，我国从加拿大进口的玉米和大豆，其到岸价格与国内玉米、大豆的生产成本相当，而且其质量要高于国内。可见，国际贸易对我国农村经济和农民收入产生的冲击力是巨大的，甚至将超过我国的预料和农民的承受力。我国如果组织进口高质量低价格的农产品，会对一些大宗农产品主产区及其农民产生不利影响。农民卖粮难的现象因此日益加剧，解决农村社会经济矛盾的难度必将逐步加大；而如果勉强坚持收购国内低质高价农产品，城市居民的消费矛盾必然突出，国家财政也吃不消。而改变这种现状的应急措施和长远战略，就是建立科学的农业物流政策与合理的农业配送体系。

2. 农业配送的高成本已成为削弱我国农产品在国内外贸易市场竞争力的重要因素

我国农产品在国际、国内贸易市场上竞争力弱的主要原因，就是农产品成本过高，物料采购、运输、储存、使用、田间作业与管理、农产品加工与销售等支出和浪费严重，其中主要是农业配送成本过高。我国农业一直"重生产，轻核算"，农民和农业企业为能获取经济效益，往往只重视降低生产成本和销售成本，而忽视了农业配送成本。

农业配送不仅具有在企业生产、供应和产品销售领域提高经济运行效率的价值，同时在降低企业生产成本、增加企业盈利、推动企业经营价值方面也具有深远的意义。因此，只有加强农业配送成本的管理与控制，才能真正有效降低农产品的高成本，并从根本上提高我国农产品在国内外贸易市场上的竞争力。

3. 农业竞争与风险的加剧对配送时效性的要求逐步提高

在竞争加剧的农产品市场上，如何使农业减少风险，赢得更多的利润，对农业生产者来说是一个棘手的问题。而被经济学家称为继劳动力、自然资源之后的"第三利润源泉"的物流管理，则在抵抗风险方面被广泛关注。

农业风险除自然风险之外，还包括农副产品的市场风险（价格风险）、农业生产资料的质量风险和供应延误误农时风险。农业要避免和减少这些风险，不仅需要生产适销对路的农产品，采取正确的营销策略，依靠国家强有力的农业政策和资金支持，还需要加强品质经营，即强调农业配送的时效性。其核心在于农业生产资料和农副产品供应的及时性、信息获得的及时性和决策反馈的及时性。这些都需要合理的农业配送体系做保证。

4. 农业配送尚不能满足小批量、多品种的农产品需求

目前，我国农业生产中的种子、农药、化肥、农用设备的采购以及农产品的销售，多采取分散方式，没有依靠农业配送系统支持，第三方物流企业的参与程度很低，因此难以

满足市场对产品小批量、多品种的需求。这种分散采购和销售的方式具有自发的盲目性，因此导致其设施利用率低、生产要素的供应时间长而不稳定、农副产品销售的盲目性大，造成农业配送成本过高、农业配送渠道不畅。此外，由于时间、所需物品的质量、销售渠道不能保证，农业在自然风险外又增加了生产要素供应和农副产品销售的风险。这种农村一家一户的自办"物流"根本达不到经济规模，即使是具有中小企业规模的国有农场、家庭农场的自办物流，也很难达到一定的经济规模。这种所谓的自办"物流"形式，根本无法形成一体化的综合物流，因而也就很难使用供应链管理方式进行管理。这些做法制约着农村社会化服务体系、配送体系的健康发展。

二、我国农业配送的发展趋势

1. 加强农业配送的基础设施建设

农业配送的顺利运转，需要良好的基础设施的支持。农业配送的基础设施建设包括农业生产资料和农产品交易市场的建设，农业生产资料和农产品仓储、交通运输条件和工具等环节的设施建设等，并通过修建公路、提高储存能力、发展农产品加工配送中心，尽快形成配套的综合运输网络、完善的仓储配送设施、先进的信息网络平台等，为现代农业配送的发展提供重要的物质基础条件。对于农业配送的基础设施建设，应进行统筹规划、合理布局，充分考虑农业生产资料和农产品集散通道、各种运输方式衔接以及配送设施的综合配套。

2. 积极培育市场主体，多元化发展农业配送的主体

应通过体制创新、改造，培育与壮大从事农业配送的主体，使其在农业配送的发展中发挥重要作用；加快原有农业配送企业的资产重组改革，改变目前规模小、服务单调和封闭运行的现状，逐步建立现代企业制度，向专业化、规模化和综合化方向迈进；同时，发展多种形式的农民合作运销组织以及代理商、中间批发商等中介组织。

3. 加强农业配送的信息化建设

应把信息化建设作为提高农业配送效率的重点来抓。目前，基于计算机网络的信息管理技术的应用，对整个农业配送系统的运转越来越重要，并已成为农业配送现代化建设的一个重要内容，同时也是提高农业配送效率的重要技术保障。因此，应在原有农村经济信息系统的基础上，加强市场信息硬件基础设施建设，实现生产者、销售者计算机联网，资源共享、信息共用，对农业配送各环节进行实时跟踪、有效控制与全程管理，并逐步搞好农产品信息处理与发布工作以及市场信息咨询服务。

4. 加快农业配送标准化进程

由于农产品的特殊属性，农产品不可能和工业品一样实行完全的标准化。然而，农业配送装备及技术标准化作为现代农业配送发展的重要前提，在农产品配送中引入标准化，同样可以提高农产品的配送效率。因此，应在包装、运输和装卸等环节，适应国内、国际

贸易的要求，采用国际标准或通用的国家标准，推行和国际接轨的关于配送设施、配送工具的标准，如托盘、货架、装卸机具、条形码、车辆、包装、集装箱等，不断改进配送技术，以实现配送活动的合理化。

5. 提高农民素质，增强现代物流意识

在农业配送过程中，提高农民素质是在市场竞争中取胜的关键。因此，应通过教育和培训，建立农业合作组织，增强农民的市场经济观念，切实转变单一运输经营的观念，彻底转变"小而全、大而全"和自货自运的经营模式。运用系统优化原理、最小总成本方法、供应链管理等方法改善农业配送方式，提高运作效率，降低成本，促进农民增收。

6. 为改善农业配送创造良好的社会环境

政府在促进农业配送过程及基础设施建设中应发挥积极作用，明确政府的投资主体地位，并在土地、资金、税收等方面提供优惠政策；同时，在政策法规方面提供保障，推进农业配送市场化的进程，健全行业法规，加大管理力度，保持适度竞争，为各类市场主体创造良好的竞争环境；另外，逐步调整对运输、仓储、配送等经营的审批条件，加快货物验收速度，放宽农产品城市配送车辆管制条件，努力为农业配送的发展创造良好环境。

第三节　农业供应与销售阶段的配送管理

在农业配送中，农业供应配送和销售配送都是社会大物流的一部分，它们分别位于不同的物流阶段，具有不同的特点。但是，可以利用其起点和终点同位、配送路径和环节大体一致等特点，把它们放在一起研究，充分利用季节差和时间差，统筹安排，达到最佳配合，使忙闲不均、往返空载的现象降到最低限度，最大限度地提高配送效益。

要实现对农业供应和销售阶段的配送进行科学管理的目标，首先必须了解和分析农业供应配送和销售配送各自的内容。

一、农业供应配送的内容

农业供应配送是为保证农业生产不间断进行，保证农村经济持续发展，供给和补充农业生产所需生产资料的配送。农业供应配送是农业生产的前提条件和物质保证。

1. 农业供应配送的客体

农业供应配送的客体主要是指农用生产资料。农用生产资料有籽种、化肥、农药、地膜、农业机具，以及农业生产（包括乡镇企业生产）消费的原材料、燃料、润滑油脂等，其中包括水和电力资源。

2. 农业供应配送的方向

农业供应配送的方向是从城市经市场向广大农村消费市场的流动。它的组织过程一般

第七章 农业配送管理

是从一级批发市场逐步向二级、三级市场转移,通过干线运输到支线运输来实现。其配送形式呈扩散形态。

3. 农业供应配送的环节

农业供应配送环节的多少,主要取决于农用生产资料的供销形式和供应环节的多少。供销形式复杂,供应环节多,流程长,配送环节就会增加;反之,配送环节就会减少。配送环节过多,会延长配送时间,造成物资损耗,增加配送费用,提高配送成本,降低配送效益。

根据供销形式和运输距离的不同,农业供应配送环节大致存在三种形式:一是采取直销直供的交易形式;二是采取转销直供的交易形式;三是采取转销转供的交易形式,其中还存在多次转销少次转供及多次转销多次转供两种情况。

4. 农业供应配送的组织

农业供应配送的组织是在农用生产资料交易过程中或交易后确定的。凡是实行直销直供形式的,生产厂家或供货人是配送的具体组织者;凡是实行转销直供的,则仓储部门是配送的组织人或代理组织者,也是最后的供货人;凡是执行配送制的供销部门或仓库,则供销部门或仓库是配送的组织者;凡是向多个厂家或多个供货单位同时购买一定数量商品的客户,则农户自己是配送的组织者。

配送组织者决定着配送的内容、方式、手段、环节、时间和配送规模,对配送效益具有决定性影响。

5. 农业供应配送的路径及运输方式

农业供应配送路径的起点是工业城市,终点是广大农村,中间一般要经过多级市场,通过干线运输到支线运输,以及相关货场及货栈后,送到农户手里。

农业供应配送的长途干线运输采用铁路、公路、水运、航空等运输方式,这些交通运输部门和相关货场及货栈就是干线物流的载体,它们有较好的设备条件、较高的管理水平、较低的价格、较优的质量保障体系。但是,由于我国运力不足,农资运输受到排挤现象时有发生。各市场之间和各市场到达客户的运输多是支线运输,多采用汽车、拖拉机、机帆船、畜力和人力等运输工具。运输的组织者又分别是地方运输公司、集体或个体运输户及农户自己。除专业公司组织的运输外,其他运输方式由于技术水平低、设备陈旧、管理水平差、运价高、时间不准等因素的影响,配送质量得不到保证。

综合以上农业供应配送的情况,可以看出它有如下特点:

(1)配送方向是从城市流向农村。

(2)配送路线从干线运输到支线运输,呈树枝状放射状态。

(3)配送规模从大到小,呈扩散型。

(4)农业生产上的季节性,使配送活动也具有很强的季节性。

二、农业销售配送的内容

农业销售配送是指由于农产品的销售行为而引发的一系列配送活动,其中包括为销售农产品和满足消费者需要实行的分拣、配货、分放、配装、送货等活动。

农业销售配送按照农产品的购销形式可以分为三种配送形式:①直销直供的配送形式,即购方与农民直接见面,签订购销合同,按约采取由农民直发或由购方自提方式。该种配送关系较稳定,中间环节少,配送速度快,中间损耗少,有较高的配送效益,适合现货或期货等购销形式。②转销直供的配送形式,即尽管农产品在市场上几易货主,最后采取直达供货。该种配送形式仍能取得直销直供的配送效果,但部分市场价值被中间商瓜分。③转销转供,即随货主转换场所的配送形式。该种配送环节多、路线长,多次装卸搬运,中间损耗大,因此增加了配送成本,降低了配送效益。

1. 农业销售配送的客体

农业销售配送的客体主要是指各种农产品,其中包括粮、棉、油(料)、丝、麻、茶、烟(叶)、蔗、瓜(果)等,以及城市郊区的菜篮子工程的一些种植业和养殖业产品,如肉、蛋、奶、蔬菜等。

2. 农业销售配送的方向

农业销售配送方向和供应配送方向相反,是从广大农村的农民经营者手中取得资源,通过农贸市场,经过不同的配送手段流向城市,投入工业生产或城市居民消费。

3. 农业销售配送的环节

农业销售配送的环节与供应配送相比,尽管管理系统不同,但配送环节形式是一样的,这为供应配送与销售配送的协调配合创造了有利条件。

4. 农业销售配送的组织

农业销售配送的组织者主要是:凡是由农户或集体组织送货的,配送的组织者是农户或集体;经由专业购销公司或是加工部门组织收购的,配送的组织者是这些专业公司或加工企业;由经销企业在市场收购的,则配送前阶段的组织者是农民销售者,而配送后阶段的组织者则是这些经销企业;由集体或是个体经销商转销的,配送的组织者是这些经销商。

5. 农业销售配送的路径及运输方式

农业销售配送的路径呈收敛形式,和供应配送一样,也是经由交通运输部门、流通加工部门、仓储部门,以及相关部门或者购销者,只是顺序倒置。运输方式先分散(支线)运输,后集中(规模)运输,形成批量后才由大型企业承载配送任务,配送批量越来越大。

综合以上农业销售配送的情况,可以看出它有如下特点:

(1) 配送方向从广大农村流向城市,方向一致且呈收敛形式。

(2) 配送量从小到大形成规模。
(3) 配送程序是先支线运输，后干线运输。
(4) 农业生产的季节性决定销售配送的季节性，但销售配送的后阶段这种情况有所改变。
(5) 配送组织者和承载者一般是分开的，给配送组织工作带来一定困难。

三、农业供应配送与销售配送的协同管理

农业供应配送和销售配送虽然具有不同的特点，但可以利用其起点和终点同位、配送路径和环节大体一致等特点，对两者进行协同管理。

农业供应配送与销售配送的协同管理具体包括以下内容：

1. 配送管理的系统化

将农业供应配送和销售配送中的各子系统有机联系起来，视为一个大系统，运用系统学原理进行整体设计、组织实施和管理，以最佳的结构、最好的配合，充分发挥系统功效，实现配送的协同管理。为此，必须充分考虑配送网络的布局、配送中心的选址、配送工具的配合、配送路线的规划、仓储及装卸的自动化、配送信息平台的建设等因素，以确保农业供应配送与销售配送双向之间良好的联络性和充分的通达性。

2. 配送时间的协调化

配送时间的协调化是指充分利用农业供应配送和销售配送的季节差和时间差，统筹安排，达到最佳配合，使忙闲不均、往返空载的现象降到最低程度，从而最大限度地提高农业供应配送与销售配送的集成效率。

3. 配送环节的标准化

在农业供应配送和销售配送的备货、储存、分拣、配货、分放、配装、送货等环节，采用国际标准或通用的国家标准，推行和国际接轨的关于配送设施、配送工具的标准，如托盘、货架、装卸机具、条形码、车辆、包装、集装箱等，不断改进配送技术，以实现配送环节的标准化。

第四节　农产品配送管理

一、农产品配送管理概述

农产品配送是指以粮食、肉类、水果等农产品为配送客体，对它们进行备货、储存、分拣、配货、分放、配装、送货等作业，并按时送达指定地点的农业物流活动。农产品配送属于销售配送，其路径一般是由农村到达城市。

(一) 农产品配送的特点

农产品配送具有以下几个特点:

(1) 农产品配送的风险较大。由于农产品生产的地域分散性和季节性同农产品需求的全年性和普遍性发生矛盾,农产品的供给与消费之间产生矛盾,以致准确掌握供求信息相当困难,无法及时进行调整,造成农产品配送具有较大的风险。

(2) 农产品配送的质量要求很高。由于农产品的各种生物属性,对农产品配送过程中的储存、保鲜、加工等环节有很高的技术要求,需要特定的设施。例如,大部分农产品具有易腐性,在配送过程中需要采取各种措施,以达到保鲜的目的;一些鲜活产品进入流通领域后,还必须进行喂养、防疫等。这些都需要具备专门的知识和设备。

(3) 农产品配送存在距离上的瓶颈。这是农产品和其他普通商品的主要区别之一。只要有足够的地区价格差异,一般商品理论上没有配送半径问题。但是,农产品始终存在距离瓶颈,因为农产品,尤其是生鲜食品,在运输过程中会加速贬值。虽然运输水平的提高能够降低贬值速度,但无法完全消除。所以,在确定农产品配送体系的过程中,要进行更为认真而复杂的比较,以确定合理的配送半径,建立合适的配送中心,真正实现运输的规模经济和距离经济。

(二) 我国农产品配送中存在的主要问题

(1) 农产品配送水平处于时间长、消耗大、效率低、效益差的低层次上。我国的农产品配送是在家庭联产承包责任制的基础上,除对粮食、棉花实行合同订购以外,大部分农产品实行市场购销。目前,已基本形成以农产品批发市场为中心,以集市交易和其他零售网点为基础的农产品市场网络。虽然我国的农产品流通自改革开放以来发展很快,但从总体上看,由于思想观念、管理体制、设施等种种原因,我国的农产品配送水平还处于时间长、消耗大、效率低、效益差的低层次上,很难适应社会经济迅速发展的需要。

近年来,国家加大了农产品流通三级市场建设,即农产品产地批发市场、销地批发市场和零售农贸市场的建设。在国家鼓励和市场调节之下,大规模的农产品常温物流或自然物流正在逐步形成;但区域内农产品综合物流体系尚未成型,网络分布不够均衡,农产品大宗配送与连锁超市生鲜区之间未能有效衔接,农产品的冷链配送还不多。

(2) 我国农产品配送的主渠道仍然是传统的农贸市场或肉菜市场,配送质量和效率不高。目前的市场架构与国家相关的流通产业政策有关。现在我国各级政府鼓励、支持的"菜篮子工程"中,承担零售环节配送的主渠道仍然是传统的农贸市场或肉菜市场。例如,平均每2万~3万人规划设置一个2000~2500m^{2}的农贸市场,每个农贸市场的服务半径约500m。现有农贸市场虽然购物环境和卫生条件较差,只经营未经加工的生鲜初级产品,但由于商贩享受低成本包税经营,这就在价格上具有竞争优势,从而迎合了部分传统消费观念和购物行为。

从我国农产品市场结构看,大规模农产品批发市场的建立,局部实现了农产品不同地域及不同季节的调剂和互补,但还停留在初始原材料性农产品的集散和销售上。由于常温状态下的初级农产品保鲜困难、损耗量大,这又给季节性和区域性调配带来了无效配送和诸多不便。

二、粮食配送管理

粮食是农产品的一种。粮食配送是指以粮食为配送客体,对其进行备货、储存、分拣、配货、分放、配装、送货等作业,并按时送达指定地点的农业物流活动。

（一）粮食配送的有效管理依赖于合理的粮食行业结构

从粮食行业的内部结构看,由于资源配置不合理,粮食购、销、存、运、加工几大业务环节之间缺乏有效的衔接和必要的协调,仓储"瓶颈"的制约和配送设施的不配套经常造成配送环节的局部脱节,严重影响了粮食配送的效率。

（1）不合理的粮食行业结构导致粮食配送体系的内在联系被人为分割,配送体系的各组成部分之间缺乏直接的横向联系。

目前,在我国,不但粮源组织和粮食系统内部各环节间缺乏协调,粮食配送所必需的铁路、公路等系统外环节的配合更难控制和掌握。粮食配送纠纷发生后得不到及时、公正的解决,粮食配送的统筹管理无法实现。

（2）不合理的粮食行业结构造成粮食配送管理缺乏必要的规章制度和行之有效的控制办法。粮食配送的宏观管理弱化,尤其是行业组织结构的不合理,导致粮食配送管理的许多职能模糊不清、归属不定,粮食配送原有的一些规章制度未能根据形势的发展变化进行及时的修改和补充,粮食配送在操作中无章可循。例如,在机构改革后,各级粮食管理部门及其所属机构的职能中找不到粮食运输管理,就连最基本的粮食运输统计也无人问津。

（3）不合理的粮食行业结构导致对粮食配送设施的建设缺乏必要的科学论证,从而造成了财力、物力的浪费。例如,浅圆仓的建设受气候条件影响较大,闷热、潮湿地区不宜建这种粮仓。但因事先没有进行较详细的专家论证,待粮仓建成后才发现一些地区根本不宜再建粮仓,或根本不宜建这种类型的粮仓,造成了资金和物资的浪费。粮食行业结构的不合理除了导致粮食配送管理无章可循和管理措施缺乏力度外,也造成粮食配送运作缺乏必要的政府推动。

（二）粮食的运输和仓储等环节的基础设施是影响粮食配送管理的重要因素

从粮食行业的运输看,虽然运输工具的选择余地很大,但粮源过于分散以及散装散运涉及的车站、港口、码头的装运接卸设施的不配套和计量设备的缺乏,使粮食散装、散运无法较快地推广,粮食运输效率当然也就无法提高。这几年,粮食销售环节又因粮食品种、质量、价格及外部竞争、信息不灵等因素出现重重困难,严重阻碍了粮食配送的效率。

从粮食行业的仓储看,计划经济和短缺经济条件下形成的粮食仓、厂、站、点布局,造成了粮源和生产能力配置的严重不合理，许多库、厂分布在远离交通沿线的闭塞地区，粮食进出十分困难。过于分散的收纳库、过剩的加工能力除了造成资源的浪费外，也给粮食配送带来了诸多不便，加大了运力的耗费和运杂费用的开支。仓容的不足也对粮食配送形成了制约。我国现有的粮食仓容只能满足粮食储量的65%～70%，致使每年有数百亿公斤的粮食露天存放，优质及高等级粮食品种更是无法做到分仓储存，霉变、虫害概率大，陈化速度加快。尤其是农村储粮，因装备条件简陋，农民又缺乏储粮知识和技术，鼠患、虫害现象严重，储粮损失达8%～15%，严重影响了粮食配送的效率。

基础设施建设的落后，使粮食"散装、散卸、散存、散运"的"四散化"作业的推广十分缓慢。"四散化"技术作为配送技术发展的重要体现，在美国、加拿大、澳大利亚等发达国家早已普及，成果非常明显。我国粮食"四散化"技术起步于20世纪70年代，已有40多年的历史，但由于装运、接卸设施的不配套，粮食"四散化"作业无法大范围地开展。加之我国的6万多个粮库中，苏式仓、土圆仓、普通房式仓仍占有较大的比重，车站、码头的装卸环节机械化、自动化程度比较低，必要的散粮计重设备缺乏，使"四散化"配送作业还具有相当的难度。以物流条件比较好的吉林省为例，散装运输比重还不到20%，其中玉米散运出口量不及该省玉米出口总量的25%。

三、畜产品配送管理

畜产品配送是指以畜产品为配送客体，对其进行备货、储存、分拣、配货、分放、配装、送货等作业，并按时送达指定地点的农业物流活动。

（一）我国畜产品配送的特点

我国畜产品配送的特点主要表现为以下几个方面：

（1）畜产品配送的流向主要是由农村流向城市。就我国的现状而言，90%以上的畜产品是由以家庭为单位的小农户提供的，而消费的绝大比重都是在城镇地区。这些产品或是由商业机构直接收购，或是由合作经济组织代为收购，或是由产业化经营的龙头企业收购，然后再经过屠宰、分割、冷冻、肉禽熟制加工、冷藏储运、批发等环节分配到零售机构。

（2）畜产品生产周期长，具有季节性和地域性特点。畜产品的这一特点加大了畜产品配送的风险。因此，畜产品配送管理必须解决畜产品供给在时间和空间上的不平衡性。在畜产品配送中，必须组织好收购、储存、运输，开放多种渠道，减少中间环节，促使经营者走最短、最便捷的路径，付出最少的时间和最小的费用，及时把畜产品从生产者那里转移到消费者手中，以达到提高畜产品配送的时效、降低畜产品配送费用的目标。

（3）畜产品是时效性很强的产品。一般的畜产品都具有鲜活、易腐、易损、不耐保存、不便运输等特点，对配送的质量管理要求很高。在畜产品的收购和运输过程中，对外界条件要求严格，如适宜的温度、良好的处理、适宜的包装、专门的保鲜储运设施等。

第七章 农业配送管理

（4）我国畜牧业的基本生产单位主要为家庭，生产规模小而且分散性大。因此，畜产品配送渠道必须是多种多样的，应有比较灵活的方法与形式，才能与我国畜牧业的生产经营状况相适应。例如，要有方便农牧民出售产品的多种销售渠道和售货方式，要充分利用各方面的储存、运输、加工、销售潜力。

（5）畜牧业生产受自然再生产与经济再生产的双重影响，生产容易发生波动。要做好畜产品的配送管理，必须密切关注生产与市场情况的变化，加强产品信息和市场信息的收集，努力提高仓库的储存能力，以丰补歉，减少季节间的市场波动，以稳定生产和市场供应。

（二）我国畜产品配送的渠道

我国畜产品配送的渠道，一般可分为以下几种形式：

（1）生产者（包括企业和个人）——消费者。
（2）生产者——零售企业——消费者。
（3）生产者——批发企业——零售企业——消费者。

四、水果配送管理

水果配送是指以水果为配送客体，对其进行备货、储存、分拣、配货、分放、配装、送货等作业，并按时送达指定地点的农业物流活动。

（一）我国水果配送的发展阶段和主要形式

我国水果配送已经经历了以下三个阶段：

第一阶段是超市的市场拓展阶段。个别水果批发经营企业开始向超市配送水果。当时我国水果批发交易市场的现场成交活跃，大多数批发企业都不愿从事这项业务。

第二阶段是水果批发交易市场的整顿及超市大发展的阶段。其客户渠道（指销售）发生了很大变化，市场门市批发生意越来越难做，批发企业开始竞相向超市配送水果。

第三阶段是批发企业向超市配送水果的激烈竞争阶段。在超市的催化下，水果供应商竞相压价、相互倾轧，争抢水果配送市场，在竞争中也出现了对这个市场起主导作用的公司。这同时也说明众多水果批发经营商都看好这个市场。在水果批发竞争中，配送经营服务已走向多样化。

目前，我国水果配送的形式主要有以下几种：

（1）向超市、大卖场配送水果业务。
（2）向宾馆、饭店及企事业单位配送餐间水果业务。
（3）通过电话订购等形式配送水果到消费者家中的业务。

目前，我国的水果配送仍处于一种初级形态。从配送的概念看，其本质是送货，但绝非一般性的运送。它包含这样两层意义：一方面，它在向客户的送货过程中，客观上有确定的组织和明确的供货渠道，有相关的制度进行约束；另一方面，配送货物是建立在备货和配货基础上的经济活动，是按照客户的要求，包括货物的品种、质量、规格、数量和送达时间等进行备货和送货。由此看来，目前我国水果批发企业所从事的水果配送，从严格意义上讲仅是一般性的运送活动。从事这类活动的企业多、规模小、竞争无序，需要有一个质的提升。

（二）我国水果配送管理中存在的主要问题

1. 我国水果配送的渠道不畅

我国水果市场已放开了很多年，基本形成了由市场决定价格的机制。但是，配送体系很不健全，销售渠道不畅，对国内、国际市场的研究开发不足，还停留在果熟才找出路的无序竞争阶段，造成"内销不旺，外销不畅"的局面。发达国家早已形成了各种形式的中介组织，在农产品贸易方面主要负责研究和预测市场，建立配送网络，从事拍卖交易和实施行业管理等工作，直接面向农民提供服务，为农产品销售开辟了顺畅的配送渠道。

2. 我国水果配送的流程还很不规范

目前，发达国家已普遍采用了水果采摘后包括预冷、储藏、洗果、涂蜡、分级和冷链运输等内容的规范配套的流通方式，产后商品化处理量几乎达到100%，大部分水果从采摘到上市销售的时间不超过30天；我国经过包括简单手工分级在内的商品化处理的水果还不到总产量的1%。世界发达国家的果品加工总量已达产量的35%，我国还不足10%。

3. 我国水果配送的冷链技术还很缺乏

目前，在发达国家，冷链物流已普遍应用。在我国，冷链配送一直是政府官员和一些水果保鲜专家极力提倡和竭力推广的项目。但是，目前我国消费水平还不允许冷链配送这一高成本的流动环节加入到水果配送中来。例如，从广东到北京运输荔枝，运输成本为700~800元/t，而冷藏车运输成本为1200~1400元/t。这意味着荔枝在北京的批发价由原来的5~6元/kg上升到5.6~7元/kg，上升幅度达10%~15%，而运输损耗率的减少却只能达到8%~10%，消费者并不会因此接受高价的荔枝。就目前我国的消费水平来说，只有停留在低价位才能达到大量的消费，高质高价的水果只是少数人的消费品。并且，在我国，对于特定水果的预冷设备和技术、防腐保鲜剂及包装材料的选择仍十分匮乏，还远远没有具备冷链配送应用的技术基础。

第五节　冷链配送管理

一、冷链配送概述

1. 冷链配送的内涵

冷链（Cold Chain）伴随19世纪上半叶冷冻剂的发明，由美国人阿尔贝特·巴尔里尔（Albert Barrier）和英国人J. A. 莱迪齐（J. A. Ruddich）于1894年先后提出。《中华人民共和国国家标准：物流术语》（GB/T 18354—2006）对冷链进行了定义："根据物品特性，为保持物品的品质而采用的从生产到消费的过程中始终处于低温状态的物流网络。"也有学者将冷链称作"食品冷藏供应链""是指易腐食品从产地收购或捕捞、加工、储藏、运输、销售，直到消费前的各个环节都要处于适当的低温环境之中，以保证食品的质量，减少食品的损耗，防止食品的变质和污染"。王之泰对各种研究进行了评述，指出："冷链是对特定物品在生产制造、流通、物流、应用和消费过程中使用的链式低温保障系统。"欧盟将冷链定义为："从原材料的供应，经过生产、加工或屠宰，直到最终消费为止的一系列有温度控制的过程。冷链是用来描述冷藏和冷冻食品的生产、配送、存储和零售这一系列相互关联的操作的术语。"

冷链是从原材料的获取到产成品被消耗的整个过程中，物品始终处于维持其品质所必需的可控温度环境下的特殊供应链。冷链按照对象特征或属性来分，可以分为药品冷链、食品冷链、化工产品冷链、鲜花冷链以及其他产品冷链等。

冷链配送是冷链的一个重要环节，是指在经济合理范围内，根据客户要求，在适宜温度环境中对保鲜、冷冻等冷链物品进行拣选、加工、包装、分割、组配等作业，并按时送达指定地点的物流活动。冷链配送体系主要由冷库、冷藏车、冷链物品等要素组成，冷链配送中的主体包括供应商、分销商、消费者、冷链配送企业，各主体之间相互联系、相互作用。

农产品冷链是以保证农产品的品质为目的，以保持低温环境为核心要求的特殊供应链系统，在物流供应需求、运营管理、运作方式、和服务水平等各方面都具有特殊的要求，需要多个主体的共同协作才可以保证冷链物流的正常运作。所以，冷链物流比一般常温物流系统要求更严格，也更加复杂。

2. 冷链配送的特性

现代物流集信息化、自动化、网络化、柔性化和智能化为一体，冷链配送更是因产品在时间、品质、温度、湿度和卫生环境上的特殊性，能够体现更大的增值潜力和能量。

冷链是一项复杂的系统工程，为达到以较低成本满足较高服务水平进而促进销售的目的，需要供应链各环节之间高度的协调、通畅的信息流通、高效的运作、优化的资源管理等。针对不同产品的特性进行合理配送在冷链中起着重要作用。与常温配送比较而言，冷链配送具有以下特征：

（1）冷链配送货物的易腐性。冷链配送的货物通常是生鲜产品，属于易腐（Perishable）食品，在配送的过程中，由于各种原因，会使货物品质逐渐下降。生鲜食品在配送时，保存环境的温度越低，品质越能保持长久。生鲜产品品质随时间推移而变化的过程中，"温度"是影响其品质最重要的因素。生鲜食品品质依储藏环境的温度而定，温度越低，则能保持品质不变的时间越长。而冷冻食品从生产到消费的过程中，经过工厂制造加工、冷藏、配送，到销售点的冷藏，各阶段的冷藏温度皆不相同。如果能将食品品质可能维持的时间与冷藏温度的关系进行量化，实际运作过程中将会相当便利。冷冻食品需求量相当大的美国即针对多种食品，调查保存温度和所经过的时间对食品品质所造成的影响，即"时间—温度变化下的品质耐性"（Time-Temperature Tolerance，T.T.T.），建立了食品品质与保存温度和所经过的时间的关系。在实际操作时，可按照简单公式推算冷冻食品的品质下降情形。

TTT 的计算步骤如下：

1）了解冻藏食品物料在不同温度 T_i 下的品质保持时间（储藏期）D_i。

2）计算在不同温度下食品物料在单位储藏时间（如 1 天）所造成的品质下降程度 $d_i = 1/D_i$。

3）根据冻藏食品物料在冷冻链中不同环节停留的时间 t_i，确定冻藏食品物料在冷链各个环节中的品质变化 $t_i \times d_i$。

4）确定冻藏食品物料在整个冷链中的品质变化 $\sum t_i \times d_i$，$\sum t_i \times d_i = 1$ 即是允许的储藏期限。

（2）冷链配送货物的时效性。生鲜产品的生命周期短，易腐性产品在配送过程中由于运送时间长而造成产品的品质下降，人们在购买时从表面上一般无法区别。但从另一个角度来看，生命周期较短的生鲜产品，如果配送时间延长，虽然品质不至于达到不可食用的地步，但是人们在购买过程中，此类产品被销售出去的概率会降低，销售量会减少，从而造成损失。这部分虽然是销售商的损失，但是因为配送时间的延误而造成销售上的损失，理应由配送商承担。

因此，生鲜产品销售商为了达到较高的服务水平，在货物到达销售端时，往往会有时间窗（Time Windows）的限制，限制配送商必须在事先约定的时段内送达。因此，事先规划配送路线、考虑时间窗的限制，不仅可降低配送企业的营运成本，也可以提高销售商的服务水平，满足客户的需求。

（3）冷链配送装备要求的特殊性。相对于一般配送，冷藏配送对配送装备在技术上和配置上有自己的特殊性。冷藏车的卫生条件应满足承运货物要求，不会污染承运货物；配送车辆及其他各种机械设备、装置、设施及电子记录装置均须处于良好技术状态，运行正常；车辆运输途中应注意观察行车温度记录仪的工作情况和货厢内的温度变化情况；冷藏设备应定期进行保养等。

3. 冷链配送使用的技术

由于在整个配送过程中，货物始终处于维持其品质所必需的可控温度环境下，因此，冷链配送必须有相应的技术和专用设备支持。在冷链配送中所使用的技术主要有制冷、蓄冷技术、农产品储藏技术、空气幕技术及农产品加工技术等。所使用的专用设备主要涉及大中小型冷藏、冷冻、冰温库、冷藏保温车、速冻机、差压预冷设备和解冻设备等。冷链配送的各个阶段所需的相关技术及专用设备如表 7-1 所示。

表 7-1 冷链配送所涉及的技术及专用设备

内　　容	关键技术	相关技术	核心技术	相关专用设备
农产品储藏	储藏工艺、制冷技术（设备、系统设计）、隔热层（保温板）技术、空气幕设计技术	机械设计、制造，自动控制技术，传感器技术，外观设计，制冷剂、发泡剂替代技术	制冷技术、隔热层技术、农产品储藏技术、空气幕技术	大中小型冷藏设备，冷冻、冰温库，陈列、展示柜，零售冷藏柜
流通设备	制冷技术，蓄冷技术，隔热层（保温板）	汽车技术，加工技术，新材料技术	制冷技术，蓄冷技术	冷藏保温车，集装箱，冷藏保温箱，保温盒（袋）
加工设备	农产品加工工艺，制冷技术，冰温技术，蓄冷技术，解冻技术（高湿度空气解冻、喷淋冲击解冻）	机械设计、制造，自动控制，传感器，外观设计，包装材料与机械，电解冻技术（红外解冻、电阻型解冻、高频解冻、微波解冻、高压静电解冻）	农产品加工工艺，制冷技术，机械设计、制造	速冻机，差压预冷设备，解冻设备，干燥设备，发酵设备

目前，我国的冷链配送中正努力采用易于清洁、更为灵活的设备，采用更为合理和先进的生产工艺，使生产与外部环境更加协调，以及更好的接口管理、更令人满意的储运温度和更及时的消费者信息反馈，加强建设农产品的可追溯性和相关的标准化管理。

4. 冷链配送的发展趋势

冷链物流的建设和发展很早就引起了西方一些发达国家的重视，如今美国、日本、加拿大等国家的冷链物流发展水平居世界领先地位。

（1）完善的冷链配送体系。美国拥有庞大、通畅、高效的冷链物流体系，公路、铁路、水路四通八达，高速公路遍布城乡，其冷链物流的基础设施和设备非常发达。加拿大也建立了各种运输方式协调发展的冷链物流体系，其农产品的冷链流通率（农产品冷链物流占农产品物流的比率）几乎达到百分之百。完整的综合冷链物流体系造就了冷链配送的高效率和高效益。

（2）完善的技术装备。美国、日本、德国等国家在运输过程中全部使用冷藏车或冷藏集装箱，大多采用了自动温度检测设备及自动温控设备，采用铁路、水路、公路等多式联运，各个环节的技术设备都相当完善，大大降低了货损率。

（3）先进的信息技术。美国、日本及欧洲国家建立了电子虚拟食品冷链物流供应链管理系统，该系统实现了冷链配送货物的实时跟踪及冷藏车使用状态的动态监控，同时将全国的需求信息和遍布各地的连锁经营网络连接起来，确保物流信息快速、可靠传递。EDI等先进技术的使用大大降低了食品在物流环节的损耗率。

随着冷链食品市场空间的不断扩大，我国冷链系统也得到较大发展，目前，我国的冷链配送呈现出新的特征：

（1）客户对农产品的要求越来越显现个性化、方便化趋势，不同消费者对同一食品的要求有很大差异，因此，很难预测消费者需求。这种消费特点要求冷链配送必须及时，要向小批量、多品种方向发展。

（2）对冷链配送设备和管理的要求提高，"速度快、质量好"成为冷链配送的新要求。最近，一些大型企业进军冷链物流市场，这些实力雄厚的企业可以为农产品冷链配送提供先进的设备和技术，从而可以大大降低我国农产品行业在冷藏和冷链配送方面的损耗。

二、不同农产品的冷链配送

农产品冷链由冷冻加工、冷冻储藏、冷藏运输及配送、冷冻销售四个方面构成。冷链所适用的农产品范围包括奶制品、蔬菜、冷却肉等。不同的农产品，由于其自身特点而对储藏温度、配送温度要求不一样，且不同农产品的销售渠道也不尽相同，因而不同农产品的冷链配送有很大区别。

1. 奶制品冷链配送

近几年，国内消费者对牛奶的需求量直线上升，采用低温灭菌技术的巴氏奶能保证牛奶的营养成分且能保持新鲜，成为鲜奶的发展趋势。奶制品对冷链的要求比较高，目前国外发达国家奶制品冷链已经发展较为成熟，巴氏奶占据了95%的鲜奶市场。与之相比，我国奶制品冷链的发展还有很多不足，需要吸收、借鉴国外的先进经验。巴氏奶冷链要求从源奶的取得到奶站集中检测、杀菌、加工直至最终的消费，在生产、运输、配送、销售和储藏的全过程中，都将牛奶温度控制在0~4℃范围内，以此来保持牛奶的新鲜口味和营养价值。奶制品的冷链配送结构如图7-1所示。

2. 蔬菜冷链配送

近年来，我国果蔬业发展迅速，果蔬年产量达3亿t，其中水果产量达6000万t，位居世界前列。但是，我国果蔬损耗率为25%~30%，每年因果蔬腐烂而造成的经济损失高

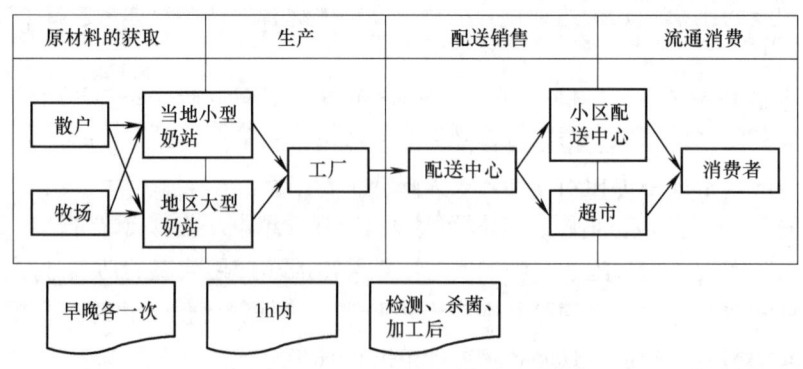

图7-1 奶制品的冷链配送结构图

达 800 亿元左右。因此形成鲜明对比的是发达国家的农产品因为采用了先进的保鲜储藏技术，甚至已经形成了完整的冷链系统，损失率仅为 1.7%～5%。蔬菜冷链的完整结构为：田间采摘—冷藏运输—冷藏批发—冷链配送—生鲜超市冷藏销售—最终消费者。在这个过程中，要求加工处理及时到位，冷链配送及时准确，才能保证蔬菜的质量，维持其最佳品质，延长储藏期。经真空预冷蔬菜的冷链配送结构如图 7-2 所示。

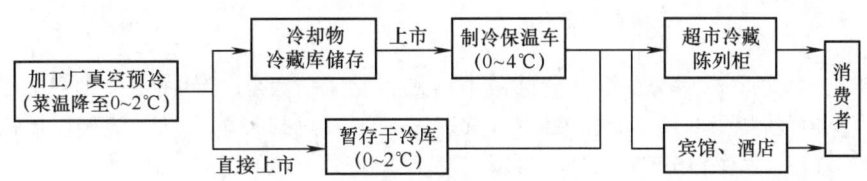

图 7-2　经真空预冷蔬菜的冷链配送结构图

3. 冷却肉冷链配送

因为热鲜肉未经处理，卫生检疫方面很难达标，而冷冻肉虽在卫生方面符合了要求，可是味道却发生了改变，而冷却肉具有安全卫生、鲜嫩味美、便于切割等特点，正逐渐成为人们对肉类消费的主体。冷却肉在生产销售的过程中，采取低温冷却、低温加工、低温配送、低温流通和定量包装的手段，特别是在冷藏中，温度需要始终保持在 0～4℃，才会有新鲜、卫生和方便的特点。屠宰场进行屠宰后，在 18～24h 内对初期的胴体进行充分冷却，之后进行排酸处理、分割剔骨、包装、冷藏、运输送至配送中心，通过验收后进行保鲜处理、商品化处理以及分级包装，直至最后冷藏、标价、陈列和销售，每个环节对温度和时间都有严格的要求，整个过程的时间应控制在两天内。冷却肉的冷链配送结构如图 7-3 所示。

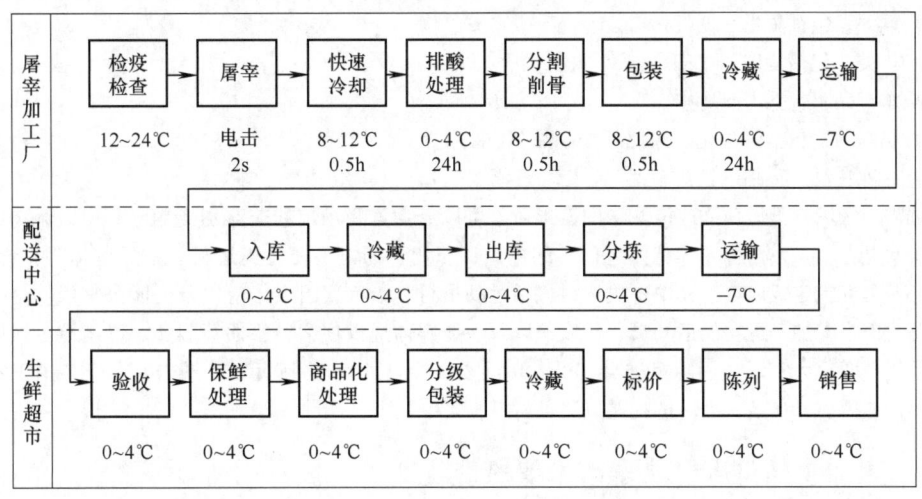

图 7-3　冷却肉的冷链配送结构图

配送管理

奥运食品冷链配送

一、奥运食品冷链配送介绍

2008年8月在北京成功举办的第二十九届奥林匹克运动会被誉为是"无与伦比"的一届奥运会。它向世人展示了体育魅力的同时，也向世界证明了北京举办大型活动的能力。奥运会期间，北京要向各国代表团、来京媒体记者及各国游客提供安全饮食，冷链配送在其中发挥了重大的作用。

根据2008年奥运会的参与人员以及北京奥组委的计划，奥运食品冷链配送需求的主体分为以下几个方面：

（1）运动员，包括世界各国参加2008年北京奥运会的运动员。

（2）代表团其他人员，包括世界各国参加2008年北京奥运会的教练员、随行人员以及其他工作人员等。

（3）媒体记者，包括世界各国参与报道2008年北京奥运会的记者及相关工作人员。

（4）观众，包括前来观看比赛的国内观众以及国外观众。

（5）其他工作人员，包括国内参与北京奥运会的技术人员以及奥组委官员。

据赛后数据统计，北京奥运会期间，在京实有外国人日均超过60万人；北京奥运会举行900余场次赛事，涉及观众、运动员、官员、要人、媒体人员共计593万余人次。

冷链配送所适用的食品范围包括蔬菜、肉类、水产品、奶制品和速冻食品等。按需求的客体，奥运食品冷链配送需求分为以下几类：

（1）蔬菜，包括黄瓜、西红柿等。

（2）肉类，包括猪肉、牛肉、羊肉等。

（3）水产品，包括海鲜等。

（4）奶制品，包括鲜牛奶、酸奶等奶制品。

（5）速冻食品，包括冻饺等食品。

根据需求区域，奥运食品冷链配送的需求对象可以分为竞赛场馆和非竞赛场馆。其中，竞赛场馆是指鸟巢、水立方、工人体育场等有体育比赛的场馆；非竞赛场馆主要有奥运村、国际奥林匹克青年营、物流中心及奥运指定饭店等。其中，奥运村包括运动员村、绿色家园媒体村以及汇园公寓媒体村，其主要功能是为前来参加奥运会的运动员、代表团以及注册媒体提供住宿、餐饮等服务。奥运指定饭店是为记者以及奥林匹克大家庭（国际奥委会官员、单项委员会官员）、各国元首、政府官员、各国王室成员和裁判指定的饭店。奥运食品冷链配送以奥运村最为集中。

二、奥运食品供应中北京市采取的措施

在整个奥运会食品的供应过程中，北京市把握住了四个关键性的环节：

第七章　农业配送管理

（1）在奥运的食用农产品生产领域，建立了农产品的种植、养殖，严格控制高残留农药，其中动物源性食品必须做到全程可追溯。

（2）在奥运食品的生产加工领域，实行食品的批批检验，严格准出。

（3）在奥运食品的运输和配送中，运用了卫星定位系统、电子签封系统和温度传感装置，时时监控食品运输车辆的行驶轨迹、车门开启状况和车厢内的食品温度，从而确保运输途中食品的安全。

（4）在奥运食品的餐饮服务上，北京市对送餐和现场加工操作人员进行了全面、系统的岗前培训，建立了奥运餐谱和原材料备案制度和食品留样制度，建立了严格落实危害分析关键控制点的管理制度。

为了有效应对奥运会期间的突发事件，北京市成立了奥运食品安全应急指挥部，制订了应急预案，综合运用了快速检测箱、移动食品、食品监控系统、监控和追溯系统，实现了对竞赛场馆、非竞赛场馆、食品生产加工企业、配送企业的统一调度和整体联动。

三、奥运蔬菜冷链配送的具体举措

下面以蔬菜从生产地配送到奥运村餐厅为例进行介绍。

1. 在生产地

为奥运所种植的每棵蔬菜都有"身份证"。蔬菜包装完成后，贴上标签，标签中包含三类信息：生产者信息、产品信息和田间履历信息。通过北京市农业局食用农产品质量安全追溯系统机的扫描，显示：5月3日定植，栽培面积0.8亩，密度140cm×30cm；肥料施用信息，5月3日施鸡肥、复合肥，5月16日、6月11日、6月20日重施肥……农药施用信息，5月20日百菌清、蚍虫啉，6月2日清源宝、蚍虫啉……从信息中，可追溯到任何时间和地点，后者甚至细到某种植基地中有编号的温室大棚。

2. 配送过程

配送车辆使用奥运食品特制的配送车，车上装有针孔摄像机以及温度、湿度监测装置。在运送途中，配送车将每30s发射一次监测信号，一旦温度、湿度超出设定指标，或者车门超过规定开启次数，北京市食品安全办的监测平台就会即时收到报警信号，随时处置突发情况。

全市共享的食品安全追溯数据中心，下设果蔬、动物、预包装食品和奥运食品四个子系统构成的二级平台，覆盖水果、蔬菜、水产、畜禽、蛋类、预包装食品等主要食品种类以及奥运食品的种植、养殖、生产加工、配送等环节。不仅蔬菜，而且猪、鸡等畜禽产品，通过佩戴"耳标""脚标"等手段，在屠宰和流通环节应用IC卡、RFID电子标签等技术，实现养殖、收购、屠宰、分割、运输、销售等信息的全程追溯，随时对奥运食品安全信息进行归集、分析、评估、跟踪和预警。

3. 在场馆

场馆食品都是由奥运会指定供应商提供的。食品从装箱、封箱到开封，每个环节都有卫生监督人员跟踪检测，现场对食品抽检、留样、测温。在运动员餐厅，食品进入厨房前必须接受农药残留、细菌含量等多项检查，对于可能影响运动员药检结果的中国传统腌制食品更有严格限制。

复习思考题

1. 农业物流、农业配送的含义是什么?并简要谈谈自己的认识。
2. 农业配送的特性具体有哪些?
3. 举例说明农业配送的合理化措施。
4. 解释农业供应配送与销售配送的协同管理。
5. 我国农产品配送中存在的主要问题有哪些?
6. 试述冷链配送的特性。
7. 请联系实际,谈谈冷链配送在农产品配送中发挥的作用。

第八章

制造业配送管理

※ 作　用

本章主要阐述制造业配送的基本知识和制造业配送管理的基本方法。制造业配送管理是行业配送管理的重要组成部分。

※ 关　键

了解制造业配送的概念、结构模型、特征和意义，了解制造业配送的演进，理解制造业配送的发展策略，掌握制造业配送的运作管理和供应链中制造业企业的配送管理。

制造业配送是配送在制造企业的一个应用，涵盖了制造企业的物料和成品在供应商、制造商和客户之间，以及企业内部各生产车间，甚至生产工位之间的有序、平稳流动，以及它们之间的信息流动。零部件及时送至各生产工位和产成品的销售配送是制造业配送管理的关键。配送管理对有效提高制造业的柔性和对市场的响应速度具有决定性的作用，因此非常有必要开展对制造业配送管理的研究。

第一节　制造业生产流程与配送

一、制造业生产流程分类

制造业生产是通过物理或化学作用，将有形输入转化为有形输出的过程。按照工艺过程的特点、企业组织生产的特点、产品的专业化程度，有不同的分类方法。

（一）连续性生产与离散性生产

按照工艺过程的特点，制造业生产可以分为两种：连续性生产与离散性生产。连续性生产是指物料均匀、连续地按一定工艺顺序运动，在运动过程中不断改变形态和性能，最后形成产品的生产。连续性生产又称为流程式生产，如化工、炼油、冶金、造纸等。

离散性生产是指物料离散地按一定工艺顺序运动，在运动中不断改变形态和性能，最后形成产品的生产，如轧钢和汽车制造。汽车制造是由多种零件组装成一种产品。像汽车制造这样的离散性生产又称为加工装配式生产。机床、汽车、家电、计算机、电子设备等产品的制造都属于加工装配式生产。

连续性生产与离散性生产在产品市场特征、生产设备、原材料等方面有着不同的特点，如表8-1所示。

表8-1 连续性生产与离散性生产的比较

特 征	连续性生产	离散性生产
用户数量	较少	较多
产品品种数	较少	较多
产品差别	有较多标准产品	有较多用户要求的产品
自动化程度	较高	较低
设备布置的性质	流水式生产	批量或流水生产
原材料品种数	较少	较多
在制品库存	较低	较高
副产品	较多	较少

连续性生产与离散性生产的不同特点，导致其在物流活动的复杂程度等方面也有较大差异。对连续性生产来说，生产设施地理位置集中，生产过程自动化程度高，原材料品种较少，物流系统相对简单。只要制订合适的生产计划，保证几种主要原材料的物流通畅，工艺参数得到控制，就能正常生产合格产品，而且生产过程中的协作与协调任务也少。相反，在离散性生产过程中，产品是由离散的零部件装配而成的，这种特点导致生产设施的地理位置分散，零件加工和产品装配可以在不同地区甚至不同国家进行。由于零件种类繁多，加工工艺多样化，又涉及多种多样的加工单位、工人和设备，所以零部件的流动是非连续的且成网络状，导致生产过程中的协作关系十分复杂，凸显各加工单位间物料配送的重要性。高效的配送工作将会成为制造业企业的主要竞争力之一，也是企业降低物流成本、提高企业内物流服务水平的主要途径。因此，制造业配送研究的重点应放在离散性生产上。

（二）备货型生产与订货型生产

按照企业组织生产的特点，可以把制造性生产分成备货型生产（Make-to-Stock，MTS）与订货型生产（Make-to-Order，MTO）两种。连续性生产一般为备货型生产，离散性生产既有备货型生产又有订货型生产。

备货型生产是指按已有的标准产品或产品系列进行生产，生产的直接目的是补充成品库存，通过维持一定量的成品库存来满足客户的需要。例如，连续性生产中的化肥、炼油，离散性生产的轴承、紧固件、小型电动机等产品的生产，都属于备货型生产。备货型生产的特点是生产计划一经制订，其物流活动则相对稳定，具有较强的可预测性，主要通过较大的原材料和零部件半成品库存来保证生产有序进行。

订货型生产又称"按订单制造"式生产，是指按客户的订单进行的生产，生产的是客户所要求的特定产品。客户可能对产品提出各种各样的要求，经过协商和谈判，以协议或合同的形式确认对产品性能、质量、数量和交货期的要求，然后组织设计和制造。例如，锅炉、船舶等产品的生产就属于订货型生产。订货型生产的特点是对产品的需求难以预测，对交货期有较严格的要求，这就要求订货型生产企业要更加注重企业内的物流活动，加速订单的履行。而随着市场变化的日益迅速，客户的要求呈多样化，订货型生产将成为未来制造业生产的主要形式。

为了缩短交货期，还有一种形式是按订单装配式生产（Assemble-to-Order，ATO），即零部件是事先制作的，在接到订单后，将有关的零部件装配成客户所需要的产品。很多电子产品的生产属于按订单装配式生产。为了尽快为客户提供个性化的产品，ATO方式得到进一步发展。有些产品不一定要等订单到了再装配，可以先将通用零部件装配完毕，订单一到，再装配客户有特殊要求的零部件，这样就能更迅速地满足客户的需求。同时，按订单装配式生产必须以零部件通用化和标准化为前提。例如，汽车、家电等的生产都可以认为是按订单装配式生产。

表8-2列出了备货型生产与订货型生产的主要区别。

表8-2 备货型生产与订货型生产的主要区别

项　　目	备货型生产（MTS）	订货型生产（MTO）
产品	标准产品	按用户要求生产，无标准产品，大量的变型产品与新产品
对产品的要求	可以预测	难以预测
价格	事先确定	订货时确定
交货期	不重要，由成品库随时供货	很重要，订货时确定
设备	多采用专用高效设备	多采用通用设备

（三）大量生产、单件生产和成批生产

产品的专业化程度可以通过产品或服务的品种数多少、同一品种的产量大小和生产的重复程度来衡量。显然，产品的品种数越多、每一品种的产量越小、生产的重复性越低，则产品的专业化程度就越低；反之，产品的专业化程度就越高。按产品专业化程度的高

低，可以划分为大量生产、单件生产和成批生产三种生产类型。

1. 大量生产

大量生产是指品种单一、产量大、生产重复程度高。例如，美国福特汽车公司曾 19 年始终坚持生产 T 型车一个车种，福特将这种生产方式称为大量生产，可见大量生产是有特定含义的。

2. 单件生产

单件生产与大量生产相对立，是另一个极端。单件生产品种繁多，每种仅生产一件，生产的重复程度低。例如，制作模具就属于典型的单件生产。

3. 成批生产

成批生产或称批量生产，是介于大量生产与单件生产之间的一种生产类型，即品种不单一，每种都有一定的批量，生产有一定的重复性。

在产品生命周期越来越短、市场变化异常迅速的今天，绝对的单件生产和大量生产已经很少，大多数制造业企业从事的都是成批生产，如汽车、家电的批量生产。而对于成批生产，随着批量的变化需要不断地改变送往各加工车间零部件的规格，所以各加工工序间高效反应的配送管理变得日益重要。高效反应的配送管理也成为企业迅速响应市场变化、提高企业竞争力的重要手段。

二、制造业配送的演进

在物流管理出现以前，制造业企业还没有一个独立的配送管理部门，只是被当作制造活动的一部分，没有职业物流人员和关于这方面的学术研究。直到 20 世纪 60 年代物料管理（Materials Management）和实物配送（Physical Distribution）出现后，情况才发生了变化。配送管理被认为是对企业的输出物流的管理，包括需求预测、产品库存、运输、库存管理和客户服务。20 世纪 80 年代出现了集成物流的概念（Integrated Logistics），把企业的输入、输出物流管理以及一部分制造功能集成在一起。供应链管理是 90 年代才出现的新的管理模式，并随之出现了集成供应链的概念（Integrated Supply Chain），企业从眼睛向内转向眼睛向外，通过与其他的供应链成员进行物流的协调来寻找商业机会。

需要指出的是，以前对制造业配送管理一般只研究企业的输出物流，即只处理与企业最直接的客户之间的关系，把产品销售给客户的销售配送，以及包括在这一过程中的需求预测、运输、库存管理等问题。而在日益追求物流合理化的今天，生产工序间同样需要引入合理化的配送运作方式，在生产企业中常采用的看板方式的工艺控制技术，实际上就是配送功能在生产领域的充分发挥，只不过它是一种伴随信息传递的逆向过程。

（1）随着流水线生产、大量定制生产、准时制生产等一系列新的生产方式的兴起，一种产品所需要的零部件成千上万，而在客户的需求不断变化的同时，又要尽可能缩短交货期，这对生产组织过程中的物流运作提出了更高的要求，传统的在各个车间设置零部件仓库的做法已经不能满足现有生产方式的需要。这就要求制造业企业在进行生产时应尽力协调好各种物流关系，有效地组织生产。因此，为各生产车间进行配送的现代化配送中心应运而生。通过配送中心的高效运作，可以及时地为各个加工车间甚至加工工位配送合适数量的、正确的零部件产品，以保证流水线生产平稳、均衡地进行。

（2）现今供应链管理的发展十分迅速，企业的业务外包变得十分广泛。虽然业务外包有助于企业利用自身不具备的资源分担风险，降低管理难度，使企业能专心致力于发展自身的核心竞争力，但同时也带来了产品的可得性差等问题。在企业建立现代化的配送中心，有助于在装配生产与零部件生产之间建立缓冲，保持一定的库存来保证生产的连续性。

（3）通过配送中心信息系统与企业生产计划（ERP 系统）的实时通信，及时发现配送中心的库存问题，在防止关键零部件短缺的同时尽可能地降低库存水平，以减少企业的资金占用。

三、制造业配送的概念、结构模型及特征

（一）制造业配送与制造业配送管理的概念

制造业配送与管理是配送管理在制造企业的一个应用，由于其很大一部分是在技术层面和应用操作层面的研究，尚未形成统一的定义，所以许多应用专家从不同的角度出发，提出了许多不同的定义。

传统的观点认为，制造业配送也就是制造企业将产品推向客户的销售过程，是指企业将产品从配送中心运往与其发生业务关系的批发商、零售店、最终客户的过程，以及发生在这一过程中的需求预测、库存控制、运输优化和客户服务等一系列运营技术。持这种观点的人从企业的销售配送出发，将制造业企业的配送简单地看成一个销售配送过程。另一种观点认为，制造业企业的配送还应该包括后向的供应商给制造业企业提供原材料、外购零部件的配送过程，以及关于供应商选择、采购谈判和订单下达等一系列工作，也就是一个企业的供应配送。最近几年，制造业更加注重围绕制造业企业本身的生产组织配送。例如，如何实施配送，保证生产平稳、有序进行，而又尽可能地降低库存水平；各生产工序间如何调整配送工具的使用时间，优化配送路线；如何预测各生产工序上的需求，并通过信息系统进行配送合理化建设；如何在原有厂区对配送中心进行最优选址等。像某汽车装配厂的零部件配送中心，保证了生产线上的所有工位对各自零部件的高度可得性，从而保证生产有序进行。

在以上分析的基础上，本书对制造业配送的定义更为广泛：制造业配送是围绕制造业企业所进行的原材料、零部件的供应配送，各生产工序上的生产配送以及企业为销售产品而进行的对客户的销售配送。它是一个更为广泛的制造业配送结构模式。制造业配送管理是指制造业企业在进行配送时所进行的一系列包括需求预测、库存控制、运输优化、配送

中心设备管理、客户服务以及订单下达的管理运作。

(二) 制造业配送的结构模型

根据以上对制造业配送的定义,其结构可以简单地归纳为如图 8-1 所示的模型。

由图 8-1 可以看出,制造业配送由供应配送、生产配送和销售配送三部分组成,各个部分在客户需求信息的驱动下连成一体,通过各自的职能分工与合作,贯穿于整个制造业配送中。而在实际运作中,供应配送和生产配送往往被集成,供应商直接将零部件送往配送中心,然后直接从配送中心将零部件配货后及时送往各个加工车间,完成整个供应生产的配送过程。可以称之为集成供应配送。值得注意的是,有的企业以委托的方式将自己的配送业务交由第三方物流企业来运作。第三方物流企业可能使用一个配送中心来完成整个配送,如在企业附近建立一个配送中心,以共同配送的方式将企业所需要的原材料、外购件运到该配送中心后,进行分拣再运往各个加工车间,同时,企业的成品又通过该配送中心直接送到各个客户手上,这样仅由一个配送中心完成整个制造企业的配送过程。虽然从形式上看只有一个配送中心在运作,但是从其业务流程上来划分,还可以将其分成供应配送、生产配送和销售配送三个部分。

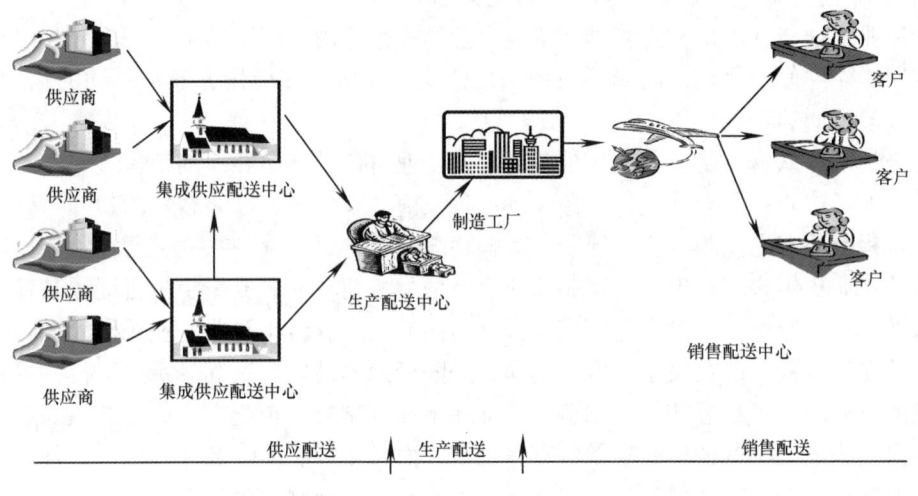

图 8-1 制造业配送的结构模型

(三) 制造业配送的特征

由制造业配送的结构模型可以看出,制造业配送是围绕制造企业的物料和成品在供应商、制造商和客户之间,以及制造商内部各生产车之间,甚至生产工位之间的有序、平稳流动,以及它们之间的信息流动。制造业配送主要具有以下特征:

(1) 复杂性。对于制造业生产配送来说,组成产品的零部件成千上万,小到螺钉、螺母,大到大型铸件,如汽车底盘、电器壳体,配送物资十分复杂。不仅需要现代化的立体仓库来储存各种大小适中的原材料和零部件，而且对于一些体积较大、形状不规则的零部件，如上面所说的汽车底盘，无法储存到立体仓库的货位上，因此必须在合适的地点建立相应自动化程度较低的平面仓库来存放这些零部件，这样造成其作业效率的不一致，使配送中心的管理复杂化。此外，由于大型制造企业，特别是从事离散性生产的企业，企业布局一般已经完成，而且在当初设计生产布局时可能没有考虑配送网络的问题，或是没有经过科学的优化分析，这些都将大大提高制造业配送管理的难度，不利于企业进行诊断和进行物流合理化建设。

（2）有序性。对于制造业企业来说，特别是进行流水线生产的企业，其生产是平稳、有序进行的，对各个零部件的需求在时间上也是有序的，在不同的加工/装配工序上的零部件在时间上是有先后之分的，即各零部件在进行配送时是可以有优先度之分的。因此，在进行加工配送时要考虑到这一点。

（3）配套性。在制造业生产中，有些零部件的需求是配套的，如螺钉配螺母、相应的轴承配相应的轴等，而实际上整个产品的所有零部件可以看作是一套零部件的组合。一方面，在进行配送时，如果缺少某一部件，没有配齐，即使其他零部件都能准时配送到位，由于在某一工序上缺少相应的零部件，也将造成整条生产线的停工；另一方面，当所有零部件都已配齐，而其中有些零部件有余量，如在需要一个该部件时配送了两个，与其他的零部件没有配套，则该零部件会形成多余的库存，造成无谓的浪费。

（4）定路线定时性。在进行生产时，一般来说加工工位的地理位置是不会发生变化的，即相应零部件的配送目的地不会发生改变，所以其配送路线是不变的；同时，随着生产节奏的平稳变化，各个工位上的需求也是十分稳定的，体现在配送上就是对配送时间的要求也是稳定的，只是随着生产计划的变化做很小的调整。这就简化了配送中心的管理。由于配送的定路线性，就可以利用自动化程度更高的连续输送机，如辊道式输送机，直接在配送中心与加工工位之间配送；加之配送的定时性，通过设定配送流程，可以大大提高配送效率，同时也简化了配送管理的难度。

（5）高度准时性。由于生产的连续性，特别是对于进行流水式生产的企业来说，其对配送的准时性有极高的要求。对于批发零售配送来说，若是没有及时配送而造成缺货，其结果可能是暂时性地失去该客户；而对于制造业配送来说，若配送不及时，造成的后果将是整条生产线的停工待料，造成不可估量的损失。然而，可以通过将配送信息系统与企业计划信息系统（如 MRP、ERP 系统）高度集成，大大提高配送的可预测性，从而实现高度准时配送。

20 世纪 90 年代以来，由于科学技术飞速进步和生产力的发展，客户消费水平不断提高，企业之间竞争加剧，加上政治、经济、社会环境的巨大变化，需求的不确定性大大加强，导致需求日益多样化。这些既是多样性与市场需求不确定性的根源，也是促进企业不断提高自身竞争能力的外在压力。在全球市场的激烈竞争中，企业面对的是一个变化迅速且无法预测的买方市场，传统的生产与经营模式对市场剧变的响应越来越迟缓和被动。为了摆脱困境，制造业企业采取了许多先进的单项制造技术和管理方法，如计算机辅助设计、柔性制造系统、准时生产制、制造资源计划（MRPⅡ）等，但是若没有高效率的配送做支持，还是无法满足客户不断变化的需求。因此，高效率的配送不仅能使企业降低物流成本，获取相应利润，而且可以使企业快速响应市场变化，提高客户满意度，在激烈的全球竞争中立于不败之地。

第二节　制造业配送流程规划

一、制造业配送发展策略的选择

（一）系统接管

系统接管是指将系统的配送职责全部转移给外部物流合同供应商，即第三方物流企业，彻底关闭自身的物流系统，将原有的物流资源以协定的价格转交给物流服务商，物流服务商按照合同为企业提供第三方配送服务。例如，世界上最大的化工企业杜邦公司，几年前将北美的物流企业交给了 APL 公司的第三方物流企业。APL 为杜邦公司设置了 400 个运输点，为上千个零售商及客户管理原料、成品的运输及销售，获得了极为可观的经济效益。

（二）系统协作

系统协作是指企业保有一定的配送能力，同时努力开展与其他物流企业的合作，将两者的配送能力很好地结合起来，为己所用。这样既不完全依赖于外部物流企业，同时又可以较少地支付物流费用（因为自身有一部分物流能力）。但这样做有一个难点，即如何将企业内部和外部的物流资源很好地结合起来，因为两者很容易发生冲突。例如，对同一项物流业务，如果交给外部物流来做可能费用较省，但内部物流员工可能会有意见，失去工作热情；如果交给内部物流来做，虽然可以满足员工要求，但会造成较高的费用，同时浪费大量人力、物力，不能专注于自己的核心业务。

（三）系统剥离

这是指将原来已有的配送系统剥离出来，形成一个独立的实体，负责母公司配送的基本业务，同时还可以发展为第三方物流企业。实施这种配送的前提是企业具备相当的物流运作实力。例如，国内的海尔集团于 1999 年成立物流推进本部，整合集团内外的物流资源，经过多年的发展，已经建立了"日日顺"物流品牌，在全国有 98 个地区库、2000 多个分拨中心和 17000 多个社区服务中心。日日顺现在已经发展为海尔集团的渠道综合服务业务品牌，定位为虚实融合的价值交互平台。当前，日日顺品牌定位为大件物流领导品牌，未来将在此基础上，借助车联网、虚网、实网等全网互联的打通，变成物联网时代的引领品牌○。

2013年12月,阿里巴巴集团认购日日顺物流9.9%的股份,双方合作成立合资公司,共同建立端到端的大件物流服务网络。阿里巴巴与海尔双方的合作不仅可以帮助阿里巴巴电商触及农村市场,弥补其家电销售的配送需求,也可以在一定程度上拉动海尔在天猫电器城的销售业绩。

制造业企业采用什么样的配送策略,要根据企业的自身情况而定。一般来说,对于中小型企业,由于没有强大的财力做支持,可以采用系统接管的方式:一方面,可以专心致力于自身的核心业务;另一方面,还可以获得第三方物流提供的高质量、较为经济的物流服务。而对于实力雄厚的大型企业,可以采用系统剥离的方式:一方面,可以使自己的物流业务得到优先保证,大大提高客户满意程度;另一方面,被剥离的物流业务可以成为企业的另一个利润驱动中心,在为企业带来丰厚收益的同时还可以提高企业的声誉。而对于现有的采取系统协作策略的企业,建议或是朝系统接管的模式转变,或是朝系统剥离的模式转变,因为这种夹在中间的策略最为不经济。如果企业的实力较雄厚,可以考虑向系统剥离的模式转变,使之成为企业的另一盈利部门;如果企业的规模较小,或者企业的目标就是做一个高利润的专业企业(如某条供应链上的一个优秀供应商),则可选择系统接管的模式发展,将企业的全部物流业务交由第三方物流来做。

二、制造业配送流程

制造业配送流程与一般配送流程相似,只是因为制造业配送与制造业生产的联系更为紧密,所以制造业配送的流程体现在信息系统上,与企业的生产计划等的联系更为紧密,而在运作上更强调货物(工厂零部件)的快速通过,越库式作业比较频繁,相对存货量不是很大,故需要较大的直通式理货区来进行快速作业。而对于其销售配送过程,因为一般是为大客户服务的,客户相对集中(制造业配送中心一般只负责为下一级销售配送中心、批发商或大零售商进行配送,而将小客户或个人订货交由下一级销售商来处理,以降低与每个客户进行交易而产生的交易成本),故在配送时较易实现整车运输,客户和订单管理也相对简单。除此之外,制造业配送的另一特点是往往将零部件、配件配送与成品配送的运作集成在一个配送中心之中,所以在管理时还要考虑零部件与成品的不同特性,区别管理。对于制造业配送来说,制造工厂还扮演着双重角色:对于销售配送来说,制造工厂是其供应商,是配送中心存货的主要来源(此外还有一部分是直接采购回来的备件及其他附件);而对于供应配送来说,制造工厂又是其客户,是其配送服务的主要目标。针对制造

○ 资料来源:海尔官网 http://www.haier.net/cn/about_haier/brands/rrs;经济观察网 http://www.eeo.com.cn/2013/1214/253569.shtml

业配送中心的上述特点，制造业配送流程也有自己的特点，如图8-2所示。

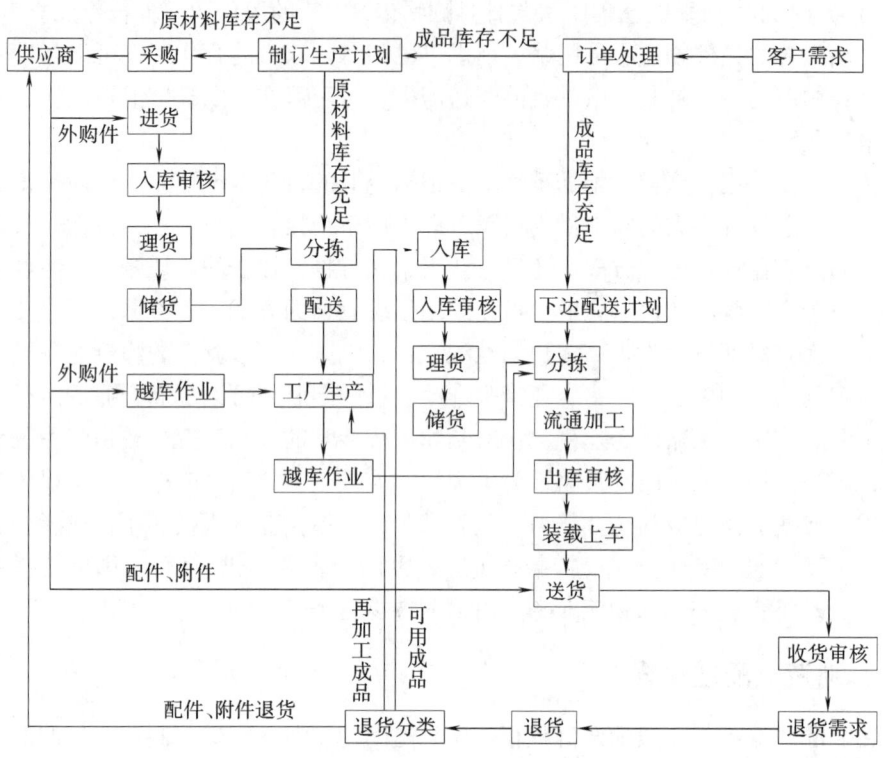

图8-2　制造业配送流程图

从图8-2中可以看出，制造业配送的驱动力同样是客户需求。在接到客户的需求信息时，销售配送中心查询库存，确定配送中心是否有足够的库存来满足这次订货。若满足库存需要，则下达配送计划，进行分拣、流通加工、装卸、送货等一系列配送中心作业，从而将货物迅速交到客户手中；若库存不足，则要组织生产，制订生产计划并下达到各个生产部门与生产配送中心，对于库存满足需要的零部件，则通过生产配送中心，经过一系列作业发送到生产部门，对于需要采购的零部件，则需快速下达订单给供应商，并通过越库作业直接由供应商在配送中心做暂存后送往生产部门，以保证生产部门及时得到所需原材料和零部件。工厂完成产品的制造后，将一部分产品通过越库作业直接发给客户，而将另一部分入库、理货后储存，以保证后续需要。同时，外购的配件则可由供应商直接经过两次越库作业发送给客户。客户收到产品后，可能会由于质量不合格等一系列原因而拒收货物，这时就会发生退货作业，将产品返回到配送中心后进行退货分类作业，根据不同的退货原因，明确责任。对于由于上游供应商配件造成的退货，将其退给上游供应商处理，并做相应的记录；而对于由于生产造成的问题，则退回加工工厂进行再加工；对于可以降级

270

销售的产品则重新入库,以等待机会做降级销售,并做相应记录。

三、发展制造业配送的意义和作用

(一)通过集中库存使企业实现低库存或零库存

制造业企业实现高水平配送,尤其是采取准时配送之后,可以完全依靠配送中心的准时配送而不需保存自己的库存,或者只需保持少量安全库存而不必留有周转库存。这就可以实现制造企业追求的"零库存",将企业从库存的包袱里解脱出来,同时解放出大量的储备资金,从而改善企业的财务状况。集中库存的总量远低于不实行集中库存时各企业的分散库存的总量,同时增加了调节能力,以便更为快速地响应市场变化,提高了经济效益。此外,采用配送中心集中库存,可利用规模经济的优势使单位存货成本下降。例如,坐落在美国伊利诺伊州的诺曼尔(Normal)流通中心,是专门为坐落在附近的美国三菱汽车制造有限公司的汽车装配厂提供配送服务的。该配送中心由盖特斯物流国际有限公司(GATX Logistics)负责运营与管理。已经签约的货车车队每天要从附近的零部件供应商那里将成千上万的零部件运往配送中心。而诺曼尔配送中心更准确地说应该是一个直通式的交叉站台,在 8 个 2h 业务窗口之间迅速地通过,将零部件及时地送往装配厂。这些所谓的业务窗口只负责对货车上货物的检验并做必要的财务记录,并不对货物进行暂存,只对一些大批量进货而生产部门目前还不需要的物料进行存储,但其存储量是很小的。货车每隔 4h 运送同样的货物,给装配厂提供了 2h 的配件来保证生产,一天 8 次。通过这种配送方式,三菱公司将其库存量降低了 30%,减少了大量的无效资金占用,并且保证了生产的顺利进行。

(二)简化事务,方便客户

采用配送方式,客户只需向一处订货,与一个供货单位开展业务关系,就可以订购到以往需要去许多地方才能订购到的货物,大大降低了交易成本,提高了采购效率。同时,只需组织对一个配送单位的接货可代替现有的高频率接货,因而大大降低了客户的工作量和负担,使生产单位可以全身心投入到自己擅长的业务——高效生产中去,也节省了事务开支。

(三)提高供应保证程度

制造企业自己保持库存、维持生产,供应保证程度很难提高,这是由于受到库存费用的制约。而采取配送方式,配送中心可以比任何单个企业的储备量更大。对于每个企业而言,中断供应、影响生产的风险就相应减小,可免去客户的缺货之忧。

(四)降低缺损,防止内盗

若是各个生产车间自己保持库存,拥有自己的仓库,由于没有专业的仓库保管人员进行保管,同时单个仓库的保管设施也不可能十分完善,因此容易造成货物的缺损。同时由于库存分散,容易造成管理混乱,发生内盗事件,从而造成大量损失。在使用了配送中心之后,从配送中心出来的零部件直接送往加工工位,最大限度地防止了盗窃事件的发生。同时,配送中心有经验丰富的专业仓库保管员和完善的仓库保管设施,可以最大限度地保证货物得到妥善保管,降低缺损率。据不完全统计,配送中心的缺损率几乎可以下降到零,而在普通仓库,缺损率可以达到5%甚至更高。

第三节 制造业配送的运作

一、制造业配送的基本运作

(一) 制造业配送中心的订单管理

在配送中心的日常营运作业中,订单处理是一切作业的开始,而且是一切作业的核心。订单处理的成效将会影响到后续作业乃至整个企业的营运状态。如何快速、准确、有效地取得订货资料,如何进行有效订单的分类和归并,如何追踪、掌握订单进度以提升客户服务水准,以及如何支持、配合相关作业等,是订单处理所要面对的问题。而对于制造企业的配送,还要考虑如何将订单资料快速传递给生产部门,以制订有效的生产计划。

一般来讲,制造业配送中心的订单处理作业程序如图8-3所示。

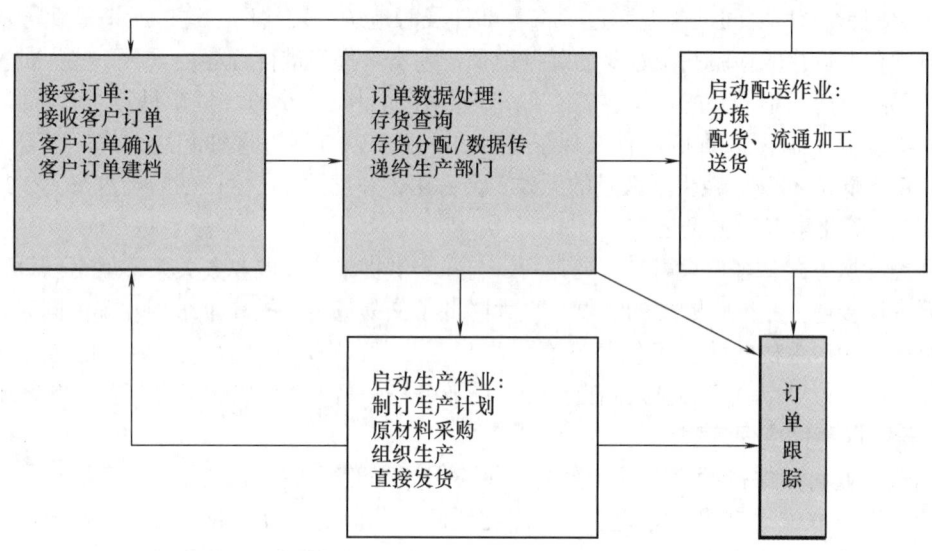

图8-3 订单处理作业程序

由于所面对的客户的信息化水平不同,制造业配送中心接收客户订单的方式也有所不同,从传统的电话口头订货、传真订货到EDI和POS系统订货。但不管怎样,配送中心在接收到订单后,先要对订单进行确认,即决定是否接受该订单,确认的内容包括客户的信用以及订货的种类、数量、配送时间、价格、包装等。若客户已经超过了其信用额度,则提出警示,取消该订单或交由上级部门决策;若订货的数量、配送时间和包装等信息不明确,则可将订单反馈给客户重新下订单,并提示相关项的输入。之后,配送中心须根据订货的种类、地点、配送时间、交易方式等进行分类,以便配送作业人员进行分拣作业和配送计划,同时记录订单资料并建立客户档案。在完成了以上接受订单的处理后,则可转入订单数据处理程序,根据订单上记录的订货种类、数量及交货时间查询库存是否有足够的存货以供履行订单。若有足够的存货,则输出分拣单和送货单来启动配送作业;若发现没有足够的存货来支持订单的履行,则将数据传给生产部门,由其组织生产来满足客户需求;若生产能力不足,则可通过业务外包或与客户协商延长交货期来满足客户需求。

在整个订单的履行过程中,为了提高客户服务水平,大都应该提供订单跟踪服务。即使该信息不与客户共享,配送中心自己也需要明确掌握订单的状态。在实际作业中,对不可避免的订单异常变动情况,系统应该及时加以反映、修正,以维持系统的正确性以及减少因异常变动造成的损失。这些订单异常变动包括客户取消订单、客户增订、配送时发生缺货以及送货时客户拒收(原因是客户对配送种类、数量持有异议或发生缺损)。所有这些都要反映在订单状态信息中,以保证系统能够及时发现并修正。同时,对客户来说,往往希望从供应商那里得到事先装运通知(Advanced Shipment Notification,ASN),以便精确地测定送货的确切时间和地点,及时组织人力、设备来完成接货工作。这不仅对客户来说可以进行从容的接货,而且对配送中心来说也可以减少货车在客户地等待装卸的时间,从而提高运输工具的使用效率。

在制造企业销售配送中心的配送管理中,有一个特点是配送中心的存货是本企业自己生产制造的,也就是存在配送中心的存货由制造厂运到配送中心,并没有发生物权的转移。这就给配送中心的采购管理带来了相当大的便利,因为同属于一个企业,容易实现信息共享而不需要提防信息外泄,便于配送中心进行订单跟踪,甚至可以掌握产品在具体生产工位上的信息,从而更好地进行预测,来提高客户服务水平。而对于供应配送,通过双向的信息流监控生产计划,供应配送中心可以实施提前进货,在生产部门下达生产计划的同时已经将原材料和零部件准时地运达加工工位,从而使整个订单的履行过程不是传统的以需求来拉动,造成安全库存在各个节点积累,而实现了真正的敏捷制造。

(二)制造业配送中心的库存管理

1. 制造业配送中心存货的来源

在现代化配送中,大多数企业采取各种措施来降低库存水平,提高库存周转率。实际上,真正的零库存是很难实现的,库存也并不是都是对配送起消极作用的。相反,在配送中心中保有适量的存货,能够更好地为制造企业的生产和销售服务,同时还可以提高配送中心的服务水平。根据配送中心存货的来源,大致可以将它分为以下几种:

(1)批量存货。批量存货有三个来源:生产、采购和运输。对于生产来说,为了获得规模经济,生产企业有一个经济生产批量,在订货没有达到生产批量时,企业在组织生产时也会按照经济生产批量进行生产,多生产出来的产品就要储存起来,因此产生了批量存货。同样，由于采购时有批量要求，采购量大有价格折扣，而小批量采购成本比较高，所以企业往往进行大批量采购，这也造成了批量存货。对于运输来说，同样存在着大量运输的价格折扣问题，同时整车运输往往更为经济，所以为了达到整车运输的目的，往往需要加大运输量，从而也产生了批量存货。

分析批量存货是否有利，要综合进行批量存货与不进行批量存货之间的成本因素分析，有时批量存货的持有成本比较高，这时采取小批量生产与采购往往更为经济。同时，还要考虑到产成品陈旧过时会造成大量损失。

(2) 不确定性/安全存货。在企业的经营活动中，所有的业务都面临不确定性，这种不确定性的来源各异。处理不确定性的一个惯常做法是预测需求，但从来都不能准确地预测出需求的大小。对于供应配送来说，不确定性是获取供应商零部件的不确定性；对于销售配送来说，不确定性是客户需求的不确定性；而对于生产配送来说，不确定性是生产计划滚动的不确定性。不确定性可能来源于运输，也可能来源于其他方面，如供应商倒闭、生产计划调整等。配送中心要备有安全存货来进行缓冲，以防备不确定性。

(3) 季节性存货。在现实生活中，几乎所有的产品都有季节性，季节性可能发生在供应方，也可能发生在需求方。钢铁企业就是季节性供应的一个例子，一般钢铁企业只在一年的某一时段生产某一品种的钢材，而这种钢材的需求是全年性的，那么配送中心就要按全年的需求量将钢材在生产期间存储起来，以保证全年的需求，缓解生产与消费在时间上的差异。滑雪器械的制造企业也是一个季节性需求的例子。滑雪器械一般只在冬季达到销售高峰，而制造企业为了获得效益，不可能在冬季以外的时间不进行生产。因此，生产企业需要将平时生产的产品在销售配送中心储存起来，以应对冬季的销售高峰。

2. 制造业配送中心库存的特点

制造业配送中心库存具有以下特点：

(1) 存货数量、品种差别大。对于制造业销售配送来说，由于其产成品来自制造工厂，而制造工厂生产的产品又比较单一（多产品经营的大企业集团除外），同时有一定的生产批量，所以对于销售配送来说，有存货数量大、品种比较少的特点，易于管理；而对于生产供应配送（特别是加工装配型企业）来说，其需要的零部件成千上万，且在体积和总量上又有很大区别，同时由于多数企业追求零库存生产，往往备有较少量的原材料和零部件，所以对生产供应配送来说，有存货品种多而每种存货数量较小的特点，从而增加了管理的难度。

(2) 存货来源不一致。对于销售配送，其存货来源于制造工厂，对于大企业，也不过是来源于同一企业集团内部的几个不同的加工工厂，存货来源比较单一；而对于生产供应配送，其存货来自众多供应商，而各供应商的产品由于存在种类、规格的不同，所以存货来源广，这就要求制造业配送进行存货管理时，应处理好各种存货之间的关系。

(3) 存货周转快。一般来说，配送中心是货物的集散地，货物在配送中心不做长期储存,存货时间相对较短,这也是配送中心与普通仓库的重要区别。特别对于推行准时生产的企业,零部件停留时间很短或基本不做停留,在完成分拣和配货作业后,直接被运往生产工位投入生产。存货的这个特点,要求配送中心存货规划必须充分考虑如何使存货系统满足货物的快速流动。

(4) 存货相关性强。由于存货是供生产用的,所以各零部件之间存在配套关系;同时,销售的产品也存在配套关系,如一台计算机将主机、显示器、使用手册等配套出售。制造配送中心的这一特点特别需要关注,以便更为合理地管理存货。

3. 存货重点分类管理技术(ABC 管理法)在制造业配送中心的应用

由于制造业配送中心不仅存有产成品,还有各种零部件和备品备件,其重要性是不同的,因而对每一种存货施以同等的管理是不必要的,也是不可能的。因此,有必要在配送中心采用重点分类管理技术对存货进行合理管理。

在大多数情况下,存货被分成 A、B、C 三类;有时根据具体情况,存货的分类也可以多于三类,但不宜过多,因为这会导致重点不突出。对于制造业配送中心,可以这样进行分类:

A 类——成品、关键零部件。

B 类——一般零部件、低销量、廉价的成品。

C 类——原材料、价廉零部件(如螺钉、螺母)。

进行以上分类的原因是成品的价值比较高,且经过一系列的生产过程,已经消耗了大量的人力、物力,所以要重点管理,以确保其有较高的可得性,应定期进行盘点。由于关键零部件的缺货可能导致生产线停产,且很难迅速得到补货,因此也需重点管理,以确保其较高的可得性。而原材料不需要较好的保管措施,可能只需露天放置或相对简单的包装,故只要记录一般库存数据即可。而对于价廉和可得性好的零部件,如螺母,即便发生缺货,由于已经标准化且价格低廉,在市场上极易购买,故只需进行一般管理。而对于一般的零部件和低销量成品,不需要像关键零部件那样重点管理,故将其归为 B 类,作一般的管理。进行 ABC 库存管理后,应该确保 A 类产品能够随时获得,对于 B 类和 C 类产品,尽管可以在物流渠道中得到,但也要保证在需要的时候能及时获取。

4. 制造业配送中心存货的盘点

在配送中心的实际运营中,由于种种原因,经常会出现存货账物不符的情况。如果这种账物不符的情况缺乏监控,就可能造成配送中心在配送时出现缺货,服务水平降低,甚至有可能导致生产线的全面停产待料等情况,并带来一系列的不良后果,如取消订单情况的增加,存货及其成本的增加,供应渠道中的重要存货的不均衡以及作废存货的增加,保险费和运输费的增加等。另外,还可能影响配送中心利润报告的正确性,进而影响企业生产计划的确定及引起市场反应能力的下降。因此,有必要进行存货的盘点。盘点可分为定期盘点、不定期盘点和经常盘点三种。盘点作业流程如图 8-4 所示。

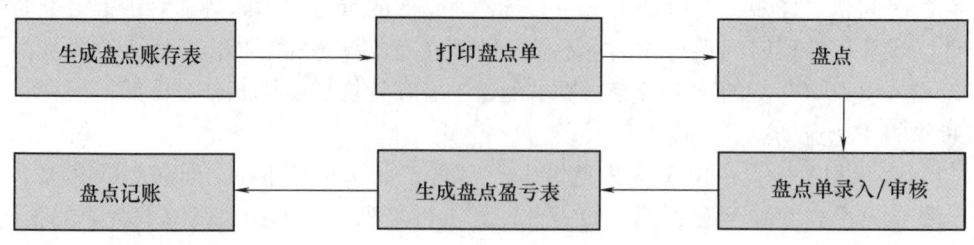

图 8-4　盘点作业流程

5. 制造业配送中心的库存决策

由于企业的生产是连续的，为实现生产线的连续运转，就要求制造企业的供应配送中心不断地对送往生产线上的零部件进行补充，以保证生产工位能够及时得到正确数量的零部件。但由于现在制造企业大多进行小批量、多品种的订货型生产，使配送的不确定性大大增加，这就要求配送中心制定合适的补货策略，以便在不断寻求降低存货持有成本的同时，充分满足客户或生产单位的需要。

对于配送中心来说，其存货的需求可分为独立需求和派生需求。当一种需求与其他货物的需求无关，即不能用另外一种需求来表示时，称该货物的需求为独立需求；而当一种货物的需求直接或间接地与另一种库存需求相关时，就称这种需求为派生需求。例如，对于成品汽车的库存来说，成品汽车的需求是独立需求，而对轮胎的需求则是派生需求。对于制造业配送中心来说，其库存货物的需求大部分属于派生需求，特别是对于供应配送来说，成千上万的零部件之间存在一定的逻辑联系，即装配一部成品，所需要的零部件的数量也是一定的；同时，根据生产工艺，还可以精确地计算出各种零部件进入生产线的精确时间，即需求将在何时产生。因此，在制造业配送中心的库存管理中，要充分重视其库存货物的这种相关性，以便保持库存的平衡，减少不必要的库存，提高配送中心的库存管理水平。

在大多数制造企业，存货往往是企业的第一或第二资产。在许多情况下，企业通过减少库存水平，可以缩减业务成本，提高资产回报率（资产回报率＝（收入－支出）/总资产，这里的总资产包括存货资产，所以通过减少存货即减少总资产，可以提高企业的资产回报率）。但另一方面，保有较多的存货有可能缩减其他领域的成本，如制造和运输，或达到更高的客户服务水平。因此，在进行库存决策时，要平衡各个领域的成本，使从生产到最终将产品交付给客户的整个过程中所消耗的总成本最小，从而达到整体最优。

在配送中心的库存决策中，最重要的是补货决策，即在什么时候，订购多少数量的货物。在制造业的销售配送中，补货决策要求企业确定何时制造出多少数量的产品。比较传统的做法有定量订购法，即确定一个订货点和相应的订货量——经济订购批量。因为制造业配送中心存货的相关性比较强，因此在进行采购时，可以通过企业的 ERP 系统分解产品需求，并制定时间表（公司原材料和零部件的订购批量和订购时间正是 ERP 的输出结果之一），故只需将配送中心的信息系统与企业的 ERP 系统进行无缝连接，实现信息共享，就可大大简化补货决策的过程。同时，补货的信息直接来自生产线并且是实时的，信息的准确性大大提高。

零部件的相关性还要求将被送往同一加工车间的零部件存放在同一储区，以方便出库和管理。更好的办法是在入库时就对将被送往同一加工车间的零部件进行配套处理，而将其存放在同一货位，这样就可以在分拣时直接配套出库，在提高作业效率的同时杜绝了因没配齐货而产生的延误。根据企业生产工艺的要求，有些零部件可能会被要求在同一时间送往不同的生产单位，这时要将这些零部件存放于不同的储区，以免在作业时产生干扰，如同时需要同一巷道堆垛机作业，需要在同一作业区作业，以及需要使用相同的输送带等。

对于企业销售配送来说，配送资源计划（Distribution Resources Planning，DRP）是一种行之有效的方法。许多成功运用 DRP 的实例表明，DRP 可以使企业改善客户服务水平（减少缺货情况），减少产成品存货的整体水平，减少配送运输成本，以及改善配送中心的经营情况。在制造业的配送中，就是要更加精确地预测需求，挖掘需求信息以供制订生产计划之用，使产成品的存货达到最小化。DRP 中的产品需求预测、产成品目前的存货水平、安全库存、补货批量、补货的提前期为每一种产成品做出了相应的补货计划。

（三）制造业配送中心的理货作业管理

配送中心的理货是指进行出货准备的各项作业，主要包括分拣、配货以及流通加工等作业内容，是配送中心区别于一般仓库及送货组织的重要标志。据统计，分拣、配货等理货作业的作业量要占整个制造业配送中心作业量的一半以上，同时流通加工也是配送中心进行增值、提高客户服务水平的主要手段。

1. 分拣作业

制造业配送中心的存货一般来说重量比较大，如果采用人工分拣的方法，不仅效率低，而且在有些情况下根本无法实现（如汽车配送中心）。因此，在制造业配送中心，一般采用自动分拣系统进行分拣作业。在制造业配送中心，一般的分拣设备有叉车、分拣台车和自动分拣系统等。一系列自动化分拣设备的使用，大大提高了分拣的效率，适应了现代生产的快速要求。在制造业配送中心，生产单位所需要的零部件基本上是不相同的，而对单个加工单位来说，其所需的零部件也比较单一。特别是对于进行加工装配式生产的企业来说，其配送中心中很大一部分零部件就是专门为某个工位备货的，所以一般采用摘果式方式进行单一拣取。单一拣取即由一个人从头到尾负责一张订单，此种分拣方式的分拣单只需将订货资料转为分拣需求资料即可，既便于管理，又可对生产单位及时响应。

2. 配货作业

分拣作业完成后，还不能将零部件或成品直接装车交付客户，而要根据客户的配送路线进行分类，集中放置在集货站存取，等待装车。如果在分拣的同时已经完成了分类，这一步就可以省略了。在制造业配送中心进行分拣作业时，一般是单一拣取，每次只为一个客户服务，因此配货作业的内容相对简单，只是对产品和零部件做一些简单处理（如包装作业），以保护产品并方便运输。配货作业流程如图8-5所示。

图8-5 配货作业流程

配货作业中的包装主要是指物流包装，特别是对于零部件，产成品的质量很大一部分取决于零部件的质量。如果一辆汽车没有高质量的发动机来做保证，再好的装配厂也无法装配出质量一流的汽车。因此，必须通过配货中的包装作业来降低货物损失，同时减少搬运次数，还可以根据生产单位的要求使用特制的托盘来方便生产单位的作业。

3. 流通加工作业

在制造业配送中，进行流通加工的主要目的是衔接产需。例如，制造厂为了加工而进行的对金属材料的下料、剪板，煤炭去矸加工，玻璃的套裁加工等。形成这类加工的主要原因是采购的零部件或原材料标准化，不符合企业进一步生产的需要，从而对原材料和零部件进行流通加工，以便更好地满足生产要求。对于销售配送来说，企业不可能生产所有品种规格的产品，而客户的需要又是变动的。通过流通加工，不仅可以满足不同客户的需求，而且可以实现产品的延迟成型，从而降低库存水平。

（四）制造业配送中心的输配送管理

在配送中心完成理货作业后，要想最终完成整个配送计划，还要完成配送作业的最后一步，即通过合适的运输手段和运输计划将货物准时送交给客户。这反映到制造业配送管理中，就是要在正确的时间里使用正确的输配送方法，将产品送到各分销中心，或由供应配送中心将各种零部件及时送到加工车间。

制订合理的配送计划是进行有效输配送的基础。在制订配送计划时，配送中心应根据企业的生产计划、用户的订购数量、具体配送要求，结合配送中心运输工具的数量、类型、能力以及交通路线的具体情况进行综合考虑，做出选择。配送计划的主要内容应包括配送的时间、车辆选择、货物装载以及配送路线、配送顺序的具体选择。在制造业的供应配送中，配送可能只发生在厂区内部，各种零部件在生产线上的需要时间有一个顺序性，而在地理位置上也存在一定的顺序性。在制订配送计划时，可以利用制造业配送的这种特性，将各种零部件进行集货运输，依据其地理位置的顺序进行配货，以减少无效运输。同时，对于产成品和零部件使用同一配送中心的配送系统，还可以利用运送零部件的回程车辆将产成品运回配送中心进行储存，提高了设备的利用率。而对于制造业的销售配送，大的企业集团往往建立大型配送网络，其配送中心不止一个，而是多个配送中心分别针对不同的区域进行配送，在制订配送计划时，要充分考虑其他配送中心的存货，通过各个配送中心之间的信息共享，对其存货进行统一调配，以便快速满足客户的需求。

随着各种高效率货运公司的出现，越来越多的配送中心开始趋向于将运输业务外包，利用外包运输的低运营费用和低投资，降低配送中心的运作成本，并将精力集中于配送中心内部业务的管理。在制造业配送中，这一趋势更为明显。在进行运输业务外包时，首先要考虑的问题是运输费率的问题。只有在外包运输的运输费率低于自营运输时，考虑运输外包才是有利可图的。其次是对其运输的可靠性进行考虑。在选择货运公司时，要与货运公司随时保持信息畅通，以便对托运的产品进行实时跟踪。同时，还要对货运公司在承运过程中发生的货损率、准时性等进行评价，以便选择理想的承运人。在选择承运人时，应该选择少数几个承运人作为长期合作伙伴，这样可以通过增加对承运人的业务量，来提高自己对承运人的议价能力，以便获得一定的价格折扣。

此外，配送路线的规划也是相当重要的。对于制造业配送，其面对的客户相对固定，并且这些客户所需要的产品或零部件比较稳定。因此，在进行配送路线规划时，收集上述信息并进行保存、分析，可以得出合适的配送路线规划，从而防止迂回运输、重复运输、多余中转和重复装卸等不合理现象。对于配送路线规划，已经有许多成型的管理方法来解决不同类型的问题，如起讫点不同的单一问题、多起讫点问题和起讫点重合等问题。

二、制造业配送运作的绩效评价

在制造业生产中实行配送的主要目的是通过配送中心的集中库存来降低各客户的分散库存量，即各生产单位和采购销售部门等的库存，从而大大降低整个企业的库存水平，同时降低客户实际平均分摊的库存负担。但在降低库存水平的同时，还要保证一定的客户服务水平。制造业企业的配送可分为以下三个层次：

1. 可靠、准时配送和准确完成订单

这一层次的配送服务是配送中心所要提供的基本服务，包括根据客户的要求，在正确的地点，将正确的货物在正确的时间通过正确的配送渠道以正确的数量交付给正确的客户。对于供应配送来说，就是与生产计划同步，将适当数量的原材料零部件及时送交给相应的生产部门，以保证生产的有序进行；而对于销售配送来说，就是根据订单将正确的产品及时地送交到客户手中，以最大限度地满足客户需求。

2. 定期配送、事先出货通知、特制托盘包装等

第二层次的配送服务是依据客户需要提供个性化的服务。例如，对于大部分客户，希

望得到事先出货通知，以便组织人力和设备接货。在制造企业的内部，各生产单位也希望得到这种服务来有效地平衡生产。而对于有些生产单位，需要使用特殊的集货设备（如特制托盘或特殊包装），以便进行装卸或直接送往生产线进行生产，提高生产效率。例如，炼铝厂通常希望配送中心使用特制的钢罐将铝矿石粉碎后再进行配送，这样冶炼车间就可以将铝矿直接送往电炉进行冶炼作业。而对于销售配送，客户往往希望供应商（即制造企业）能够在每天的同一时间准时将产品送到，以便其制订自身的作业计划，如盘点等作业。这一层次的配送服务需要配送中心构建基本的信息系统和较高效率的配送作业。

3. 为客户增加价值、供应商管理库存系统、协同规划和预测、供应链库存可见等

配送中心一般通过流通加工增加客户价值。例如，在出货前，根据客户的要求将产品贴上客户的特有品牌和相应的价目表。这在制造企业品牌性不强而相应的客户却有较强品牌知名度的情况下较多地使用，广泛存在于食品加工业和服装制造业。而对于内部配送，也有可能是生产单位要求事先对零部件进行预处理，如用润滑油将零部件进行润滑处理。而对于后面的供应商管理库存、协同规划和预测，则是从供应链的视角来看待整个配送过程，通过供应商管理库存、协同规划与预测，更为精确地预测产品需求，降低整条供应链上的存货水平，构造更具竞争优势的供应链，并通过有效的信息共享来保持整条供应链上的存货可见性，提高供应链上企业对存货的控制与跟踪，避免牛鞭效应所产生的库存往上游放大的情况。这一层次的配送服务是最高层次的配送服务，也是制造业配送发展的方向。

第四节 供应链中的制造业配送

一、制造业配送在供应链中的地位

鉴于过去"纵向一体化"管理模式的种种弊端，从20世纪80年代后期开始，国际上越来越多的企业放弃了这种模式。随之而来的是"横向一体化"思想的兴起，即利用企业外部资源快速适应市场需求，本企业只抓最核心的东西：产品的方向和市场。至于生产，只抓关键零部件的制造，甚至全部委托其他企业加工。例如，福特汽车公司的嘉年华（Fiesta）汽车就是由美国人设计，由日本的马自达汽车公司生产发动机，由韩国的制造厂生产其他零部件并装配，最后在美国市场上销售的。制造商把零部件生产和整车装配都放在了企业外部，这样做的目的是利用其他企业的资源使产品快速投入市场，获得相应的低成本、高质量等方面的竞争优势。"横向一体化"形成了一条从供应商到制造商再到分销商的贯穿所有企业的"链"。由于相邻节点的企业表现出一种需求与供应关系，当把所有相邻企业依次连接起来，便形成了供应链（Supply Chain），于是相应地便形成了供应链管理（Supply Chain Management）这一新的经营与运作模式。随着供应链管理的发展，全球

制造、业务外包被广泛应用,一个高效率、低成本的配送网络显得尤为重要。

在当前供应链中,制造业企业往往扮演核心企业的角色,而供应链上的资源也大多由制造业企业进行整合。例如,各大汽车制造商、家电制造商往往作为供应链上的核心企业,向上与众多供应商建立供应链伙伴关系,向下与各个经销商、批发商合作,将产品推向客户。在供应链与供应链的竞争中,若没有具有一定制造能力的制造业企业的支持,也就没有供应链上赖以进行增值活动的载体——产品。同时,制造业企业尽管有先进的加工设备、高素质的技术工人和管理人员,若没有选择良好的供应链合作伙伴,或者供应链伙伴之间没有良好的协调机制和顺畅的物流网络作支持,也就无法实现供应链快速适应市场和降低成本的初衷。

图 8-6 是一个假设的、简化的线性供应链。而现实生活中的供应链通常要比这复杂得多,因为它们可能是非线性的或者有更多的参与者。此外,一些制造业企业可能同时是几个供应链的部分。例如,IBM 公司将其个人计算机业务作为与大型计算机不同的供应链来考虑。

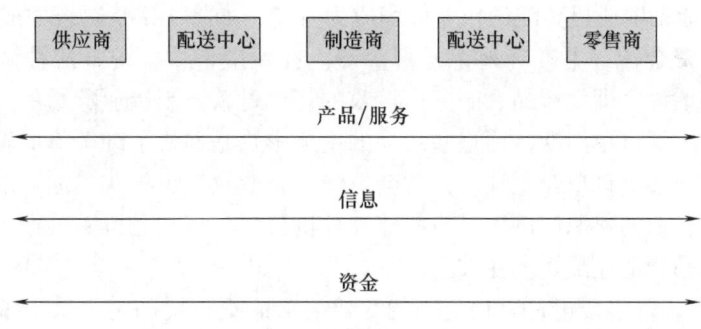

图 8-6　线性供应链

通过图 8-6 可以了解供应链的基本原理,同时还可以发现制造业配送在供应链的物流活动中发挥的作用越来越大。供应链是一个扩展的企业,它跨越了企业间的界限,覆盖了供应链中所有与物流相关的企业。这种被扩展的企业试图完成诸如服务、信息、资金(尤其是现金)的协调和双向流动。图 8-6 中下方的三条箭线对理解供应链中的制造业配送管理非常重要。同时,企业的整合也意味着为了满足最终客户的需要,供应链需要像一个企业那样有效地运作。

最上面的产品和相关服务流是传统物流专家研究的重点,也是供应链管理的重要部分。客户希望他们的订单能够以及时、可靠和无损坏的方式运送,其中配送是满足这一要求的关键。图 8-6 同时表明,当今环境中的产品流也是双向的,由于买方不满意或产品损坏、过时、废旧而造成的逆向产品退货物流系统越来越重要。同时,还应该注意到逆向系统网络的设计与前向系统不同,其位置、规模、设备布局不同,其配送方式也大不相同。

> 配送管理

图 8-6 中的第二种流是信息流,它已成为供应链管理能否成功的重要因素。习惯上,人们把信息流看作是与产品流逆向流动的,即从市场/消费者开始向后流向批发商、制造商和供应商。信息流是指初始需求数据和销售数据,它是配送中心补货的触发器和预测的基础。值得注意的是,在供应链中除了配送中心,其他成员,包括制造商、供应商,都要对补货订单做出反应。供应链上的制造业配送管理的重要因素是实时基础上的销售信息共享,以减少不确定性和安全存货。如果销售时点(Point-of-Sale,POS)数据可以从零售环节实时得到,将有助于制造企业制订相关的生产计划,同时消除与供应链存货相关的扯皮,大大减少成本。如图 8-6 所示,供应链中呈现了双向的信息流。前向信息流有很多形式,如事先装运通知(Advance Shipment Notification,ASN)、订单状态信息、有效存货信息等。这些信息减少了订单履行的不确定性,同时有助于降低存货水平和调整补货时间。这就要求有一个高度信息化的制造业配送中心来做支持,以确保这些信息在生产商和客户以及前向供应商之间通畅地流动。与前向信息流相关的是条形码和射频(Radio Frequency,RF)标签的大量应用,大大增强了存货的能见度,有助于减少不确定性和安全存货;同时,大大增强的存货能见度使提高配送作业效率成为可能,如将小宗货物合并成整车运输。

第三个流是资金流,更准确地说是现金流。在供应链中,资金流被认为是单向且向后流动的。换句话说,即为产品、服务而接收的订单付款。制造业配送的一个重要作用就是压缩供应链和缩短订单周期,而这些结果的主要影响是加快了现金流周转。通过制造业的直接配送,客户接受订单会更快,付款会更快,企业收款也更快,加快的现金交易和订单汇款成为许多企业的财源。例如,与其他计算机公司,特别是康柏公司比较,戴尔公司已成为实施高效率制造业配送的主要受益者。戴尔公司的存货一年周转 50 次,而康柏公司一年周转 10 次,戴尔公司是康柏公司的 5 倍之多。更重要的是,采用了制造业配送的直销形式后,戴尔公司的订单履行周期是 7~10 天,通常在向供应商付款之前就已收到货款(10~12 天)。

二、供应链中的制造业配送管理

在供应链中进行制造业配送管理,不仅要考虑制造业企业自身的库存水平与运作效率,还要考虑整个供应链上的库存水平,以达到整条供应链的最低库存水平和高效率运行。其实,发展制造业配送的一个主要目的就是更好地降低整条供应链上的库存水平,从而提高供应链的竞争力。

高效的供应链要求在供应链上的各个伙伴之间实行信息共享,这就要求制造业配送中心将其需求信息传给上游供应商,而同时将其配送信息传给下游零售商、五金店和各个分销中心,以便利用制造企业的集中库存来及时响应客户需求。同时,虽然集中库存能够降低供应链上的库存水平,但是可能带来运输费率和其他费用的增加。因此,只有平衡好两者之间的关系,才能发挥制造企业集中配送的优势。

第八章　制造业配送管理

现在普遍认为，未来最优的商业模式是与传统的垂直整合模式相对的虚拟整合模式。虚拟企业可以被看作是贯穿供应链和企业的关键职能和资金的选择、合作和整合。这个模式不是指物流和供应链必须具备业务外包的能力，而仅仅指对供应链上什么过程还应留在内部完成，什么过程应采用外包的形式做出正确的选择。而要实现业务外包，制造业企业的配送显得尤为重要，因为实现外包的企业，还必须将外包的零部件通过配送方式运回总装配厂或直接交付客户。在这个过程中，要实现企业对外包业务的可控性，有两种方法可以选择：第一种方法是自制或储存部分外包零件，以防止因为不能及时获得外包零部件而造成生产待料或缺货；第二种方法是建立高效的配送中心，通过配送中心的有效运作，提高零部件配送的可靠性。在第二种方法中，往往要求零部件提供厂将厂区就近建在总装厂附近，因为零部件厂与总装厂较近，可以使零部件供应商迅速了解总装厂在生产环节上的改变以及在需求上的变化，并且便于他们之间的信息沟通和合作关系的发展，同时也减少了储运成本，以便于实现共同配送。表 8-3 对几大汽车制造商的总装厂与零部件厂之间的沟通做了一个比较。

表 8-3　汽车制造商的总装厂与零部件厂之间的沟通

	丰田	日产	克莱斯勒	福特	通用
平均距离/km	95.3	183.3	875.3	818.8	687.2
发送次数/(次/周)	42	21	—	—	7.5
沟通次数/(人/天)	7236	3344	757	—	1107

丰田公司的零部件发送频率为每天 8 次，而通用公司却只有 1.5 次。显然，丰田公司的平均存货成本要低于通用公司，同时也使得丰田汽车的制造供应链比通用汽车的供应链更具竞争力。正是由于丰田公司的零部件协作企业与公司总装厂相距较近，方便了企业管理人员、工程技术人员之间的相互沟通，便于双方解决在新车型开发、技术改造和生产中遇到的问题，从而加快了新产品的开发，提高了产品质量，降低了经营成本。而所有这些都得益于丰田公司在整条供应链上有一个完善的配送网络和经过优化的配送计划，使得各个零部件厂的零部件都能及时送到总装厂。

在供应链中，需要强调的是协作。供应链就是通过供应链伙伴之间的紧密协作来提高供应链和企业自身的竞争力。谈到协作，有必要谈谈供应链中配送的两种特殊形式——共同配送和一体化配送。共同配送是指由若干个配送企业联合起来，对某一地区的客户进行服务的配送模式。它是在核心组织（配送中心）的统一计划、统一调度下展开的。由于共同配送是一种协作性的配送活动，因而有利于充分发挥各供应商和制造企业的整体优势，便于合理调配、调度运输工具和综合利用物流设施。对于参加协作的供应链伙伴来说，不仅可以提高配送的服务水平，而且还可以借以扩大销售渠道和联合经营。在这里,有两种共同配送方式:一是由多家供应商在制造企业附近联合设置接货点和零部件处置场地,集中人力、物力为制造企业的装配厂进行配送;二是数个供应链伙伴企业利用他方的配送中心和机械设备进行销售配送,以便扩大市场覆盖范围和快速占领市场。一体化配送也称"一揽子物流",是将供应链中的物流与信息流紧密结合在一起的高水平配送管理模式。体现在制造业配送中,就是在供应配送中不仅将零部件原材料配送到厂,而且还根据企业的要求在准确的时间将零部件送达具体的生产工位。同时,利用条形码、电子数据交换(EDI)等信息技术一次性分品种进货,将定时、定量配送组合在一起,是供应配送业务的一揽子接收系统。

三、供应链中制造业配送的技术和方法

(一)供应商管理库存(VMI)

如果由制造业企业来管理库存,传统的做法是制造业企业根据生产计划和市场预测,使用某种形式的临界点补货法。一旦某种原材料或零部件的库存量降到临界点以下,就下达生产计划或向供应商发出采购订单以补足存货。在这样的系统里,制造业企业自己根据零售商和其他渠道反馈来的信息做预测,自己制定库存控制方法。

供应商管理库存(Vendor-Managed Inventories,VMI)是指利用电子数据交换技术,使供应商能和制造业企业一样了解企业的生产计划(像丰田汽车和轮胎供应商之类的零部件供应商),由供应商自己决定自己的库存水平,决定何时运送货物的方法。随着信息技术的飞速发展,企业可以掌握的信息越来越多,信息流动的速度也越来越快,促进供应链渠道中产品流动和降低库存水平的管理方法也不断涌现。

制造业企业与零售商之间的关系,也在向着由制造业企业来管理库存的方向发展。制造业企业要求零售商提供有关产品销售、当前库存水平、收货日期以及仓耗和退货的信息,信息通过EDI或互联网流动,随时得到更新。有时制造业企业或供应商会因实施供应商管理库存计划而负担更多的成本(例如,在通常情况下,零售商愿意在不掌握产品所有权的情况下进行销售,但产品只有在交付到零售商手里才发生物权的转移,即制造业企业要担负货物的运输成本和更多的库存成本),但是大多数制造业企业认为,使用VMI增加的销售收入完全可以抵消额外增加的成本。

日益发展的VMI使供应链中的存货开始向上游转移,而产品的最后成型却越来越向下游推迟(通过流通加工等手段),这就使得具有竞争优势的供应链既能快速响应客户的个性化需求,也最大限度地降低了供应链上的总存货水平。

(二)有效客户响应(ECR)

有效客户响应(见图8-7)是一个内容广泛、贯穿于整条供应链的竞争战略,ECR以整合EDI、连续补货、计算机辅助订货和直通式配送(Flow-Through Distribution)为基础,是一种基于时间的补货方法,强调存货的可见性与周转率,以取得较低的成本和

更好的客户服务。

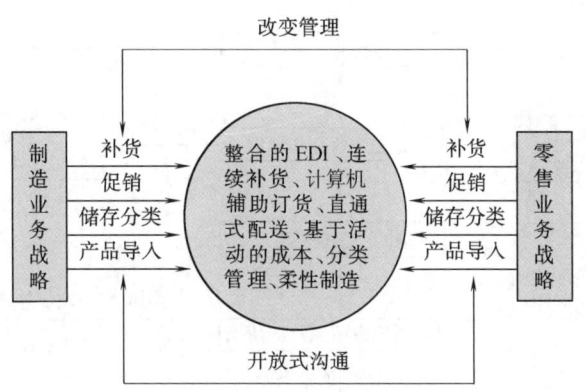

图 8-7　有效客户响应

（三）协同规划、预测和补货（CPFR）

随着时间的推移，许多制造业企业都加入供应链中，试图在整个一体化供应链运作中获得效率及有效性。最近出现的一种管理方法是协同规划、预测和补货（Collaborative Planning，Forecasting and Replenishment，CPFR），旨在实现真正的供应链一体化。CPFR已经被认为是企业规划、预测和补货模型的突破。通过这个方法，零售商、运输商、批发商和制造商利用可得到的互联网技术或EDI技术在整个执行过程中协调运营计划。但从历史上看，对一个单一产品，零售商和生产商之间可能有多种类型的预测，每一种都是由单一目的形成的，每一个的准确性有多有少，所有这些方法都是为了预测市场上潜在购买者的行为。CPFR简化了全部的需求计划并使之联成一个整体。CPFR因制造商Warner-Lambert公司与沃尔玛就其Listerine品牌产品的一项计划而推动形成。这两家公司在特定项目的存货合理化和处理缺货事件之外，通过合作提高了预测的准确度，以便在需要的地方、需要的时间拥有适当数量的存货，取得了显著的成果。

如图8-8所示，CPFR强调在供应链伙伴之间共享消费者购买数据，以有助于管理供应链活动。正由于此，CPFR使消费者和供应链之间产生了重要而直接的联系。CPFR的有效实施是建立在供应链伙伴之间系统协作的基础之上的。此外，以互联网作为低成本的中枢系统平台和"交互软件"的应用，将会大大扩展CPFR的应用范围。

CPFR的基础是供应链伙伴之间的销售计划共享。一旦供应链伙伴在特定产品的销售时机和销售额上达成一致，即形成协同计划，就可以根据计划进行预测。在CPFR下，预测成为系统的一部分，供方和买方都可以通过互联网进入系统，而每一方都在既定的变量内改变预测。CPFR的典型应用是对季节性产品或促销产品进行预测。

配送管理

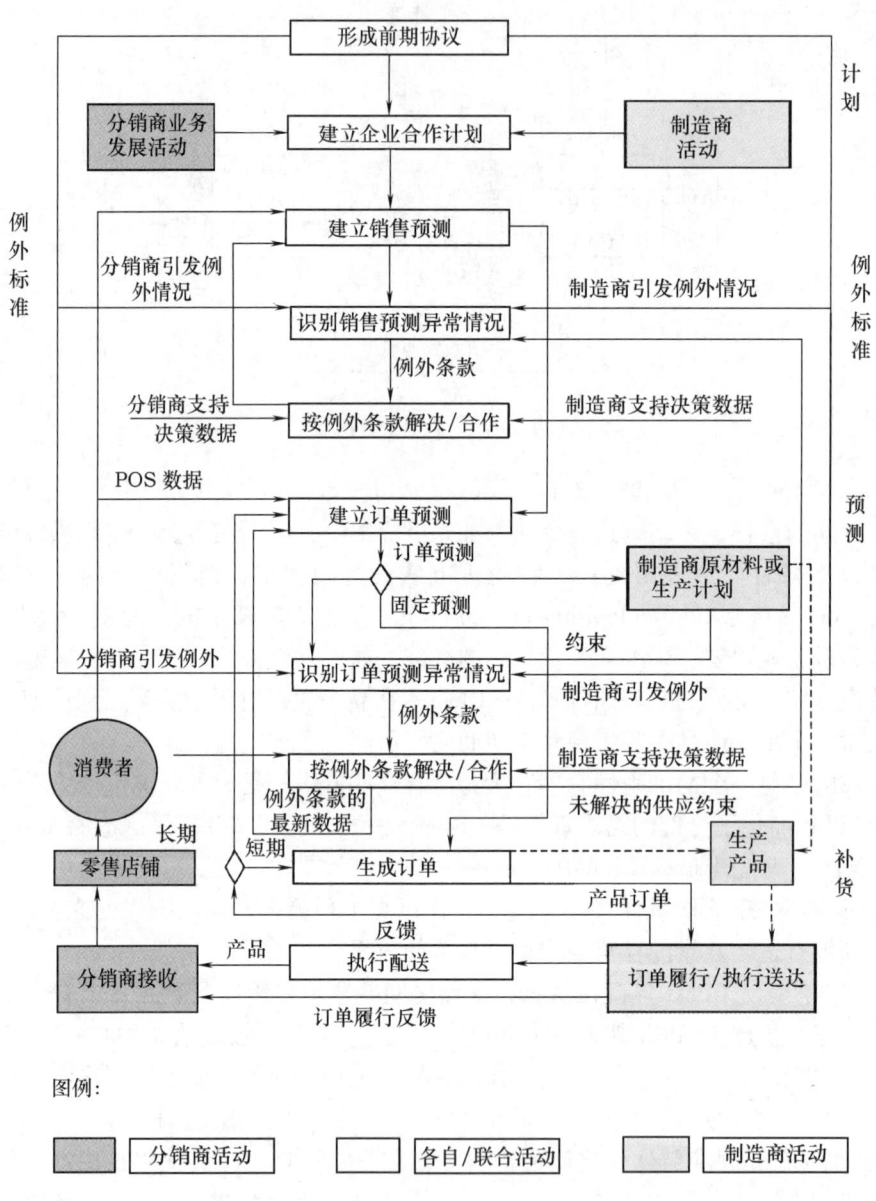

图 8-8 CPFR 业务模型

第八章 制造业配送管理

案例一 通用汽车的集成化供应配送模式

通用汽车公司（GM）在北美有 30 多个制造厂以及 20 多个供应商。1980 年，通用汽车公司决定设立一个中转物流中心，以接收和集中各个供货厂商送来的零部件，然后立即重新组合发送到各个需要的制造工厂。而通用汽车公司将这一配送工作委托给一家专业的物流公司，即具有丰富汽车专业配送经验的 Autocon 汽车配件物流公司负责。

Autocon 公司为通用汽车公司设计了标准的条码，用于在各个工厂之间对零部件进行标识、跟踪，并通过计算机通信，将货物清单以及其他信息在企业的信息平台上进行共享，加速信息流通。运货车进入配送中心后，信息系统记录下相应的车号，再卸下集装箱，通过条码扫描，确认与发车时传到信息系统的信息是否一致。随后，这些汽车零部件的 60% 以上立即或在几个小时后就发运到相应的装配工厂或配送中心。而在这一过程中，叉车司机以及搬运工人要将货物装入相应的车辆、放入哪个货位，都由计算机发出相应的操作指令来控制。零部件由配送中心发出后，相应信息由信息系统传送给通用汽车公司，Autocon 公司在货物到达通用汽车的制造工厂之前对货物负有全责。

Autocon 公司配送中心的配送系统有效地提高了通用汽车公司的零部件中转效率，为通用汽车公司及其供货直接节省了 800 万美元。而 Autocon 配送中心每天通过管理和调度 500 多辆载货汽车，高效地完成了对各个制造工厂的准时配送。

Autocon 公司配送中心通过联机进行即时数据处理，使货物的装卸作业量减到最少，同时通过使用计算机系统进行全面的库存控制，确保零部件流转数据的准确、高效，极大地提高了信息交换速度，节省了相应的配送成本。

通用汽车公司实行了制造工厂间的准时配送与生产管理制度，需要更快的货车运输，并严格按时交货。公司在北美的供应厂商要把零部件准时、直接运送到通用汽车公司的各个制造工厂，工作相当复杂，效率低，成本费用巨大，而且经常不能准时交货，造成生产延误。因此，通过建立一个中转配送中心，可以接收和集中各个供货商送来的零部件，然后整理配套后立即发送到各个制造厂，以保证他们准时完成生产计划的需要。在这个共同的配送中心中，其基本运作流程如下：

当运送零部件的货车进入配送中心的停车场后，保卫人员记录下拖车车号。由拖车将集装箱拖到卸货区卸货，当零部件从拖车上卸下时，通过条码扫描进行确认。然后，由计算机系统对安装在叉车上的终端发出指令，因为有 60% 以上的入库零部件会在几分钟或几小时内重新发运，而不是进行储存。在一个 3 万 m^2 的配送中心里，有将近 2/3 的空间作为中转存储作业区。要出库的货物由出库操作员再次扫描确认，由信息系统获取零部件存放的准确位置后，由出库人员进行出库作业。而在零部件装上货车后，信息系统将货车信息、到货时间与数量等信息传送给目的地装配工厂。

这一运作流程提高了零部件从供货厂商到通用汽车公司装配厂的流转速度，降低了库存水平，为公司及其供货厂商节省了 800 万美元的物流费用。

案例二 山推工程机械股份公司的"直送工位"生产配送模式

山推工程机械股份公司于1995年6月开展了零件直接配送到装配分厂生产工位的试点。在七年多的时间里,直接配送到工位的零部件从10种增加到336种和35个部件;生产单位从两家扩展到绝大多数的生产厂;半成品库存资金由14.5亿元降到目前的4.5亿元,并且减少了零件周转、库存损耗等损失。总之,直接配送工位工作成功开展,有效地改善了该公司的物流管理水平,给山推工程机械股份公司带来了良好的经济效益和社会效益。

进入20世纪90年代以后,该公司逐步进入了高产期,同时总装线也实现了各类机型的混合装配。但是,随着产量的不断提高,库存及在制品零件积压严重,生产资金占用大幅度提高。当时,在制品管理中主要存在如下问题:

(1) 存量大,积压严重,生产资金占用多。

(2) 零件没有进行ABC分类管理,库存控制不力。

(3) 生产计划、采购计划等按月考核,完成进度控制不严。

(4) 半成品库存面积不足,部分重要零件露天存放,锈蚀、丢失严重。

(5) 半成品零件按月一次性投料,一方面不利于装配计划的调整,另一方面装配现场零件过多,不利于管理。

通过进行先进经验的学习和讨论,该公司对在制品管理中存在的问题认真研究,主要采取了如下措施:

(1) 根据ABC分类管理法,对库存零件按重要性分类管理。经过对TY220型零件和TY160型零件分类处理,合理制定ABC类零件的库存储备量。

(2) 零件分类之后,把工作重心放在了数量不多的A、B类零件上,加强A、B类关键零件的管理与控制。

(3) 改变投料方式,对装配分厂根据生产计划分批投料,进行按量配送。

在上述工作的基础上,开展零件直送工位工作。零部件直送工位,即由生产单位把完工后的合格零部件直接投入装配线工位,不再入半成品库,将A、B类零件的库存降低到零。

为保证直送工位工作的顺利进行,该公司制定了严格的直送工位管理程序:

(1) 生产依据。本部加工分厂、轮机厂、事业部和协作厂分别按照生产作业计划、配套需求计划、月度协作生产作业计划的要求分旬组织生产。

(2) 递交依据。装配分厂根据装配进度,开具"零部件直送工位通知单",由生产部调度员审阅后发往各生产单位。各生产单位根据零部件直送工位通知单要求的品种、数量、日期和工位送交。装配分厂要严格填写各事项。

(3) 单据交接。本部加工分厂和轮机厂,开具零部件跨车间交接单;事业部开具投料(配套)单;协作厂开具外协零件入库单。装配分厂签收凭证后,送件单位要转交生产部一联,便于生产部的管理控制。

(4) 质量控制。产品质量稳定,是成为直送工位零件的必要条件。零件进行直送工位以后,加强全面质量管理,严格出厂检验,完善检验记录。同时,要求技检部每月对直送工位零件进行5%~10%的抽检,并实行对外协厂的住厂检查制度,加强技术指导。

(5) 现场服务。要求各生产单位对装配现场出现的质量问题必须当天解决。

(6) 检查考核。生产部负责对生产单位直送工位零件的完成情况进行考核。

复习思考题

1. 制造业配送与一般配送比较,有哪些相同点和不同点?
2. 制造业配送的特点是什么?
3. 分析制造业企业可以采取的配送策略。
4. 理解发展制造业配送的意义和作用。
5. 什么是供应商管理库存、ECR 和 CPFR?
6. 简述制造业配送的基本运作环节。
7. 制造业配送在供应链中有什么意义?

第九章 批发零售业配送管理

作用

本章在介绍一般批发零售业配送管理的特点和模式的基础上,首先以连锁业作为批发零售业中的典型案例,对连锁业的配送管理特点、模式和发展趋势,以及连锁企业配送中心的管理和配送管理方法进行了详细的介绍;之后结合当今快速发展的电子商务行业,分析电子商务的配送特点、发展趋势及配送管理中存在的问题,阐述并比较了电子商务配送的模式,并对目前电子商务配送中值得关注的重点问题进行了介绍。

关键

了解目前国内外批发零售业配送管理的基本状况和特点,熟悉批发零售业配送管理的模式选择和管理方法,掌握批发零售企业的配送作业流程,以及连锁商业企业的配送管理模式和策略,熟知电子商务行业的配送特点和配送模式。

第一节 一般批发零售业的配送管理

一、统一配送在商贸企业经营中的作用

统一配送就是商贸企业在建立配送中心的基础上(有时利用社会化配送中心),对各企业及所属的销售终端(如超市、零售店等)实行统一备货和送货的过程。它代表商品流通的总体发展趋势。随着商贸企业的发展,以及企业寻求新的利润来源的需要,统一配送发挥着越来越重要的作用,已成为商贸企业经营的核心技术之一。

统一配送的作用主要体现在以下几个方面:

1. 物流设施和资源的有效利用

(1)物流设施和资源的利用率提高。统一配送能提高运输车辆的合理利用率。配送管

理的改进客观上改变了仓储、运输分散的格局，使物流资源相对集中，实行配送制又有益于建立合理的运输结构，进而能够提高物流设施的利用率和车辆等物流设备的工作效率。在配送中心的设施中，仓库是最重要的设施之一。它是建立配送中心的主要投资项目，仓库建设、维修及管理费用的支出都增加了企业资金的占用量和利息负担，因此，仓库作用的有效发挥直接影响着批发零售企业利润目标的实现。统一配送管理能使仓库的功能和作用得以充分发挥。

在过去相当长的一段时间里，批发零售企业的仓库仅用于储存货物，调节供需，使货物不受或尽可能少受损害。然而，随着企业经营技术的改进，多品种、少批量的订货要求日渐增加。统一配送使得配送中心的仓库转变为流通中心，并向着集散货物、加速流通的方向发展。这一转变使货物由静态储存变为动态储存，服务也从被动服务变为主动服务。

（2）存储空间转化为销售空间。库存是保证企业经营活动持续进行的重要调节手段，只有当各种货物能够以较低成本和较低费用持续不断地供应给零售店时，零售店才能不再以仓库形式储存货物。实践表明，采用以配货和送货为核心的统一配送方式来衔接供需关系，客观上可以打破流通分割和封锁的格局，改变各个连锁零售店自设仓库及流通分散的落后状态。

从某种意义上说，零售店的"零库存"现象是实行统一配送制度的必然结果。这是因为，统一配送的优点之一就是能够集中库存。它可以把批发零售企业的供应系统和销售系统融为一体，采用统一配送的方式，以配送中心代替零售店的供应系统。由于不依靠零售店的原有仓库也可以保障销售的连续运转，与之相联系的内部库存也会随之减少，甚至会出现零库存状态，进而把零售店的仓库储存空间转化为销售空间。

2. 库存的有效控制

在库存分散的状态下，经常会出现货物超储积压和设备闲置现象，一方面要占用大量的资金，影响资金周转；另一方面又不能充分实现货物的价值。实行统一的配送管理后，由于服务的对象是众多的店面，因而容易使过去的超储货物派上用场，实现其价值和使用价值。因此，统一配送制通过集中库存、统筹规划库存和统一利用库存，使货物的库存得到了有效控制。

3. 强化了批发零售业的销售功能

批发零售业的统一配送是为了适应现代顾客消费需求多样化、个性化而建立的一种物流体系，体现了"即时制"的概念。通过统一配送，将必要的货物以必要的数量在必要的时间送到各销售企业。统一配送能优化零售店的销售功能：①保证零售店铺不缺货，需要的货物能准时送到，这样就可以使零售店充分把握销售时机，最大限度地实现销售目标，满足顾客的消费需求；②减少或合理限制零售店的库存，减少资金积压，加快库存货物的周转。

二、批发零售业的配送特点

1. 批发企业的配送特点

现代批发业配送系统的机能就是在流通过程中起中介作用,减少单个厂商与零售商间的交易次数,在降低流通整体成本的同时,实现零售业一定程度的多样化进货要求。批发业作为连接厂商与零售业的经济主体,在流通过程的中间阶段积聚货物,向零售业迅速提供其所需求的货物和服务。但是,随着信息化的发展,即使没有批发商的中介,各流通主体也能获取信息,并实现相应机能。特别是具备高度备货机能、销售支持机能的大型零售业或便民店的出现,以及构筑销售公司使其具备批发机能的强有力厂商的出现,使批发商越来越面临着前所未有的危机和挑战,批发业存在的意义遭到质疑。无论是在发达国家还是我国,传统批发业的衰落都是一个共同现象。因此,在这种状况下,现代批发业开始从原来作为厂商销售代理人的地位转向零售购买代理人的地位,支持这种转换的基础正是信息系统化的推进,以及以信息系统现代化为根本的零售业支持机能的强化。从总体上看,现代批发业的配送特点表现在以下几点:

(1) 备货范围广泛化、配送行为快速化。零售业者为了降低在库成本,贯彻即时销售的战略,要求多频度、少批量配送,尤其是随着便民连锁店的发展,往往要求配送能直接送到各店铺。零售业的这种配送要求有时会对厂商直送带来困难,虽然厂商正在积极从事多品种少量生产,但过于分散的配送势必会增加厂商的配送成本。特别是对于一些中小型的厂商而言,一方面由于自身规模较小,不具备开展直送业务的能力,也没有相应的配送中心、配送设施等;另一方面,因为经验少、发展时间短等因素,不具备配送服务所必需的技术,因此,难以适应如今零售业多频度、少批量配送的要求。也就是说,部分厂商难以实现厂对店的直送,就是能从事这种配送活动,也要等到多个店铺配送总和能达到厂商的配送经济规模才能够开展,这又有悖于零售业及时化、多频度输送的方针。这种厂商与零售业在配送上的分歧为批发业提供了生存、发展的空间,即批发商通过扩大备货范围和幅度,利用自己在配送服务上的经验以及相对完善、先进的配送设施,运用快速的配送服务来作为厂商与零售商之间的中介,消除他们在货物配送要求上的差异。这表明,满足地域分散的零售业店铺配送要求,是当今批发业发展的一个重要趋势。

(2) 建立高度自动化的配送系统。批发业者的配送系统为了应对多频度、少批量配送的要求,需要在配送中心的高度自动化发展上下功夫,其中最重要的问题是在实行品种多样化和订货少量化的过程中,实现单个货物包装作业的迅速化以及按照订货要求提供正确的配送服务。为此,批发业者在导入信息通信系统,实行订货合理化的同时,对于配送多频度、少批量的状况,应积极采用计算机在库管理、自动分拣机器、立体自动仓库、数码化备货等作业机械化、自动化的手段,推动配送中心现代化,这是批发业备货范围广泛化、配送行为快速化的物质基础。否则,没有配送系统高度自动化的发展,批发业要在扩大货物品种幅度的同时保持输送管理的高效率性是不大可能的。因此，伴随批发业战略上的转变，批发商在自身的硬件和软件建设上都需要做出重大调整，可以认为这是批发业革新的战略投资。

（3）配送中心的功能分化。随着消费的多样化以及企业营销战略差异化的发展，不同货物种类、不同品种，或同一货物的不同销售方式、不同生命周期，配送管理的要求或在库、配送要求是不一致的，甚至有时这种差异大相径庭。如果将这些不同配送要求的货物管理集中在一起进行，既增加了批发企业配送管理的难度和复杂性，也不利于管理效率的提高，又难以灵活应对零售业配送活动以及配送服务质量的不同要求。所以，根据一定的配送要求、流通特性等标准进行适当划分，在配送中心内设立单独的配送功能，是目前批发业为适应配送发展而进行组织功能变革的重要举措。

（4）向零售支持型发展。批发业在强化自身配送效率的同时，对无法充分应对信息系统化的中小独立零售商给予支持，努力确保顾客源，是当今批发业配送发展战略的重要课题。其中之一的举措是扩大不同产业批发商共同经营货物的范围，或者说打破批发业中的产业界限，实行零售支持和共同配送。这种零售支持型的发展能否成功，关键在于批发业所提供的信息系统化以及零售支持的服务水准能否与大型零售业或 24 小时连锁店相匹敌。从发达国家的发展状况看，现金批发商零售支持强化的动向也很明显。现金批发商是指以现金进行交易决算、无退货形式的批发商。目前，现金批发商的主要客户，即中小零售业的经营环境十分严峻。为此，批发商纷纷采取了各种支持行动来维持与顾客的关系。很多批发商为了能获得零售支持，直接进入零售领域试着开展一些货物促销活动。从具备市场竞争条件的角度看，如果这种试验性的促销活动能成功，无疑能提高中小零售业的经营效率，推进零售业经营行为的合理化，触发活性化的市场竞争。

（5）批发业的组织再生。在追求实现信息系统化等批发功能高度化的过程中，能做出反应的批发企业与不能相应变化的企业，在效率和利益上产生了很大的差异，从而为批发业组织的再生和调整提供了基础。这一方面反映了一些全国性规模的大型批发企业通过兼并或参股的形式，将不具备条件的中小批发企业纳入到自己所控制的系统之中；另一方面，一些地域性的强大独立批发企业开始急速发展；此外，在竞争中生存下来的中小批发企业为了进一步确保生存发展的空间，也在积极从事相互间的合并或联盟。从日、美等发达国家的情况看，批发业的组织再生形式一是来自零售配送要求而产生的集约化，即由零售业主导的来自下游企业的组织再生；二是中小批发企业，特别是不同产业批发企业之间推动共同配送或订、发货信息系统化方面的协作。

2. 零售企业的配送特点

零售企业的配送是在百货商店、连锁商店、超级市场、大卖场、邮购商店等商业企业的物流过程中产生的。在商流与物流分离的条件下，零售企业的物流形态，有从生产企业、批发企业等购进货物的采购物流；有将货物通过配送中心转运到各个连锁店和分销店的配送；还有把货物直接送到消费者手中的直销物流等。建立一个以零售企业为中心的零售企业配送系统正成为当今零售企业的一个课题。

过去，零售企业的配送主要依赖于作为供货商的生产企业和批发商，零售企业的物流主动权也由他们支配。零售企业则主要提供将消费者订购的货物运送到客户家中这种简单的"门到门"的配送服务。

现在，零售企业认识到企业物流发展的重要性，正逐步获得货物供应的主导权。这是因为供应商的物流管理水平参差不齐，完全依赖于供货商来经营零售企业的物流，有可能会使零售企业的货物出现问题。与此同时，零售企业也不断加强企业内部货物管理，一方面可以减少缺货造成的销售损失，避免成本浪费；另一方面，要求供货商必须及时、准确地将订购的货物送到商店。即使零售企业对货物的销售动向把握得当，订单也准确无误地送到供货商手中，但是一旦货物不能及时、准确地送到商店，也会对零售企业的销售造成损失。为了避免上述情况的发生，零售企业越来越重视自己配送系统的建立和完善。

许多零售企业加强了物流中心的建设，通过搞好市场预测与决策，集中力量研究商品的实体运动，采取共同进货、共同配送，以减少不必要的流转环节，减轻城市交通压力，降低配送费用，进而达到提高物流管理水平、顺利完成货物使用价值运动过程的目的。

现代零售业配送系统革新的发展状况，主要体现为如下特点：

（1）通过配送中心实现效率化。随着当今零售业的不断扩大，特别是连锁店的发展，出现了流通广域化、店铺复数化、商店规模大型化以及货物构成多样化的现象。相应地，订货的频度和配送车辆数也大大增加，为了解决由此带来的货物搬运、检查作业烦琐以及效率低下等问题，配送中心的建设是实现配送效率化的必要举措。从当今发达国家的情况看，大多数零售业者都有配送中心。

（2）配送的计划化与集约化。为了灵活运用配送中心、提高配送效率，必须在软件方面推进联网化，实现计划性的发货，并将之与配送系统紧密结合起来，实现配送的计划化和集约化。要达到这一目标，必须积极推进条形码标签的导入、账单以及配送手续的标准化。此外，在硬件配置方面，为了实现配送中心或店铺作业的合理化及省力化，要推动分拣、检查业务过程的自动化与机械化，这些都是实现货物配送计划化和集约化的前提条件。

（3）配送系统建设成本的合理分担。对于零售企业来讲，在进行配送系统建设时，还应重视的一个问题是配送建设成本的合理分担。也就是说，信息系统化配送中心的建设虽然提高了配送效率，推动了配送体系的合理化，但在构筑这一系统时，必须充分重视建设成本由谁负担的问题。特别是随着当今零售业逐步在流通体系中占据主导地位，应防止将成本全部推向厂商或批发商的情况发生。因为要维持一个安定和长期有效的配送系统，必须与批发业、厂商等发货方进行充分协商，不断根据环境和流通的变化来调整配送系统。在这种情况下，如果没有批发商和厂商的合作，从长远来看，无法保证有效的配送体系的建立。所以，保障批发商和厂商的利益，合理解决成本分担，是构筑合作关系的重要条件。

三、批发零售业配送作业流程

批发零售业配送作业流程可分为一般作业流程、中转型作业流程、加工型作业流程和批量转换型作业流程。

1. 一般作业流程

一般作业流程如图9-1所示，但不是所有的配送都按此流程进行。配送不同的货物，其作业流程长短不一，内容也不尽相同，但作为一个整体，作业流程又是统一的。

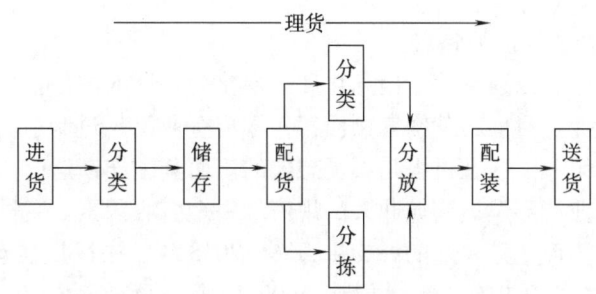

图9-1 一般作业流程

一般的配送货物主要包括：服装、鞋帽、日用品等小百货；家用电器等机电产品；图书和印刷品等其他杂品。这类货物的特点是：有确定的包装、货物的尺寸不大，因此可以对它们进行混装、混载；同时，这些货物品种、规格繁多，零售店的需求又是多品种、小批量的，所以要对它们进行理货和配货。

2. 中转型作业流程

中转型作业流程专以暂存货物的配送为职能。暂存区设在配货场地，配送中心不单设存储区。这种类型的配送中心的主要场所都用于理货、配货。许多采用"即时制"的商贸企业都采用这种配送中心，前门进货、后门出货。它要求各方面做好协调，而且对技术，尤其是信息技术要求较高。

3. 加工型作业流程

典型的加工型作业流程如图9-2所示。在这种流程中，货物按少品种、大批量进货，很少或无须分类存放，一般是按客户要求进行加工，加工后直接配货。

4. 批量转换型作业流程

采用批量转换型作业流程，货物以单一品种、大批量方式进货，在配送中心内转换成小批量货物。批量转换型作业流程如图9-3所示。

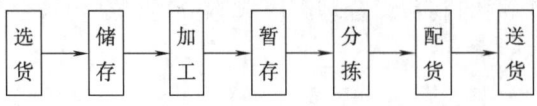

图 9-2　加工型作业流程

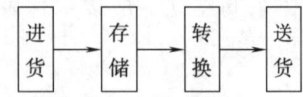

图 9-3　批量转换型作业流程

第二节　连锁商业企业的配送管理

一、连锁商业企业配送的特点及发展趋势

（一）连锁商业企业配送的特点

在过去的几十年中，以连锁化、信息化和规模化为特征的零售业发展很快，已成为当今社会经济的支柱产业。目前，就销售额而言，零售企业已超过制造、金融服务、信息等类型企业而成为世界第一，这在过去是不可想象的。而其中连锁这个先进的企业组织形式的应用是今天零售企业能够发展到如此大的规模的一个核心因素。我国发展连锁商业的时间不长，但已逐步成为商业零售业的一支主力军。2013 年，中国百强连锁企业销售额达到 2.04 万亿元，同比增长 9.9%，新增门店 6600 余个，总数达到 9.5 万个，同比增长 7.6%，百强连锁企业销售额占社会消费品零售总额的 8.9%。连锁企业逐步扩大的销售规模，使连锁商业企业在供应链上的作用日益增大，并且对我国的流通现代化产生巨大的推动作用。连锁企业的实质是五个统一，即统一采购、统一配送、统一核算、统一标识、统一管理。而统一配送是连锁企业核心竞争力的一个重要部分。

连锁商业企业配送的特点有：

（1）变价快。货物的进货价格变动快，通常连锁超市经营的快速消费品的价格随着市场供需会有较快的变化，同时，生产商或零售商的频繁促销也会引起经常变价。

（2）订单频繁。连锁零售的店铺多，订单频率高，同时有时间要求，有些小型的便利店甚至要求一天送货两次。

（3）拆零。供应商大包装供货，配送中心需要按照店铺的订货量进行拆零、分拣。

（4）退货。配送中心还要处理诸如赠品、退货（正品、残次品）等问题。

（5）更换。货物更换的频率也很高，如增加新品，淘汰滞销品。

（6）保质期。消费品通常有不同的保质期，需要有针对性地进行保质期管理。

这些特点要求商业零售的配送反应更快，并且要有更复杂的技术和信息的支持。

（二）连锁企业物流的发展趋势

1. 零售企业的配送中心将增加或加强冷冻生鲜食品的配送功能

随着零售市场的竞争加剧，居民生活水平的提高，人们对快速食品、生鲜半成品和冷冻食品的需求增加，大型零售企业设立食品加工中心和配送中心是物流配送的一个趋势。

2. 以批发为主导型的食品配送中心将出现

有实力的食品批发企业组织货物、面向独立经营的单体超市门店开展以食品为主的配送服务，也将是我国专业化配送中心发展的趋势。例如，专门经营肉类、蛋类、菜类、牛奶、面包、冰激凌等生鲜食品的物流配送企业，将伴随消费者生活水平的提高和对这些货物质量的要求增加，形成集常温仓储、冷藏、包装、流通加工、冷链配送为一体的多功能物流中心。

3. 随着物流配送的社会化，连锁企业将引入第三方物流

在日本，大约有70%的连锁企业在很大程度上依靠社会化的专业配送企业。随着全社会专业物流企业的兴起和成熟，将货物的配送工作交给专业物流企业，也会成为连锁企业的一种选择。

另外，一些自己拥有配送中心的连锁企业开始利用自身较强的配送能力，开展货物配销业务，开展社会化的配送。

4. 物流信息系统的升级

与连锁企业配送有关的信息系统包括企业内部的管理信息系统以及与供应商进行电子数据交换（EDI）的系统或电子订货系统（EOS）。目前，企业内部的管理信息系统在20世纪90年代后期已经相对比较成熟，连锁企业基本上应用了覆盖进销存的管理信息系统，甚至一些企业为提高管理的水平，还引入了商业分析智能管理以及与供应商进行数据共享的供应链管理系统，但物流信息系统还大都停留在库存管理的水平。随着电子商务的普及和推广，零售企业，特别是连锁企业在网上进行数据传送和订货，利用互联网与配送中心、上游供应商共享货物的销售、库存信息，为电子订货、验收、退货、促销、变价、结算、付款等环节提供协同支持，改善企业采购与销售、结算部门与配送中心、供应商与客户之间的业务流程和沟通。因此，在供应商、分销商之间实现供需数据及时共享是提升企业竞争力的关键一环。

二、连锁企业配送模式的选择

（一）连锁商业企业的主要配送模式

结合连锁企业的配送特点，连锁企业的配送模式可以概括成以下几种：

1. 企业自营型配送模式

这是目前生产、流通或综合性企业（集团）所广泛采用的一种配送模式。企业（集团）通过独立组建配送中心，实现对内部各部门、厂、店的货物供应——配送。这种配送模式中因为糅合了传统的"自给自足""小农意识"，所以形成新型的"大而全""小而全"，从而造成了新的资源浪费。但是，就目前来看，它在满足企业（集团）内部生产材料供应、产品外销、零售场店供货和区域外市场拓展等企业自身需求方面仍然发挥着重要

作用。

较典型的企业（集团）内自营型配送模式，就是连锁企业的配送。大大小小的连锁公司或集团基本上都是通过组建自己的配送中心来完成对内部各场、店的统一采购、统一配送和统一结算的。

2. 单项服务外包型配送模式

这种配送模式主要是由具有一定规模的物流设施设备（库房、站台、车辆等）及专业经验、技能的批发、储运或其他物流业务的经营企业，利用自身业务的优势，承担其他生产性企业在该区域内为市场开拓、营销而开展的纯服务性的配送。在这种配送模式中，生产企业租用批发、储运等企业的库房，作为存储货物的场所，并将其中的一部分改造为办公场所，设置自己的业务代表机构，并配置内部的信息处理权系统。通过这种现场办公式的决策组织，生产企业在该区域的业务代表控制着信息处理权和决策权，独立组织营销、配送业务活动。提供场所的物流业务经营企业，只是在生产企业这种派驻机构的指示下，提供相应的仓储、运输、加工和配送服务，收取占全部物流利润的极小比例的业务服务费。

开展这种配送模式的经营企业，由于对所承揽的配送业务缺乏全面的了解和掌握，无法组织合理高效的配送，所以在设备、人员上浪费比较大。因而，这是一种高消耗、低收益的配送模式。

3. 社会化的中介型配送模式

在这种模式中，从事配送业务的企业与上家（生产、加工企业）建立广泛的代理或买断关系，与下家（零售店铺）形成较稳定的契约关系，再将生产、加工企业的货物或信息进行统一组合、处理后，按客户订单的要求配送到店铺。这种模式的配送还可以在客户间交流供应信息，从而起到调剂余缺、合理利用资源的作用。

社会化的中介型配送模式是一种比较完整意义上的配送模式。目前，多数物流、配送企业正在积极探索这一模式。

4. 共同配送模式

这是一种配送经营企业间为实现整体的配送合理化，以互惠互利为原则，互相提供便利配送服务的协作型配送模式。

共同配送模式属于一种横向集约联合。按供货和送货形式又可分为共同集货型、共同送货型和共同集送型。共同集货型是指由几个配送部门组成的共同配送联合体的运输车辆，采用"捎脚"方式向各货主取货。共同送货型则是共同配送中心从货主处分散集货，而向客户送货采用"捎脚"方式。共同集送型则兼有上述两种模式的优点，是一种较理想的配送模式。按共同化范围确定的模式，共同配送还可分为资源共同型和管理共同型。资源共同型是指参加横向集约联合的企业组成共同的配送中心，利用各加盟企业的有限资源（含人、财、物、时间和信息），使之得到充分利用。管理共同型则是企业间在管理上各取所长，互通有无，优势互补，特别表现在人员使用与培训上。

共同配送模式可以极大地促进"物尽其用"和"货畅其流",值得大力推广。

（二）对各种模式的分析比较

总的来看,社会化的中介型配送模式是目前应给予充分肯定并大力推广的模式,它代表着配送的发展方向。这不仅仅因为它能以较大的价格优势和规模效益,达到降低流通费用,减少人力、物力、财力浪费的作用,从而为企业带来明显的经济效益,其意义和价值还体现在这种配送模式有利于专业化、社会化配送中心的形成。

企业（集团）内自营型配送模式尽管弊端较多,但就目前来看,专业化、社会化配送还没有广泛形成,这种"自己的东西用着方便"的配送模式,确实在一定程度上使连锁、生产企业在产品和原材料供应上做到了"万事不求人"。因此,这种配送模式有利于本企业（集团）的发展。

单项服务外包型配送模式是一种雇佣式的配送,使一些物流企业尝到了甜头。首先,物流设施设备能充分利用,企业收益显著增加,这是体制转轨以来物流企业渴望看到却一直无缘谋面的;其次,这种模式的配送让企业不动脑筋就能挣"大钱",不亚于"天上掉馅饼"。货主企业也能充分享受这种配送模式的灵活性,因为他们可以将配送作业中的任何一种作业外包,完全取决于其自身的需要。这种单项服务外包在西方也被称为"第三方物流"。因此,双方企业自然都皆大欢喜。

连锁企业在发展过程中,对配送的需求最为迫切,对其中的酸甜苦辣体味也最深。尤其在当前我国物流、配送体系尚未形成,专业化、社会化配送严重欠缺的情况下,各连锁企业不得不自力更生,开展集团内配送,以解燃眉之急,并在此基础上谋求广泛的发展。不少企业走上了这条路,并且卓有成效。例如,上海华联超市建立了内部的配送中心,严格实行统一采购、统一进货、统一配送、各店分销的自营型配送,实现了一套资金、一套库存、一种价格,从而大大降低了进货成本,形成规模优势和连锁效应。

三、连锁企业配送中心

（一）配送中心对连锁企业的重要作用

配送中心在整个连锁企业管理运作中处于枢纽地位。它是流通企业连接生产和消费,化解供给和需求矛盾,使时间和空间产生经济效益的主要设施,通过合理的货物配送,既提高了连锁企业的规模效益,也降低了流通费用。因此,配送被视为商业企业的第三利润源泉,它的运营状况和工作效率将直接决定和影响连锁企业的生存与发展。

配送中心集采购、储存、加工、组配、运送和信息沟通为一体,在连锁经营中起到后勤保障的作用,具有多样化的功能。主要体现在以下几方面:

(1) 采购功能。配送中心统一采购大批量、品种齐全的货物以满足各连锁店的需要,既能最大限度地降低进货成本和进货费用,又能防止假冒伪劣货物进入市场。

(2) 储存功能。①集散作用,即把货物集中统一储存,然后根据各分店的需要,将货物发送到各分店，衔接供应和销售，降低物流成本；②检验作用，即对采购货物进行严格的检验和核对，保证货物在品种、规格、品牌、质量、数量、包装等方面符合订货要求；③调剂余缺作用，即当某种货物出现此店畅销、彼店积压时，配送中心可根据各分店提供的信息调剂余缺。

（3）加工功能。配送中心根据销售需要进行分装加工、分选加工、分类加工、粘贴标签等，特别是统一进行食品加工，可以保证各连锁店的食品在原料、辅料及加工工艺方面保持一致，以保持该食品的独特风格。

（4）组配功能。配送中心根据各分店的订货要求，统一进行分货、分拣、配货、包装和送货，以满足各连锁店的销售需要。

（5）信息功能。配送中心要根据市场需求信息、销售信息、库存信息、供货商信息等控制货物库存规模，同时，要合理组织采购、储存、加工、配送等活动，适时、适量地把货物送到各连锁店，使物流成本尽量降低。这都要靠信息在各个环节之间进行沟通。

配送中心在连锁经营中发挥着极其重要的作用，具体表现在以下几个方面：

（1）适应客户需求，及时反馈信息。配送中心可以集中货物物流信息，掌握厂家和批发商的情况，向连锁店及时反馈市场信息，并通过对货物的加工处理、分类包装，更好地适应客户的需求。

（2）加速货物流转，降低流通费用。配送中心集中统一进货，可以避免货物损耗，减少各分店采购检验、入库储存的费用，从而降低了货物的流通费用，同时也保证了各分店所有货物的供应。

（3）提高了经营灵活性和工作效率。配送中心与各连锁店联合经销的经营系统，减少了繁多的交易手续，缓和了许多业务矛盾，进而增强了经营的灵活性，提高了工作效率。

（4）密切了连锁企业与供货商的关系。配送中心集中大量采购，不仅可以享受较大的价格优惠，节省运货费用，而且容易与供货商建立长期稳定的业务联系。

（二）配送中心的模式

连锁经营企业内部的配送中心，按权限的大小来划分，有以下三种模式：

（1）物流模式。经营决策（如货品组合、采购、定价、批发销售等）由公司总部的商品部负责，配送中心只是根据总部的要求进行物流作业。这种模式适用于小规模的连锁企业。

（2）授权模式。公司总部授权配送中心设立采购部，代表总部行使接收连锁门店的订单，并向供货者采购商品和确定货物价格的权力，公司总部的商品部保留货品组合、批发销售以及对配送中心进行业务监督的权力。这种模式适用于大规模连锁企业。

（3）配销模式。配送中心作为一个相对独立的利润中心，即物流事业部，不仅负责货物采购及配送的作业，而且也可以向客户直接批发销售。这种模式适用于跨地区、跨国经营的连锁超市公司。

（三）配送中心的货物分配体系

配送中心的货物分配体系依其承担职能的不同，可分为以下三种：

（1）转送模式。供货者根据总店的订货单，将货物依门店组配或按类别组合，送到配送中心（一般称为转送中心，Transfer Center，简称 TC），再由 TC 依门店分拣、组配和送货。例如，日本的全家便利商店，门店每天两次向总部订购日配品，然后由总部向工厂订货，工厂将货物送到配送中心后，再由配送中心分三次向门店送货。采用这种模式时，货物在配送中心的储存时间一般都不超过 24 小时，储存量很少。

（2）发货模式。配送中心（一般称为发货中心，Distribution Center，简称 DC），根据总部的决策预先大量采购周转速度快的生活日用品、加工食品，并储存起来，再依照各门店的订货要求进行配送。采用这种模式时，货物在配送中心的储存时间比转送模式要长，配送中心兼有储存和配送双重功能。

（3）加工模式。配送中心（一般称为生鲜食品处理中心，Process Center，简称 PC），根据各门店对生鲜食品的订货需求，对生鲜原材料进行加工、解冻、分割、包装后，分送到各门店。采用这种模式时，货物储存必须采取非常温储存，配送也必须采取非常温运输，所以保鲜度管理是一个十分突出的问题。

上述三种模式实际上是根据货物的不同属性而设计的，一个大型的连锁公司可能同时拥有转送中心、发货中心和生鲜食品处理中心，并分别处于不同的地理位置。

（四）配送中心的组建方法

配送中心的组建方法大体上有以下三种：

（1）货物功能法，即按照货物类别建立分中心。例如，日本的大荣公司就是按照货物功能法来组建配送中心的，分别有衣料和杂货中心、电器和家具中心、食品中心等。

（2）集散结合法，即按照货物类别建立分支仓储中心，并建立统一的分拣、组配、送货中心，储存分散，配送集中。

（3）适当比例法，即按照商圈顾客分布、分店数量与配送中心的适当比例，来决定配送中心的位置、规模与数量。例如，日本的全家便利商店的配送半径为30km，在半径为30km 的范围内平均设有 70 家店铺，由一个配送中心负责配送。通常一个中心拥有4~5辆货车，按照本部送货单送货，一辆车一次送货 10~15 家店铺，先装距离最远的店铺的货物，后装最近店铺的货物，送货时先送最近店铺，后送最远店铺。从国外配送中心的发展情况来看，大型连锁公司一般都有多个配送中心，如美国的沃尔玛公司共有 25 个配送中心，荷兰的阿霍德集团建有一个全国性配送中心、四个区域性配送中心、五个蔬菜配送中心、四个肉食品加工配送中心、一个鲜花配送中心和一个乳酪配送中心。我国大型连锁超市公司目前正在由一个或多个配送中心向筹建大型的综合性配送中心的方向发展。如果连锁超市大量发展跨区域门店（在全国范围内），并且经营货物向百货服饰及大副食扩展的话，就需要建立多个配送中心，考虑配送中心之间的货物分工及区域分工问题。

四、连锁企业的配送管理方法

(一) 合理选择送货方式,确定配送区域

连锁企业从供应商处购进的货物对各连锁店送货有配送与直送两种不同的方式。与直送方式相比,多品种、小批量货物采取配送方式,可以集小量为大量,高效率、低成本地进行送货;若采取直送方式,由于各连锁店需要的货物批量小、品种多,必然要多频次地送货,产生大量的小额运输,既增加发货次数又浪费运力。但是,有些连锁店因所在的地理位置决定了它无论是在成本上还是在时间上都适宜采用直送的方式。可见,配送和直送都有各自的优势领域和适宜的范围,因此,实现配送的合理化首先应该合理地选择送货方式,正确地划分配送区域。

1. 连锁店分布位置的分类

图 9-4 显示了工厂、配送中心和连锁店地理位置的分布状况。

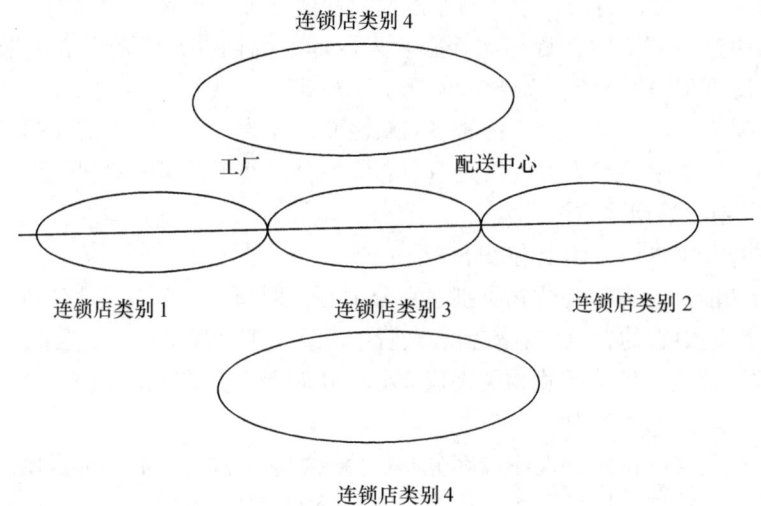

图 9-4 工厂、配送中心和连锁店地理位置分布图

位于工厂与配送中心沿途及其延长线上的连锁店,按其位置分布可分为四类:连锁店类别 1 是位于工厂左侧的所有连锁店;连锁店类别 2 是位于配送中心右侧的所有连锁店;连锁店类别 3 是位于从工厂到配送中心沿线间的所有连锁店;连锁店类别 4 是位于工厂与配送中心沿途两侧的所有连锁店。

2. 不同连锁店类别配送区域的确定方法

根据工厂、配送中心及连锁店位置分布,显然连锁店类别 1 和 3 应由工厂直送;连锁店类别 2 应由工厂把货物集中到配送中心,由配送中心进行分拣、配货后,将货物送交各

第九章 批发零售业配送管理

连锁店；对于连锁店类别4，所要解决的问题是要确定哪些连锁店应由工厂直送，哪些连锁店应由配送中心进行配送。

（二）加强配送的计划性

在配送中，临时配送、紧急配送和无计划的随时配送是降低配送效率和配送经济效益的主要因素。临时配送是因为事前计划不周，未能提前确定正确的配装方法和配送路线，到了临近配送截止日期，匆忙安排专车，进行单线配送，造成车辆装载亏吨、运输里程浪费等。紧急配送是因连锁店的紧急订货而发生，为保证按时送到货物，配送中心来不及认真安排货物配装及配送路线，造成运力浪费。随时配送是对配送要求不做计划安排，有一批送一批，灵活性大，随机性强。这三种配送方式虽然难以用计划加以控制，但如果能认真核查并有调剂准备的余地，并在配送作业能力上保有一定的柔性，就可以将其纳入计划轨道，并保证应有的效益。

（三）正确选择配送模式，合理设置配送中心

连锁企业配送模式的选择直接关系到企业的投资回报、经营风险和经济效益，是一个重大的决策问题。各连锁企业应根据自身的经济实力、销售规模、连锁店的数量以及业务发展的需要做出正确的选择。正确的配送模式是提高连锁企业配送经济效益的重要前提。

对于自建或合建配送中心的连锁企业来讲，合理地设置配送中心，正确地进行配送中心的规划，加强配送中心的作业管理，提高配送中心的运作水平，是提高配送经济效益的重要条件。

五、美国连锁店的配送管理

美国连锁店的配送有多种形式，在此分别介绍以批发商、零售商和仓储运输企业为主导开展商品配送的配送中心。

（一）以批发商为主导型的配送中心

美国加利福尼亚州食品配送中心是组织货物、面向单体超市开展配送的全美第二大批发配送中心，建于1982年，隶属于1926年成立的美国加利福尼亚州食品有限公司。

该配送中心的建筑面积为10万 m^2，现有员工2000人，拥有各种运输车辆600余辆，年销售额为20亿美元。其经营的货物均为食品，有43000个品种，其中98%的货物由该配送中心组织进货，2%的货物为该配送中心开发、加工的。配送中心拥有全美超市中经营的所有食品，除了满足国内超市所需的各种食品外，还对亚洲的日本、新加坡、中国香港、中国台湾等国家和地区进行配送。该配送中心的客户有1000多家单体超市，与配送中心形成合作关系。由于各超市会员的规模大小不同，所需配送量不同，因而所交的会费也不等。在日常交易中，会员店与其他店一样，不享受任何特殊待遇，但可参加配送中心的定期利润分红。会员店所得分红的多少依据各店在配送中心的进货量和交易额的大小

决定。

配送中心采购的货物价格是根据货物的数量和质量以及付款时间（如在10天内付款，则可享受2%的价格优惠）与制造商（或供应商）进行协商决定的。配送中心对各超市配送货物的加价率根据货物品种和档次的不同以及进货量的多少而定，一般为2.9%~8.5%。

配送中心的主要营运手段是计算机管理。工作人员通过计算机获取订货信息，根据订货信息发出要货指示，再根据要货指示单和配送的先后顺序进行配送。配送中心实行24小时配送，配送半径一般为50km，最远可达300~400km。

（二）以零售业为主导型的配送中心

以零售业为主导型的配送中心最具代表性的是美国沃尔玛公司的配送中心。该配送中心由沃尔玛公司独资建立，专为本公司连锁店提供配送服务。沃尔玛公司是目前美国乃至世界最大的连锁集团，2013年销售额4661亿美元，拥有连锁店11000多家。公司在阿肯色、得克萨斯、亚拉巴马、艾奥瓦、加利福尼亚、佐治亚、密西西比、密歇根等州都设有区域配送中心，平均每140家连锁店拥有一个配送中心。占公司总销售额90%的货物是通过沃尔玛的配送中心进行进货、加工、储存和配送的。

沃尔玛公司的订货方式基本上有两种：一种是各连锁店每周一次或两次向相应的配送中心订货；另一种是联合订货，即各连锁店在指定日期（一般为每周一次或两周一次）通过计算机系统直接向各供应商订货，供应商将各连锁店的订货进行汇总后，定期将货物送往相应的配送中心，各配送中心在统一验收入库后，将货物分发至各连锁商店。

沃尔玛设立配送中心的战略内容涉及：①尽量选择劳动力便宜、地价低且交通方便的地方；②总公司策划部门制订五年发展计划，主要内容包括今后五年在什么地方、建多少个连锁店，连锁店发展到多少家后在什么地方、建立多大规模的配送中心，服务商圈的人口、半径为多大等。根据这样的五年发展计划，沃尔玛公司基本实现了每半年建立一个配送中心，每个配送中心为140个连锁店提供配送服务。这种以配送中心为轴，区域集中建店的发展战略，使沃尔玛公司获得了飞速发展。

（三）以仓储运输业为主导型的配送中心

福来明（Fleming）公司是一家专门承担客户委托配送业务的专业公司，它与委托者之间以合同的方式为其提供所需要的配送服务。福来明公司在全美有40多个配送中心，分布在42个州，为4000多个不同经营形态的零售店开展配送业务。

以福来明公司为代表的社会化、专业性的配送中心充分体现出专业方面的优势。以福来明公司位于加利福尼亚州北部萨克拉门托市的食品配送中心为例。该配送中心主要接受国际独立杂货商联盟（IGA）在加利福尼亚州地区总部的委托，为IGA在该地区的350个加盟店提供配送服务。该配送中心建筑面积7万m^2，其中冷冻、冷藏库4万m^2，杂货库3万m^2，经营品种8.9万个。在其服务对象店经营的货物中有70%是由该配送中心集中配送的。合理的库区布局和有效的管理是该配送中心突出的特色。

（1）库内货架间设有 27 条通道、19 个进货口，便于货物的进出。

（2）货物存放分类的依据是生产日期和保质期，采取先进先出的原则，货架上层是后进库的储存货物，下层是待出库的配送货物。

（3）将品种配货和店配货的货物分开存放。针对不同货物的特点，采取不同的配货方式：品种配货针对数量较多的整箱货，使用叉车配货；店配货品种多、数量少，是细分货，采用传送带配货。体积大、分量重的货物用叉车配货；重量轻、体积小的货物用传送带配货。

（4）库内设立特殊货物存放区，如价格高的药品、滋补品等设专区存放，以保证储存的安全。

（5）配送中心与各店铺实现了无障碍信息传输，各商店可以通过配送中心的信息系统实现自动订货。

加盟店的货款由 IGA 地区总部统一支付。配送中心除了获取货物的加价部分外，还要根据配送货物的数量、交易额等收取加盟店的服务费。为减少加盟店的库存，保证销售顺利进行，配送中心每天对商店送货一次，从而减少了商店的接货次数，扩大了营业面积，提高了竞争力。

第三节　电子商务配送管理

作为 20 世纪信息化、网络化的产物，电子商务正随着互联网应用的不断普及，逐渐演变成人们日常生活中不可或缺的一部分。电子商务的优势在于能够简化业务流程，提高供应链效率，从而有效降低企业运作成本。而在电子商务环境下，企业要实现提升供应链效率的目标，必须以高效、可靠的物流运作作为保证。近年来，中国互联网用户数量持续快速增长，B2C 电子商务及网民网购渗透率不断提高，互联网用户对电子商务业务的需求迅速攀升。各种行业背景的厂商和机构纷纷利用各自的固有优势，开始大规模地介入电子商务市场，电子商务行业发展迅速。同时，配送的模式也随着电子商务的发展得到不断扩展。现代物流与电子商务相融合，产生了一种全新的物流领域——电子商务配送。

电子商务配送是指物流企业采用网络化的计算机技术和现代的硬件设备、软件系统及先进的管理手段，针对社会需求，严格、守信地按照客户的订货要求，经过分拣配货工作，按时、按质、按量地将最终产品从生产线的末端送到没有范围限度的各类消费者手中的过程。相较传统的配送方式，这种新型配送方式具有信息化、实时性、个性化、增值性等诸多特征，在提高了物流企业的服务质量、降低物流成本的基础之上，提高了整个行业的经济效益及社会效益。电子商务环境下的配送作为一种全新的物流组织方式，代表了现代城市轻物流的发展方向。

配送管理

一、电子商务配送的特征及发展趋势

（一）配送管理对电子商务发展的意义

自2005年起，电子商务每年以倍速增长，是快递企业，特别是以申通快递、圆通速递、中通速递、百世汇通、韵达速递"四通一达"为主的民营快递和邮政快递助推了包括淘宝网在内的电子商务的高速发展；从交易完成的功能上看，网购或电购平台可以解决购物的信息流和支付的资金流，但是解决商品交易的"物流"需要快递式配送。

快递服务可以为"网络购物"提供方便快捷、经济适宜的配送方案。简言之，正是快递这一配送的服务方式助推了"网络购物"的快速发展；"网络购物"的快速发展在反哺配送行业时，极大地扩充了其市场容量，成为配送业务新的增长点。

电子商务的发展给物流行业带来巨大的变化，与此同时，配送在电子商务活动中也扮演着越来越重要的角色。配送是线下实现电子商务交易的关键环节，包括从产品采购到送达最终客户这个广泛的过程。主要表现在以下几个方面：

1. 配送是实现电子商务交易的保证

电子商务过程中的商流、信息流、资金流等问题都可以通过快捷、高效的信息处理手段加以解决；而当客户下单成功后，产品出库、分拣、配送、送达客户手中，即完成商品的空间转移，才标志着电子商务活动正向流程的完结。因此，高效的商品配送系统在保证整个电子商务过程顺利实现的同时，也给消费者留下了较好的服务印象，是电子商务交易实现的保证。

2. 物流是实现"以顾客为中心"理念的根本保证

电子商务平台解决了购买双方的空间阻隔，最大限度地方便了最终消费者。市区内工作繁忙的市民们再也不必特地到商场去选购自己所需要的商品，偏远地区的客户也不必再抱怨身边商品种类的匮乏，而只要连上网络，在互联网上搜索、查看、挑选、下单，就可以坐等配送人员送货上门了。若客户下单后便进入漫长的等候期，企业不能履约及时将商品送达，或者所送非所订，破损，配送员服务态度差等问题严重，则电子商务作为商业模式将失去存在价值。物流是电子商务中实现以"以顾客为中心"理念的最终保证，若缺少了现代化的物流技术，则电子商务给消费者带来的购物便捷等于零。

3. 配送是电子商务企业提高市场竞争力的关键

与线下实体店相比较，电子商务模式节省了店面与人员的固定成本投资，其产品往往具有一定的价格优势。而线上各电商都在往综合品类发展，产品同质性越来越严重，因而物流成本与效率的竞争才是制胜的关键。在线商品的售价包括出厂价格和物流成本，所以，配送成本的大小直接影响最终售价是否具有竞争力。成功的电子商务企业必定有一个完善、成熟的配送支持系统，能够在满足客户个性化配送需求的同时，合理安排配送路径，从而有效降低产品的配送费用，再将此份节约让渡给客户，降低客户支出，从而获取行业竞争优势。

（二）电子商务配送的特征

B2C 电子商务作为一种新兴的商业模式，其配送业务具有以下典型的行业特征：

1. 对时效性要求高

网购客户在网络平台下单后，绝大多数都希望能够在第一时间收到货物。尤其在当下的 B2C 行业中，各大垂直网站纷纷扩充品类，向综合购物平台方向发展，为占领市场份额频繁开打"价格战"的情况下，价格与品类已不再是客户考虑选择哪家购物平台的唯一因素。电商行业的竞争已经由"价格战"逐渐向配送领域转移。配送时效恰恰是衡量配送系统服务能力的关键指标之一，国内几大知名 B2C 电子商务企业也都对其自身的配送时效提出了越来越高的要求。例如，京东商城推出"211 限时达"服务，即以每日 2 个 11 点钟作为时间分割点进行快速投递服务。

2. 订单数量大、批量小

与 B2B、B2G 等其他类型的电子商务相比较，B2C 网站的客户主要以个人和家庭为主，具有客户群体广泛，单笔交易数量少等特点。同时，由于国内 B2C 企业都以网上沃尔玛为发展方向，经营产品品类丰富，且客户消费需求各异，因而造成 B2C 企业订单品类多样的特点；相应的，在配送环节产生了订单数量大、批量小的特征。

3. 客户地域分布广泛

电子商务的扩张以网民数量的增长和网络的可获得性为基础，在这一平台之上，零售业的扩张不再受我国现有体制导致的区域性束缚，真正面向整个开放的全国市场。所以，其终端客户可以位于与互联网联通的任何位置，客户地域分布相当广泛。虽然受我国网络普及率以及网购客户群体特征的影响，B2C 电子商务企业的客户依然稍显集中，但随着客户购物习惯的改变，这种相对集中的特点正逐渐弱化。

4. 物流与资金流相融合

为满足客户多元化的服务需求，B2C 电子商务为客户提供了送货上门、收取现金支付、移动 POS 机刷卡支付以及支票支付等多种线下支付方式。这种服务也逐渐演变成为 B2C 电子商务模式的一部分。与传统快递服务相比，B2C 电子商务下的配送必须具备代收货款的能力，也逐步体现了在终端配送中物流与资金流相融合的态势。

5. 对配送人员素质要求高

作为线下与客户进行面对面直接接触的唯一环节，配送人员被形象地称为 B2C 网站的"最后一公里"。因为客户对线上企业所提供的服务最直观的感觉、满意度的评价主要来源于与配送人员的现场接触。因而，与传统快递行业从业人员相比，B2C 网站对配送人员的素质提出了更高的要求。

（三）电子商务配送发展的新趋势

1. 电子商务环境下物流一体化发展

物流一体化是物流产业化的发展形式，它必须以第三方物流充分发育和完善为基础。

其实质是物流管理的问题,即专业的物流管理人员和技术人员,充分利用专业化物流设备、设施,发挥专业化物流运作的管理经验,以求取得整体最优的效果。其目标是在充分考虑整个物流过程中各种环境因素的基础之上,应用系统、科学的方法对商品的实物活动过程进行整体规划和运行,从而在整个系统层面实现最优化。而在欧美等发达国家,其企业物流的一体化已经不再仅仅局限于单个企业的经营职能,而是实现了由内部一体化向外部一体化的跨越,最终实现了整个供应链的一体化协作。

2. 电子商务环境下配送网络化发展

配送领域的网络化主要有两层含义:一是配送系统的计算机通信网络,包括配送中心与供应商或制造商的联系要通过计算机网络,另外,与下游顾客之间的联系也要通过计算机网络通信;二是组织的网络化,即所谓的企业内部网主要用于企业内部各部门之间的信息传输。电商物流的服务对象——消费者往往呈现点状分布,其购物习惯往往是少量多次,供求双方通常不处于同一地理区域之中。所以,要实现低成本、高质量、多样化的配送任务,供需双方的物理距离必须很近,否则将难以实现。要解决这一难题,必须建立一套能够进行集成化、规模化的配送网络。网络化是电子商务环境下配送活动的主要特征之一,是物流信息化发展的必然结果,尤其是互联网等全球网络资源的可用性及网络技术的普及,为其实现提供了良好的外部环境。

3. 电子商务环境下配送柔性化发展

物流柔性化战略是指为了实现物流作业适应消费需求的"多品种、小批量、多批次、短周期"趋势,灵活地组织和实施物流作业。20世纪90年代,国际生产领域纷纷推出弹性制造系统(Flexible Manufacturing System,FMS)、计算机集成制造系统(Computer Integrated Manufacturing System,CIMS)、制造资源系统(Manufacturing Requirement Planning,MRP II)、企业资源计划(Enterprise Resource Planning,ERP)以及供应链管理的概念和技术。这些概念和技术的实质是要将生产、流通进行集成,根据需求端的需求组织生产,安排物流活动。电子商务环境下,客户需求的多样化和需求的时间敏感性日益明显,而传统的配送网络是建立在刚性配送成本的基础之上的,已经渐渐地脱离了现实的需要。柔性化的物流正是适应生产、流通与消费的需求而发展起来的一种新型物流模式。它要求配送中心根据"多品种、小批量、多批次、短周期"的消费特点,灵活组织和实施物流作业,在实现降低物流成本、提高物流效率的同时,实现"以客户为中心"。

二、电子商务的配送模式

鉴于配送对电子商务的影响,要求配送体系灵活、高效,以满足消费者对所购买商品的可得性心理预期。目前,我国电子商务企业的物流体系水平高低不同,所采取的模式也有很多种。归纳起来,主要的物流配送模式有以下几种:

(一)第三方配送模式

第三方物流(简称TPL)与自建物流是相对应的,也称为"外包物流"或者"合同物流"。第三方物流是物流服务供给方在特定的时间段内,按特定的价格向需求方提供个性化系列物流服务的交易方式。这种物流服务建立在现代电子信息技术的基础上,完全依据双方共同签订的承包合同的相关规定来承担物流业务。

电子商务企业采用第三方物流公司进行配送,可以使企业集中精力做自己的核心业务,并且减少用于配送相关的固定资产投资。但是,它同时也存在一些缺点,如企业对第三方物流公司管理困难、企业信息外泄风险较大、容易受制于第三方物流公司等。

通常使用第三方配送模式较多的是淘宝网上的一些中小型商户,其一般不具有自营物流的能力,因而将其物流业务外包给第三方物流公司。目前,许多商家逐渐选择具有特色服务的快递服务,如"四通一达"、顺丰快递等就为消费提供了独特的"门到门"服务,使得商品的配送变得更加快捷方便。

(二)自建物流模式

自建物流是指B2C企业建设企业内部物流系统来解决物流问题。在此物流被看作是企业的核心能力。按照交易成本理论,自建物流是最有效的物流管理结构。核心能力理论认为,企业应该将核心能力放在企业内部,即自建物流系统的各个环节由企业自己筹建并组织实施管理,实现对企业内部和外部货物进行配送。在我国,采用自建物流模式的电子商务企业主要有两类:一类是企业规模大、资金实力雄厚的电子商务企业,它们引进JIT、ERP等管理系统,是为能实现控制物流供应链、降低成本和满足顾客多变的需求而投资组建自己的配送体系;另一类则是传统的大型企业经营的电子商务网站,它们已经具有自己的车队和能完成配送业务的专业人员,在开展电子商务时,只需将传统的配送体系加以改进、完善。

相较第三方配送模式,电子商务企业自建物流具有以下优点:加速B2C电子商务企业的资金周转;提高B2C电子商务企业对物流的控制力;提高B2C电子商务企业的物流服务质量,满足客户个性化需求;提高企业品牌价值,创造新的利润源等。尽管如此,自建物流也存在一些缺点,如投入大、回报周期长、风险高、对企业的能力和资金要求也高。

目前,我国电子商务企业中采用自建物流比较成功的代表是京东商城。2009年年初,京东商城成功融资2100万美元,利用70%的资金用来完善物流和服务体系。首先,扩大仓储面积,增加库房的吞吐能力。将原有的北京、上海、广州三地共3万m^2的仓库扩充至6万m^2。其次,在全国范围内增加配送站。过去,只在北京、上海、广州三地拥有自提功能的配送站,其中北京、上海各有8个,广州有3个。其余地方的配送都是委托合作伙伴。京东商城计划将同时开工建设7个一级物流中心,除了增加原有3个城市的配送站数量,在天津、南京、杭州、深圳等7个城市都要建立自己的配送站,未来三年共投资50亿~60亿元人民币进行物流建设。截至2014年4月1日,京东共建成仓库86个,总面积

配 送 管 理

150 万 m², 分布于 36 个城市, 另外还有分布于 495 个城市的 1620 个配送站和 214 个自提点。

（三）物流联盟配送模式

物流联盟是指物流需求企业或物流企业之间为了提高配送效率以及实现配送合理化, 所建立的一种功能上互补的配送联合体。这种模式之下, 两个或两个以上的企业为实现各自的目标, 在双方签订合作协议的基础之上开展联合配送, 建立配送联合体或互用彼此配送资源的配送模式。联盟各方可以是 B2C 企业与传统企业之间的合作, 也可以是 B2C 企业与物流企业之间的合作, 还可以是 B2C 企业之间的合作。例如, 日本著名的 "7- ELEVEn" 便利店就是采用 B2C 企业与连锁门店之间的合作, 有效降低了物流成本, 提高了企业运营效率。这种模式价值的发挥是以联盟的稳定性为前提的, 因而要注重联盟伙伴的选择以及联盟合同的签订, 从而保证联盟各方实现共赢。

三、电子商务配送管理面临的问题

电子商务蓬勃发展, 但是配送的发展却远远滞后于电子商务, 仍面临许多问题。具体有以下几点：

（一）体制壁垒

目前, 我国物流管理体制处于区域、部门分割管理的状态, 区域之间缺乏协调统一的发展规划和协调有序的协同运作, 归口管理不一致, 降低了电子商务物流的效率。此外, 与电子商务物流相适应的各种制度和政策、法规不够健全, 严重阻碍了其发展。

（二）专业人才匮乏

由于电子商务物流在我国的发展时间短, 大多数从传统物流企业转型而来的企业在人才的储备和培育方面显然还不能适应电子商务时代的要求, 这直接影响到企业的生存和发展。

（三）基础设施不完善

经过多年的发展, 我国在交通运输、仓储设施、信息通信、货物包装和搬运等物流基础设施装备方面有了一定的发展, 但从总体上说, 我国的物流基础设施还比较落后。

（四）信息化程度不高

电子商务物流之所以受到越来越多企业的青睐, 在于电子商务迎合了现代客户多样化的需求。电子商务企业只有通过电子化、信息化物流管理, 把供应链上的各个环节整合起来, 才能对顾客的个性化需求做出快速反应。但从我国的实际来看, 企业的集成化供应链管理处于初级阶段, 直接导致我国的电子商务物流企业的效率大打折扣。

面对这些问题, 企业或政府应做好以下工作：

（1）加强对电子商务物流体系建设的支持力度。为支持和推动电子商务物流行业的发展, 政府应当在政策法规上加强支持力度。首先, 应在政府的主导下建立统一管理和协调有序的全国性或跨区域性的物流协调机构；其次，必须规范电子商务物流发展的产业政策，以政府为主导，并引导企业共同加大对电子商务物流行业的投资力度，统一进行发展规划。

（2）大力培育高层次的电子商务物流人才。电子商务物流行业的发展关键还要依靠高素质、高层次人才的推动。为了适应电子商务时代物流行业的新要求，必须大力培养既懂电子商务又懂现代物流的复合型人才。

（3）建设和完善与电子商务物流相适应的信息化设施。新型物流面临众多供应商和消费者以及瞬息万变的市场，承担着为众多客户配送商品和及时满足他们不同需求的任务，这就要求必须配备现代化装备和应用管理系统，具备必要的物质条件，尤其是要重视计算机网络和科学决策模型的运用。这是解决系统化、复杂化和紧迫性问题最有效的工具和手段。

（4）建立基于 Web 的物流信息管理系统。从事配送业务离不开"三流"，其中信息流更为重要。实际上，商流和物流都是在信息流的指令下运作的，畅通、准确、及时的信息从根本上保证了商流和物流的高质量与高效率。另外，在电子商务时代，物流信息化也是电子商务的必然要求。因此，提高信息管理水平是我国物流业再造的一个重要环节和切入点。

四、电子商务配送管理中值得关注的问题

电子商务配送不同于普通的配送，电子商务环境的虚拟性也对配送有不同的要求。另外，随着电子商务的快速发展以及人们对网购的普遍认可，消费者对末端配送的要求也越来越高。因此，在电子商务配送管理中，有以下两个问题值得关注：

（一）退货物流

退货物流是指在电子商务模式下，由于产品的质量或客户其他不满意因素，导致商品从消费者重返零售商或者供应商的实体流动过程。电子商务环境下退货物流管理的好坏直接影响客户的满意度，进而影响电子商务企业的生存和发展。因此，电子商务企业必须关注退货物流问题。

1. 退货物流在电子商务中的作用

退货物流在电子商务中的产生是必然的，它也在电子商务中起到了巨大的作用。主要表现在：

（1）提高客户满意度，提升服务水平。当今的电子商务网络交易模式中，客户的忠诚度和认可度是电子商务企业的生命线，是在线商家成败的关键因素。据资料显示，八成以上的在线购物客户选择商家，都会考虑到对方的退货政策和退货程序是否便利。一旦在线交易成功后，在客户收到商品后，由于某种原因而要求退货且退货原因在售后服务范围内时，在线商家须无条件答应退货并进行后续处理，直到客户满意为止，以此来赢得客户的

好口碑，提高自身的信誉度，以达到增加销售量的目的。

（2）节约资源，降低成本。对于消费者退回的网购商品，在线商家或物流公司进行检测、分类，有的经过再加工后重新销售进入正向物流渠道，有的可以低价卖给二级市场，有的可以拆分后进行零部件销售等。因此，正确得当的退货物流可以为企业节约资源，避免浪费，从而降低作业成本。

（3）改进生产工艺和技术，提高产品质量。在市场竞争日益激烈的形势下，电子商务企业的产品质量问题仍然是影响企业生存的主要问题。它不仅是电子商务企业间竞争的必备条件，而且有利于创造企业品牌，提高企业销售业绩和经济效益。通过加强电子商务退货物流管理，有利于在线商家及时掌握商品售后使用情况，更加了解自己产品的主要问题并及时改进生产管理方式，提高生产技术水平，提高产品质量。

2. 电子商务模式下的退货物流成因分析

在电子商务模式下，消费者可以方便、快捷地通过互联网进行网上选购。客户在收到商品之前，一直是通过商品的图片和文字来了解商品信息的。因此，商品规格、质量、尺寸、数量等与实际情况不符，物流速度过慢，商家发错货，运输途中商品遗失等问题，都有可能导致客户退货。退货是不可避免的，随着网上业务量的增加，退货也会不断增加。只要客户有退货需求，就要有退货物流来服务。

电子商务模式下的退货物流成因综合起来主要有以下三个方面：

（1）网络的虚拟性。主要是由于电子商务是以互联网为主要手段开展的在线销售活动，所以网络虚拟性所带来的退货是在所难免的。

（2）商家的主观性。由于商家在商品信息描述或商品退货政策的制定过程中缺乏科学的描述及承诺等，导致极大的经营主观性，产生了部分退货物流活动。

（3）消费喜好的不稳定性。这是指消费者不能理性地选择商品，收到商品后又迅速要求退货。在电子商务环境下，许多消费者购物时表现得不理智，在购物时常常受促销活动或广告的影响，一时冲动购买了自己不喜欢或者根本不需要的商品，收到商品后又要求退货。

3. 电子商务模式下的退货物流特点分析

与传统退货物流相比，电子商务模式下的退货物流主要具有以下特点：

（1）分布地域广。电子商务主要是以互联网为主要手段进行在线销售的交易模式，只要有网络的地方就有可能存在退货物流，因此退货物流产生的地点极为广泛。

（2）表现形式个性化。在电子商务环境下，消费者分布在世界的各个地方，这些消费者的消费习惯、文化背景、个人喜好都有很大的差异，退货具有随机性。不同国家、不同地区的消费者的退货原因、退货手段都不同，表现极其个性化。

（3）验证标准复杂化。在电子商务模式中，网上商场的类型有很多种，不同种类的商务模式退货标准都不同。网上综合商城往往销售来自不同制造商的产品，不同制造商规定的退货标准不同,所以即使同一类商品,由于制造商不同,所采用的退货政策也是不同的。例如,个别制造商承诺在不影响第二次销售的情况下消费者可以退货,而大部分制造商则要求只有产品存在质量缺陷时才可以退货,从而造成了退货标准极其复杂。

(二)"最后一公里"配送

"最后一公里"配送是指物流企业的配送人员把货物从收货人所在地的网点直接配送到客户的工厂仓库或者家中的过程。这个阶段是配送的最终端,由于"最后一公里配送"直接服务于客户,因此,如何快速、准确、及时地配送显得尤为重要。做好最末端的配送有助于提高物流服务的质量和降低物流成本,从而提高企业的核心竞争力。

1. "最后一公里"的配送模式

近年来,国内相关部门和电子商务物流行业已经认识到电商物流"最后一公里"配送中存在的诸多问题,并开始对其配送模式进行一些创新的尝试。根据解决思路的不同,可以分为自助提货和共同配送两大类。

(1)自助提货。自助提货主要用于解决"最后一公里"配送中存在的因投递失败、投递单过于分散等因素造成的投递成本过高等问题。其基本思路是采用集中投递、自助提货的方式来完成"最后一公里"的配送。根据提货点实现形式的不同,自助提货可分为两种:一是与便民门店合作;二是建立专门的提货点。

(2)共同配送。共同配送的基本思路是:货物进入目的城市后,各物流企业不再各自派件,而是由专门的末端配送公司通过对整个城市待配送货物的统筹和整合,实现统一配送,从而降低物流企业的总体成本,缓解由各物流公司独立配送造成的交通压力、环境污染等问题。共同配送的本质是城市物流,仍然以送货上门为主要服务方式。例如,北京的共同配送试点工程"城市100",与各快递公司进行合作,实现对末端配送的整合,达到对整体资源的优化配置。这和与便利店合作的自助提货方式类似,同样也切断了电商或物流公司与最终客户的直接联系,因此依然存在难以获得客户的反馈信息、客户流失等问题。

2. 我国"最后一公里"配送中存在的问题

(1)电子商务客户数量巨大、分布范围广,在城市相对集中,在农村分散度高。在我国城市中,人口密度较大,人们以工作单位和居住社区为主要活动范围,相对集中,电子商务交易量大,送货地址一般为家庭住址或工作单位。而大多数家庭在工作时间没人在家,且很多社区根本不允许快递人员直接进入居住区或居民楼。虽然工作单位在工作时间有人,但是很多单位不鼓励员工在工作时间接收私人快递。目前,很多私人物品由单位的收发室代收,给收发人员增加了工作负担。在我国农村,人口密度相对较低,居住以村镇为中心,相对分散。而且,目前农村的电子交易量不大,也比较分散,因此配送成本很高。

(2)90%以上的电子商务客户为平民大众,对支付方式的灵活性要求高,对价格敏感。至少有一半的客户希望货到付款，很多电商不得不既提供在线支付，也提供货到付款等多种支付方式，这对电子商务商及物流服务提供商都提高了要求。

（3）客户对送货上门的需求比较强烈。网购体现的就是方便性，因此，大部分电商客户还是希望送货上门或尽可能近距离提货。此外，在目前经济发展阶段，大部分社区或工作单位也不可能为居民或员工配备专用的电子收货箱。

（4）承担"最后一公里"物流的公司众多，不便于统一整合。承担"最后一公里"配送的物流公司众多，同一社区的订单由多个物流公司分别配送，不但对城市交通造成压力，也是对社会资源的浪费。

3. 国外"最后一公里"配送模式的创新

随着过去几十年的发展，欧美国家的物流配送体系已经相当完善、正规。随着第三方物流公司的出现，不同地区的网民在网购当天或第二天就可以收到自己的包裹。以下是国外电子商务末端配送的一些创新模式，值得我国企业借鉴和思考。

（1）亚马逊的储物柜服务和"Collect +"计划。美国的亚马逊（Amazon）公司推出了一项储物柜服务，旨在解决城市公寓楼住户由于错过了送货时间而无法取货或放在自家门口的物品被盗的担忧。该亚马逊储物柜（Amazon Locker）被安放在便利店和药店内，里头存放顾客的包裹以备随后取走。亚马逊此举借鉴了传统零售商，如沃尔玛和百思买等的做法，即通过增设取货地点，以方便网购客户可到店取走商品。由于没有实体店，所以亚马逊必须寻找合作伙伴，如7-ELEVEn便利店、杂货店或连锁药品店等为储物柜提供空间。客户可以在进行网购后要求将货物发到储物柜，然后通过电子邮件获得一个代码，在包裹到达后，他们可用这个代码打开储物柜。该客户可在数天之内取走商品。客户使用该服务不必支付额外费用，并且储物柜计划还有助于亚马逊节省一些送货费用。不过亚马逊每月要向7-ELEVEn等安装了其储物柜的商店支付一定的租赁费用。

此外，亚马逊在英国推出类似的"Collect +"计划，即街头小店和报刊经销商的"包裹暂存服务"。消费者可以更轻松地将不满意的网购物品通过街头小店或者报刊经销商寄回商家。例如，消费者往往会同时购买同一款式、不同尺码的衣服进行试穿，通过这一服务，消费者可以更加方便地将不合身的衣服寄回商家。因此，"Collect +"服务提供了非常便捷和灵活的邮包收寄服务。根据调查，"Collect +"计划80%的客户表示，该服务促使他们进行二次购物。

（2）加拿大的BufferBox。目前在加拿大成立了一家专门针对包裹配送服务的企业——BufferBox。BufferBox与零售商以及UPS等大型快递服务商建立合作关系，用户只需在BufferBox上注册，即可获得在自己的公司或住宅附近的一个"BufferBox"（储物柜）的特别地址，然后根据这个地址收取包裹。包裹寄送到后，BufferBox就会寄一封带有取包裹唯一密码的电子邮件。用户便可到指定的BufferBox面前输入储物柜密码，取回包裹。在每次包裹成功交付后，会向已集成服务的零售商收取一定的费用。收费取决于他们的递送

第九章　批发零售业配送管理

量,而用户并不需要支付任何费用。但如果用户想要享受其他零售商递送到 BufferBox 的服务,则需要支付每个包裹 3 美元的费用。

（3）日本车站取货。日本快速电车公司和 NTT 数据公司打算推出一项崭新的电子商务计划。该计划是在每个车站内设置具有信用卡结算功能的固定储存室,以方便那些通过网上直销预定商品的人从指定的储存室取回自己的商品。消费者通过传真注册,然后在线订购商品,此时相关订购信息被传往位于车站的固定储存室,接着管理中心向配送公司传达相关配送信息,最后消费者所订购的商品就被送到了指定的车站储存室。这样订购商品的消费者依靠正确地插入信用卡并输入密码就可以很方便地从车站储存室取回相应的商品。此举旨在将人们上下班或往返学校途中必定经过的车站作为电子商务的供货地点,以方便那些过单身生活的年轻人和夫妇都上班的家庭。

通过上述国内外"最后一公里"物流模式的比较,可以看出我国"最后一公里"配送发展的相对滞后性。外国创新的配送模式给我国企业带来了启发和思考,未来我国"最后一公里"配送的发展趋势可以总结为：通过与快递公司、客户附近的商户等合作,或是建立起一个快递公司的中转站,通过有效利用物流末端的资源并对其整合,使其利用率最大化。

案例

案例一　某零售业配送系统规划

本例为以干货类批发、物流服务业务为主的营销公司,由传统批发商转型为物流营销公司,缺乏自有品牌商品及具有组织约束力的连锁渠道系统,因此向泛用型配送中心系统发展。由于公司现有经营仍属小规模经营,年营业额约 2 亿元,库位空间也不足,因此有意针对未来需求进行整体规划,以争取更多的销售渠道及扩大营业额。公司已经进行整体的规划分析及评估,现对其系统规划程序说明如下：

一、经营决策的规划

营销业务的开展：包括对大型客户的定制销售、传统零售店或区域经销商的直销经销业务及培养加盟经销商的业务。

配送业务：包括自行经销货物部分的配送及服务上游供货商的委托代送业务。

顾问服务：提供卖场咨询、商情分析、货物引进等信息情报服务。

接单模式：应用增值网络系统及个人计算机接单,并配合业务员直接接单方式进行。

未来发展策略：目前以 A、B 地区经销业务为主,未来一年内发展 C 地区业务,未来三年内发展中部地区经销配送业务及全省性委托代送业务。

315

配送管理

二、物流决策的规划构想

1. 制定服务水准

交货准时/正确/态度佳，零售店/客户满意度高，降低库存，降低配送费用等。

2. 制定物流指标

为达到上述服务水准，需要针对供货商、内部作业及客户三方面制定物流指标，如表9-1所示。

表9-1 物流指标的制定示例

对象	指标
对供货商的物流	1. 定时进货 2. 避免堵塞在门口 3. 库存量控制在3周内 4. 定期盘盈亏作业 5. 处理好应付账款周转
对内部作业的物流	1. 库存量控制在3周内 2. 盘盈亏正确率95%以上 3. 提高分拣效率 4. 装车时不点货，减少装载时间 5. 提高配送车辆周转率 6. 实施循环式盘点 7. 提高仓储空间的利用率 8. 维持先进先出 9. 提高配送车辆积载率
对客户的物流	1. 针对客户分级并设定配送频率（如A级客户2次/周、B级客户1次/周） 2. 对客户定时送货 3. 客户库存周转期3个月 4. 降低缺货率 5. 紧急出货上限24小时内完成

完成订单、品项、数量及上、下游点数的分析，以及相关物料与设备特性的分析。

（1）进货资料分析。客户基本资料如表9-2所示。

表9-2 客户基本资料

每月经常往来客户数	553家
每天平均订货家数	70家
平均每店订货品项数	18项
每月客户最大订货品项数	224项

（续）

单店最大订货品项数	247 项
平均单店每日订货金额	7405 元
货物价值区间	5010~6000 元
业务员接单周期	每周一次
接单范围	A、B、C 地区
采 购 资 料	
总供货商数	64 家
平均每天采购供货商数	9 家
平均每店订货品项数	18 项
每家供货商供应品项数	1~62 项
平均每家供货商供应品项数	6 项
采购前置时间	3~7 天
进货入库资料	
平均每天进货供货商数	10 家
平均每天进货品项数	49 项
库存总品项数	705 项
平均每天每个供货商进货品项数	6 项
平均每天进货箱数	2028 箱
进货基本单位	箱
进货入库时间	白天上班时段
入库托盘规格	1100mm×1100mm
进货车辆规格	3.5~20t

（2）仓储配送作业分析。仓储配送作业资料如表 9-3 所示。

表 9-3　仓储配送作业资料

分拣作业资料	每天出货订单数	35~98 家
	每天平均出货订单数	70 家
	平均每天分拣品项数	338 项
	平均每天分拣体积数	53m³
	每月客户最大订货品项数	224 项
	分拣使用单据	送货单
	分拣使用设备	台车
	分拣使用辅助容器	空纸箱
	拆箱区品项数	480 项
	整箱区品项数	120 项

(续)

装车出货资料	车辆数	3.5t 5 辆 7t 2 辆
	车辆最大装载量	3.5t 8m³ 7t 15m³
	平均装载率	85%
	每车装载单家数	1~20 家
	平均每车装载单家数	8 家
	车内各店货物区隔方式	以签字笔标示顺序
	装车搬运方式	以人工配合台车
配送出车资料	每天平均出货家数	70 家
	平均每车次行走公里数	84km
	平均每店配送时间	32min
	配送卸货辅助工具	无

（3）其他物流配合作业。其他物流配合作业资料如表 9-4 所示。

表 9-4 其他物流配合作业资料

贴标分装作业资料	每天指定分装作业家数	3~8 家
	每天分装工作人时	5 人时
	每天需贴标作业家数	15 家
	每天贴标工作人时	5 人时
	分装使用工具	手动热封机、塑料袋
客户退货资料	每天退货家数	15~64 家
	每天平均退货家数	33 家
	平均每月退货金额	138353 元
	平均退货额占销货额百分比	6.8%

三、作业规划

订单处理：将原有业务配合内部信息网络将订单信息传回公司，部分较具规模的客户点，则配合导入 EOS（Embedded Operation System，嵌入式操作系统），以掌握订单实时处理效率，避免重复输入的错误。

采购作业：将人工下单模式改为由计算机库存系统依据库存与需求预测发出采购建议表，并依 JIT 观念逐步调整库存水准。

进货作业：为争取供货商指派代送业务，故需增加随机处理进货作业的能力，并协调定时分批进货，以拉平进货高峰作业的压力。

分拣作业：区分整箱出货与零散出货，零散出货以订单分拣为主，并于集货区集中，分拣单需考虑注明集货顺序并配合配送路线及出货顺序。

补货作业：依出货频率、作业里程及有无备货区，采用定时补货及人工巡补作业。定时补货由计算机系统依分拣单排程自动计算补货需求量，将整箱货物由整箱区移至补货备货区，再由人工巡补方式补充至零星分拣区。

装车作业：依路线、送货家数、现场集货量，制成路线统计表，再依车辆大小，配派车辆及司机。货物集货后以笼车为集中单位并直接上车，以减少重复搬运的作业。

四、设施布置规划

规划限制条件：以使用现有设施为主，配合一、二楼厂房空间及升降梯位置的限制。

储区规划：储量大于100箱的货物以整盘储放于托盘货架；储量在10～100箱的货物同时包括整箱及零散出货，规划中型货架配合流力架设施；单品储量小于10箱的货物以轻型储架存放。

储位规划：各储区内依周转率快慢，以接近集货区为原则进行配置，并以同类货物或同厂商货为单位集中，以利进货及分拣货作业。部分相同货物不同口味的品项需共享储位或相邻，但需分别标示并以颜色辨别。

容量规划：托盘储区484托盘单位；中型储架1216托盘，约60800箱单位；轻型储架56组，约3360箱储位；另有流力架768道，约3840箱储量；流力架补货区120托盘，约6000箱，合计有103040箱的储位空间。

设施规划：规划建议使用的仓储、分拣与搬运设施如表9-5所示。

表9-5　方案建议设施规划表

序　号	设　备	主　要　规　格	数　量	备　注
1	低扬程电动叉车	1. 负载能力：10000N 2. 扬程：2.5m 3. 工作巷道宽度：2.5m	1	现有1台
2	高扬程电动叉车	1. 负载能力：10000N 2. 扬程：4.5m 3. 工作巷道宽度：2.5m	1	
3	电动分拣台车	1. 负载能力：10000N 2. 工作巷道宽度：2.5m	4	
4	油压拖板车	1. 负载能力：5000N 2. 尺寸：160cm×69cm×150cm高	3	
5	手推车	1. 负载能力：5000N 2. 尺寸：97cm×110cm×100cm高	4	

（续）

序号	设备	主要规格	数量	备注
6	托盘	1. 负载能力：10000N 2. 尺寸：110cm×110cm×11cm 高	4	
7	小型储架组	1. 四层，每层荷重：3000N 2. 尺寸：185cm×65cm×190cm 高	4	
8	托盘储架组	1. 二层四盘，每盘荷重：10000N 2. 尺寸：280cm×100cm×300cm 高	62	现有设备
9	托盘储架组	1. 二层四盘，每盘荷重：10000N 2. 尺寸：290cm×100cm×300cm 高	59	
10	中型储架组	1. 四层八盘，每盘荷重：8000N 2. 尺寸：280cm×100cm×430cm 高	152	
11	流力架组	1. 四层货架每层四流道，每流道两条滑轨 2. 正面宽1850mm、高2300mm 3. 每层荷重：8000N	48	
12	补货架组	1. 四层八盘，每盘荷重：8000N 2. 尺寸：280cm×100cm×300cm 高	15	
13	分拣篮	尺寸：62cm×42cm×37cm 高	50	
14	笼车	1. 侧边附标示牌 2. 尺寸：95cm×80cm×170cm 高 3. 附隔层	200	
15	自由滚筒输送机（R1）	1. 4895cm 长 2. 滚筒长 500mm，荷重 350N	1	
16	自由滚筒输送机（R2）	1. 4895cm 长 2. 滚筒长 500mm，荷重 350N	1	
17	自由滚筒输送机（R3）	1. 400cm 长 2. 滚筒长 500mm，荷重 350N	1	
18	自由滚筒输送机（R4）	1. 400cm 长 2. 滚筒长 500mm，荷重 350N	1	
19	自由滚筒输送机（R5）	1. 滚筒长 500mm，荷重 350N 2. 转弯半径 1285mm 3. 转弯角度 41°	1	
20	动力滚筒输送机（R6）	1. 滚筒长 500mm，荷重 350N 2. 转弯半径 1285mm 3. 转弯角度 131° 4. 使用PU胶带传动，速度可调	1	

第九章　批发零售业配送管理

(续)

序号	设　备	主　要　规　格	数　量	备　注
21	动力滚筒输送机（R7）	1. 滚筒长 500mm，荷重 350N 2. 输送机长度：9000mm 3. 使用 PU 胶带传动，速度可调	1	
22	皮带输送机（B1~B6）	1. 带宽 500mm 2. 带下每支滚筒荷重 350N 3. 速度可调	1	
23	夹层钢板	1. 长×宽：4995cm×790cm 2. 厚度：4mm	1	
24	地面涂层（m^2）	1. 环氧树脂涂料 2. 厚度：2mm 以上	2137	
25	安全护脚	高 40cm	76	现有 48 个

案例二　徐州百惠·家美时连锁超市配送研究

一、徐州百惠·家美时连锁超市现状分析

（一）环境现状分析

近年来，连锁经营作为新型业态在徐州市发展迅猛。目前，徐州市已拥有包括国有、集体、民营、外资等多种形式不同规模的连锁超市门店 200 多家，形成了以家乐福、大润发、易初莲花、沃尔玛、新一佳、华润苏果、百惠·家美时为代表的一批具有一定市场知名度的连锁超市。从超市公司的资本来源看，超市公司投资主体呈多元化格局，不仅国营商业和供销合作社兴办连锁超市，外资、私营经济也进入连锁超市领域。从超市经营商品的种类来看，许多超市正在突破以食品为主的传统格局，向品种多样化发展。除食品外，日用百货、洗涤化妆用品、服装、小家电乃至大家电、家具都正在或已经进入某些连锁超市。

（二）经营现状分析

徐州百鑫商业有限责任公司下属的百惠·家美时连锁超市是一家中型商业连锁企业，其前身为江苏省徐州市百货采购供应站，成立于 1953 年。20 世纪 90 年代中后期，随着计划经济向市场经济转轨，徐州市百货采购供应站二级批发站的作用陆续终结并退出历史舞台，为求生存开始转变业态，涉足超市业，利用自身青年路沿街物业门面开办了"百惠·家美时"超市，随后几年间又相继开办了十余家。2000 年以后，青年路"百惠·家美时"超市经多次改、扩建，形成了上下两层约 8000m^2 的经营场所，正式注册为具有独立法人资格的"徐州百惠·家美时超级市场"，并于同年在国家工商总局注册了"百惠·家美时"商号及标识，成为徐州市第一家本土化大卖场。目前，百惠·家美时连锁超市已拥有包括青年路

店、奎园店、汉桥店、湖滨店、段庄村路店、新区店在内的6家直营大卖场，8家便利社区店以及30多家加盟店。由于其前身是徐州百货站，不仅聚集着强生、宝洁、联合利华等一批优秀洗化品牌，而且品牌厂家的各种独享资源更让其在价格和让利幅度上占尽优势。这使得洗化用品成为百惠·家美时连锁超市的一大亮点经营，其平均客单价保持在90~100元。为适应日益激烈的市场竞争，百惠·家美时连锁超市将经营管理的目标重点放在加大品牌的打造力度、加快拓展开店的速度、加快自给物流的配送建设、完善规范化管理等方面，并为之不懈努力。

（三）配送现状分析

1. 自营配送模式

百惠·家美时现在青年店附近建有占地面积约7000m^{2}的配送中心，对其约30%的商品实行统一配送。其配送中心把位于一个地区的门店归类到同一批次中，方便共同配送；把有时间限制的门店放到同一批次，便于集中配送。超市将商品按照经营的不同特征分成三大类，并且实行不同的配送流程。

第一类商品是购买频率较高的畅销品，如日用品及洗化产品。所以，此类商品在流通过程中，一般采取整批进货和储存，再按各门店的订货要求配货后送至各门店。由于进货量大以及购入价格低，大大减少了流通环节，又增加了销售利润，所以此类商品的储存是"创利"的。第二类商品是配送中心按照门店订货单汇总后统一向工厂整箱订货，收到货后不需储存，直接进行分拣作业，再配送到各门店，这样既省时，又可节约储存费用及空间。第三类商品是有一定保鲜要求的时令商品，如面包、牛奶、蔬菜等。这类商品一般不经过配送中心，直接由生产厂家或供应商送往各门店，由配送中心处理商品的进销全过程信息后下达各门店。

2. 供应商配送模式

百惠·家美时连锁超市对其约70%的商品实行供应商配送模式配送。供应商将超市采购货品在指定时间范围内直接送至各店铺甚至直达货架。各连锁店铺设副总经理一名，负责超市的运营情况，其中也包括供应商的选择。随着百惠·家美时连锁超市的连锁店铺数量日益增多，特别是社区便利店和加盟店的增加，连锁超市的供应商数量也随之增多，同时也就大大增加了各店铺收货、验货部门的工作量。此外，当多家供应商同时到货时还会造成周边交通拥堵，增加交通压力，所以很容易出现内外混乱的局面，严重影响超市正常的经营秩序。

二、徐州百惠·家美时连锁超市配送存在的问题及原因分析

1. 配送中心配送效率低，配送规模小，难以体现价格优势

百惠·家美时连锁超市的配送中心是由原来的仓库改建而成的，业务量偏低，资源闲置的时间较长，且长期缺乏与物流运作配套的技术和管理。加之企业一直以来偏重于门店建设与经营，约占总投入的60%，缺乏对配送中心的资金投入和软硬件开发及更新，导致其配送中心缺乏高效的运作机制，自然无法达到较高的运作效率。

百惠·家美时连锁超市的配送中心虽然也实行统一采购，但是其在建设过程中对运输、通信等手段的选择仍较落后，缺乏先进的设备设施配置，在进行采购、搬运、装卸、仓储、输送等工作中机械化和自动化作业很少，大部分还是靠人工完成，仍属于劳动密集型产业，无法满足连锁超市对配送的要求。此外，由于信息系统不健全、渠道不畅通等原因，连锁店铺无法提供完整、准确的配送信息，导致配送

中心只有少量的货物能够直接到达连锁店铺，而大部分货物都由各连锁店铺从其他渠道购入，致使配送中心对连锁店铺的货品供应严重失控，运作成本明显增高。配送中心的功能落伍，配送效率低，成本居高不下，因此无法体现产品的价格优势。

2. 供应商直接配送效能低、成本高，难以形成规模效益

通常连锁超市的商品品种众多，并不是每一个供应商或生产厂商都有足够的配送能力来满足超市商品的配送需求。有些供应商或生产厂家的物流功能并不齐全，这样就会导致供应商直接配送的配送服务缺失，达不到超市的配送要求，从而影响到超市商品的供应保证能力。

3. 库存控制能力较差，供应链整体效率低下

百惠·家美时连锁超市现有的库存信息系统并不完善，每当供应商或厂商有了解客户需求信息的需要时，常常得到的是不准确的信息或延迟信息。由此引起的库存量的精确度低和误差大，使得配送计划的实施也会遇到困难，进而在很大程度上影响到对超市的补货。

三、徐州百惠·家美时连锁超市配送问题的完善对策

1. 建立配送联盟，实施共同配送

徐州百惠·家美时连锁超市根据自身条件以及现实情况，与本地已拥有比较成熟的大型连锁超市合作的配送中心建立配送联盟，实施共同配送，委托其对自己的商品进行统一配送。

徐州百惠·家美时连锁超市与连锁超市A的现有自营配送模式如图9-5所示。

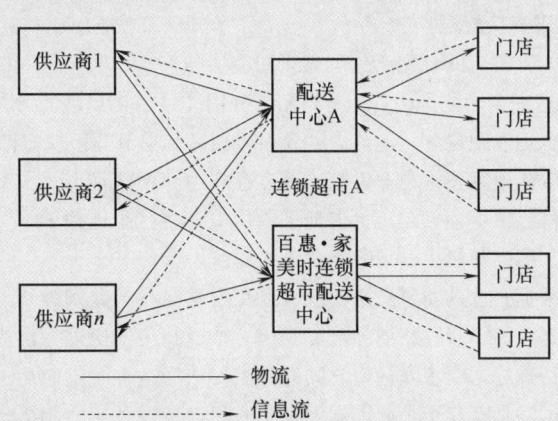

图9-5　徐州百惠·家美时连锁超市与连锁超市A的现有自营配送模式

对以上模式进行改造，改造后类似于国外的共同配送体系中的委托统一配送模式。改造后的自营配送模式如图9-6所示。

如图9-6所示的自营配送模式可以解决超市自营配送的缺陷，具体表现在以下方面：

（1）可以解决徐州百惠·家美时连锁超市目前没有足够的资金，还不具备改进配送中心条件的问题。超市可以利用连锁超市A的配送中心，来对自己的商品进行配送。

（2）从供应链管理的角度来看，改造之后两个连锁超市企业可以共同利用配送中心的设施设备，从而对超市进行横向的整合。两个超市可在配送中心内部共同进行入库、储存、流通加工等作业，并向其

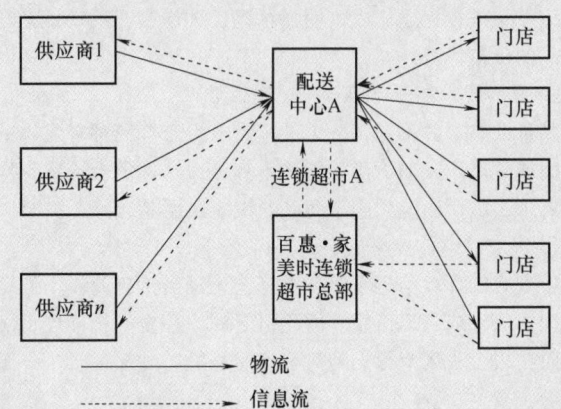

图9-6　徐州百惠·家美时连锁超市自营配送模式改造

各自门店实施混载配送。这样不仅可以减少配送车辆的数量，提高车载满载率和配送效率，而且还可以减少固定设施投资，提高流通加工等物流作业效率，提高配送中心的设施利用率，降低物流成本。

（3）此种配送模式因为整合了两个相同业态连锁超市的资源配置，为连锁超市的规模效益奠定了基础，同时还能调配超市之间相同及相似商品，为商品的持续供货及补货提供保证。

2. 结合间接配送，改进直接配送

很多大型生产企业，如有实力的日化产品厂家（如宝洁等）、大型电器厂家（如海尔、海信等）、食品生产企业（如康师傅等）在全国范围内都拥有自己的分销体系，将自己的分销渠道直接融入连锁超市的分销物流过程当中，根据运输距离、运输能力、商品属性以及季节等条件安排相关的物流活动。另外，连锁超市的某些商品对运输的速度要求也非常高，不宜存在中间配送环节。大型生产企业部分商品的运输要求以及提供的外在条件，使得连锁超市更多地采用供应商直接配送模式。一般条件下，这种配送模式更加适用于单店规模大、店铺数量少、采购能力强的超市。

间接配送是指供应商根据企业的特殊配送要求，以及配送商品的差别性特点，经由企业自建配送中心或其他物流企业进行配送，而不直接将商品配送到店。结合间接配送进行供应商配送，一是有利于企业根据自身要求，针对有特殊配送要求及运输时间的商品，选择适合的供应商进行直接配送，从而保证配送质量，缩短配送环节；二是有利于企业依据供应商的配送条件及实力，结合具体情况选择适合的供应商，以满足超市商品的配送需求，从而保证超市商品的供应保证能力；三是有利于减少因供应商的增加而造成配送车辆增多的问题，减少中间环节，从而节约配送成本，缓解由此带来的交通压力增加和环境污染加重等社会问题。

徐州百惠·家美时连锁超市现阶段采用的供应商直接配送模式如图9-7所示。

现阶段采用的供应商直接配送模式存在许多问题，具体表现在以下几个方面：

（1）对于超市大批量、小频率配送的商品，可采用供应商直接配送模式；而对于小批量、大频率的商品，还是需要通过自建的配送中心或者专业物流企业间接配送，才能达到降低配送成本的目的。

（2）从缩短配送环节，保证配送质量的需要角度考虑，对于有特殊配送要求的商品，还需要由供应

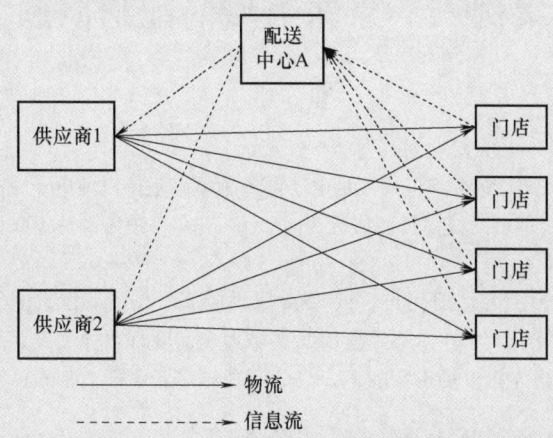

图 9-7　徐州百惠·家美时连锁超市现阶段采用的供应商直接配送模式

商直接配送。

（3）对于配送功能不全或能力不足的供应商来说，直接配送可能会增加整体供应链上的配送成本，因此需要通过其他间接配送模式来配送商品。

因此对上述模式进行了改造，改造后的供应商配送模式如图 9-8 所示。

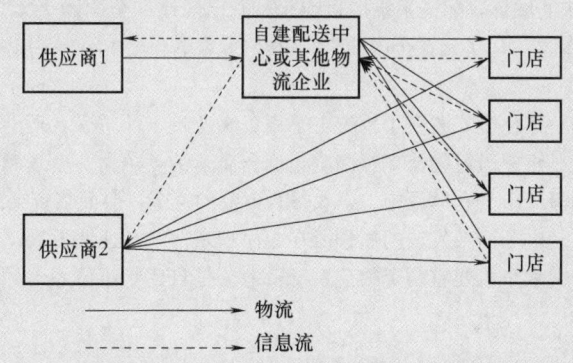

图 9-8　徐州百惠·家美时连锁超市供应商直接配送模式改造

改造后的供应商直接配送模式可针对配送商品的特点和要求以及供应商的情况进行配送。

徐州百惠·家美时连锁超市可以根据商品的配送量及不同特点，采用间接配送模式和直接配送模式相结合的配送模式，这样既能节约配送成本，又可以改进配送服务的质量，同时也可以解决配送车辆增多带来的社会问题。

思考题：
1. 案例中，连锁超市改造后的供应商配送模式（见图 9-8）有什么好处？
2. 案例中，哪些商品适合采用共同配送？哪些商品适合采用供应商直接配送？

配送管理

案例三 京东商城的配送问题

一、京东商城的发展

京东商城（简称京东）于2004年正式涉足电子商务领域，坚持以纯电子商务模式运营，连续7年增长率超过200%。2009年，京东商城销售额将近40亿元，2010年销售额达102亿元，成为国内首家规模超过百亿元的网络零售企业。

京东商城目前拥有4000万名注册用户，近8000家供应商。在线销售家电、数码通信、计算机、居家百货、服装服饰、母婴用品、图书、食品等12大类数万个品牌百万种优质商品。目前，京东商城已占据中国自主经营式B2C网络零售市场份额的37.8%，超过第二名至第十名的总和。

二、京东商城物流现状与配送模式分析

在经济全球化的时代，电子商务得到飞速发展，而发展相对滞后的物流却成为制约电子商务的瓶颈。2012年5月底，电子商务企业和物流企业之间的暗战博弈达到了高潮。5月28日，天猫宣布与包括EMS、顺丰、"四通一达"在内的国内九大快递公司达成战略合作；同日，有消息传出，京东、凡客已递交"快递业务经营许可证"申请，计划进军物流行业。为了解决配送能力不足、物流服务质量较差等问题，京东商城率先迈出了自建物流系统的步伐。

从2008年开始，京东商城自建配送系统。目前，京东已陆续在全国购买1200亩地作为物流仓储平台，计划未来3年投入50亿~60亿元在全国建20~40个大家电仓储中心，5年内还将投入100亿元发展全国物流网。

自建全套物流的垂直一体化模式改变了传统电子商务企业过于注重平台运营的状况，将更多的资金和精力转投物流体系建设，希望通过物流来提高电子商务企业的竞争力。就现状来看，京东商城选择自建物流还需要更庞大的物流队伍、仓储设施，以及投入巨额的资金，会面临资金的困扰。

配送及售后服务一直是电子商务发展的瓶颈所在，而京东持续高速的发展正是得益于其在配送及售后等方面的主动提升。目前京东主要有两套物流系统：一套是自建物流体系；另一套体系是与第三方物流合作。

1. 自建物流体系

京东在北京、上海、广州市区的配送由自己组建的配送体系来完成，另外还在北京、广州、上海三地设立多处自提点，向本地用户提供自提服务。目前，京东已在北京、上海、广州、成都、武汉、沈阳建立了六大物流中心。京东选择这样的自营物流，使得它对供应链的各个环节都有较强的控制能力，可以保证在物流方面拥有良好的服务质量；由于覆盖范围广，也可以使客户更快地收到所购买的商品，从而提高客户的满意度和忠诚度，使企业更具有竞争力。

2. 与第三方物流合作

虽然京东商城在2010年取得了100亿元的销售额，可其主要业务阵营仍局限于北京、上海、广州等经济发达城市。随着互联网应用的深入，京东业务阵营已经扩展到二级城市或三级城市。可如果在全国每个二级城市都建立自己的物流或运输公司，成本至少要数百亿元，更何况现在二级城市的利润还不足

第九章 批发零售业配送管理

以维持物流中心的运营。因此，京东选择与第三方物流合作来完成配送。

三、京东商城配送中存在的问题

京东成长的脚步正在被物流环节拖累，巨大的订单已成为京东"甜蜜的负担"。由于订单量增长太快，京东物流中心的配送能力跟不上，越来越多的消费者体验不佳。

1. 配送延迟

京东商城成立以来，在飞速发展的过程中遭遇物流瓶颈，因为订单暴增远远超出了当时的配送能力，使得大量订单延误。同时，客户频频反映在送达的货物当中有很大一部分出现了不同程度的差错与货损。

2. 客户满意度降低、投诉增多

电子商务企业物流服务水平的高低直接影响网购者购物的满意度。在与消费者接触的环节中，出现了很多引起消费者不满的因素，如京东配送不及时、出现偶尔晚点或是经常晚点、货损赔偿不完善、送货员服务态度有待提高、没有良好的客服沟通机制、信息沟通不及时顺畅等。京东终端服务的落后直接导致了整个社会对京东物流的质疑，大大降低了京东商城在顾客心中的满意度，从而使公司的信誉受到了质疑。

3. 物流成本高昂

在国内找不到一家能在服务、速度、费用三者之间取得平衡的物流公司来满足京东物流需求。京东物流的滞后、基础设施的瓶颈、物流资源未能有效整合导致物流成本偏高。消费者在网上下订单后，其余的活动由电子商务企业完成，但由此产生的运输费用还是由消费者承担，这样也间接增加了物流成本。

4. 信息不对称

消费者在完成网上购物的一系列操作后，剩下的就是一个等待的过程。在这个过程中，企业会给消费者发送货物已发出的通知，此后就很难获知货物的具体行踪，除非消费者主动打电话去询问，但是有时也会出现无法追踪货物准确位置的情况。

四、京东商城配送的解决方案

1. 保证配送速度，提高客户满意度

京东推出"211限时达"配送服务，当日上午11：00前提交现货订单（以订单进入出库状态时间点开始计算），当日送达；夜里11：00前提交的现货订单（以订单进入出库状态时间点开始计算），第二天上午送达（14：00前）。这个速度目前在电子商务企业还没有第二家能承诺。京东专注"最后一公里"服务，以此来提高自身的配送及售后服务，从而提高客户满意度。

2. 通过快速物流解决成本高的问题

B2C电子商务作为流通行业，流动资金需要很快周转。像京东这种大流通的行业，每天有百万级的资金流动量，第三方物流积压电子商务企业的资金时间越长，造成资金外流就越多，从而出现资金流效率低、风险大、资金流没有发挥效益等问题。京东通过自建快速的物流，高质量地快递送货，比较好地解决了此类问题。

3. 积极采用先进的物流信息系统及设备

京东采用先进的物流信息系统构造了一个现代化的信息管理平台，通过建立电子数据交换系统（EDI）、自动订货系统（EOS）等与第三方物流之间达到硬件、软件和数据报表等的匹配和兼容，进行

配 送 管 理

信息实时跟踪,实现网上在线交易处理,方便顾客及时、快速地查到自己所购商品的配送信息,解决信息不对称问题,真正地把商流、物流、资金流、信息流集成到一起。

4. 精细化管理和快速反应体系

京东根据客户订单、配送计划和商品库存等信息,对其要货商品的可配数额及配送类型进行设置,自动生成配运单。另外,京东推行细致灵活、多种多样的特色配送服务,如免运费、上门自提、货到付款、无线 POS 支付等来实现快速反应;采用 ECR 或者 QR 等先进技术,加强与物流外包企业的合作,从而加快配送的速度。

思考题:
1. 京东商城为提高客户满意度做了哪些努力?
2. 针对此案例的描述,你能否为京东商城的退货物流发展提出相关建议?

复习思考题

1. 统一配送在商贸企业经营中的作用主要体现在哪些方面?
2. 批发零售业的配送类型主要有哪几种?
3. 试述连锁业商品配送管理的主要特点。
4. 你认为连锁业配送管理的发展趋势如何?
5. 简述连锁企业配送中心的主要功能。
6. 常见的连锁企业配送中心的组建方法主要有哪几种?
7. 电子商务配送管理有哪些特点?
8. 你认为我国电子商务配送管理中存在的主要问题有哪些?如何解决?
9. 结合外国先进经验,对我国电子商务配送的"最后一公里"问题提出你的解决方案和建议。

第十章 快递业配送管理

作用

本章主要阐述了快递业配送的基本知识和快递业配送管理的基本方法，快递业配送管理理论是行业配送管理的重要组成部分之一。

关键

了解快递业配送的含义、分类和特性，快递业配送特点，国内外快递业配送发展历程，以及快递业配送业务流程与运作管理。

快递业配送是以时效性、准确性、安全性和方便性为特点的物流过程。改革开放促进了我国快递业配送的产生，电子商务推动了快递业配送的发展。我国快递业配送发展取得了具有里程碑意义的成果，快递业务量跃居世界第一，成为中国经济发展的新增长点。

第一节 快递业配送概述

一、快递业配送的含义与分类

1. 快递业配送的含义

根据《快递服务》国家标准（GB/T 27917—2011），快递服务是指在承诺的时限内快速完成的寄递服务。快递服务组织是指在中国境内依法注册的，提供快递服务的企业及其加盟企业、代理企业。作为快递服务的客体，快件是快递企业依法递送的信件、包裹、印刷品等的统称。快递业务的服务环节主要包括收寄、分拣、封发、运输、投递，以及查询、投诉和赔偿等。快件处理场所是指快递服务组织专门用于快件分拣、封发、交换、转运、投递处理活动的场所。

综上所述，快递业配送是指在一定的区域范围内，通过对快件进行收寄、分拣、封

配送管理

发、运输、投递等作业，在承诺的时限内，快速送达客户指定地点的物流活动。相对其他行业的配送来说，快递业的配送客体是快件，包括信件、包裹、印刷品等，物品形状相对规整，包装规格相对统一，配送作业相对标准。但相对其他行业的配送来说，快递业配送的时间要求非常严格，强调在指定时间内完成所有作业过程。因此，快递业的配送管理要求一般也要高于其他行业。

2. 快递业配送的分类

按照配送的地域范围，快递业配送可以分为国内配送和国际配送。其中，国内配送又可细分为同城配送、省内异地配送和省际配送；国际配送也可细分为国际进境配送、国际出境配送和港澳台快递配送。

按照配送的主体资质，快递业配送组织可以分为在省、自治区、直辖市范围内经营快递业务的服务组织，跨省、自治区、直辖市经营快递业务的服务组织，经营国际及中国港澳台快递业务的服务组织。

按照配送的客体性质，快递业配送可以分为信件类快件配送、物品类快件配送与特殊快件配送。

按照配送的作业环节，快递业配送可以分为收寄环节、内部处理环节、报关与报检环节、运输环节与投递环节。

按照配送的服务质量，快递业配送评价指标可以分为时限准时率、快件丢失率、快件损毁率、用户投诉率、信息上网及时率。

二、快递业配送的特点

根据快递业配送实际，快递业配送管理的特点包括时效性、准确性、安全性与方便性。面对不同的地区、不同类型的消费群体，对快递业配送管理要求也呈现出不同的特点。例如，农村地区要求"送得到"；二三线城市要求"送得快"；一线城市则要求"送得准"。

1. 时效性

快递业配送的时效性是指快递业的快件投递时间不应超出快递服务组织承诺或约定的时限。

通常，快件的单件体积不大、重量不高、价值较低，利于人工便捷的配送作业；但快件的收寄与投递对象分散，配送作业时间不确定，不利于保证每件快件的送达时间。在快件单件价值较高的情况下，如通信器材、计算机芯片、试验用器材、高档化妆品与高档服装等，寄件人或收件人为减少自己的资金占用，常采用小批量、多批次的快递业配送模式，也不利于快递企业保证每件快件的送达时间。

有些快件，如商业合同文件、时令性商品、特殊商品或个性化物品（样品、礼品）等，价值不大，对送达时间的要求却很高。一份商业合同文件能否及时送达，可能关系到某一企业的某一笔交易能否成功；一批样品能否准时送达，可能影响该企业在客户群中的声誉，关系到该企业的市场占有率。尤其是时令性较强的商品，或是应急采购商品，在约定时限内送达是选择快递业配送的首要条件。

随着网络零售在百姓生活的渗透率逐步升高、网购配送需求量日益增大，时效性要求也成为网络零售经营者选择快递企业的首要考虑因素。根据《国家邮政局关于2014年快递服务满意度调查结果的通告》，用户在选择快递业配送服务品牌时，主要考虑因素依次为"时效"（占比26.4%）、"价格"（占比22.7%）和"服务"（占比14.4%）。从用户的投诉原因看，快件不能准时送达也是用户投诉的首要原因。

2. 准确性

快递业配送的准确性是指快递服务组织应将快件投递到约定的收件地址和收件人（或收件人指定的代收人）。

与金属制品、机械设备等大型货物配送相比，用户对快递业配送的准确性要求较高。因为金属制品、机械设备等大型货物，即使要求实现"门到门"的准确运输与配送，也是"企业对企业"的单方向配送，收货地址和收货人的数量有限，配送时间和配送线路相对固定。然而，快递业配送面对的消费群体，通常为所有企事业单位与社会大众，不仅需要提供"送件到门"的配送服务，还需要提供"上门取件"的集货服务，加之企事业单位与社会大众的空间分散、时间不确定，很难保证每件投递的准确性。

除同城配送外，快递业配送需要建配送网络和配送中心，通过准确的收寄、分拣、干线运输、区域中转与末端投递等系列作业，达到准确地送达收件人的目标。所谓快递业配送难在"最后一公里"之说，形象地描述了即使将快件送达收件人所在区域，如不克服收件人分布分散、收件时间不确定等多种困难，也不能按照承诺、准确地送达收件人手中。

我国地域辽阔，通常1000km以内的配送距离仅凭借公路或铁路的陆路运输方式便可完成，1000km以上的配送距离则主要依靠航空运输方式完成干线运输。例如，UPS获得美国至中国的直航权后，从美国到北京、上海等大中城市的文件送达时间由3天缩短为2天，包裹则由4天缩短为3天。但由于条件限制，飞机大多选择大城市的机场降落，中小城市即使有机场，飞机也不能像火车一样做到"站站停"。即使航空运输实现了送达时间与送达地点的准确性，如果没有接续的陆路运输送达时间与送达地点的准确配合，快递业配送全过程的准确性还是无法实现。

3. 安全性

快递业配送的安全性是指快递服务组织建立完备的安全保障机制，以确保寄递安全和用户信息安全。

为了保证快递业配送的信息安全，根据《邮政行业安全监督管理办法》，快递企业应当提示用户如实填写寄递详情单，包括寄件人、收件人姓名、地址和寄递物品的名称、类

配送管理

别、数量等,并核对寄件人和收件人信息,准确注明快件的重量、资费。快递企业应当保护用户的信息安全和通信秘密,确保所掌握的用户使用快递业务的信息不被窃取、泄露。未经法律明确授权或者用户书面同意,快递企业不得将用户的信息提供给任何组织或者个人。

为了保证快递业配送的寄递安全,根据上述规定,快递企业应当在用户在场的情况下,当面验视交寄物品,检查是否属于国家禁止或限制寄递的物品,以及物品的名称、类别、数量等是否与寄递详情单所填写的内容一致。为了保证快递业配送的寄递安全和用户信息安全,根据上述规定,快递企业需要建立健全安全生产责任制,落实安全生产保障、安全生产检查与事故隐患排查、安全生产教育培训、安全生产信息报告等制度。

我国政府一直非常重视快递业配送的安全性。例如,2015年2月,中央综治办、国家邮政局等九部门联合宣贯《关于加强邮件、快件寄递安全管理工作的若干意见》,重点强调寄递渠道安全管理是服务民生、维护群众利益的重要内容,是维护国家安全和公共安全的重要组成,是行业持续健康发展的基础保障。同年3月,北京市邮政管理局联合首都综治办,赴北京顺丰速运分拨处理中心和指挥调度中心,现场查看分拨处理中心安全防控措施和快件安检操作流程;现场了解信息数据监控、视频图像监控、交通气象检测、车辆GPS监控等安全防控与业务管理系统功能。

4. 方便性

快递业配送的方便性是指快递服务组织在设置服务场所、安排营业时间等方面,以及在收寄、投递、查询、投诉处理等环节,应考虑用户需求,以便为用户服务。

根据《快递服务》(GB/T 27917—2011),国内快递业务的服务组织应具备以下服务能力:

(1) 具备与经营地域范围相适应的网络和运递能力。

(2) 有封闭的、面积适宜的快件处理场所,符合国务院邮政管理部门及国家安全机关依法履行职责的要求,并配备相应的处理设备、监控设备和消防设施。

(3) 有统一的计算机管理系统,有可提供寄递快件跟踪查询的信息网络,并配备符合规定的数据接口,可根据要求向邮政管理部门和相关部门提供快件的相关数据。

(4) 有符合《国家职业技能标准快递业务员(试行))》并通过资格认定的快递业务员,快递服务组织及其分支机构快递业务员中具备初级以上资格的均不应低于40%。

上述所谓完善的配送网络,包括物流网络和信息网络两个子系统。物流网络是指运输线路、运输工具、配送网点、配送中心与配送车辆等组成的有形网络。信息网络则是为各参与方提供商流、资金流和管理活动所必需的保证条件,特别是在电子商务越来越成熟的时代,快递企业只有通过完善的信息网络,才能实现全天候、全年无休的配送。

三、快递业配送的基本业务流程

由《快递服务》(GB/T 27917—2011)可知,快递业务的服务环节主要包括收寄、分拣、封发、运输、投递,以及查询、投诉和赔偿等。快件处理场所是指快递服务组织专门用于快件分拣、封发、交换、转运、投递处理活动的场所。

以顺丰速运为例,图 10-1 描述了快递业配送的基本业务流程。从图中可以看出,快递业的配送环节对外连接着两端的用户,即发件人与收件人。一方面,快递业的配送环节是快递企业吸引用户和招揽业务的窗口;另一方面,快递业的配送环节还是用户接受快递服务全过程的末端。从图中还可以看出,快递业的配送环节还对内连接着中转中心,快递业配送环节的质量与服务水平直接影响着快递业配送全过程,直接决定快递企业的生存与发展。

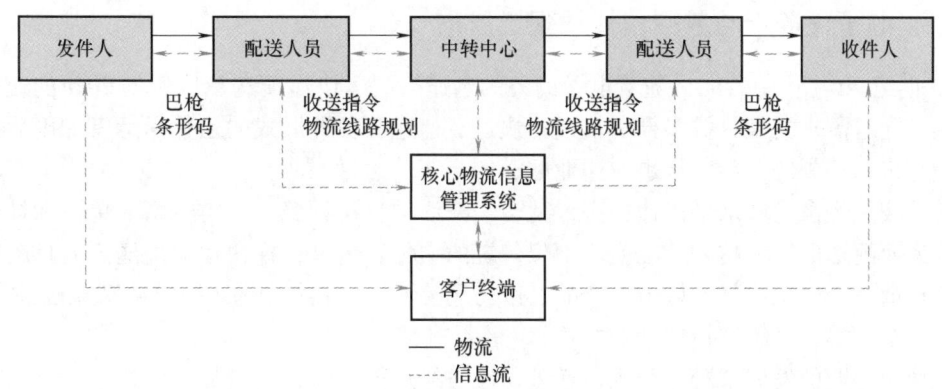

图 10-1 快递业配送基本业务流程图
(资料来源:中金公司研究部)

第二节 我国快递业配送的发展历程

对我国来说,2014 年是快递业发展历程中具有里程碑意义的一年。这一年,快递业首次被写入政府工作报告,国家领导人两次视察快递企业,五次为快递业"点赞";这一年,全国快递业务量完成 140 亿件,跃居世界第一,并连续 46 个月同比平均增幅超过 50%。快递业成为中国经济的"黑马",是中国经济发展的新增长点。

回顾我国快递业配送的发展历程,不仅可以了解我国快递业配送产生的社会经济环境与助推力,还可以把握我国快递业配送的发展现状、主要问题与发展趋势。

配送管理

一、改革开放促进我国快递业配送产生

20世纪80年代以前，我国正规意义上的快递业务由中国邮政部门承担，直到1987年以前，中国邮政部门还占据全国快递市场95%以上的份额。20世纪80年代末与90年代初，随着国内外经济贸易的迅猛发展，我国快递业务进入了迅速扩张时期，国际快递企业纷纷通过合资、合作或独资等形式，进入我国的国际快递市场，国内的邮政、民航、铁路、公路等部门纷纷依托自身优势建立快递企业。

同时，随着我国民航、铁路、公路等运输方式的软硬件条件改善，为快递业配送的建立与发展提供了较为有利的条件。到1991年，中国邮政在快递市场的占有率首次低于非邮政部门的企业，由中国邮政一家"独霸天下"的格局被打破，我国快递行业出现了国营、民营、外资多经济主体、多运输方式相互竞争的市场格局。

二、电子商务推动我国快递业配送发展

20世纪90年代中后期，随着电子商务的迅速兴起，快递配送量以年均20%的速度快速增长，配送需求类型日益多样，快递、快运、速递等各种形式的运输承运者如雨后春笋般发展起来，正规的、专业从事快递业配送的企业已达百家。

随着我国经济发展水平快速提高，社会经济活动日益频繁，各类企事业单位和社会大众对快递业配送的需求越来越旺盛。不仅传统的文件、包裹选择快递业配送，而且越来越多的高价值、个性化物品，如电子产品、医药用品、通信器材、家用电器、高档服装，以及食品、鲜花等，纷纷选择快递业配送。

从快递企业的发展来看，跨国快递公司已纷纷进入我国，如世界四大快递业巨头：美国联邦快递（FedEx）、美国联合包裹运送服务公司（UPS）、敦豪国际（DHL）及荷兰TNT邮政集团（TNT）都已在中国开展业务。国内的快递企业主要分为同城配送、省内异地配送和省际配送几类，比较知名的企业有中国邮政速递物流、中外运空运、中铁快运、民航快递、顺丰速运、申通快递、圆通速递、中通快递、韵达速递、百世汇通、宅急送、天天快递、优速物流、全峰快递等。

三、我国快递业配送的发展现状和问题

根据国家邮政局发布的《2014年邮政行业运行情况》及相关文献，可以归纳快递业配送的发展规模、业务结构、时间特性与空间特性，从而了解我国快递业配送发展的现状与特点，并从中分析快递业配送管理的问题，找到今后的发展方向。

（一）我国快递业配送的发展现状与特点

1. 我国快递业配送的发展规模

2014年，全国快递服务企业业务量累计完成139.6亿件，同比增长51.9%；年中业

务量最多的一天,有超过1亿件快件在寄递途中。同年,快递业务收入累计完成2045.4亿元,同比增长41.9%。从增长速度看,2014年全国快递服务企业业务量及快递业务收入的增速均大大超过同期全国 GDP 的增长速度,是我国发展最快、增长速度最高的行业之一。从快递业务数量看,2014年全国平均每人寄出快件10件左右,标志着快递业越来越成为百姓工作与生活中的重要组成,值得一提的是,2014年我国快递服务企业业务量首次超越美国,成为世界第一,标志着我国快递业发展跃上了一个新的台阶。

2. 我国快递业配送的业务结构

2014年全国快递业务收入中,同城业务收入累计完成265.9亿元,同比增长59.8%;异地业务收入累计完成1130.6亿元,同比增长36.4%;国际及我国港澳台地区业务收入累计完成315.9亿元,同比增长16.7%。参见图10-2可知,在全国快递业务量结构中,同城业务量占全国总业务量的25.48%;异地业务量占72.3%;国际及我国港澳台地区业务量占2.3%。

由此可知全国快递业务中业务收入与业务量的结构特点,即异地业务量及其业务收入均为全国快递业务的发展重点,虽然国际及我国港澳台地区业务量仅占全国总业务量的2.3%,但其业务收入却比占全国总业务量25.48%的同城业务收入还高许多,应作为重点开发的业务类型。

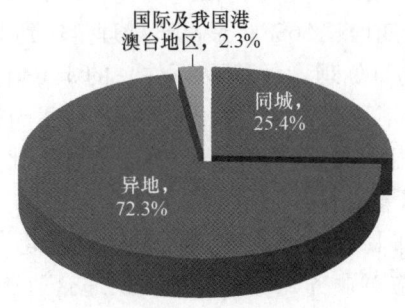

图 10-2　2014 年我国快递业务量结构图

(资料来源:2014 年邮政行业运行情况,国家邮政局)

3. 我国快递业配送的时间特性

(1) 年中特性。从图 10-3 可以看出,2014 年与 2013 年我国快递业务收入变化的时间特点,即 2014 年与 2013 年的快递业务收入时间变化趋势一样,除了 2 月份的快递业务收入有所下降以外,其他月份的快递业务收入均呈现持续上升趋势,年末达到峰值。

我国快递业配送的时间特性表明,快递业配送业务收入量的变化,不仅与广大消费者的日常生活、风俗习惯、节假日活动密切相关,还与快递业配送从业人员的生活习惯与集中休假密切相关。尤其在 2 月前后,面对春节旺季的配送服务压力,要求快递企业合理调配人力、运力资源，保证转运中心和网点正常营业。

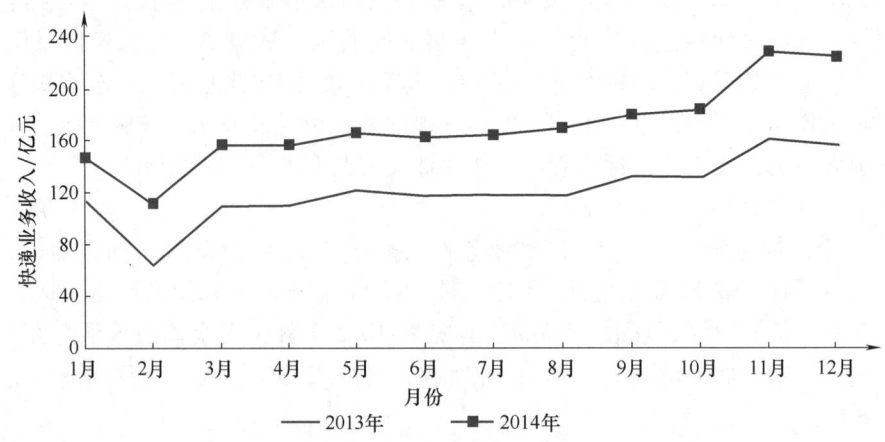

图 10-3　2013—2014 年我国快递业务收入比较图
（资料来源：2014 年邮政行业运行情况，国家邮政局）

（2）节日特性。"双 11"的网购狂欢节已经连续六年考验我国快递业配送能力。根据有关部门对 2014 年"双 11"期间的监测，在 2014 年 11 月 11—16 日，我国快递业共处理快件 5.4 亿件，比 2013 年同期增长 56%；最高日处理量达到 1.026 亿件，比 2013 年同期增长 57.8%，是 2014 年平均日处理量（3309 万件）的 3.1 倍。

每年的"双 12"网购促销活动是继"双 11"后，对我国快递业配送能力的又一次考验。在 2014 年 12 月 12 日，我国快递业务量达 7051 万件，比 2013 年"双 12"增长四成以上，是 2014 年平均日处理量的 2 倍。

为保障配送服务的安全平稳，快递企业加大基础设施建设，更新和改造快件处理场所，增加人员与车辆，强化应对业务高峰的能力；快递企业还与电商企业进行数据对接，及时掌握快件收寄与投递需求、快件流量流向，合理安排配送资源，以满足百姓对快递业配送的服务需求。

4. 我国快递业配送的空间特性

（1）东中西部地区。2014 年，东、中、西部地区快递业务收入的比重分别为 82.8%、9.4% 和 7.8%，业务量比重分别为 82.0%、10.6% 和 7.4%。参见图 10-4 可知，在各区域快递业务量结构中，东部地区快递业务量占全国总业务量的 82.0%，是快递业的发展重点；中部地区快递业务量占全国总业务量的 10.6%；西部地区快递业务量占全国总业务量的 7.4%，尚待大力建设与发展。

（2）省与市的发展比较。表 10-1 反映了全国部分省（市）（自治区）的快递服务企业业务发展情况。从表 10-1 可以看出，各省（市）（自治区）的快递服务企业业务发展

第十章 快递业配送管理

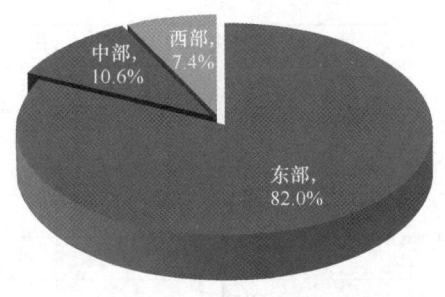

图10-4 2014年我国各区域快递业务量结构比较图
（资料来源：2014年邮政行业运行情况，国家邮政局）

规模与该地区经济发展规模相关。位于我国经济发展规模最大的长三角、珠三角和京津冀地区的广东、浙江、江苏、上海、北京，快递业务量排在全国前五名；青海、西藏等经济发展规模小的地区，快递业务量也很少。

表10-1 全国部分省（自治区、直辖市）快递服务企业业务量情况表

序号	名称	快递业务量累计/万件	同比增长（%）
	全国	1395925.3	51.9
1	广东	335555.9	59.3
2	浙江	245744.8	73.1
3	江苏	148435.2	50.8
4	上海	128366.1	35.1
5	北京	111011.9	35.7
6	福建	65417.3	46.9
7	山东	44685.0	42.4
8	四川	37941.8	55.5
9	河北	34019.1	63.9
10	湖北	33143.8	50.7
11	河南	29484.0	51.6
12	安徽	23859.1	73.5
13	湖南	22716.2	47.1
14	辽宁	16656.4	46.0
15	江西	15993.6	64.0
16	重庆	13886.3	30.8
17	陕西	13762.3	44.1
18	天津	12404.2	42.3

337

(续)

序 号	名 称	快递业务量累计/万件	同比增长（%）
19	山西	9130.4	2.9
20	广西	9055.4	34.3
21	云南	8546.1	24.4
22	黑龙江	7014.5	30.0
23	吉林	6640.2	46.7
24	新疆	5940.5	16.7
25	贵州	4669.1	59.3
26	内蒙古	4363.6	53.7
27	甘肃	2655.6	48.5
28	海南	2248.6	1.0
29	宁夏	1514.1	55.6
30	青海	579.8	38.9
31	西藏	484.3	27.8

（资料来源：2014 年邮政行业运行情况，国家邮政局）

表 10-2 反映了全国快递业务量前 50 位城市的情况。从表 10-2 可以看出，各城市的快递服务企业业务发展规模与该城市所在省（市）的经济发展规模相关。排在全国前十名的广州市、上海市、北京市、深圳市、杭州市、金华（义乌）市、东莞市、苏州市、成都市、南京市，除成都市外，均位于我国经济发展规模最大的长三角、珠三角和京津冀地区。

表 10-2 全国快递业务量前 50 位城市情况表

排 名	城 市	快递业务量累计/万件	排 名	城 市	快递业务量累计/万件
1	广州市	139031.4	9	成都市	30422.8
2	上海市	128366.1	10	南京市	28391.4
3	北京市	111011.9	11	泉州市	25938.9
4	深圳市	95255.3	12	武汉市	24719.0
5	杭州市	84562.8	13	温州市	21682.8
6	金华（义乌）市	61153.9	14	宁波市	21112.4
7	东莞市	46399.4	15	台州市	18553.1
8	苏州市	36942.6	16	无锡市	18502.9

第十章　快递业配送管理

(续)

排名	城市	快递业务量累计/万件	排名	城市	快递业务量累计/万件
17	宿迁市	18083.8	34	南昌市	8251.8
18	郑州市	16193.9	35	常州市	7972.7
19	嘉兴市	14491.2	36	湖州市	7477.2
20	福州市	14318.3	37	扬州市	7290.2
21	佛山市	13924.9	38	沈阳市	7144.8
22	重庆市	13886.3	39	汕头市	7103.9
23	长沙市	13469.6	40	太原市	6685.2
24	天津市	12404.2	41	莆田市	6531.4
25	济南市	11255.0	42	昆明市	6283.8
26	厦门市	11064.1	43	保定市	5827.4
27	西安市	10679.1	44	廊坊市	5707.2
28	青岛市	10482.3	45	惠州市	5398.1
29	合肥市	10189.6	46	徐州市	4826.1
30	石家庄市	9989.1	47	南宁市	4702.4
31	绍兴市	9421.0	48	乌鲁木齐市	4641.1
32	中山市	9236.5	49	哈尔滨市	4624.1
33	南通市	8850.8	50	大连市	4410.6

(资料来源：2014年邮政行业运行情况，国家邮政局)

综合表10-1与表10-2制成表10-3，反映了部分城市的快递业务量占全省快递业务量比例。从表10-3可以看出，西部地区的部分省会城市快递业务量占全省快递业务总量的50%以上，表明该省份城市与农村地区的快递业务发展不均衡，快递业务过多地集中在城市，农村地区的快递业务发展亟待加强。

表10-3　部分城市快递业务量占全省快递业务量比例表

全国排序	省份（自治区）	快递业务量累计/万件	省会（首府）城市	快递业务量累计/万件	省（自治区）内城市快递业务量占比（%）
8	四川	37941.8	成都市	30422.8	80
17	陕西	13762.3	西安市	10679.1	78
20	广西	9055.4	南宁市	4702.4	52
21	云南	8546.1	昆明市	6283.8	74
24	新疆	5940.5	乌鲁木齐市	4641.1	78

（二）我国快递业配送发展的问题

1. 快递业配送能力有待均衡发展

近年来，我国快递业配送的基础能力建设持续加快。2014年，全国改扩建转运分拨中心185万 m^2，新增干线车辆1.2万台；高铁快件班列覆盖全国65个城市，日运输能力达2000t；新增货机专用航线40余条、合作航线200余条，快递专用货机增至68架；从业人员增加超过20万人，投入使用智能快件箱1.5万个。

但是，快递业配送的基础能力仍尚不能适应经济发展新常态的要求，不能满足人民群众的需求。例如，全国将近一半的乡镇不通快递，农民盼望快递企业帮助开拓市场。为此，需加大基础能力建设，到2020年才能基本实现"县县有分拨、乡乡有网点、村村通快递"的目标。

2. 城市快递业配送发展瓶颈依然存在

适合城市快递业配送"最后一公里"的运输车型标准尚未出台，快递业配送车辆进入市区"行车难"和"停车难"的问题依然存在。快递业配送所使用车辆的合法性还没有在多数地方政府法规的层面上得到突破，各地政府采取"禁电禁摩"的政策对快递业配送的制约越来越大。

快递智能自助柜进入社区和校区的地方性政策还是空白，"营改增"政策对快递业配送服务的影响依然存在。

3. 快递业配送需要服务模式创新

随着电子商务的发展，销售蔬菜、水果、鲜花等生鲜产品的网店多了起来，但目前全国只有20多个城市启用了冷链快递。快递业配送的市场细分是快递业配送发展成熟的重要标志之一。

按照商品的属性和特性以及个性化需求，不断细分快递业配送服务模式，创建多类专业化快递企业，如跨境电商快递、酒类宅配、药物宅配、化妆品宅配、即时配送、高铁快递等，成为快递业配送服务新的增长点。

4. 快递业配送包装需要绿色化改进

快递包装纸箱的回收使用将成为快递业配送绿色化的标志性成果。快递业配送应加强节能减排新技术新工艺推广应用，出台行业推广应用环保技术材料指导意见，启动绿色低碳试点示范工程；推广环保技术材料，鼓励采用清洁生产技术，使用可循环利用的包装材料以及可降解的物料辅料，大力降低原材料和能源消耗；积极开展物料辅料回收使用。

四、我国快递业配送未来发展趋势

1. 我国快递业配送将继续保持高速增长趋势

随着电子商务、网络消费等新兴业态的快速发展，快递业配送需求也将继续快速增长。2014年，我国电子商务交易额已超过美国，位居世界第一；"网购"快递比重占快递业务总量的50%以上。预计2015年，全国网购零售规模将达3万亿元，增幅在40%以上；与此对应的快递业配送规模将超过180亿件，"网购"快递比重将进一步提升。

《物流业发展中长期规划（2014—2020年）》指出，作为我国物流业的发展重点，国家将支持快递业整合资源，与民航、铁路、公路等运输行业联动发展，加快形成一批具有国际竞争力的大型快递企业，构建覆盖城乡的快递物流服务体系。

2. 我国快递业配送将呈现国际化趋势

我国政府制定的《推动共建丝绸之路经济带和21世纪海上丝绸之路的愿景与行动》指出，加快"一带一路"建设，有利于促进沿线各国经济繁荣与区域经济合作，加强不同文明交流互鉴，促进世界和平发展，是一项造福世界各国人民的伟大事业。为推进实施"一带一路"重大倡议，我国快递企业积极实施"走出去"战略，国际化趋势越来越明显。顺丰速运已不满足于现有的国内市场，通过开发欧洲小包和覆盖欧盟各国的欧洲专递服务等业务，紧锣密鼓地向国外市场进军。由中通快递控股的"中通国际"开通了日本专线，在冲绳设立国际转运中心，在东京、大阪等建立口岸服务。圆通速递携手菜鸟网也打通了中国内地—东北亚（韩国）及中国香港—中国内地的跨境快件通道，使网购韩国、中国香港等地产品将获得更高效的快递配送服务。

随着全球化不断深入发展，快递企业的国际竞争力和国际适应力将不断增强，我国政府将继续支持快递企业加强联合，共同开发全球性的快递业配送市场，通过联合、兼并和重组周边、欧美、新兴市场等国家和地区的快递企业，构建与周边及世界其他国家和地区有效衔接的快递业配送网络，打造具有全球竞争力和全球影响力的快递企业，形成全球性快递业配送服务体系。

第三节 面向用户的快递业配送管理

快递业配送与一般配送的主要区别在于快递业配送的起始（收寄）和末端（投递）作业均是面对数量众多且分散的个体用户，使得快递业配送的始端和终端作业呈现出不同的特点。

根据《快递服务》（GB/T 27917—2011），面向用户的快递业配送主要是指收寄与投递两大作业。因此，面向用户的快递业配送特点包括：寄件人与收件人的空间布局分散；收寄与投递的服务时间不确定；收寄与投递的物品类型多样；收寄与投递的单件物品重量轻、体积小、个数少，即使单件物品价值高，但单次服务的总价值低。此外，虽然收寄与投递的单件业务量不大，但一般均集商流、物流、信息流、资金流为一体，与其他行业的配送不同。本节借鉴快递业配送基本业务流程，借鉴发达国家经验与国内先进企业经验，从面向用户的快递业配送流程入手，阐述其配送管理要点。

配送管理

一、收寄作业流程

在收寄作业中,用户通过从事上门揽收快件和投递快件工作的收派员,与快递企业发生配送服务联系。收寄作业质量直接决定后续分拣、封发、运输、投递等作业质量。收寄作业可以分为上门收寄和配送网点收寄两种类型。其中,上门收寄与配送网点收寄比较,由于收寄场所不同,配送网点收寄少了上门取件环节,其他环节没有变化。下面以上门收寄为例,阐述收寄作业流程及其管理要点。

1. 上门收寄作业

上门收寄是指收派员从用户处收取快件的全过程,包括接单、上门取件、验视、封装、称重与计费、填写快递运单、收件并录入收寄信息等主要作业环节,如图10-5所示。

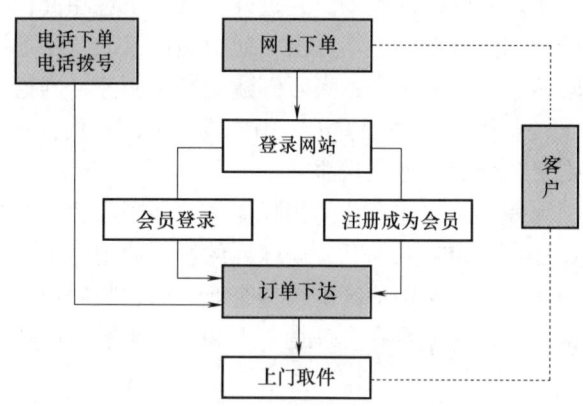

图10-5 快递业配送的上门收寄作业示意图

(1)接单环节。在接单环节,用户与快递企业联系,查询有关快递配送服务事项,约定服务时间等。接单环节是启动快递配送服务的关键环节,应详细记录用户姓名、取件地址、联系方式、快递种类、快件品名、快件目的地等相关信息,并与用户约定上门取件时间。

(2)上门取件环节。完成接单环节后,用户所在区域的配送网点,派收派员到用户处取件。上门取件环节是快递企业与用户直接会面的环节,要求收派员须统一穿着有组织标识的服装,并佩戴工号牌或胸卡;收派员应携带快递运单、快递封装用品和计量器具等。

(3)验视环节。在验视环节,收派员要求用户如实告知快件内件的种类和性质,查验用户交寄的物品是否符合国家禁限寄规定以及是否与快递运单上填报的内容相符,若发现禁寄物品,应拒收并向寄件人说明原因。

(4)封装环节。快件的封装包括收派员负责封装和寄件人自行封装两种。不论采取哪一种封装,均需使用符合国家标准和行业标准规定的快递封装用品;单件质量不超过50kg;包装规格任何一边的长度不超过150cm,长、宽、高三边长度之和不超过300cm。

(5) 称重与计费环节。在提供服务前,收派员需要告知用户收费依据、收费标准或服务费用。收派员使用秤、卷尺等计量用具测量快件的实际质量和体积质量,确定正确的计费质量,并根据计费质量、服务种类等确定服务费用。收派员在提供计费服务后,寄件人付费。若为到付业务,需予以确认。

(6) 填写快递运单环节。填写快递运单前,收派员应提醒寄件人阅读快递运单的服务合同条款,并建议寄件人对贵重物品购买保价或保险服务。寄件人按照相关要求填写快递运单。

(7) 收件并录入收寄信息。寄件人将快件递交收派员取走。在快件收寄后,收派员应及时录入收寄信息并按规定上传网络。

2. 配送网点收寄

配送网点是指用户到快递企业配送网点委托快件服务,即快递企业在配送网点收寄快件的作业过程,包括接单、验视、封装、称重与计费、填写快件运单、交接等主要作业环节。

如图10-6所示,四川省邮政速递物流有限公司与红旗连锁超市进行战略合作,用户只需到就近的红旗连锁超市门店,就可体验与在邮政速递营业网点的办理程序一样的收寄服务。

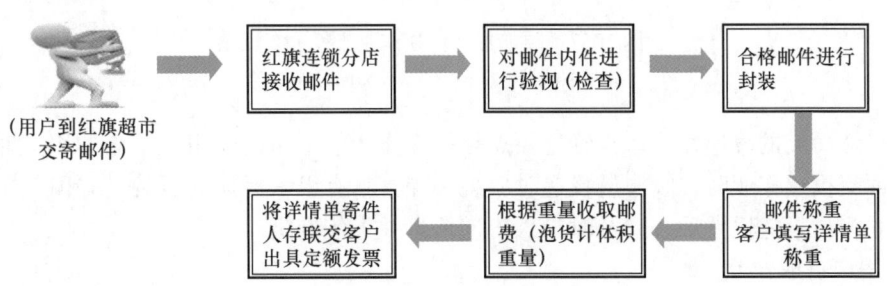

图10-6　快递业配送的配送网点收寄作业示意图
(资料来源:四川新闻网居家生活频道)

二、投递作业流程

投递作业是指用户通过收派员接收快件的服务过程。投递作业质量直接决定快递企业配送服务全过程的质量。投递作业主要包括按名址面交作业、用户自取作业和与用户协商作业三种类型。

下面以按名址面交为例,阐述投递作业流程及其管理要点。

配送管理

1. 按名址面交作业

按名址面交是指收派员按照用户指定的地址，面交收件人的快件投递过程。如果收件人本人无法签收时，经收件人（寄件人）允许，可由其他人代为签收。

在按名址面交作业过程中，收派员将快件交给收件人时，应告知收件人当面验收快件。如果快件外包装完好，由收件人签字确认；如果外包装出现明显破损等异常情况，收派员应告知收件人先验收内件再签收。图10-7以顺丰速运（简称顺丰）为例，示意按名址面交作业中货到付款的作业流程。

1.顺丰货到付款流程

2.顺丰货到付款签收流程

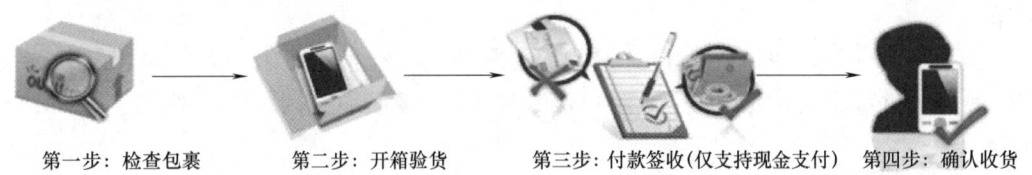

图10-7　顺丰货到付款作业流程示意图
（资料来源：http://www.56lem.com）

按名址面交的投递作业运作管理要点是投递作业应不超出向用户承诺的服务时限。在按名址面交投递作业时，收派员投递时应统一穿着具有组织标识的服装，并佩戴工号牌或胸卡。收派员投递快件后，应及时录入投递信息并上传网络。

2. 用户自取作业

用户自取作业主要适用于投递两次但仍无法投出的快件。现在很多电商企业与社区便利店、洗衣店等合作建立了自提网点，也属于用户自取作业的范畴。用户自取作业与按名址面交作业相比，只有投递作业场所不同，其他作业流程与运作管理要点基本一致。

3. 与用户协商作业

对有特殊需求的用户，快递企业可与用户协商，采取其他方式妥投用户。与用户协商作业和按名址面交作业相比，只有投递作业场所不同，其他作业流程与运作管理要点基本一致。

第十章 快递业配送管理

案例一 高校快递"最后500米"派送模式创新[①]

派送模式是快递业配送最终环节的服务方式。取件人的满意程度是检验快递业配送服务质量的重要标准。通过对北京交通大学、中国人民大学和北京航空航天大学快递派送"最后500米"服务现状的实地调查与分析,提出了"大众参与型"派送模式,包括建立校园快递派送整合中心、完善快递派送信息系统、实行大众参与的派送上门等,目标是提高高校快递派送服务质量,为高校师生的学习与生活增添便利。

一、高校快递"最后500米"派送问题分析

随着电子商务的快速发展,百姓的网购需求与购买力不断提高。北京高校学生的消费规模庞大,成为网购快递的主要需求者。目前,北京高校快递"最后500米"派送模式主要分为"地摊式""自提柜式"与"整合站式"。这几种模式虽然部分解决了高校快递"最后500米"的派送问题,但也各自存在一些问题:

(一)"地摊式"派送

由于北京高校校园内的道路资源有限,为保证师生安全,确保校内车辆通行顺畅,许多快递公司派送车辆被禁止进入校园内,导致快递公司大多采用校门口"地摊式"派送模式。

"地摊式"派送模式是指快递公司派送人员在高校校门口等候收件人自提时,将快件像摆地摊一样分散摆放的方式。如图10-8所示,由于"地摊式"派送模式在校门口摆摊占道、垃圾乱扔,导致校门口"地摊式"派送处成为环境脏、乱、差以及交通混乱的重点区域,对高校的办公秩序、环境卫生及安全管理带来负面影响。采用"地摊式"派送模式,还常常出现因冒领、错领带来的快件丢失、损坏问题,严重影响快递派送服务质量。

图10-8 "地摊式"派送

[①] 案例资料由王俊禄、徐思萌、杨浩提供,高鹏飞整理,汝宜红编写。

（二）"自提柜式"派送

为了解决"地摊式"派送带来的各种问题，"自提柜式"派送模式（见图 10-9）应运而生。"自提柜式"模式派送是指在高校校园内设置快件自提设备，快递公司派送人员将快件放入自提柜中，由学生自提的派送模式。"自提柜式"派送模式的优点是：应用自提柜，快递公司可以提供 24 小时的快件派送服务，解决了派送人员等候收件人自提快件时间过长的问题，保证了快件派送服务质量，并且根治了在校门口摆摊占道的脏、乱、差等问题。"自提柜式"派送模式的操作方法如下：

（1）派送人员在自提柜的屏幕上点击"存件"，刷卡确认派送人员信息，输入密码后，登录存件页面；根据快件的大小，派送人员在屏幕上选取合适的存件箱，在屏幕上点击后柜门自动弹开，将快递单上的运单号、手机号输入设备后，将快递单揭下（视为签收）放入自提柜，点击"继续存件"或"结束存件"。

（2）在自提货柜取件时，收件人在设备屏幕上点击"取件"，输入设备发到手机上的取件密码后柜门自动弹开，取件人将快件取走并关闭柜门。

但是，"自提柜式"派送模式中也存在弊端：首先，自提柜的设备空间有限，不能满足大规模快件派送的需求，有限的存件箱容积也不能适合所有规格的快件。其次，自提柜的造价高，又不能当面验货，收件人难免会收到陌生快递、危险快递。个别不法分子利用自提柜的设备漏洞，窃取收件人信息和物品的事件也有发生。再次，校园内自提柜的分布点不均匀，"自提柜式"派送模式不支持货到付款形式，许多高校的自提柜已被闲置，不再使用。

图 10-9 "自提柜式"派送

（三）"整合站式"派送

在北京，许多高校都在校园内设立了快件收发整合网点，简称整合站（见图 10-10）。部分整合站是由快递公司等专业团队设立经营的，还有部分整合站是由在校学生自己经营管理的。所谓"整合站式"派送模式，是指快递公司派送人员将快件放在校内的整合站里，再将校内学生们要寄出的快件用派送车辆拉走。学生们无须再出校门，只需到整合站就能完成提取与寄出快件，十分便利。

"整合站式"派送模式虽然解决了"地摊式"派送模式的校门口摆摊占道与环境脏、乱、差等问题，改善了"自提柜式"派送模式设备不足、服务方式单一等问题，但其存在的问题也不可忽视。由于大多数高校整合站店面小、快件多，需要"快进快出"才能保证正常运营。有时，大量的派送业务突然而至，会使整合站运营出现堵塞现象。尤其在"双11"等购物节期间，站内快件堆积如山，难于管理。如果学生因上课或课余活动，或因整合站距教室、宿舍过远，提取快件不及时，不仅延长了整合站的服务时间，还占据了整合站的空间资源。于是，许多整合站将不能按时自提的快件退回快递公司，由快递公司再次投递。经二次投递的快件，由于时间延误，也成为用户满意度不高的原因之一。

图10-10 "整合站式"派送

二、高校快递"最后500米"派送实地调查

为了解决高校快递"最后500米"派送问题，在北京交通大学、中国人民大学和北京航空航天大学进行实地调查，共计发放200份纸质调查问卷与100份电子调查问卷，得到以下统计结果：

（一）主要用户

从图10-11可以看出，大三和大四学生是高校快递的重要使用者，快递服务需求多达一半以上。这主要是因为大三学生经常购买考研资料和教材，而正逢"毕业季"的大四学生大部分会向校外邮寄行李和成绩单。当然，高校研究生也属于重要用户。据调查，他们大多数都是帮助其导师发送收取资料和信件。

（二）派送频率

从图10-12中可以看出，大部分被调查对象每月接收包裹1~2件的占47.85%，3~4件的占35.41%，所有被调查对象都对快件派送有需求。取件数量较多的被调查者（6%以上）每月有7~10次。由此可见，快递派送服务在高校里有较大的需求，提供便利的、高效的快递派送服务是非常必要的。

配送管理

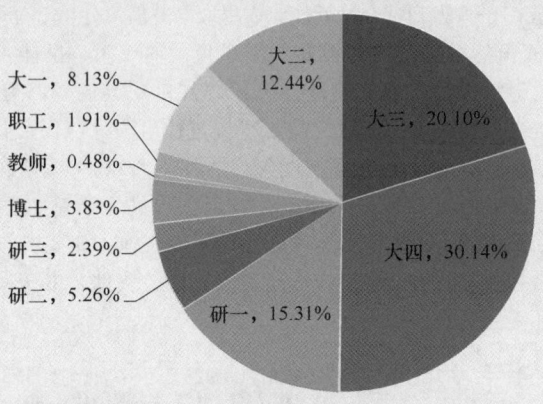

图 10-11　主要用户

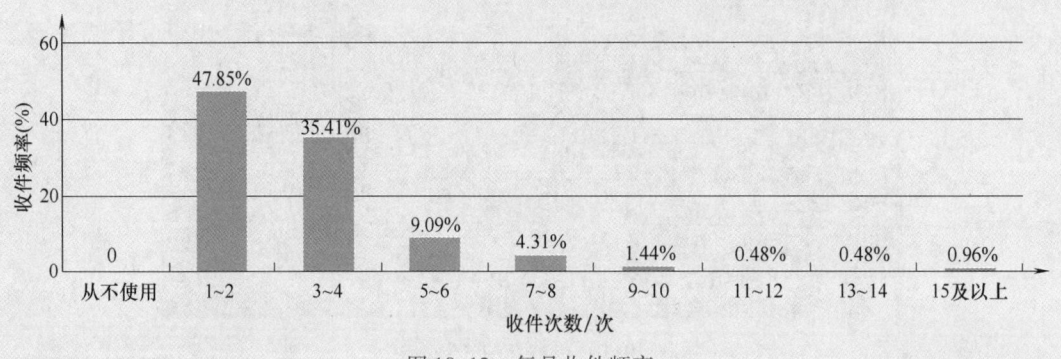

图 10-12　每月收件频率

（三）自提时间

1. 自提时段意愿

从图 10-13 和图 10-14 中可以看出，派送人员联系取件的时间多为上午和中午，大部分学生期望自提快件的时段为中午 12 点以后和晚上 6 点以后。现实也是这样，快递公司派送人员通常在上午，也就是学生们上课的时候发来短信，且不会等待较长时间，而高校学生最适合取件的时间分别是中午和下午下课以后。这种时间差给收件人带来不便，需要重点改善。

2. 自提所用时间

从图 10-15 中可以看出，大部分收件人取一次快件都要耗费 5～10min，1/3 的学生取一次快件需要花费近 20min。取件时间较长常导致学生不耐烦，降低用户满意度，不利于快递企业的市场竞争。部分取件人因为派送人员等待取件的时间不合适，或者距离取件地点较远，会放弃取件，常造成快件滞留、回程运输、重复投递，带来不必要的经营成本。

（四）自提模式

1. 现有模式

图 10-16 表明，目前，北京这三所高校主要采用的派送模式依次为："整合站式""地摊式""派送

348

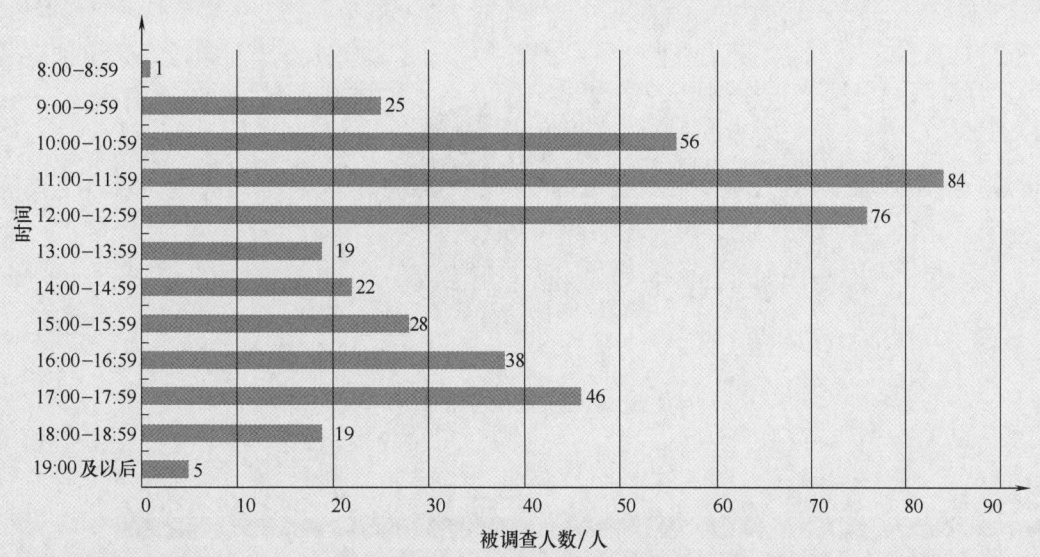

图 10-13 派送人员联系取件时间

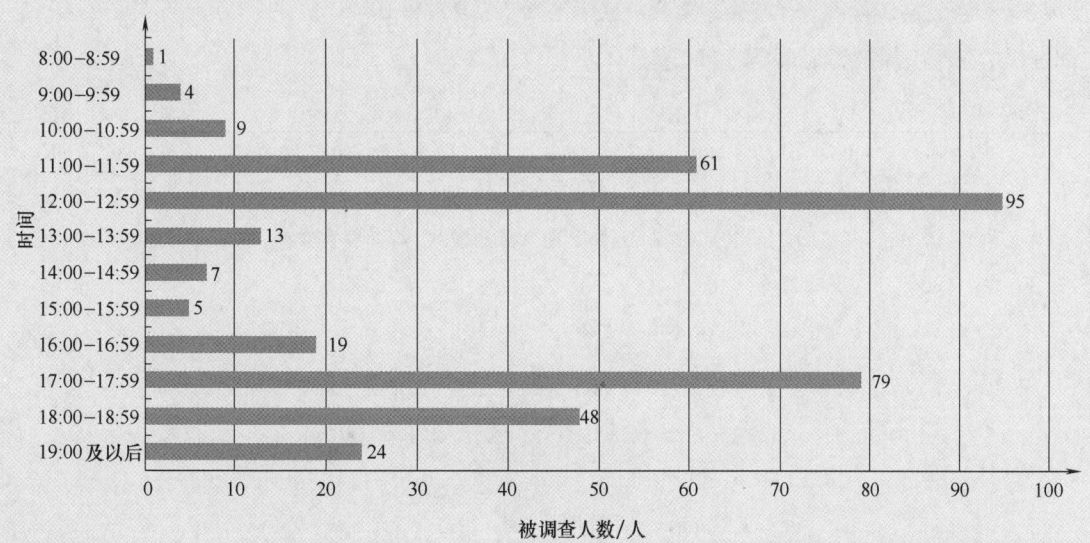

图 10-14 学生取快递的时间段

上门"与"自提柜式",不仅存在因部分快件退回快递公司带来的派送时间延误问题,还存在对高校的办公秩序、环境卫生及安全管理带来负面影响问题。

2. 期望模式

如图 10-17 所示,51.92% 的学生更愿意快件派送上门,46.15% 的学生希望快件自提。因此,解决快件派送上门与收件人及时取件的问题,成为有效提高高校快递"最后 500 米"派送服务水平的重中之重。

配送管理

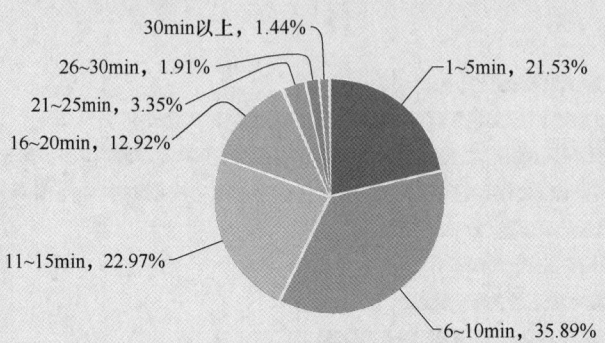

图 10-15　取件占用时间

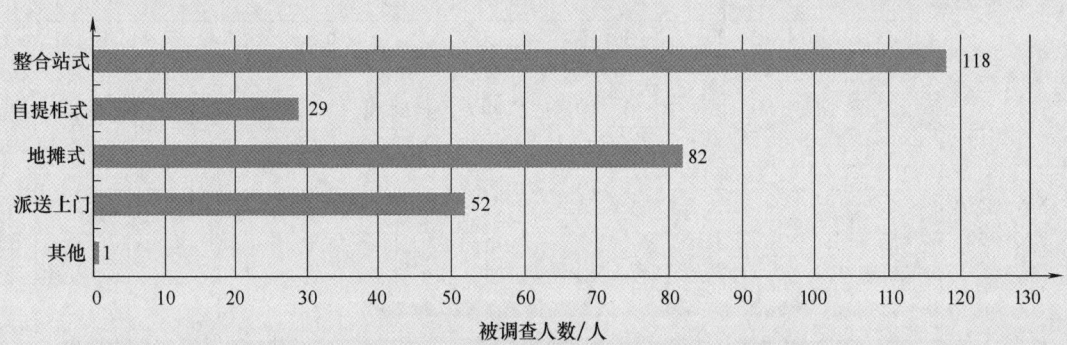

图 10-16　现有派送模式

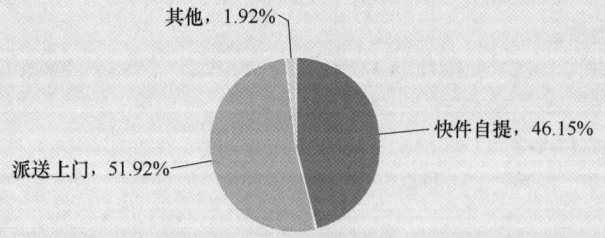

图 10-17　期望接收模式

（五）派送价格

从图 10-17 中可以看出，超过半数的被调查者希望提供快件派送上门服务。从图 10-18 可知，有近 40% 的被调查者不愿为快件派送上门服务支付额外的费用。其他愿意支付费用的被调查者中，支付金额都集中在 1~2 元/件。因此，如果高校全部实施快件派送上门服务，费用补偿或支付意愿在 1~2 元/件价格区域内。

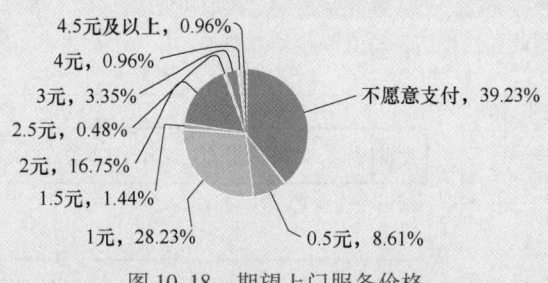

图 10-18　期望上门服务价格

三、高校快递"最后 500 米"派送新模式设计

（一）"整合站+大众参与派送"模式设计

综合上述分析结果，应用共同配送理论，设计出"整合站+大众参与派送"模式，即高校在校学生自己经营管理整合站，并请广大在校同学作为派送人员，参与快件派送上门服务的新型模式。换句话说，就是发动校园内的广大学生参与到高校快递"最后 500 米"派送服务中，解决整合站提供快件派送上门服务能力不足的问题，满足高校师生的快件派送上门的服务需求，提高高校快递"最后 500 米"派送服务质量和用户满意度。

"整合站+大众参与派送"的服务流程如下：

（1）假设 A 学生发布代取快件请求，并愿意支付一定的报酬。

（2）刚好顺路自提快件的 B 学生可以接下任务，顺路捎快件给 A 学生。

（3）A、B 学生可以使用现金交易或者微信转账等形式进行派送服务费用的结算。

"整合站+大众参与派送"的理论基础如下：

众所周知，共同配送是指多家企业将各自的货物汇集并装在同一辆配送车辆上，在同一条路线上，实施共同配送的过程。由于配送过程是共同化的，所以可以提高配送车辆的装载率、降低各家企业的配送成本。上述 A、B 两个学生的快件可以类比"多家企业的货物"，上述 B 学生相当于"配送车辆"，同一条路线上的货物（快件）由 B 学生共同实施配送（派送上门）。这样一来，不仅节省了 A 学生的时间成本，也节省了整合站的空间资源和运营成本；又因为 B 学生原本需要自提快件，其顺路代取快件，自提的边际成本也下降了，还可以从中获得一定的报酬，进而达到"一举三得"的效果。

（二）移动式信息交互平台功能设计

以北京交通大学为例，"豌角码头"采取的就是"整合站+大众参与派送"模式。为了促进大众参与派送，应用供需匹配思想和资源合理配置理论，"豌角码头"进一步开发了"大众参与派送服务信息平台"。

基于 B/S 模式开发的"大众参与派送服务信息平台"主要实现了以下"大众参与派送"的功能（见图 10-19）。

（1）发布任务：A 学生在平台上发布自己的派送需求信息，即"求助帖"，写明取件件数、取件时限、取件地点、赏金数额等。

（2）确定任务：B 学生及其他可以满足 A 学生需求的学生，均可在平台上与 A 学生互动，进行交易时间、交易地点、赏金数额等商讨,由 A 学生最终确定代取快件者。

(3) 费用结算:A 学生收到快件后,与 B 学生结算费用。

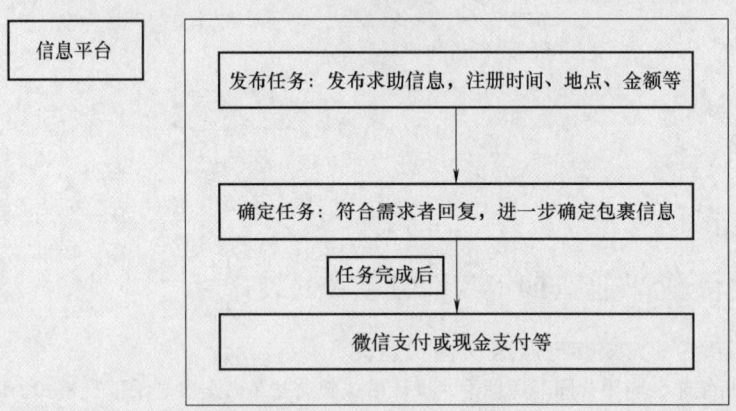

图 10-19 信息平台交流图

"大众参与派送服务信息平台"在认证校内信息时,用户需实名注册,经平台检查通过后才可以在平台发布信息,在一定程度上保证了用户的安全性,同时基本上确保了任务完成后拿到报酬的可能性。"大众参与派送服务信息平台"与"豌角码头"微信平台进行绑定,方便微信平台用户在论坛上发布信息、及时查看回复,大大加快了任务确认的速度,及时解决包裹无法取回的问题,收获帮助与快乐;相同时间、地点的用户只去一人即可,可以节约取快递时间,并进行了时间资源的优化配置与共享,使时间效益最大化;取件人还可以获得经济效益。

在大众参与派送模式的转账交易中,资金安全性是一个值得关注的问题。为了提升大众参与模式的安全性,该平台引入了实名制。在信息发布平台上,发布求助信息者在发布信息前和帮忙取快件者在承接业务前必须经过实名制认证,需提供自己的学号和手机号,学号可以定位到每一个学生。更因为学校是一个相互联系的圈子,他人的评价无形中形成了强有力的监督机制,所以在高校范围内大众配送的模式的安全性得到了保障。

(三)"大众参与型"派送价格设计

根据调查,超过半数的被调查者表示希望校园快递整合站提供送货上门服务,且大多数都愿意为此支付 1~5 元的费用。因此,在快递整合站的基础上,设立移动交互信息平台,设计出"大众派送"的价格区间以及支付方法。客户在接到取货短信但无法取货时,可以在平台上发布有关需要送货上门的信息,并且根据货物运送的难易程度和送货范围的大小决定自己愿意支付的价格(至少 1 元,上不封顶)。例如在北京交通大学,住在距离快递整合站最近的 2 号公寓的学生,经常会提供 1~2 元的送货上门费用;而住在东校区(距离主校区整合站 1km 左右)的学生,经常选择支付 3 元以上的费用。支付方式比较灵活,在完成送货上门以后,可根据收、送货两方的意愿选择私下现金、转账交易或者直接在平台上交易。

思考题:

1. 现场调查在解决"最后 500 米"派送问题中的作用是什么?
2. 如果你自己去调查,你将如何设计调查问卷?

3. 想一想,你身边的快递派送存在什么问题?
4. 案例中所设计的大众派送模式有何优缺点?

案例二 顺丰速运有限公司[一]

一、顺丰速运有限公司概况

顺丰速运有限公司(简称顺丰)成立于1993年3月,是一家主要经营国际国内快递及报关报检等业务的民营快递企业。通过自建、自营方式,顺丰已经在中国(含港、澳、台地区)建立了庞大的信息采集、市场开发、物流配送、快件收派等业务机构及服务网络。与此同时,顺丰积极拓展国际件服务,目前已开通美国、日本、韩国、新加坡、马来西亚、泰国、越南、澳大利亚等国家的快递服务。

顺丰的服务网点遍布全球,其中中国大陆超过12000个,港、澳、台及海外地区超过260个。公司拥有近16000台运输车辆。在中国大陆地区,顺丰已建立了华北、华东、华南、东南、华中和华西多个分拣分拨中心,共拥有151个二级中转场、230个三级中转场,上海、深圳、北京、杭州等部分城市已配备了自动分拣系统(见图10-20),其他全部实现半自动流水线分拣。

图 10-20 顺丰速运自动分拣系统

顺丰是国内首家拥有在线集中式移动终端服务系统的企业,所有收派人员均配备了高科技手持终端设备。同时,为有效保障快件的安全性,顺丰相继研发了快件全生命周期管理、大客户线上对接、资源调度和监控等多个智能系统。

顺丰在中国(含港、澳、台地区)及海外共拥有近34万名员工,15个独立呼叫中心,共5000个座席,每天100万话务量,实现一周7天、每天24小时自助服务,8:00—24:00提供人工服务。

㊀ 案例资料由顺丰速运有限公司陈欢、王璀一提供,宋伯慧整理成文。

二、顺丰速运有限公司的发展历程

1993年3月，顺丰速运有限公司于广东顺德成立，经历了创业起步期后，顺丰依托珠三角城市群，以深港黄金通道为基础，扎根珠三角，逐步拓展了业务网络。

1997年，香港回归，顺丰抓住机遇，发挥网点直营模式的优势，以高价格、高速度、高品质的差异化战略迅速占领中高端市场。此时，顺丰走出华南，走向全国，迎来了高速成长期，并于2002年将总部设在深圳。

为了给客户提供更为快捷的服务，2003年，顺丰租用全货运专机进行专线运输，是国内首家包机夜航的民营速递公司。随着业务的发展，2006年，顺丰筹建航空公司，并实施了组织变革，在全面提升总部管理能力的同时推行大区管理模式，进一步规范了网络，提升了服务水平。

历经多年努力，从经营实体化、人才精英化，厘定企业核心价值观，再到探索创建独具特色的五元素管理理论体系，顺丰自有货运航空公司于2009年正式投入运营。顺丰成为国内首家拥有自有全货机的民营速递公司。截至2015年7月，顺丰航空已拥有以波音757、737机型为主的19架自有全货机。

顺丰先后开通了多条辐射国内主要城市的货运航线，逐步搭建起立足东南，拱连华东、华北，拓展华中的战略网络格局，航线网络覆盖全国大部分省市自治区和港澳台地区，是目前国内业务量最大的民营速运企业。并且顺丰与多家航空公司开展长期稳定的运输合作，采用多条国际航线提供及时的发货服务（见图10-21）。目前，顺丰的服务区域遍及美国、日本、韩国、新加坡、马来西亚、泰国、越南、澳大利亚等国家，未来还将依据业务发展规划稳步完善国际国内运输网络。

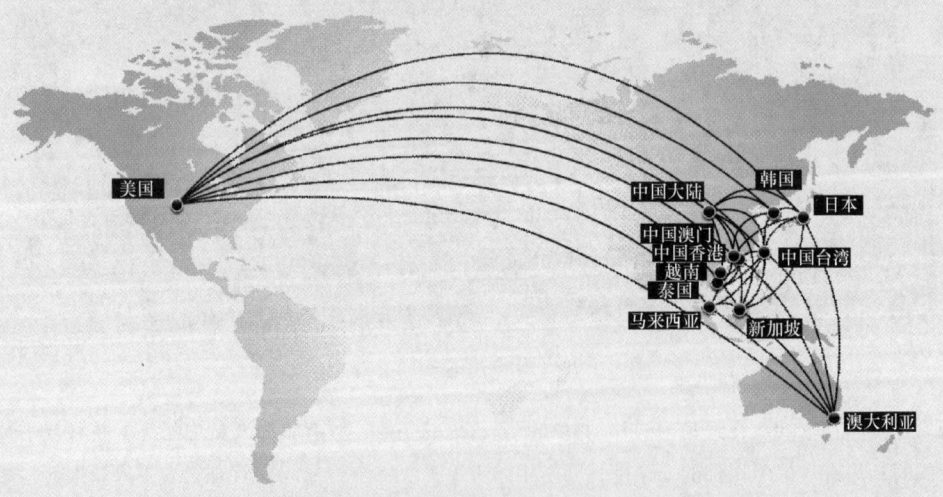

图10-21　国际航线网络

三、公司业务范围

顺丰速运有限公司在强化速运业务的基础上，积极开展多元化业务服务。

第十章 快递业配送管理

（一）供应链解决方案

顺丰依托自身强大的运输配送资源及网络资源，为客户提供仓储、分拣、配送一站式的供应链物流解决方案。

全国已建成并投入使用仓库 91 个，仓储总面积达 75 万 m^2，在北京、上海、广州、武汉、成都、西安、沈阳建设区域配送中心，服务范围覆盖华北、华东、华南、东南、华中、华西等重点城市。

仓储服务为服装服饰、家电、食品、医药等不同行业客户提供入出库管理、库存管理及各种增值服务；同时，引进先进的管理系统，为客户提供批次、串号、保质期等管理服务；时刻保持与客户系统的无缝对接，降低客户系统投入，为客户提供订单全生命周期信息跟踪。

为更好地满足不同客户的个性化需求，顺丰针对食品、医药、汽配、金融保险等不同行业客户开发出一系列客制化行业解决方案，并为客户提供金融以及一站式供应链解决方案等专业服务，助客户更好发展。

（二）顺丰优选及"嘿客"

依托强大的物流优势，顺丰成立了顺丰优选及"嘿客"，为客户提供更好的生活服务，打造顺丰优质的生活体验。

顺丰优选是由顺丰速运倾力打造的全球美食优选网购商城。商品覆盖生鲜食品、酒水饮料、母婴食品、营养保健、休闲食品、饼干点心、粮油副食、冲调茶饮、美食用品九大品类，商品种类超过 10000 种，其中 70% 为进口食品，采自全球 60 多个国家和地区。

顺丰优选现有北京、广州、嘉兴、厦门四大综合型仓储中心，常温食品可配送全国，生鲜商品可配送 54 个城市，成为国内自营生鲜配送范围最广的电商平台。

"嘿客"定位于"社区生活服务管家"，主张以社区客户的需求为服务核心，不断探索客户的需求，为社区客户提供更多区域化、专业化的服务与优质产品；通过整合渠道资源，为客户提供更灵活、更贴心、更智能化的线下社区服务体验。

顺丰"嘿客"目前已在国内各地开设 2000 多家"嘿客"店，遍及北京、天津、江苏、上海、江西、湖南、广东、甘肃、新疆等多个省市自治区，主要适用对象为中国大陆部分城市客户，单店平均服务半径为 700m，平均覆盖用户 3200 户。"嘿客"拥有顺丰强大、高效的物流做支持，以顺丰已有的强大客户资源为基础，秉持"为客户提供最便捷和最值得信赖服务"的价值主张，在距离客户社区最近的地方开店，提供社区客户日常生活所需的快递物流、生鲜食品、母婴商品、餐饮宅配、洗衣与充值缴费等便民服务，打造非传统零售的生活商超理念。

（三）金融服务

依托强大的物流、仓储资源，顺丰积极整合"物流、商流、资金流"，为专业市场客户、电子商务企业及行业用户提供支付、融资、理财、保价等综合性的金融服务。

顺丰的金融服务范围覆盖中国境内所有地区，不仅可以为客户提供支付结算的便利，也可以提供一定的资金支持及品牌背书，与客户共同成长。

（四）汽配物流服务

依托强大的仓储配送体系、网络覆盖支持、航空及运输资源，以及先进的系统管理能力，顺丰汽配供应链服务能够提供专业、定制、高效的汽配专业领域综合物流解决方案。

（五）冷运服务

顺丰冷运致力于为生鲜食品行业和医药行业客户提供专业、定制、高效的冷运服务。依托公司强大的空中、地面运输网络，10座B2C仓储服务冷库以及专业的温控技术，为客户提供一站式供应链解决方案。

面向生鲜食品行业的冷运服务包括冷运仓储、冷运干配、冷运零担、冷运宅配、生鲜速配以及大闸蟹专递服务。顺丰的优势在于能够实现仓配一体、全程冷链、全程监控、时效承诺、优先配送、主动跟进、快速理赔和安全保障等。

面向医药行业的冷运服务包括医药仓储、医药包裹（常温/温控）、医药干线和医药零担。顺丰的优势在于能够实现全程温控、主动干预、信息全程可视化，服务符合GSP（Good Supply Practice，产品供应规范）标准。

（六）电商产业园

顺丰电商产业园为电商企业的发展提供一站式的供应链解决方案，通过与地区政府紧密合作，以推动地区电商"可持续发展"为核心服务导向，打造以电商仓储服务、电商金融服务双轮驱动的专业型电商集聚中心。顺丰电商产业园已在淮安、嘉兴、义乌、合肥、郑州等12个城市布局，未来会以两种模式运营：服务型与枢纽型，在全国50多个城市布局，建立全国性的电商服务网络体系，解决电商企业全国性的运营需求，为企业走向全国乃至世界提供助力。

四、顺丰速运有限公司的价值观

顺丰速运有限公司的价值观体现在其文化理念和品牌理念上。

（一）文化理念

公司的文化理念包含了公司愿景、核心价值观和诚信基本原则三个层次。

"成为最值得信赖和尊敬的速运公司"是顺丰速运有限公司的愿景。为此，公司致力于为员工提供一份满意和值得自豪的工作，致力于快速、安全、准确地传递客户的信任，致力于成为速运行业持续领先的公司，致力于承担更多的社会责任。

公司认同的核心价值观为"尊重、团结、认真、奉献"。尊重他人才能获得他人的尊重和信赖；团结才能获得他人的支持和帮助；认真才能把事情做好，才有突出的业绩；奉献才有回报，才会得到更多的认可和发展机会。

诚信基本准则是顺丰人的道德基础，承诺不作假、不欺瞒，不损害客户利益，不损害公司利益，不以公谋私。

（二）品牌理念

顺丰速运对品牌的理解和打造包含了四个层次：积极、创新、务实和活力。

积极，体现在顺丰业务的积极有序扩张上。成立初期，公司提供顺德与香港之间的即日速递业务。随着公司的业务不断发展并迈向国际，顺丰速运已成为中国速递行业民族品牌中的佼佼者。公司积极、有序地发展陆上及航空速递网络，并专注于人才队伍的建设。

创新，体现在公司对客户需求的持续探索和服务的完善上。公司积极探索客户需求，为客户提供快速、安全的流通渠道；不断推出新的服务项目，帮助客户更快、更好地根据市场的变化而做出反应；缩短客户的贸易周期，降低经营成本，提高客户的市场竞争力。除了在公司内部培养一批中流砥柱以外，

第十章 快递业配送管理

更不断从其他行业吸收精英,以满足业务高速发展以及服务不断完善的需要。

务实,体现在公司加强基础设施建设、稳扎稳打的作风上。顺丰公司在业务的扩张中,致力于加强基础建设,统一全国各个网点的经营理念,大力推行工作流程的标准化,提高设备和系统的科技含量,提升员工的业务技能和素质,努力为客户提供更优质的服务,不遗余力地塑造顺丰速运这一民族速递品牌。

活力,体现在公司对客户需求的快速反应上。顺丰公司以客户需求为核心,建设快速反应的服务团队,谨守服务承诺,提供灵活组合的服务计划,更为客户设计多种免费增值服务及创新体验,全天候不间断提供亲切、即时的领先服务。

思考题:
1. 通过顺丰速运有限公司的发展历程,谈谈你对我国民营快递企业发展的看法。
2. 谈谈你对顺丰速运有限公司的业务拓展的看法。
3. 顺丰速运的核心价值观对公司的发展有什么价值?

复习思考题

1. 快递业配送的含义是什么?如何进行分类?
2. 快递业配送的特性具体有哪些?
3. 我国快递业配送发展中存在的主要问题是什么?
4. 谈谈你对快递业配送运作管理的认识。

参 考 文 献

[1] 王转,程国全. 配送中心系统规划 [M]. 北京:中国物资出版社,2003.
[2] 施建年. 物流配送 [M]. 北京:人民交通出版社,2003.
[3] 朱华. 配送中心管理与运作 [M]. 北京:高等教育出版社,2003.
[4] 陈志群. 物流与配送 [M]. 北京:高等教育出版社,2002.
[5] 刘斌. 物流配送营运与管理 [M]. 上海:立信会计出版社,2002.
[6] 徐天亮. 运输与配送 [M]. 北京:中国物资出版社,2002.
[7] 汝宜红,等. 配送中心规划 [M]. 北京:清华大学出版社,北京交通大学出版社,2002.
[8] 刘昌祺. 物流配送中心设计 [M]. 北京:机械工业出版社,2001.
[9] 叶杰刚. 配送:运行与发展 [M]. 北京:经济管理出版社,1999.
[10] 秦明森,王方智. 实用物流技术 [M]. 北京:中国物资出版社,1991.
[11] 邓风祥. 现代物流成本管理 [M]. 北京:经济管理出版社,2003.
[12] 赵刚. 现代物流基础 [M]. 成都:四川人民出版社,2002.
[13] 蔡临宁. 物流系统规划——建模及实例分析 [M]. 北京:机械工业出版社,2003.
[14] 甄文样. DRP(配送资源计划)系统及其应用 [J]. 工业工程与管理,2001(2):35.
[15] 丁立言,张铎. 物流企业管理 [M]. 北京:清华大学出版社,1999.
[16] 罗纳德 H 巴罗. 企业物流管理——供应链的规划、组织和控制 [M]. 王晓东,胡润娟,译. 北京:机械工业出版社,2002.
[17] 孙宏岭. 高效率配送中心的设计与经营 [M]. 北京:中国物资出版社,2002.
[18] 现代物流管理课题组. 运输与配送管理 [M]. 广州:广东经济出版社,2002.
[19] 刘娜. 物流配送 [M]. 北京:对外经济贸易大学出版社,2004.
[20] 金若楠,张文杰. 现代综合物流管理 [M]. 北京:中国铁道出版社,1994.
[21] 戴维·泰勒. 全球物流与供应链管理案例 [M]. 胡克,程亮,译. 北京:中信出版社,2003.
[22] 郝渊晓. 现代物流配送管理 [M]. 广州:中山大学出版社,2001.
[23] 德博拉 L 贝尔斯. 电子商务物流与实施 [M]. 赵凤山,简学,等译. 北京:机械工业出版社,2002.
[24] 李振. 物资仓储管理学 [M]. 北京:中国物资出版社,1993.
[25] 现代物流管理课题组. 物流库存管理 [M]. 广州:广东经济出版社,2002.
[26] 现代物流管理课题组. 物流成本管理 [M]. 广州:广东经济出版社,2002.
[27] 詹姆斯 C 约翰逊. 现代物流学 [M]. 张敏,译. 北京:社会科学文献出版社,2003.
[28] 王之泰. 现代物流学 [M]. 北京:中国物资出版社,2002.
[29] 李苏剑,游战清,胡波. 企业物流管理理论与案例 [M]. 北京:机械工业出版社,2003.
[30] 何明珂. 物流系统论 [M]. 北京:中国审计出版社,2001.
[31] 秦明森,言木. 物流决策分析技术 [M]. 北京:中国物资出版社,2003.
[32] 王成. 现代物流管理实务与案例 [M]. 北京:企业管理出版社,2001.

[33] 宋华, 胡左浩. 现代物流与供应链管理 [M]. 北京: 经济管理出版社, 2000.

[34] 汝宜红. 物流学 [M]. 北京: 中国铁道出版社, 2003.

[35] 邓爱民, 张国万. 物流工程 [M]. 北京: 机械工业出版社, 2002.

[36] 丁俊发. 中国物流 [M]. 北京: 中国物资出版社, 2002.

[37] 吴文盛, 等. 超级市场经营与管理 [M]. 北京: 中国人民公安大学出版社, 1999.

[38] 蔡明烨. 商店·连锁店·超市经营规划和作业设计 [M]. 上海: 上海三联书店, 1999.

[39] 许胜余. 物流配送中心管理 [M]. 成都: 四川人民出版社, 2002.

[40] 刘联辉. 超市物流 [M]. 北京: 中国物资出版社, 2003.

[41] 李永生, 郑文岭. 仓储与配送管理 [M]. 北京: 机械工业出版社, 2003.

[42] 宋伟刚. 物流工程及其应用 [M]. 北京: 机械工业出版社, 2003.

[43] 黄福华. 现代物流运作管理精要 [M]. 广州: 广东旅游出版社, 2002.

[44] 李军, 郭耀煌. 物流配送——车辆优化调度理论与方法 [M]. 北京: 中国物资出版社, 2003.

[45] 吕永波, 等. 系统工程 [M]. 北京: 清华大学出版社, 北京交通大学出版社, 2006.

[46] 张海燕. 连锁企业的配送管理 [M]. 北京: 中国物资出版社, 2002.

[47] 刘志强, 丁鹏, 盛焕烨. 物流配送系统设计 [M]. 北京: 清华大学出版社, 2003.

[48] 罗鸿. ERP 原理·设计·实施 [M]. 北京: 电子工业出版社, 2002.

[49] 江红英, 秘云冬. 我国物流业的现状及入世后应采取的对策 [J]. 邯郸职业技术学院学报, 2002 (1).

[50] 龚益鸣. 质量管理学 [M]. 上海: 复旦大学出版社, 1999.

[51] 张公绪. 新编质量管理学 [M]. 北京: 高等教育出版社, 1998.

[52] 王之泰. 现代物流学 [M]. 北京: 中国物资出版社, 1995.

[53] 李振. 物流学 [M]. 北京: 中国铁道出版社, 1995.

[54] 吴清一. 物流基础 [M]. 北京: 清华大学出版社, 2000.

[55] 中国对外经贸企协储运委员会. 常见商品仓储保管手册 [M]. 北京: 对外经济贸易大学出版社, 1999.

[56] 秦应兵, 叶怀珍. 配送中心服务质量评价指标体系及其模糊综合评价 [J]. 物流技术, 2000 (5).

[57] 王林, 张金隆. 基于灰色理论的连锁配送中心服务质量评价 [J]. 世界标准化与质量管理, 2002 (1).

[58] 金真. 全方位物流服务与物流服务质量体系 [J]. 商品储运与养护, 2000 (6).

[59] 林自葵, 汝宜红, 王彬, 郑凯. 肉制品销售物流安全管理对策研究 [J]. 中国安全科学学报, 2004 (7).

[60] 朗会成, 蔡连侨. 物流经理业务手册——掌握工作方法与技巧的捷径 [M]. 北京: 机械工业出版社, 2002.

[61] 绎明宇, 苏彦生. 物流企业管理 [M]. 北京: 清华大学出版社, 2000.

[62] 陈荣秋, 周水银. 生产运作管理的理论与实践 [M]. 北京: 中国人民大学出版社, 2002.

[63] 刘丽文. 生产运作与管理 [M]. 北京: 清华大学出版社, 2002.

[64] 牛鱼龙. 世界物流经典案例 [M]. 深圳: 海天出版社, 2003.

[65] 王燕, 蒋笑梅. 配送中心全程规划 [M]. 北京: 机械工业出版社, 2003.

[66] 马士华, 林勇, 陈志祥. 供应链管理 [M]. 北京: 机械工业出版社, 2000.

[67] 王新利,张襄英. 构建我国农村物流体系的必要性与可行性 [J]. 农业现代化研究, 2002 (7).

[68] 方昕. 生鲜供应链现状与发展方向分析. 中国营销传播网, 2002-3-5.

[69] 章胜勇,等. 以现代物流促进农产品流通 [J]. 农村经济, 2003 (1).

[70] 张晟义. 涉农供应链浅析 [J]. 研究与探讨, 2003 (3).

[71] 葛刚烈. 制造业配送中心信息系统初探. 企业资源管理研究中心（AMT）网, 2003-5-12.

[72] 谢庆红. 制造业物流成本探析 [J]. 商业研究, 2003 (4).

[73] 苏选良. 制造业物流系统业务流程重组的应用研究 [J]. 计算机辅助设计与制造, 2002 (3).

[74] 龙江. 商贸企业物流 [M]. 北京：中国物资出版社, 2003.

[75] 菊田一郎. 全國冷食物流チェーンの要すゐ多機能大型自動化據點, MATERIAL FLOW [M]. 流通研究社, 2000.

[76] 丁连科. 物流管理学 [M]. 呼和浩特：内蒙古大学出版社, 1997.

[77] 何明珂,等. 现代物流与配送中心：推动流通创新的趋势 [M]. 北京：中国商业出版社, 1997.

[78] 吕伟,汝宜红,杨文惠. 配送中心特点的国际比较分析 [J]. 铁道物资科学管理, 1998 (1).

[79] 弗雷德里克·肖尔. 美国配送中心的发展与经营管理 [J]. 国际商业技术, 1998.

[80] 褚福灵. 美国配送中心的类型与作业流程 [J]. 中国流通经济, 1997 (3).

[81] 忻国本. 美国配送中心见闻 [J]. 商品储运与养护, 1997 (3).

[82] 晟昱. 东京"和平岛"——现代化的流通基地 [J]. 国际商业技术, 1998.

[83] 小仓修悟,等. 神户生协鸣尾浜配送中心 [J]. 国际商业技术, 1998.

[84] 周日明. 日本的配送中心 [J]. 国际商业技术, 1998.

[85] 孙永林,李学工. 国外物流配送中心发展的特点及启示 [J]. 商品储运与养护, 2000 (12).

[86] 忻国本. 物流业在台湾 [J]. 商品储运与养护, 1999 (2).

[87] 王宗喜,等. 仓储论 [M]. 北京：军事科学出版社, 2000.

[88] 张成海,胡双增. 美国物流从业人员状况及物流教育 [J]. 中国物资流通, 2000 (9).

[89] 张济民. 论物流教育与物流人才培养 [J]. 物流技术, 1998 (12).

[90] 杨冰. 智能运输系统 [M]. 北京：中国铁道出版社, 2000.

[91] 张铎,王耀球. 条码技术与电子数据交换 [M]. 北京：中国铁道出版社, 1998.

[92] 中国铁道学会物资管理委员会. 物资仓库建设与改造 [M]. 北京：中国铁道出版社, 1994.

[93] 李振. 仓储管理 [M]. 北京：中国铁道出版社, 1990.

[94] 秦同瞬,杨承新. 物流机械技术 [M]. 北京：人民交通出版社, 2001.

[95] 刘庆元. 商业连锁经营和配送中心发展问题研究 [M]. 大连：东北财经大学出版社, 1999.

[96] 兰宜生,等. 电子商务物流管理 [M]. 北京：中国财政经济出版社, 2001.

[97] 日通綜合研究所. 最新物流ハンドブッケ [M]. 日本東京白桃书房, 1991.

[98] 李京文,等. 物流学及其应用 [M]. 北京：经济科学出版社, 1987.

[99] 日本物的流通协会. ロジスティヶス時代の物流センータ設計 [M]. システムマニュアル, 1993.

[100] Leatherhead, Surrey. Distribution Packaging for Logistical Systems [M]. UK: Pair International, 1997.

[101] Logistics and Transportation [M]. Dortrecht: Kluwer Academic PUB, 1998.

[102] James Cooper, Michael Browne, Melvyn Peters. European Logistics [M]. London: Blackwell Business, 1991.

[103] Carlos F Daganzo. Logistics Systems Analysis [M]. New York: Springer-Verlag, 1996.

[104] Donald F Wood, et al. International Logistics [M]. New York: Chapman & Hall, 1995.

[105] Taylor Keith. Computer Systems in Logistics And Distribution [M]. London: Kogan Page, 1991.

[106] John Coyle, Edward Bard, John Langley. The Management of Business Logistics [M]. 7th ed. New York: South-Western College Publishing, 2003.

[107] 徐冰. 绩效管理流程与实务 [M]. 北京: 人民邮电出版社, 2006.

[108] 方振邦. 绩效管理 [M]. 北京: 中国人民大学出版社, 2003.

[109] 孙宏玲, 戚世钧. 现代物流活动绩效分析 [M]. 北京: 中国物资出版社, 2001.

[110] 魏钧. 绩效指标设计方法 [M]. 北京: 北京大学出版社, 2006.

[111] 鄢红英, 刘澜. 配送活动绩效评价指标体系的构建及定量化研究 [J]. 铁道物资科学管理, 2003, 21 (1).

[112] 王卓然. 浅析企业绩效管理与绩效评估的区别 [J]. 现代企业文化, 2008 (14).

[113] 曾钟钟, 江志斌, 许淑君. 物流公司配送绩效评价模型研究 [J]. 工业工程与管理, 2003, 8 (3).

[114] 赵泳艳. 某物流配送公司平衡计分卡实施案例 [J]. 管理@人, 2007 (8).

[115] 王利, 许国银, 黄颖. 现代物流管理 [M]. 北京: 中国物资出版社, 2006.

[116] 陈国良, 王煦法, 庄镇泉, 等. 遗传算法及其应用 [M]. 北京: 人民邮电出版社, 1996.

[117] 沈默, 徐安喜. 现代物流案例分析 [M]. 南京: 东南大学出版社, 2006.

[118] 褚方鸿. 京客隆生鲜配送中心 [J]. 物流技术与应用, 2006 (4): 41-46.

[119] 马俊生, 王晓阔. 配送管理 [M]. 北京: 机械工业出版社, 2008.

[120] 汝宜红, 田源, 徐杰. 配送中心规划 [M]. 2版. 北京: 北京交通大学出版社, 2007.

[121] 王焰. 配送中心规划与管理 [M]. 长沙: 湖南人民出版社, 2006.

[122] 宋方, 等. 现代物流案例教学与实例 [M]. 北京: 中国物资出版社, 2007.

[123] 陈云天, 杨国荣. 物流案例与实训 [M]. 北京: 北京理工大学出版社, 2007.

[124] 洪明珠. B2C电子商务的物流配送模式研究 [J]. 金融经济, 2012, 02: 60-62.

[125] 欧阳俊. 我国B2C电子商务企业物流配送问题研究 [D]. 重庆: 重庆交通大学, 2012.

[126] 王海茵. 电子商务环境下物流配送存在的问题及对策 [J]. 中国市场, 2014, 22: 72-73.

[127] 徐树明. 我国B2C电子商务物流模式研究 [D]. 南昌: 南昌工程学院, 2012.

[128] 2012管理创新、智能科技与经济发展研讨会论文集 [C]. 南昌: 南昌工程学院经济贸易学院, 2012: 4.

[129] A Halldorsson, T Skjott-Larsen. Developing Logistics Competencies Through Third Party Logistics Relationship [J]. Journal of Operation & Production Management, 2004, 24 (2): 192-206.

[130] 杨聚平, 杨长春, 姚宣霞. 电商物流中"最后一公里"问题研究 [J]. 商业经济与管理, 2014 (4): 16-22, 32.

[131] 刘永锋. 电子商务背景下最后一公里配送的问题与对策 [J]. 石家庄学院学报, 2014 (3): 47-49.

[132] 李莹. B2C电子商务模式下退货物流研究[D]. 武汉：华中师范大学，2011.

[133] 张志乔. 物流配送管理[M]. 2版. 北京：人民邮电出版社，2014.

[134] 刘沈艳，黄红红，夏喻. 京东商城电子商务与物流整合运作模式探讨[J]. 物流科技，2014（3）：121-123，145.

[135] 张慧. 京东商城的物流配送问题研究[J]. 市场研究，2012（9）：42-43.

[136] 徐贤浩. 物流配送中心规划与运作管理[M]. 2版. 武汉：华中科技大学出版社，2014.

[137] 李建萍. 烟叶物流配送中心规划设计案例研究[J]. 物流科技，2014（7）.